다시, 리더란 무엇인가

WARRIORS, REBELS & SAINTS

WARRIORS, REBELS, AND SAINTS

다시, 리더란 무엇인가

하버드 케네디스쿨 역사 리더십 수업

모식 템킨 지음 | 왕수민 옮김

어크로스

가족과 학생들 그리고 친구들에게
이 책을 바칩니다.

추천의 글

한마디로 보물 같은 책이다. 리더십을 역사적 맥락에서 바라봐야 하는 중요한 근거들을 설득력 있게 제시한다. 절체절명의 상황에서 권력을 지닌 리더와 그렇지 못한 리더가 내리는 다양한 결단들을 살펴보고, 오늘날 우리가 지도자를 고를 때 무엇을 따져봐야 하는지 조언을 건넨다.

— **프레드리크 로예발**(하버드대학교 국제학 교수)

격동의 시대에 매우 중요한 주제를 다룬 필독서. 무엇이 리더십을 만드는지, 어떻게 리더가 시대를 형성하고 그 영향을 받는지 정교하게 분석하고 밝혀낸다.

— **래너 미터**(하버드 케네디스쿨 정치학 교수, 《중일전쟁》 저자)

어떻게 역사는 리더를 만드는 동시에 제약하는가? 수백 년의 시간과 전 세계를 아우르며 리더십에 관한 가장 시의적절한 질문을 던지고, 한 시대를 풍미한 인물들의 리더십을 심층 탐구한다. 매혹적이고 명료하고 사려 깊은 고찰이 담긴 명저.

— 엘런 피츠패트릭(뉴햄프셔대학교 역사학 명예교수)

이토록 독창적인 리더십 책이 또 있을까! 놀라울 만큼 면밀한 연구가 돋보이며 생생하게 읽힌다.

— 〈파이낸셜 타임스〉

리더십 연구에서 역사적 상황과 맥락이 얼마나 중요한지 알려준다.

— 커커스 리뷰

차례

일러두기

• 원서에서 저자가 강조한 부분은 고딕체로 표기했다.

• 본문의 주는 모두 옮긴이 주로 기호로 표기했다. 저자 주는 번호를 붙여 후주로 처리했다.

• 도서명은 국내에 번역된 경우 한국어판 제목을 따랐다.

프롤로그

과거의 리더에게 미래의 리더가 묻다

지금으로부터 10여 년 전 9월의 어느 화창한 날, 나는 수강생이 몇 명이나 되려나 생각하며 수업이 잡힌 하버드 케네디스쿨의 강의실로 발을 들였다. 그런데 웬걸, 강의실에 수십 명이 빼곡히 자리한 채 자못 기대에 찬 눈초리로 내 얼굴을 뚫어지게 바라보는 게 아닌가. 수강생이 모두 앉을 자리가 모자랄 정도였다. 강의실에 들어오지도 못하고 출입구 근처에 서 있는 학생도 많았다. 나는 이들이 엉뚱한 강의실을 찾아온 게 아닌가 생각했지만 그건 아니었다. 학생들은 모두 '역사 속의 리더들과 리더십'이라는 단순한 이름의 새 강좌에 등록한 게 맞았다. 사실 그 강좌는 일종의 실험이었다. 공공 정책을 공부하기 위해 하버드 케네디스쿨을 찾은 다양한 나이, 직업군, 출신지의 학생들에게 역사 공부가 어떤 의미를 줄 수 있는지를 일깨워보겠다는 취지의 실험 말이다. 강좌의 첫 수업에서 나는 머릿속에서 진작부터 고개를 들고 있던 질문을 학생들에게 비로소 던졌다. '리더가 역사를 만드는가, 아니면 역사가 리더를 만드는가?' 이후 나는 어디서건 이 강좌를 진행할 때는 늘 이 질문으로 서두를 열었다.

강좌를 처음 시작할 때만 해도 수업에서 뭘 하면 좋을지 갈피가 잡히지 않았다. 내 수업을 듣는 공공정책학 대학원생 상당수는 세상의 거의 모든 것을 정량화하고 측량할 수 있다는 사고에 길들여 있었고, 그들의 교과과정도 경제학이 주류를 이루었다. 역사 강좌는 학생들에게 필수과목이 아니었고, 역사 강좌가 개설돼도 수강률은 높지 않았다. 이렇게 이야기하면 객관적이지 않은 사람으로 비칠지 모르지만, 나는 공공정책대학원의 목표가 공직에 뜻을 둔 이들에게 실제 세상이 어떻게 돌아가는지 가르치는 것이라면 역사 공부도 마땅히 중시해야 한다고 생각했다. 하지만 역사 하나만으로는 확실히 충분치 않았다. 역사를 가르치되 그 내용이 학생들에게도 나름의 중요한 의미로 다가올 수 있게 가르쳐야 했다. 학생들 가운데는 어떻게 해야 리더가 될 수 있을지를, 혹은 훌륭한 리더십은 무엇인지를 알고 싶어 하는 이가 많았다. 그런데 이런 내용들은, 요즘 강의들에서 흔히 사용하는 방식과는 달리 공식이나 관념들로 정리되지 않는다. 리더들이 처했던 역사적 상황을 깊이 이해하지 않고서 무슨 수로 그들이 저마다 겪은 출세와 몰락, 그들이 쥐었던 권력의 밑바탕, 통치 문화 등 복잡한 문제들을 붙들고 씨름해볼 수 있겠는가? 달리 말해, 리더와 리더십을 알고자 할 때 역사 속에서 구체적 실례들을 살피는 것 말고 더 좋은 방법이 뭐가 있을까?

그랬기에 나는 강좌를 표준적인 구성으로 짰다. 학기 동안 나는 학생들에게 역사 속의 다양한 실례를 들어 보이며 리더와 리더십에 관한 핵심적이고 보편적인 질문들을 탐구하도록 할 생각이었다. 강

다시, 리더란 무엇인가

좌를 개설한 첫해는 물론 이후 여러 해 동안 수강 인원은 계속 불어났다. 그러다 보니 새로운 걸림돌이 나타날 수밖에 없었다. 내가 가르친 학생들의 나이는 18세에서 80세까지 다양했고 사회적, 문화적, 종교적 배경도 천차만별이었다. 대학 시절은 물론 이후에도 줄곧 역사를 공부한 이들이 있는가 하면 고등학교, 심지어는 초등학교 이후로는 역사 공부를 접해본 적 없는 이들도 있었다. 직업도 경찰관, 정치인, 사회운동가, 조종사, 임금노동자, 공무원, 의사, 벤처 투자자, 과학자, 화가, 디자이너, 대학원생, 망명자, 변호사까지 다양했다. 영어를 제2외국어, 더러는 제3외국어로 쓰는 이도 많았다. 아이비리그 졸업생들이 있는가 하면, 학사 학위도 없이 평생 독학으로 공부해온 이들도 있었다. 왕실 가문 자제들도 있었고, 가족 중에 고등학교를 다닌 사람은 자신이 처음이라는 이도 있었다.

강좌를 시작할 무렵만 해도 내가 수업에서 바란 건 크지 않았다. 그토록 배경이 다양한 세계 각지 출신 학생들이, 공직에 뜻을 둔 사람으로서 역사에서도 뭔가를 얻을 수 있다는 사실에 흥미를 느꼈으면 했다. 그런데 예상과 달리, 막상 수업에 들어가자 그야말로 다각도에서 엄청난 관심이 쏟아졌다. 학생들은 권력, 훌륭한 통치, 담대한 리더십, 상식적인 의사 결정과 관련해 궁금해서 못 견디겠다는 듯 거침없이 질문을 던졌다. 강좌를 진행해온 최근 몇 년 동안 이러한 질문들은 급박하게 변화하는 주변 세상, 나아가 우리 자신과 공동체에 앞으로 정치가 어떤 의미를 지니는지를 이해하는 데 무엇보다 중차대한(아울러 씁쓸한) 화두로 떠오른 듯하다. 나는 과거가 지닌 극적인 힘을 항상 잘 알고 있었지만, 학계에 몸담은 직업 역사가인

만큼 주로 학문적 연구와 사료 제시를 통해 역사를 합리적으로 이해하는 데 초점을 맞춰왔다. 하지만 그 강좌가 공공정책학 대학원생들을 혹은 나를 그렇게나 뒤흔들 줄은 미처 생각하지 못했다. 역사를 가르치는 일이 지적인 자극을 주는 동시에 감정적 면에서도 막강한 힘을 발휘한다는 사실을 나는 강단에 서고 비교적 뒤늦게야 깨달은 셈이다. 이를 계기로 애초에 내가 왜 역사가가 되고 싶어 했었는지도 되새겨볼 수 있었다.

  나는 강좌를 듣는 학생들이 절체절명 상황에서 이런저런 선택을 하는 리더의 입장이 어떻겠는지, 즉 학생들 자신이 절망이나 죽음을 눈앞에 두고 온갖 난관에 맞서 사투를 벌여야 하는 처지라면 어떻겠는지를 머릿속에 그려봤으면 했다. 또는 부패한 세상이나 독재 정권 치하에서 살아남으려 애써야 하는 처지라면 어떨지 상상해봤으면 했다. 학생 중에는 그리 동떨어지지 않은 상황에 놓였던 이들도 있었다. 이 강좌에서는 과거를 더욱 실감 나게 느끼기 위해 문학과 영화 등 예술 작품을 활용하기도 했다. 나는 가장 훌륭한 시민들 그리고 리더들은 변화의 힘을 지닌 감동적인 예술을 접하며 사는 법이라고 오랫동안 믿어왔다. 그래서 나도 학생들이 별로 접한 적 없는 영화와 소설들을 선별하고 접목하여 그 작품들의 내용을 수업 주제로 활용하곤 했다. 가령 나치 점령 시절 프랑스 소시민들이 어떤 냉엄한 선택의 기로에 서야 했는지 알려주고자 장피에르 멜빌의 1969년 영화 〈그림자 군단〉을 보도록 했다. 20세기의 반식민주의 투쟁이 얼마나 폭력적이고 독선적이었는지를 강조하려는 뜻에서 질로 폰테코르보의 1966년 영화 〈알제리 전투〉를 보도록 했다. 악독한 독재자의 절대 권력에 도전한다는 것이 무엇인가를 심도 있게 생각해보자는 뜻에서 라파엘 트루히요 집권기의 도미니카공화국 이야기를 다룬 마리오 바르가스 요사의 소설《염소의 축제》읽기를 과제로 내주었다. 베트남전쟁에서 미국이 범한 어리석음과 그 과정에서 미국에서 '가장 훌륭하고 가장 명석했던' 인물이 수행한 역할을 제대로 감상해보자는 차원에서 로버트 맥나마라의 일생을 다룬 에롤 모리스의 다큐멘터리〈전쟁의 안개〉를 택했다. 물론 이들 작품이 완벽하다고 할 수는 없다. 역사 사료로서는 한계가 있으니 말이다. 하지만 이 작품들은 모두 나름대로 중요한 함의를 지닐 뿐 아니라 역사를 생동감 있게 느끼게 해주는 면이 있었다. 나는 이 작품들을 통해 사건을 실감 나게 그려내는 식으로 수업 내용을 구성했다. 그것들이 가진 힘을 오롯이 전달하고 싶었다.

한 학기 강좌를 진행하는 동안 우리의 논의는 다윗왕부터 19세기의 여성참정권론자들, 프랭클린 D. 루스벨트부터 프랑스혁명, 맬컴 X부터 마거릿 대처, 마하트마 간디에서 펠라 쿠티까지 다방면을 아울렀다. 우리는 리더들이 당대의 제약 안에서 혹은 그 제약들에 맞서 어떻게 체제를 운영해갔는지 꼼꼼히 살펴보았다. 틀에 갇힌 의사 결정이 어떻게 돌이키지 못할 듯한 비극적 결과로 이어지는지도 함께 지켜보았다. 충성심, 반항심, 책임감, 희생정신 등의 개념을 다루는 것도 잊지 않았다. 수강생 중에는 각각의 역사적 실례를 자기 일처럼 공감하는 학생들도 적지 않았다. 조국의 역사가 주제로 다뤄져서 그렇기도 했지만, 수업을 들으면서 자신이 간직한 기억과 경험들을 떠올리는 경우가 더 많기도 했다. 수강생 중에는 혁명, 내전, 강제

이주, 군사 점령 등의 재난을 이겨내고 살아남은 학생들도 있었다. 그런가 하면 이미 정부나 공직에서 일하며, 당시 수업에서 우리가 다루던 것과 별반 다르지 않은 어려운 상황들을 겪은 이도 많았다. 권위주의적인 국가 출신의 학생 몇몇은 독재 정권에 부역할지, 거기 맞서 싸울지, 아니면 탈출을 감행할지 선택의 기로에 서기도 했다. 몇몇 학생은 교실에서도 강한 애국적 충정을 놓지 못해 조국의 가장 암울했던 시절을 무덤덤하게 논의해야 하는 자리에 끼지 못하기도 했다. 또 우리가 함께 배우는 역사적 내용들을 정작 자신은 전혀 모르거나, 자신이 알았던 역사적 사실이 틀렸다는 걸 깨달았을 때의 허망한 심정을 내게 털어놓은 학생들도 있었다. 그런가 하면 자신이 예전에 배운 내용은 순전히 정치 선전에 불과한 것처럼 느껴진다고 토로한 학생들도 있었다. 수강생들이 가장 흔히 보인 반응은, 자신이 역사의 일부라는 것, 자신이 사는 세상은 역사를 통해 만들어져 간다는 것, 현재의 사건들 속에서 과거 사건들의 잔향이 되울린다는 것, 자신이 역사 속 한 인물로서 좋은 쪽으로든 나쁜 쪽으로든 미래를 만들어나갈 힘을 가지고 있다는 사실을 수업을 통해 깨달았다는 것이었다.

수업에 활기를 불어넣었던 바로 그 에너지, 감정, 탐구 정신을 그대로 담아 과거의 리더십은 어떠했는지 가르치고, 그것을 밑바탕 삼아 현재 우리 시대의 리더십은 어떠한지 반추해보자는 뜻에서 나는 이 책을 썼다. 나는 독자들이 이 책을 통해 다음 질문에 좀 더 쉽게 답할 수 있었으면 한다. 오늘날 우리 세상이 맞닥뜨린 문제들을 해결하려면 어떤 종류의 리더와 리더십이 필요한지에 대해 역사는 과연 무엇을 가르쳐줄 수 있는가? 나는 리더나 리더십을 마냥 치켜세우는 일만은 피하고 싶다. 리더십을 대할 때는 오히려 비판적이고 더러는 회의적인 시각을 취하고자 한다. 나는 어떻게 하면 우리가 훌륭한 리더를 알아볼 수 있고, 또 그런 리더가 될 수 있는지를 이 책을 통해 보여주고 싶다. 독자들이 이 책을 읽은 뒤 자신감을 얻어 기존 리더십에 도전하고, 자신들의 리더를 충분히 경계하고, 필요에 따라서는 리더들을 갈아치울 수 있게 되길 바란다. 리더십에서 얻는 가르침은 단순히 성공에 대해서만 말하지 않는다. 우리는 실패로부터도 그만큼 많은 것을, 때로는 더 많은 것을 배울 수 있다.

　역사에는 암울하고 힘겨운 순간들이 가득하다. 여러모로 볼 때 지금 우리도 그런 순간들을 지나고 있다고 할 수 있다. 내가 가장 관심을 두는 주제, 나아가 이 책을 관통하는 주제도 바로 이러한 순간들에 행해지는 리더십 기술이다. 힘들고 절망적인 시절에 의외의 사람들이 리더로, 더러는 걸출한 인물이나 중요 인물로 등장하곤 하기 때문이다. 나는 이 책에서 충격적인 사건도 많이 다룸으로써 현실을 있는 그대로 잘 반영하고자 했다. 역사의 희망차고 밝은 면에 초점을 맞추어서 현실을 피하거나 부정하려 하지 않았다. 이 책에 실린 이야기들은 늘 해피 엔딩으로 막을 내리지는 않는다. 오히려 나는 독자들이 책을 읽고 나서 우리가 살아가는 세상의 갖가지 문제와 과제를 정면으로 마주했으면 한다. 아울러 전혀 생각지 않은 곳이나 깜짝 놀랄 만한 데서 통찰을 얻었으면 한다. 역사 속 리더들과 리더십을 솔직하게 바라봄으로써 우리가 역사의 한 지점을 다 함께 통과하고 있다는 사실, 나아가 우리는 과거의 산물이기도 하지만 동시에

미래를 만들어가는 주역이기도 함을 독자 여러분이 이 책을 통해 알
게 되길 바란다.

| 리더십 |

리더가 시대를 만드는가, 시대가 리더를 만드는가

◆

마키아벨리의 군주가
마르크스식 역사의 강물을 만날 때

역사 속의 유명 리더들을 다룬 책을 살펴볼까 하고 서점에 들어서서 서가를 샅샅이 훑다 보면 십중팔구는 비슷한 인물들이 요란한 표지에 실려 여러분을 빤히 바라볼 것이다. 윈스턴 처칠, 나폴레옹 보나파르트, 에이브러햄 링컨, 칭기즈칸, 마오쩌둥 같은 이들 말이다. 군대나 제국의 리더였던 경우가 많은 만큼, 이들은 말에 올라타거나 제복을 걸친 모습일 테고, 생전에 대규모 전투에서 승리를 일구거나 나라를 이끌어 위기를 돌파한 이미지로 보일 것이며, 대체로 남성일 것이다.

여기서 멈추지 않고 서가를 계속 훑으면 금세 또 다른 유형의 책들을 마주칠 텐데, 경제와 재계를 주름잡고 있는 남성들(더러는 여성들)이 주인공이다. 빌 게이츠, 워런 버핏, 카를로스 슬림, 제프 베이조스 같은 이들 말이다. 이 책들은 천차만별의 지식과 뉘앙스를 동원해 이들이 영웅, 롤 모델, 영감의 원천인 것처럼 이야기한다. 책에서 이들은 특출나게 막강한 힘을 발휘하는 개인들, 즉 엄청난 의지력이나 무지막지한 지적 능력으로 앞에 놓인 장애물을 돌파해낸 사람들로 그려진다. 이 책들은 개인의 능력을 칭송한다. 찬란한 성공 스토리의 밑바탕을 이루지만 그 주인공과는 개인적으로 상관없는 것들, 예를 들면 사회적, 경제적으로 안정돼 있어 교육과 상업 활동의 기회를 무수히 접할 수 있는 나라에서 유복한 부모 아래 나고 자란 사실과 관련한 내용은 이런 책들에서 찾아보기 힘들다. 이런 책들에 담긴 메시지는 뜻이 있는 곳에 길이 있다는 것이다. 리더들은 대체로 혼자 힘으로 자수성가한 사람들로, 그들만의 특출한 자질들을 발휘해 위대함을 이루었다고 말한다. 이들은 자기 역사를 스스로 만들어가는 사람들이라고.

리더와 리더십에 관해 이런 관점을 벗어나기는 사실 쉽지 않다. 대중문화에서도, 학교의 교과과정에서도 우리는 온통 이런 관점에 둘러싸여 살아간다. 우리는 '위대한 인간'에 대해 가르치고 배우려는 경향이 있다. 사람들이 위기와 재난에서 자신들을 이끌어줄 인물을 찾는 일은 전 세계에서 볼 수 있다. 그런가 하면 사람들이 자기들 리더들 때문에 누차 낙담하는 일도 전 세계적으로 일어난다. 황금기라 일컬어지는 시절을 이끈 리더들의 환영이, 우울하기만 한 오늘날에까지 그토록 커다랗게 어른거리는 것도 아마 그래서일 것이다. 하지만 왜 특정 인물들이 꼭 '리더십'과 연관되는지, 그들이 정말 우리가 상상하는 것만큼 위대한 사람들이었는지, 세월이 지나도 변함없는 그들의 인기를 좌우하는 게 그들의 행동이나 자질 중 무엇인지는 그들과도 관련이 있지만, 바로 리더십에 대한 우리의 생각과도 관련이 있다. 우리는 나름의 편향과 선입견을 품고 이 주제를 바라보고

다시, 리더란 무엇인가

있다. 우리가 애착을 갖는 리더들을 보면 영구불변의 미덕으로 여겨지는 것들에 대해서도 많이 알게 되지만 우리가 살아가는 이 특정한 시대와 장소에 대해서도 많은 것을 알게 된다.

그렇기는 해도 세계 곳곳의 문화를 떠받치는 기둥들을 보면 리더와 리더십과 관련해 공통적으로 축적된 생각의 더미들을 찾을 수 있다. 바로 신화다. 인류 역사상 최초로 쓰인 이 텍스트는 우리에게 왕, 신, 전쟁, 그리고 인간의 기원에 대해 가르쳐준다. 대표적 사례를 하나만 꼽아보자. 세계의 수십억 사람에게 성경은 단순히 책, 심지어는 단순히 신성한 책이 아니라, 우리가 이 세상을 어떻게 생각하고, 세상을 어떻게 살아나가야 하며, 세상이 마땅히 어떤 식으로 다스려져야 하는지를 알려주는 원전原典이다. 이 이야기는 종교를 믿기에 성경 글귀를 신의 말씀으로 받아들이는 사람에게건, 아니면 성경의 권위를 인정하지 않는 사람에게건 똑같이 적용된다. 종교인이든 비종교인이든 우리는 모두 (다른 무엇보다도) 성경과 그 안의 가치에 따라 형성된 문명의 산물이기 때문이다. 바로 이런 이유로 성경이 제시하는 갖가지 생각, 성경이 내놓는 리더들의 상像, 우리가 성경에서 이끌어내는 리더십에 관한 가르침이 리더십에 대한 전 세계 수많은 사람의 생각의 토대를 이룬다. 그것이 좋건 싫건 간에 말이다.

• • •

사무엘기 하권 11~18장을 보면 구약성경에서 가장 극적이고 피비린내 나고 가슴 저민다고 할 만한 이야기가 하나 등장한다. 그 서두에 등장하는 것은 다윗왕이다. 그는 예루살렘의 자기 궁궐에 앉아 한 여인이 인근의 집에서 목욕하는 광경을 나른하게 지켜보고 있다. 이윽고 왕은 종을 시켜 여인을 데려오게 한다. 그 여인은 밧세바라는 유부녀로, 우리아라는 그녀의 히타이트인 남편은 이스라엘 군대의 병사로 출정해 암몬인 군대에 맞서 싸우느라 전장에 있다. 애초 다윗이 막강하고 재물 많은 왕으로 등극할 수 있었던 게 바로 이런 식의 무수한 정복 전쟁 덕분이었다. 다윗은 밧세바와 잠자리를 가지고 이 밀회로 밧세바는 아이를 밴다. 먼 옛날 독자에게는 일종의 유혹처럼 여겨졌겠지만, 오늘날 독자들 눈에는 무척 추잡한 짓으로 보일 것이다. 다윗은 자신의 무분별한 행동을 어떻게든 숨기고자 전장에 나가 있는 우리아를 불러들인다. 그는 궁궐에서 우리아를 위해 잔치를 열어준 뒤 아내와 부부관계를 하라며 그를 집으로 보낸다. 그래야 밧세바가 임신한 자식이 우리아의 아이라고 사람들이 생각할 테니까. 하지만 우리아는 다윗의 계책을 완전히 어그러뜨리는데, 그가 집에 가길 한사코 거부하며 왕궁 문간에서 잠을 잔 것이다. 우리아는 동료 병사들은 전장에 발이 묶여 있는데 자기만 혼자 아내와 함께 집의 안락함을 누리는 것은 사람의 도리가 아니라며 이렇게 설명한다. "언약궤와 이스라엘과 유다가 막사에 머물고 있고, 제 주군이신 요압과 그 종들이 허허벌판에서 야영하는데, 제가 어찌 집에 가서 먹고 마시며 아내와 함께 잘 수 있겠습니까? 왕께서 살아계신 한, 왕의 넋이 살아계신 한 저는 절대 그렇게는 못 합니다."[1]

우리아의 이 고결하고 강직한 태도에 다윗왕은 더욱 표리부동하게 나가는 수밖에 없었다. 왕은 우리아에게 상을 준다며 휘하 장군

다시, 리더란 무엇인가

요압에게 보내는 밀서를 들려 우리아를 전장으로 돌려보낸다. 밀서에는 우리아를 죽기 십상인 최전선으로 보내라는 지시가 적혀 있었다. 계책은 그대로 맞아떨어졌다. 히타이트인 우리아가 전장에서 목숨을 잃은 것이다. 내용이 뭔지도 모른 채 사령관에게 건넨 쪽지가 화근이었다. 한편 아무 영문도 모르는 (임신한) 밧세바는 예루살렘에서 남편을 애도하지만, 그것도 잠시뿐이다. 다윗이 그녀를 데려와 자신의 수많은 아내 중 하나로 삼았기 때문이다.

유대인, 기독교도, 무슬림에게 다윗은 성스러운 인물이다. 그는 신의 총애를 받는 자로, 원래는 유대 민족의 미천한 양치기 소년이었으나 신의 뜻에 따라 왕의 자리에 올랐다. 괴력을 가진 블레셋인 전사 골리앗을 새총 하나만으로 쓰러뜨렸으며, 이스라엘 민족의 제1대 왕인 사울이 고난에 빠져 괴로워할 때 그를 위해 하프를 연주해주었다. 또 신을 보고 신과 이야기를 나누는가 하면, 유대인의 전통에 따라 시편을 썼으며, 그의 가문에서는 대대손손 이스라엘의 왕들이 배출되고 메시아도 앞으로 그의 혈통에서 나올 것이었다. 사무엘기 하권에서 다윗은 전쟁에서 연달아 승리하고 막강한 권력을 바탕으로 영토를 넓힌 왕으로서 신의 사랑과 보살핌을 받으며 늘 올바름과 함께하는 인물이다.

하지만 밧세바와 우리아를 대하는 그의 태도는 신과 같기보다는 인간적이다. 심지어 천박하고 비도덕적이며 나태하기까지 하다. 전장에서 병사들을 이끌거나 몸소 겸손과 용감함의 본보기로 나서기는커녕, 병사들이 자신을 위해 전장에서 싸우며 죽고 있는데 자신은 엿보기 좋아하는 살찐 고양이처럼 호화로운 궁궐에 느긋하게 앉아 있으니 말이다. 다윗을 그 명성만으로 알아온 사람, 즉 신화나 신앙이라는 필터를 끼고 그를 우상으로 받들어온 사람에게는 반전이 아닐 수 없다. 하지만 뒤로 갈수록 환상은 더 심하게 깨진다.

우리아가 죽고 얼마 지나지 않아 예언자 나단이 다윗왕을 알현한다. 고대 성경의 전승에서 예언자들의 역할은 실로 막중하다. 이들은 예언의 힘을 가졌기에 신의 말씀을 전하는 존재인 것은 물론 영적인 면의 권위자이자 고문顧問으로도 여겨졌다. 따라서 나단도 뒷일을 두려워하지 않고 다윗에게 자유롭게 직언할 수 있는 몇 안 되는 사람 중 하나였다. 나단은 다윗에게 일종의 우화라고 할 다음과 같은 이야기를 들려준다.

어떤 마을에 두 남자가 있었는데, 하나는 부자였고 다른 하나는 가난했습니다. 부자는 대단히 많은 양과 소를 길렀지만, 가난한 남자는 자신이 값을 치르고 산 새끼 암양 한 마리가 전부였습니다. 가난한 남자는 양을 손수 길렀고, 양은 남자와 그의 자식들 곁에서 무럭무럭 커갔습니다. 양은 남자의 음식을 먹고, 그의 컵에 든 물을 마시고, 심지어 그의 품에 안겨 잠을 잤습니다. 양은 그에겐 딸아이와 같았습니다. 그런데 어느 날 길손 하나가 부자를 찾아왔고, 부자는 자신을 찾아온 나그네를 대접하기 위해 자기의 양이나 소를 잡기가 꺼려졌습니다. 그래서 대신 가난한 남자가 애지중지하던 그 새끼 암양을 잡아다 자기를 찾아온 나그네의 식사를 마련했습니다.[2]

다시, 리더란 무엇인가

성경에는 이 이야기를 듣고 "다윗이 그 부자를 두고 불같이 화를 내며" 나단에게 이렇게 말했다고 전해진다. "주께서 살아계시는 한 정녕 그 남자는 죽어 마땅하다! 그자는 양값으로 네 배 이상을 갚아야 한다. 그런 짓을 하고도 일말의 가책도 없으니까." 다윗에게 나단은 이렇게 답한다. "당신이 그 남자입니다." 그러면서 나단은 말을 잇는다.

이스라엘의 신 주께서는 이렇게 말씀하십니다. "내 너를 기름 부음으로 이스라엘의 왕으로 봉하여 …… 네게 이스라엘과 유대라는 집을 주었노라. 이 모든 게 너무 적었다면, 나는 네게 훨씬 더 많은 것을 주었으리라. 그런데도 너는 왜 악독한 짓을 저질러 주의 말씀을 능멸했느냐? 너는 검으로 히타이트인 우리아를 쓰러뜨리고 그의 아내를 네 것으로 삼았다. 너는 암몬인의 검으로 그를 죽였다. 그러니 이제는 그 검이 네 집을 절대 떠나지 않으리니, 네가 나를 능멸하고 히타이트인 우리아의 아내를 네 아내로 삼았기 때문이다." 이것이 주께서 하신 말씀입니다. "네 집안에서부터 재앙이 나와 너를 덮치게 하리라."

나단의 말에 다윗은 죄책감으로 풀썩 주저앉으며 이렇게 말한다. "제가 주께 죄를 지었습니다." 나단은 신께서는 그의 목숨만은 살려둘 것이라며 그를 안심시킨다. 그러나 이는 별 위로가 되지 못했다. 이후 오랜 세월 동안 다윗과 그의 일가가 엄청난 비극들을 잇달아 겪게 되면서, 다윗은 신께서 차라리 자신을 죽음으로 벌하셨다면 나왔겠다고 여겼다.

첫 번째로, 밧세바가 낳은 다윗의 아들 예데디아가 중병에 걸린다. 다윗과 종들은 함께 기도하고, 통곡하고, 단식도 해보지만 아무 소용이 없었다. 아기는 그대로 세상을 떠난다. 아기가 죽고 밧세바는 다시 임신한다. 이때 가진 아이가, 신이 총애했다고 전해지며 종국에는 다윗의 뒤를 이어 왕위에 오르는 솔로몬이다.

이어 성경은 다윗의 또 다른 자식들인 암논, 다말, 압살롬 삼 남매가 서로 휘말리며 전개되는 암울한 에피소드를 풀어놓는다. 이 암울한 사건들은 위대한 예술 작품이 탄생하고 신학 논쟁이 한바탕 불붙도록 영감을 불어넣기도 했지만, 성경 공부하는 아이들의 동심을 여지없이 깨뜨리기도 했다. 사건은 암논이 이복누이 다말에게 마음을 사로잡히는 데서 시작된다. 암논은 친구의 훈수에 따라 몸져누운 척을 하고는 자기 집으로 다말을 보내 수발을 들게 해달라고 다윗에게 부탁한다. 다윗의 지시에 다말이 착하게도 요리까지 해서 암논에게 먹으라며 익힌 고기를 주지만, 암논은 먹을 것은 입에 대지 않고 자신과 잠자리를 갖자고 한다. 다말은 이에 진저리를 치면서 아버지와 그 욕정에 대해 이야기해보라며 구슬리지만, 암논은 기어이 다말에게 달려들어 제발 멈춰달라는 다말의 간청에도 아랑곳하지 않고 그녀를 강간한다. 사태가 일단락되자 암논은 이제 다말에 대한 '증오'에 사로잡혀 노발대발하며 그녀를 자기 집 밖으로 내쳤고, 다말은 이렇게 말한다. "안 돼요! 이미 내게 한 짓보다 이렇게 나를 내보내는 게 더 커다란 잘못을 저지르는 거라고요."[3]

다말은 피폐해진 채 오라비 압살롬을 찾아가고, 자초지종을 알게

다시, 리더란 무엇인가

된 압살롬은 이후 자신의 이복형제 암논과는 일절 말을 나누지 않았다. 성경에는 이렇게 전한다. "누이 다말에게 한 짓 때문에 압살롬은 암논을 증오했다."[4]

그 후로 2년의 세월이 흐른다. 압살롬은 이제 겉으로는 증오 따위는 잊은 듯 지내고 있다(다말에 대해서는 전해지는 이야기가 없다). 바로 그때 압살롬이 꾀를 써서 왕의 자식들, 즉 자신의 형제들과 이복형제들 모두를 한자리에 불러 모은 뒤 종들을 시켜서 다말을 강간한 데 대한 복수로 암논을 죽이라고 명한다. 다윗왕은 모임에 참석해달라는 압살롬의 초대에 응하지 않았다가 나중에야 이 소식을 전해 들었다. 애초에 다윗은 사태의 진상을 오해하고 있었고 그가 형제들을, 다시 말해 다윗의 아들들을 모조리 죽였다고 생각한다. 압살롬은 예루살렘에서 도망 나와 그술Geshur로 들어가 3년을 머문다. 이때 다윗은 진노보다도 상심이 컸던 것 같다. 그에게는 "압살롬을 향한 마음뿐이었다. 다윗도 암논의 죽음으로 위로를 받았기 때문이라."[5]

나머지 에피소드는 감동적인 동시에 충격적이다. 압살롬과 다윗은 3년을 반목한 끝에 마침내 화해하는데, 이 가슴 따뜻해지는 순간에 영감을 받아 렘브란트부터 샤갈에 이르는 예술가들이 위대한 작품들을 탄생시키며 피는 물보다 진함을 보여주었다. 하지만 결국 압살롬이 다시 악귀에 들려 아버지를 상대로 총력을 다해 반란을 일으키는 바람에, 아들이 두려워진 다윗은 겁을 먹고 예루살렘의 궁에서 도망친다. 압살롬의 군대와 왕의 충성파로 남은 무리 사이의 한바탕 혈투 끝에 압살롬은 죽임을 당하는데 그 모습이 참으로 처참했다. 압살롬이 싸움 중 노새를 타고 참나무 아래로 도망가다 가지 사

〈압살롬의 죽음에 슬픔을 주체하지 못하는 다윗〉, 귀스타브 도레Gustave Doré(1866).
(ⓒPrisma Archivo/Alamy Stock Photo)

이에 머리가 끼었는데, 요압과 그의 병사들이 아비에게 반란을 일으킨 이 냉혈 아들의 심장에 화살을 세 발 날린 것이다. 다윗은 압살롬이 죽었다는 사실을 알고(아들이 어떤 식으로 죽었는지는 전해 듣지 못했다) 전쟁에서 자신이 승리해 왕위를 되찾을 수 있다는 사실을 기뻐하기는커녕 비탄에서 헤어나지 못한다. 이 에피소드는 다음과 같은 애통한 분위기로 끝맺는다. "오, 내 아들 압살롬, 내 아들, 내 아들, 압살롬! 신께서 너 대신 차라리 날 죽이셨다면, 오, 압살롬, 내 아들, 내 아들아!"[6]

· · ·

    도덕성에 관한 이 끔찍한 이야기는 수백 년 동안 위대한 예술가, 심오한 사상가는 물론 일반인에게도 영감을 주고 영향력을 끼쳐왔다. 이 이야기에는 신학적 차원의 리더십 개념이 포함되어 있다. 다윗이 신성한 권리에 힘입어 왕이 되었다는 점에서 그렇다. 이 강력한 생각은 오늘날까지 줄기차게 이어지고 있다. 지금 세상에도 자신이 신의 가호를 받는다고 주장하는 왕이나 여타 통치자들이 있지 않은가. 구약성경에서 다윗이 왕이 된 것은 신께서 그에게 왕이 될 권능을 부여했기 때문이다. 그전까지만 해도 히브리인들은 떠돌이 민족이었고, 갖가지 고초나 위기가 닥쳤을 때만 '판관'들이 선봉에 서서 일시적으로 그들을 이끌었다. 판관들은 거의 전부 남자였지만 여자 판관도 하나 있었다(데보라Deborah). 이들은 완벽한 권력을 쥔 절대적 통치자라기보다는, 위급 상황을 헤쳐나가는 길잡이나 군사 지도자 같은 존재였다. 성경의 많은 내용이 그렇지만, 이 이야기는 거대 문명과 제국이 일어서기 전, 즉 사람들이 씨족과 부족 단위로 유목 생활을 하다 다른 부족이나 민족이 위협을 가하면 그때 하나로 뭉치던 시절의 역사적 상황이 신화적으로 표현된 것이다. 하지만 적의 공격이 (특히 블레셋인으로부터) 시종일관 끊이지 않고 이집트 같은 거대 제국들이 자신들 세력권에서 군림한다고 인식하자, 이스라엘인들은 이웃 나라와 적국도 이미 가졌으니 신께서 자신들에게도 왕을 보내주길 예언자 사무엘을 통해 간청한다. 그러자 사무엘은 왕들이 어떤 짓을 할지 이스라엘 민족에게 이렇게 일러준다.

앞으로 너희를 다스릴 왕은 이러하리니. 너희 아들을 데려다 자기 전차에 앉히고, 자기 마부로 삼고, 자기 전차 앞에서 달리게 할 것이다. 또 자기 휘하의 천부장과 오십부장으로 삼는가 하면, 몇몇은 자기 땅을 갈게 하고, 자기 곡식을 거두게 하고, 전쟁 도구들이며 전차에 쓸 장비들을 만들게 할 것이다. 너희 딸들을 데려가서는 조향사와 요리사와 제빵사로 삼을 것이다. 왕은 너희가 가진 가장 좋은 논, 포도밭, 올리브 과수원을 빼앗아 자기 종들에게 줄 것이다. 네가 키운 곡식과 너의 포도밭에서 십일조를 거두어 자기 장교와 종들에게 줄 것이다. 또 너희의 남자 종과 여자 종, 젊은 최정예 병사들, 당나귀에게 자기 일을 시킬 것이다. 네 무리의 10분의 1을 데려가 자기 노예로 삼으리라. 그날이 오면 너희는, 너희 스스로가 선택한 왕 때문에 통곡하게 될 것이나, 그땐 주님도 답하지 않으시리라.[7]

다시 말해, 신은 이 선택받은 민족에게 너희가 한번 왕을 두면 다시는 옛날로 돌아갈 수 없다고 이른 셈이다. 이 민족은 사무엘의 암울한 예언에도 아랑곳없이(이 예언이 실현된 건 말할 것도 없다) 기어이 왕을 한 사람 택해 그의 다스림을 받기로 한다. 그리고 일단 왕을 섬기게 되자, 신이 사무엘의 입을 통해 경고한 대로 이제 다른 사람은 감히 왕의 권력에 도전하지 못하게 된다. 왕은 신의 선택을 받은 자이기 때문이다. 또한 왕이 지상의 권력을 가졌으나 여전히 신의 가호 아래 있다는 것은, 리더십이 (윤리라는 말이 존재하기도 전에) 일종의 윤리에 제약을 당했다는 뜻이다. 자신의 권력을 남용한 다윗에게 닥친

다시, 리더란 무엇인가

슬픔과 고통은 그가 애초 히타이트인 우리아에게 저지른 죄에 대한 신의 벌이나 다름없었다. 그의 출세도 그의 고통도 모두 신의 뜻인 것이다. 실제로 열왕기의 두 권이 잇단 통치자들의 성공 혹은 실패에 따른 흥망성쇠 이야기를 풀어놓을 때 그 밑바탕이 되는 것은 대부분 한 가지 요인이다. 그들이 "주님의 눈에 비추어" 옳은 일을 했는가 잘못된 일을 했는가다. 이 역학을 다윗도 잘 알았으리라는 것은 분명한데, 그래서 막무가내로 히타이트인 우리아를 죽이고 밧세바를 자기 것으로 만들지 못한 것이다. 다윗이 굳이 은밀히 남들을 속여가며 그런 일을 벌인 것은 자신이 숨겨야만 하는 짓을 저질렀음을 알았기 때문이다. 다만 한 가지 그가 잊은 사실은, 모든 걸 보는 신에게는 아무것도 숨길 수 없다는 점이다.

이 이야기는 왜 이런 식으로 쓰였을까? 종교인이라면 성경 속 내용들은 말 그대로 신의 말씀이고, 따라서 두말할 나위 없이 사실이라고 믿을 것이다. 하지만 비종교인의 눈에 성경은 인간들이 갖가지 인간적 의도를 갖고 만들어낸 산물로 비친다. 지금까지의 역사만 봐도 사람들은 특정 인물들이 리더 노릇을 하게끔 힘을 부여하는 동시에(때로는 엄청난 권위를 가지게까지 하면서) 한편으로는 자신을 다스리는 통치자의 권력을 제한하기 위해 갖가지 방법을 찾아오지 않았던가. 한편으로 생각하면 성경의 이야기에서 발견되는 리더십 개념은 리더에게 거의 무제한의 권력을 부여한다. 하지만 또 다른 면에서 보면 그 안에는 리더라도 감히 넘어서는 안 될 선이 있다는 생각이 은연중 깔려 있다. 아무리 리더라도 그저 자기 뜻대로만 하지 못하는 것이다. 리더는 항상 더 높은 곳의 권력인 신의 뜻에 고분고분 따라야 하고, 결국에는 이것이 일종의 도덕규범 노릇을 하는 셈이다. 따라서 보통 사람들이 리더의 힘을 견제하지 못하더라도 신이 리더를 견제해줄 수 있다. 신을 믿고, 섬기고, 신의 일을 한다는 것은 달리 말하면 사람들이 자신의 힘을 남용하는 리더로부터 보호받을 수 있다는 뜻이었다. 즉, 막강한 힘을 가진 왕도 신성한 권위에 지배받기는 최하층의 자기 백성과 마찬가지인 만큼 왕이나 백성이나 신 앞에서는 모두 똑같으며, 신은 강자부터 약자에 이르는 세상의 모든 이에게 똑같은 도덕적 잣대를 들이댄다.

리더가 먼저 등장했는지, 아니면 이상적인 리더의 상像이 먼저 존재했는지는 알 수 없다. 문명의 토대를 이루는 다른 원전과 마찬가지로 성경은 리더십이란 마땅히 어떠해야 한다는 기준을 세우면서도 우리가 리더의 권위에 복종하고 그 힘을 받아들여야 한다고 말한다. 이것이 더욱 중요한 부분일 텐데, 사람들은 이와 동시에 자신들을 다스리는 통치자의 권력을 제한할 갖가지 방법들도 마련해왔다. 오늘날처럼 비종교적인 방법으로 권력을 제한할 수 없을 땐 신성한 뜻에 따른다는 명분을 내세워서 말이다. 리더십 성립의 핵심에는 바로 이 둘 사이의 줄다리기가 존재한다. 한편으로 리더십 개념은 리더에게(실질적으로는 통치자에게) 거의 무제한의 권력을 부여하고 신성한 뜻을 통해 그 힘을 승인받는다. 리더를 상대로 반란을 일으키는 자는 신을 상대로 반란을 일으키는 것이나 다름없다. 하지만 다른 한편으로 리더 역시 신이라는 형태의 상부로부터 감독을 받는다. 제아무리 막강한 리더도 신의 힘과 권위를 능가할 수는 없다.

다시, 리더란 무엇인가

· · ·

    물론 이것은 성경에 등장하는 에피소드 중 하나일 뿐이며, 성경 자체도 문명의 토대를 이루는 신화의 한 사례일 뿐이다. 그 안의 이야기들을 통해 우리 조상들은 자신과 자신을 둘러싼 세상, 그리고 자신의 역사에 의미를 부여해왔을 것이다. 하지만 성경이 사람들에게 대표적 본보기가 돼준 것만은 분명하다. 이후로도 인간은 수백 년에 걸쳐 대체로 종교와 군주제에 기반한 사회를 조직해나갔으니까. 아울러 기독교인들은 신의 아들이자 다윗왕의 직계 후손이라 믿었던 예수 그리스도를 중심으로 리더십 개념을 발달시켰다.

    그러다 현대에 들어서면서 사회, 나아가 국가가 통치하는 방식이 대대적인 변화를 맞았다(물론 그 와중에도 종교적인 세습 군주제 형태의 리더십은 건재했다). 서양사만 들여다봐도 그 양상이 복잡해짐을 알 수 있는데, 이때부터 리더십이 신과 분리되기 시작하기 때문이다. 신성한 권위의 영향력이 줄어들면서, 새로운 차원에서 리더십을 설명하고 정당화할 필요가 생겼다. 이런 측면에서 지금껏 사람들이 리더십을 생각해온 방식에 니콜로 마키아벨리Niccolò Machiavelli만큼 막강한 영향력을 끼친 이도 없을 것이다.

    마키아벨리는《군주론Il Principe》의 저자로 가장 유명한데, 이 책은 1513년에 집필됐으나 1532년에 비로소 출간됐다.[8] 마키아벨리를 통해 우리는 단지 리더십에 대해 생각하는 법뿐만 아니라 역사 공부 자체에 대해서도 한 수 배울 수 있다. 역사를 배우는 것의 가치와 의미에 대해 마키아벨리가 남긴 가장 예리하고 의미심장한 언급은

〈프란체스코 베토리에게 보내는 편지Lettera a Francesco Vettori〉의 다음 내용일 것이다.

> 저녁이 오면 나는 집으로 들어와 내 서재로 간다네. 서재 문간에 서서 진흙투성이에 땀에 절은 일상복을 벗어던지고 관복을 몸에 걸친 뒤, 근엄하게 예를 차린 이 옷을 입고 고대 성현들이 노니시는 고풍스러운 중정에 발을 들이지. 그러면 그분들이 나를 반갑게 맞아주시고, 나는 오로지 나만을 위해 마련된, 그걸 맛보기 위해 이 세상에 태어났다고 할 음식을 맛본다네. 그곳에서 내가 옛 성현들에게 거침없이 말을 걸어 그분들이 어떤 동기에서 그렇게 행동했는지 물으면, 그분들은 인정 어린 마음으로 내게 답해주신다네. 그 공간에 머무는 네 시간 동안에는 속세도 까맣게 잊고, 그 어떤 번뇌도 떠오르지 않고, 빈곤도 더는 두렵지 않으며, 죽음에 몸이 떨리지도 않아. 그야말로 그분들의 세계로 들어가는 거지.[9]

마키아벨리가 그의 인생에서 가장 암울했던 시절에 쓴 이 글은 과거에서 앎과 영감을 얻기 위해 역사를 붙들고 씨름한다는 것의 의미를 힘이 넘치게 표현하고 있다. 그가 서재에 머무는 시간을 왜 딱 네 시간으로 정했는지는 알 길이 없지만. 이 책에서 우리도 마키아벨리와 똑같은 것을 탐구할 것이다. 성경과 마찬가지로《군주론》도 문명의 토대가 된 작품으로 꼽힌다. 이 책을 읽었건 안 읽었건, 우리는 이 책이 직간접적으로 형성한 세상 속에(그렇게 해서 만들어진 세상이 좋건

나쁘긴) 살고 있다.[10]

오늘날에는 '마키아벨리스럽다'라는 말을 비도덕적이고, 심지어 권력을 잡기 위해 물불 안 가리고 책략을 꾸민다는 뜻으로 사용하는 이가 많다. 하지만 이 말은《군주론》을 지나치게 단순하게 이해한 것일 뿐 아니라 그 내용을 오해한 결과이기도 하다. 이 글을 쓸 당시 마키아벨리는 개인적으로 갖가지 고초를 겪으며 궁지에 몰려 있었다. 일자리를 잃은 데다 피렌체의 새로운 권력자로 부상한 메디치 가문의 눈 밖에 난 상황이었다. 이전 정권에서는 14년 동안이나 피렌체공화국의 고위 관료로 복무했으나 정권이 바뀌면서 뜻하지 않게 모든 권력과 책무를 빼앗긴 것은 물론, 공직에서 쫓겨나 투옥과 고문을 당하기까지 했다. 그런데도 정치에 대한 마키아벨리의 열렬한 관심은 사그라지지 않았고, 오히려 15년 동안 정신없이 휘몰아친 사건들에서 얻은 경험과 거기서 끌어낸 성찰을 밑바탕으로 삼아, 성공하길 원하는 리더라면 누구든 길잡이로 삼을 만한《군주론》을 집필해냈다. 아마도 그는 내심 피렌체 통치자들이 이 책의 내용을 받아들였으면 하는 목적을 품고 있었을 것이다. 마키아벨리는《군주론》의 초고를 친구들에게 돌리기도 했지만, 책은 그가 세상을 떠나고 나서야 출간되었다. 생전에 마키아벨리는 희곡을 비롯한 다른 저술들로 더 유명했으며,《군주론》은 출간되기 전부터 나름의 악명을 얻긴 했으나 그는 이 책으로 덕을 보지 못했고 여생 동안 권력 근처에 두 번 다시 발을 들이지 못했다.

마키아벨리 시대에 피렌체 정계에서 벌어진 모의도 흥미롭고, 그의 삶 자체도 드라마의 연속이지만, 지금 우리에게는 마키아벨리가 자기 생각을 글로 써낼 때 어떤 커다란 역사적 맥락에 있었는지가 더욱 중요하다. 그가 《군주론》을 집필할 당시 이탈리아는 불안정과 알력 다툼이 끊이지 않았는데, 유럽이나 세계의 다른 지역들보다 크고 작은 공화정부와 왕국들이 난립해 있었다. 16세기 초 유럽은 전반적으로 막강한 힘을 가진 통치자들이 점점 커지는 국가 및 사회를 다스리던 상황이었다. 성경에 나오는 다윗, 밧세바, 우리아의 이야기가 쓰인 지 2000년도 더 지나 있었지만, 《군주론》은 유럽의 거의 모든 이에게 여전히 신의 존재를 해와 달처럼 자명하게 받아들이던 세상의 일부였다. 마키아벨리는 군주제 속 통치자의 권위에 도전하거나 신의 존재를 부정하지 않았다. 그것은 마키아벨리가 해내려던 일과 아무 상관없는 부분이었다. 하지만 권력과 리더십이라는 주제를 다루는 사상가 혹은 이론가로서 마키아벨리는 독자들을 비종교적인 방향으로 이끄는데, 주로 남자들이(아직도 우리 이야기는 남자들에서 못 벗어나고 있다) 통치자 혹은 리더로서 성공(혹은 실패)하는 데 개개인의 역량이 얼마나 힘을 발휘하는지를 지켜보고 설명하는 방법을 통해서였다. 마키아벨리는 신이 인간사에서 일정 역할을 맡고 있음을 인정했다. 《군주론》에는 통치자의 흥망성쇠가 일정 부분은 신의 뜻, 나아가 '운'(마키아벨리는 이것을 '신'과 결부시켰다)에서 비롯됨을 당연시하는 듯한 대목이 심심찮게 등장한다. 하지만 이와 함께 마키아벨리는 이 세상에는 "자유의지도 있으며", "비록 운이 우리 행동의 절반을 결정하나", "행동의 나머지 절반, 아니 어쩌면 그보다 더 적은 부분은 우리가 이끌도록 놔둔다"[11]라고도 주장했다. 다른 글에서는 신께서 벌인 갖가지 기적과 형벌을 나열하고, 신께서 그것들로

다시, 리더란 무엇인가

세상을 바로잡았음을 말하면서, 그래도 "신은 모든 것을 다 하려 하지 않으니, 우리의 자유의지와 그것을 잘 행한 우리에게 돌아올 영광까지 빼앗으실 생각은 없다"[12]라고 주장한다.

《군주론》을 읽지 않았더라도 마키아벨리와 곧잘 연관되는 몇몇 구절, 이를테면 통치자는 "사랑받기보다 두려운 존재로 여겨지는 편이 더 낫다" 같은 말들은 익히 들어봤을 것이다. 마키아벨리주의에 대한 일반적 통념을 떠올리게 하는 것이 바로 이런 구절들이다. 하지만 그 안에는 마키아벨리 사상의 전반적 뉘앙스도 녹아 있으니, 그의 사상의 핵심은 비도덕적인 행동이 아니라 자신의 운명을 스스로 만들어나간다는 것에 있다. "잔혹함과 관대함, 그리고 통치자는 두렵게 여겨지기보다 사랑받는 편이 나은가에 대하여"(이 논저의 핵심을 담은 부분으로 볼 수도 있다)라는 제목이 붙은 《군주론》 제17장에서 마키아벨리는, 사랑받으면 일시적 충성을 얻을 수는 있으나, 인간 본성상 사랑에서 나오는 충성은 변덕스럽기 마련이므로 변질되거나 내팽개쳐질 수 있다고 말한다. 하지만 형벌에 대한 두려움은 변치 않는 충성을 보장하니, 통치자에게 진정 필요한 것은 바로 여기에 있다는 것이다. 더불어 마키아벨리가 악독하고 비도덕적인 행동에 찬성했으리라는 생각과는 반대로 그는 군주가 제멋대로 굴거나 지나치게 잔혹한 형벌은 내리지 말아야 한다고 당부한다. 그런 식으로 벌을 내렸다간 대중의 공분을 사고, 이를 빌미로 피지배 계층이 복수하려고 달려들면 몰락의 길을 걸을 수도 있기 때문이다. 이 관점을 통해 마키아벨리가 표면적 모습과 인식을 중시하고, 도덕적 완벽성에 얽매이지 않은 것은 물론, 그도 권력에 한계가 있음을 분명히 인식했고 아울러 과도한 권력은 특별히 경계했다는 사실을 알 수 있다. 마키아벨리에 따르면, 사람들의 미움을 받는 게 나쁜 이유는 그것이 비도덕적 행동의 결과이기 때문이 아니라, 그 미움이 통치자가 이루려는 목표들을 가로막기 때문이다.

결국 마키아벨리의 군주는 사무엘기 하권에 나타난 것과는 전적으로 다른 새로운 정신세계에 존재하는 셈이니, 그 세계에서 리더십을 구속하는 것은 초자연적 존재나 도덕성이 아니라 갖가지 목표들이다. 예언자 나단이 다윗왕에게 들려준 부자와 가난한 자, 양에 대한 냉혹한 이야기는 마키아벨리의 손을 거쳐 이런 식으로 거듭난다. 군주가 가난한 자의 한 마리뿐인 양을 빼앗지 말아야 하는 이유는 그것이 비도덕적 행위이므로 신을 노하게 할 것이어서가 아니다. 그런 행동을 하면 사람들의 미움을 받게 되고, 대중의 공분을 사면 야망을 실현할 길이 어그러지기 때문이다. 다른 한편에서 보면 통치자는 "사랑받기보다 두렵게 여겨지는 편이 나으므로" 지배받는 자들이 명을 따르지 않으면 양을 얼마든 빼앗아 갈 수 있음을—아울러 필요하고 정당할 때는 이 형벌을 정말 실행할 것임을—알리는 것은 괜찮을 뿐만 아니라 심지어 바람직하기도 하다. 마키아벨리의 세상에서는 위장과 겉모습이 의도와 법만큼 중요하다. '군주'는 세습 원칙에 따라 리더십을 갖는 자리가 아니며, 신이 선택한 자도 아니다. 리더십은 위에서 부여한 것도 아니고, 운명으로 정해지는 것도 아니다. 리더십은 얼마든 노력을 들이고 발전시키고 연마할 수 있는 무언가다. 리더는 신의 뜻에 따르는 게 아니라 올바른 조언, 특히 마키아벨리의 조언을 택함으로써 성공할 수 있다. 이는 리더십을 완전히 새로운 방식으로 생각하는 것이었다. 무엇이 도덕적으로 옳은 일인가가 아닌 현실 정치가 어떤 식으로 돌아가는가를 근거로 세상을 다스릴 포부가 있는 리더에게 지침을 주기 때문이다. 그런 의미에서 마키아벨리는 우리를 옛날 세계에서 새로운 세계, 즉 무엇이든 가능해 보이고, 리더가 자신의 운명만이 아니라 역사까지 만들어가는 세계로 안내한다.

∙ ∙ ∙

리더들이 이미 정해진 신성한 뜻보다는 전술, 전략, 목표를 근거로 자기 운명을 개척하고 의사 결정을 내릴 것처럼 보이는 마키아벨리의 멋진 신세계에서도 모든 게 가능한 것은 아니다. 도덕성과 더 높은 곳의 힘이 옭아맨 족쇄에서 자유롭게 풀려나더라도, 리더에게는 반발력이 제법 막강한 것들과 상대해야 하는 일이 남아 있다. 바로 각종 구조, 시스템, 제도, 다른 리더들, 사회의 다른 부분들, 반항자들, 반대자들, 적들이다. 마키아벨리의 세상에서 통치자들이 짊어지는 가장 버거운 도전은 통치자의 힘이 신성한 권위로부터 보장도 보호도 받지 못하기 때문에 언제든 그 자리에서 쫓겨날 수 있음을—그래도 신이 노할 일이 없음을—다른 사람들도 알고 있다는 것이다.

마키아벨리의 저작을 읽다 보면 자연스레 이런 질문이 고개를 든다. 그렇다면 리더가 역사를 만드는 것일까, 아니면 역사가 리더를 만들어내는 것일까? 리더십의 본질과 그 작동 원리를 이해하기 위해서는 리더가 세상을 어떤 식으로 변화시켰는지를 주로 살펴야 할까, 아니면 세상이 그런 리더를 어떤 식으로 만들고 제약을 가했는지를 살펴야 할까?

이 점과 관련해 개인에 초점을 맞추는 사람들이 있는가 하면 사회에 초점을 맞추는 이들도 있다. 영향력과 정치적 중요성 면에서 단연 19세기 최고의 사상가로 꼽히는 카를 마르크스Karl Marx는 개개인에도 흥미를 보였지만, 역사에 대한 구조적 분석을 선호했다. 마르크스는 냉전 후반기를 거치는 동안 적어도 서구에서는 평판이 심각히 떨어져 위신이 말이 아니었다. 하지만 최근 전 세계의 정치, 경제가 점차 디스토피아적 상태에 빠지면서, 마르크스의 귀환이라고 할 만큼 그의 사상이 다시금 주목받고 있다. 역사와 리더 중 무엇이 가장 중요한가를 두고 논쟁이 붙는다면 마르크스는 역사 쪽에 설 사람이다. 마르크스는 소논문 〈루이 나폴레옹의 브뤼메르 18일Der 18te Brumaire des Louis Napoleon〉(1852)에 이렇게 썼다. "인간은 자기 역사를 스스로 만들어가지만, 그것을 자기 뜻대로 만들지는 못한다. 다시 말해 인간은 자신이 선택한 상황 속에서 역사를 만들기보다는, 이미 존재하는, 과거로부터 주어지고 전달받은 상황 속에서 역사를 만든다."[13]

이 소논문에서 마르크스는 프랑스혁명 후의 독재자 루이 보나파르트와 1851년 그가 권좌에 오른 일을 특정해서 다루지만, 마르크스가 언급한 내용은 리더 개인이 무엇을 할 수 있고, 역사를 앞으로 움직이는 데(역사가 정말 이렇게 움직이는지는 모르겠지만) 리더가 얼마나 중요하며, 리더들이 자신이 활동하는 틀 안에서 얼마나 현실의 틀을 설정하고 그것을 바꿔나갈 수 있는지에 대한, 시간이 지나도 퇴색하

다시, 리더란 무엇인가

지 않는 성찰들이다. 마르크스는 개인의 주체성(그 자신이 이런 용어를 쓴 건 아니다)에는 한계가 있다고 믿었다. 역사, 즉 마르크스의 표현에 의하면 "과거로부터 전달받은 …… 상황"은 대단한 권력을 가진 경우에도 어떤 개인이 변화를 만들어낼 수 있는 능력을 제약하기 때문이다. 물론 마르크스도 리더들이 이 세상을 변화시킬 가능성을 배제한 적은 없다. 오히려 자본주의를 전복해 역사의 흐름을 바꾸는 혁명을 사람들이 일으킬 수 있고 일으켜야 한다는 것이 마르크스주의의 핵심 논지다. 마르크스가 보기에는 단순히 다른 세상을 상상하는데 그치지 않고, 그것을 실제로 존재하게 만드는 것이 목표가 돼야했다. 그의 표현을 빌리면 "철학자들은 이 세상을 갖가지 방식으로 해석해왔을 뿐, 결국 핵심은 세상을 바꾸는 것이다."[14]

정치학자 리처드 새뮤얼스Richard Samuels는 저서 《마키아벨리의 아이들Machiavelli's Children》에서 다음과 같은 질문을 깊이 파고든다. 권력을 차지한 리더들은 도저히 피할 수 없는 제약들에 맞닥뜨렸을 때 무엇을 할 수 있는가?[15] 새뮤얼스 또한 어떤 리더도 결코 진공 속에서 활동하지 않으며 그가 말한 이른바 '대단한 힘들'을 마주한다는 사실은 인정하지만 이렇게 덧붙인다. "역사가의 서술에서는 그 제약들이 현실에서 리더들이 실제 겪는 것보다 더 크게 나타날 수 있다. 현실에서는 리더가 교묘하게 책략을 구사할 수 있을 만큼 사회적, 정치적, 경제적 힘들이 절묘하게 균형을 이루기도 하기 때문이다." 제법 역량 있는 리더라면 이른바 '제약의 테두리를 늘릴' 줄 안다. 즉, 사회적 역할, 문화적 영향력, 경제체제, 사고 패러다임 같은 구조적 요인들의 틀을 완전히 깨지는 않으면서 힘을 가하고 적절히

갈라노 치프리아니Galgano Cipriani가 그린 니콜로 마키아벨리의 초상화. (© Incamerastock/Alamy)

젊은 카를 마르크스의 초상화. (© Science History Images/Alamy)

다시, 리더란 무엇인가

조정해 충분히 실질적인 변화를 이뤄낼 줄 안다.

그렇다면 이 논쟁은 결국 리더가 역사를 만들 수 있고 나아가 극복할 수 있다고 믿는 마키아벨리 같은 사람과, 역사가 리더들을 만들고 제약한다고 믿는 마르크스 같은 사람들 사이에서 벌어진다고 할 수 있다. 새뮤얼스는 전자 편이다. 그는 마키아벨리의 모델에 따라 올바르게 결정하고 자기 의지를 세상에 관철해 효과적인 리더십을 이루어나가는 군주의 능력을 말하며, 거기 부합하는 몇몇 지도자의 사례도 열거한다. 윈스턴 처칠, 마거릿 대처, 마오쩌둥, 마하트마 간디 등 자신의 조국, 심지어 더 넓은 세상을 변화시킨 지도자들 말이다. 하지만 새뮤얼스의 주장을 일관되게 적용하기 훨씬 어려운 사례가 많은 것도 사실이다. 더구나 리더가 마주하는 갖가지 '상황'에 관한 마르크스의 언급은 특히 현명한 이야기로 들린다.[16]

리더십을 구성하는 요소 중 하나로 권위를 들 수 있다. 권위에는 정치적, 경제적, 사회적 혹은 도덕적 측면이 있다. 더러는 리더가 두려움, 사랑, 충성, 감정적 호소를 바탕으로 자신의 추종 세력에 대한 권위를 지니기도 한다. 마키아벨리의 모델과 가장 잘 들어맞는 경우는 우월한 권력을 행사하는 리더들, 즉 여러 면에서 이미 유리한 고지에 서 있는 리더들이다. 가령 민주주의로 움직이는 체제의 정치 지도자로서 민주적 선거 절차에 따라 선출되어 정당성을 폭넓게 확보한 경우가 그렇다. 아니면 그 나라의 군사 및 다른 국가기관이 독재자의 뒤를 받치고 있을 때는, 독재자가 국가의 강력한 지지를 손에 넣은 만큼 갖가지 '제약들'의 테두리를 '늘릴' 여지가 많을 것이다. 또 대기업과 CEO의 이익을 위해 정치 및 경제가 설계된 나라에서 일하는 CEO는 사람들을 어떤 식으로 '이끌어갈지'와 관련해 선택할 여지가 많을 것이다.

하지만 리더, 그리고 현실을 만들어나가는 리더의 능력에 대한 이 확고한 관점을 권력의 반대편에 선 리더들에게 적용하면 어떻게 될까? 더러는 리더 자신이 다른 사람이나 다른 무언가의 리더십을 제약하는 근원이 되기도 하는데, 관찰자 혹은 일반 시민이라 할 수 있는 우리가 제약 세력이 기존 리더를 누르기를 바랄 때도 있다. 리더는 국가의 수장이나 산업체의 총수일 때도 있지만, 한 나라의 공식적 리더와 대결하는 사회운동가일 때도 있고, 잔혹한 독재자를 전복하기 위해 싸움을 벌이는 지하조직의 대원일 때도 있다. 우리가 이들 중 누구를 응원하는가의 문제는, 각각의 상황과 우리의 세계관, 정의관, 정치적 이상, 사회적 기질에 따라 달라진다. 왕과 제후는 다소 한정된 하나의 리더십 유형만을 대변할 뿐이다. 따라서 앞으로 이 책에서 살펴볼 리더들, 아마도 우리에게 가장 많은 통찰과 영감을 불어넣어줄 리더들은 정식 권력이나 권위가 없는 이들일 수도 있다. 심지어는 유명하지 않을 수도 있다. 그들은 아마도 이루기 어렵지만 아주 고귀한 대의를 위해 싸우는 투사일 것이다. 아니면 압제적인 체제를 이기기 위해 엄청난 위험을 감수하는 반란자일 수도 있다. 그도 아니면 더 위대한 선을 위해 자신을 희생하는 성자일 수도 있다. 이들은 성공하지 못할 수도 있고, 이기지 못할 수도 있다. 하지만 이 투사, 반란자, 성자들이야말로 길이길이 지워지지 않는 인상을, 나아가 가장 커다란 영향력을 우리에게 남기는 이들이다.

다시, 리더란 무엇인가

2장

공황

누가 위기에 정면으로 맞설 것인가

◆

대공황의 영웅과 역적,
프랭클린 루스벨트와 허버트 후버

역사가 리더를 만드는 게 아니라, 리더가 역사를 만든다고 주장하는 이들도 리더십은 절대 무에서 창조되는 것이 아니라는 것만큼은 확실히 알아야 한다. 리더십은 수단만 있다고 뚝딱 만들어지는 자질도 아니거니와, 이것이라고 딱 잘라 가르쳐줄 수 있는 공식도 아니다. 역사를 대강만 훑어도 진정으로 중요한 리더는 위기가 닥쳤을 때 등장한다는 사실을 알 수 있다. 성경의 세상에서건, 마키아벨리의 세상에서건, 우리의 세상에서건, 심지어 신이나 운이 리더를 만드는 데 관여하기 마련이라 믿는 사람의 세상에서도. 한창 위기를 겪을 때 우리는 지금 우리를 이끄는 지도자들에게 가장 주목하고, 그들이 정말 우리가 원하는 지도자인지, 아니면 다른 사람이 저 자리에 있었으면 하는지—아니면 직접 리더로 나서는 것이 나을지—결정하는 문제를 두고 치열하게 고민하게 된다.

시절이 평탄하여 세상이 평화롭고 경제적으로 풍요로울 때는(단, 경제가 풍요롭더라도 경제적 불평등이 심해서는 안 된다) 리더들도 잘해나갈 수 있다. 이때 리더의 주된 역할은 관리에 머무는 법이다. 즉, 상황을 안정적으로 유지하며, 커다란 실수만 하지 않도록 조심하면 된다. 그러다 갑자기 위기가 닥쳤을 때 리더들은 시험에 든다. 그렇게 시험에 드는 순간, 평화롭고 안정적인 시절에는 적격이다 싶었는데 막상 위기가 닥치니 리더의 면모를 보이지 못하는 사람이 있고, 시절이 평탄할 때는 별 두각을 드러내지 못했는데 위기 상황에서 강점을 보이는 이들도 있음을 알게 된다.

진정한 위기가 닥치면 우리는 기존 리더나 잠재적 리더 중 누가 우리에게 도움을 주고 누구는 우리의 신뢰를 남용할지, 또 누가 골칫거리와 고통을 해결해주고 또 누구는 그걸 악용할지, 또 누가 대중의 공분을 동력으로 삼아 공익을 추구하고 누구는 사리를 챙길지를 결정해야 하는 상황에 놓인다. 아마도 오늘날 자본주의 세계가 경험한 최악의 경제적 위기로 꼽힐 1930년대의 대공황은 위기의 순간에 어떤 리더를 찾아야 하는가를 알게 해준 특이한 기회였다. 당시 일들은 혼돈과 불안정이 찾아오면 사람들이 어떤 사람에게 의지하는 한편 누구를 내치는지를 잘 보여준다. 대공황 사태를 통해 우리는 리더가 일반 대중은 물론 자신을 위해서도 위기에 성공적으로 맞서려면 무엇이 필요한지와 관련해 많은 것을 배울 수 있다.

대부분의 미국인에게는 1929년 말 뉴욕 증시가 대폭락한 월스트리트 붕괴가 대공황의 시작이었다. 1920년대에 수백만 미국인은 저축한 돈을 주식시장에 쏟아붓는 게 당연한 분위기에서 지냈다. 자신들을 믿으면 부자가 될 수 있다는 증권가의 선전을 모두가 믿었기 때문이다. 하지만 이건 이렇다 할 규제가 없는 상황에서 벌어진

다시, 리더란 무엇인가

엄청난 규모의 폰지 사기Ponzi scheme나 다름없었다. 증시 대폭락은 은행들의 줄파산으로 이어졌고, 이로 인해 수백만 이상의 미국 가정이 거의 순식간에 파탄을 맞았다.[1] 노동자 계층에는 재앙이나 다름없었고, 농부들의 삶도 망가졌다. 지구 공동체 대부분에 미친 그 여파는 여러 나라의 경제가 얼마나 긴밀하게 얽혀 있는지, 나아가 로어맨해튼의 이해 못 할 금융 등락이 전 세계 수억 명의 삶을 어떻게 좌지우지할 수 있는지를 어느 때보다 적나라하게, 그리고 많은 이에게는 어느 때보다 공포스럽게 보여주었다. 가장 많은 고통을 당하고 피해에 대한 보호를 제대로 받지 못한 쪽은 취약 계층이었다. 1920년대 하면 '재즈 시대'라느니, 밀조한 진gin과 신여성의 시절이니 하는 선입견이 있다. 사실 당시는 불평등이 극심해서 가장 가난한 구성원들은 사회의 보호를 거의 받지 못한 채 정글 같은 시장경제 속에서 살기 위한 사투를 벌여야 했다. 대공황으로 그들 삶은 훨씬 더 궁지에 몰렸다. 현실은 아프리카계 미국인 빈민들에게 특히나 혹독했다.

　대공황이 절정일 때 공식 집계된 미국의 실업률은 25%였다. 다른 나라들의 사정은 훨씬 안 좋았다. 캐나다는 공식 집계된 실업률이 27%, 오스트레일리아는 29%, 독일은 대략 30%에 달했으니, 나라 전체 인력의 약 3분의 1이 실직 상태라는 뜻이었다. 이 사태가 전 세계 정치에 미친 영향은 이루 헤아릴 수 없었다. 경제가 붕괴하고 물가가 끝없이 치솟던 바이마르공화국의 상황은 아돌프 히틀러Adolf Hitler가 권좌에 오르는 직접적 계기가 됐다. 라틴아메리카 국가들은 경제가 미국과 긴밀하게 얽혀 있었던 만큼 대공황의 여파가 유달리 가혹하고 심대했다. 일본 경제는 1년 만에 10% 이상 위축됐다. 이후

1930년대를 거치면서 일본은 독일과 똑같은 방법으로 (나중에 미국도 이 방식을 따르게 된다) 군비를 엄청난 규모로 증강하고 글로벌 패권 도전에 나서면서 경제를 회복했다. 대공황은 미국은 물론 전 세계 정치의 겉모습을 완전히 뒤바꾸어놓았다.

대공황의 시발점이었던 미국에서는 대대적인 파탄 국면도 모자라 사람들이 굶어 죽는 일까지 일어났다. 사회는 혼란에 빠져 무방비로 무너져갔다. 가정이 해체된 건 말할 것도 없었다. 많은 남자가 일자리를 찾아 집을 떠났다. 떠날 집이라도 있으면 그나마 다행이었다. 이들 대부분은 일이 없어서 점점 더 먼 곳으로 떠났다가 결국 부랑자가 되어 두 번 다시 가족들을 만나지 못했다. 가정을 꾸릴 기회마저 없어진 젊은 남녀도 수백만에 이르렀다. 이처럼 가정이 무너지고, 아이들은 배를 주리는데 어른들은 줄 게 없고, 기초 생필품에만 의지해 살던 빈민들은 극빈자로 내몰려 구호품에 의지해 살아야 했다. 가장 막심한 피해를 입은 사람들은 이 모든 사태를 도저히 이해할 수 없었다. 저 상층부 사람들이 갖가지 꼼수를 쓰다 벌어진 일일 텐데도 정작 그들은 책임을 면하고 도리어 보란 듯 계속 잘사는 상황이 되면 많은 사람의 절망감이 커지기 마련이다. 사람들은 화가 치밀어서, 과감한 대책을 내놓을 것을 요구한다. 나아가 자신들을 더 나은 세상으로 이끌겠다고 약속하는 리더를 찾는 한편, 자신들에게 고통을 안긴 자들은 벌하려 한다. 우선 사람들은 그 순간 자신들을 이끄는 리더를 잘 살필 것이다. 그다음에는 어딘가 다른 데로 눈을 돌릴 수도 있다. 그렇게 해서 사람들이 찾는 대안은 비현실적이기도 하고 탁월하기도 하고 기괴하기도 하다.

・・・

대공황이 미국을 강타했을 당시 미국 대통령은 공화당의 허버트 후버Herbert Hoover였다. 처음 대통령직에 올랐을 때만 해도 그는 발군의 실력을 지닌 공학자에 경제 지식도 풍부한 경영자로 명망이 높았다. 후버는 미국 식량청장 재직 시 제1차 세계대전 중인 유럽의 재난 지역들에 식량을 보급할 방법을 찾아낸 인도주의적 기업가로 평가받았다. 이후 그는 공직에 선출된 이력이 전무한데도 1928년 대선에서 손쉽게 승리를 거두었다.

이 점을 감안하고 후버의 정치 노정 전반을 살펴보면 그저 놀랍고 황당할 뿐이다. 미국 대통령 중 대중 사이에서 인기가 오르락내리락한 이는 많았지만 후버만큼 극적으로 대중의 신망을 잃은 사람은 떠올리기 힘들다. 백악관 입성 당시만 해도 널리 존경받았던 그는 대통령직을 한 번 거치고 나서 단 몇 년 새 국민들의 신망을 완전히 잃은 채 백악관을 떠나 현대 미국사에서 가장 인기 없는 대통령으로 남게 되었다. 이 기록은 2008년 11월, 조지 W. 부시George W. Bush가 대통령직에 2회 재임한 후 백악관을 나설 때 깨졌다. 1932년 대선에서 후버는 미국 선거 역사에서 가장 큰 표 차를 기록하며 프랭클린 D. 루스벨트Franklin D. Roosevelt에게 패했다. 이 기록을 루스벨트는 다음 대선이 열린 1936년에 다시 깨뜨린다. 이후 공화당은 20년 동안 정권을 손에 넣지 못했고, 다시 정권을 잡았을 때는 종전과는 사뭇 다른 모습을 보였다. 아울러 공화당이 처한 맥락도 종전과는 완전히 달랐다.

여기서 짚고 넘어가야 할 사실은 지금 우리는 이 시기를 '대공황'

이라 부르지만 당시 수많은 미국인은 '후버 공황'이라고 불렀다는 점이다. 사람들은 자신들의 고통과 절망을 대통령과 직접적으로 연관시켰다. 궁상맞은 야영지와 판자촌에서 살아야 했던 이들은 자기들 동네를 '후버빌'이라 부르는가 하면 플래카드를 내걸고 행인들에게 "힘든 시절이 '후버'하고 있으니HOOVERING*" 좀 도와달라고 호소하기도 했다.

후버에 대한 이런 비판이 얼마나 공정한지를 두고는 역사학자들 사이에서도 논쟁이 분분하다. 따지고 보면 후버 자신이 월스트리트 대폭락을 일으킨 것은 아닐뿐더러 대공황의 원인이 된 경제체제 내부의 뿌리 깊은 문제들은 그 혼자 힘으로 고칠 수 있는 것도 아니었다. 하지만 후버가 당시 미국 사람들의 고통을 현안으로 다루는 데, 심지어 그 고통을 온전히 이해하는 데 실패했다는 점은 거의 중론으로 통한다. 대공황이 닥쳤을 때 후버가 보인 반응만 봐도 무슨 일이 벌어지고 그 사태가 무슨 의미인지 제대로 감을 잡지 못했음을 알 수 있다. 위기가 후버를 불구로 만들어버린 것 같았다. 리더십을 분석하고자 한다면, 아울러 위기의 시절에 정치 지도자의 성패를 가르는 것이 무언지 알고자 한다면, 겉보기에는 재능 있고 유능한 이 남자의 실패를—확실히 실패였다—설명할 수 있어야 할 것이다.

후버는 경영진으로서는 훌륭한 자질이 있었지만, 대공황 사태 대응에서는 그의 성향, 시기, 직무 모두 하나같이 맞아떨어지지 않았

---

*   후버의 이름 'Hoover'가 '맴돌다'라는 뜻의 영어 'hover'와 비슷한 것을 이용해 그를 조롱한 표현이다.

다. 예를 들면 지독히 융통성이 없던 그의 성격은 사태 해결에 도움이 되지 않았다. 사실 독단적인 신조 자체가 반드시 나쁘다고 할 수는 없다. 그건 독단적으로 믿는 게 무엇이냐에 달린 문제다! 하지만 후버에겐 이런 원칙도 통할 수가 없었는데, 그는 대공황의 심각성이 미국 경제체제, 월스트리트의 갖가지 관행, 그가 이끄는 정부 정책 혹은 정계의 움직임과 모종의 관련이 있을지도 모른다고 생각조차 하지 않았다. 미국 경제의 구조적 문제를 인지하거나 인정할 능력 혹은 의지가 전혀 없었기 때문에, 위기에 대한 후버의 대응은 묵살과 입에 발린 말이 뒤섞인 것에 지나지 않았다. 그렇다고 위기에서 벗어날 정치적 기술이나 개인적 카리스마가 있는 것도 아니었다. 그의 행정부도 분명 조치를 취하긴 했으나 대체로 은행에 유리한 방안들뿐이었다. 후버 자신은 완전히 소극적인 대통령은 아니었으나 정부가 어디까지 나아가야 할지 잘 몰랐기 때문에 그의 행정부도 충분히 뭔가를 하지 못했고, 개입 범위와 수준도 그리 넓고 깊지 못했다. 후버는 미국이 대공황을 빠져나오지 못하는 이유는 '자신감의 위기' 때문이라고 주장했는데, 대기업부터 일반 시민에 이르기까지 모두가 계속 겁을 먹고 갈팡질팡하며 자신들 돈을 투자하고 있다는 뜻이라면서 이는 결국 '두려움과 불안'이나 다름없다고 못 박았다. 후버는 대공황의 심각성을 최대한 줄이려는 뜻에서 "저 모퉁이만 돌면 번영이 우리를 기다리고 있습니다"라는 식의 낙관적 발언들을 하기도 했다. 하지만 그의 낙관주의는 전혀 설득력이 없었고 외려 냉혹하고 무심한 말로 비칠 뿐이었다.[2]

후버는 미국의 경제체제가 안고 있는 결점들이 보이지 않는 만큼 위기는 전부 국제 금융 체제와 관련 있다고 확신했고, 1931년 유럽 경제가 파탄이 났을 때 이 확신은 더 굳어졌다. 물론 후버의 생각도 완전히 틀린 것은 아니었지만, 유럽이나 라틴아메리카도 사정이 안 좋기는 마찬가지라는 사실이 고투를 벌이던 당시 미국인들에게 도움이 되지는 않았다. 더구나 유럽인들도 자신들 처지를 건사하지 못한 이유는 다른 자본주의 세계와 마찬가지로 경제가 월스트리트와 단단히 얽혀 있었기 때문이다.[3]

후버는 이런 사태를 인지하지도 못했을 뿐 아니라, 사태에 대한 이해가 그보다 훨씬 떨어졌다. 후버가 보기에 이런 위기에 대통령의 역할은 '경제를 지원'하는 것이지, 전면에 나서서 뭔가를 보여줘야 하는 것은 아니었다. 이런 면에서 보면 후버는 무척 전통적인 모습의 그 시대 정치인이었던 셈이다. 전형적 보수주의자였던 그는 예산 균형을 유지하는 것이 건강한 경제를 이루는 초석이자 '대중의 신뢰'를 얻는 관건이라 믿었고, 따라서 이 원칙에서 벗어나는 식으로는 예산을 편성하려 하지 않았다. 하지만 이 원칙은 너무나 잘못되어서 끝까지 밀고 나가서는 안 되었다. 당시 미국 연방 정부는 너무 작아서 미국 경제가 절실히 필요로 하던 도움을 주거나 개입할 형편이 전혀 되지 않았다는 것은 케인스파 경제학자가 아니라도 알 만한 사실이었다.

후버는 전문 지식은 그렇게나 많이 갖추고도 정작 현대 경제의 작동 원리에 대한 기본적 이해가 부족했다. 그런데 한 가지 감안해야 할 사실이 있다. 비교적 최근 일어난 2008~2009년의 금융 위기 사태 당시엔 정책 입안자들과 전문가들이 대공황의 경험을 나름의 토대

다시, 리더란 무엇인가

로 삼을 수 있었던 데다, 경제학 분야도 전문 직종으로—이런 일들이 일어날 것임을 예측하는 한편 사태가 벌어진 후에는 보수를 두둑이 받고 사태의 원인을 설명해주는 사람들—번듯하게 자리 잡고 있었다. 하지만 그 누구보다 유명하고 아는 것 많다는 경제학자들조차(그중엔 정치인들을 움직이는 이들도 있었다), 이런 경험과 선례가 버젓이 있는데도 2008~2009년의 금융 위기를 예측하지 못했고 오히려 이후에도 독단적 주장을 더욱 거세게 밀고 나갔다. 정치 리더들은 위기 이전에도 도중에도 이후에도 한결같이 형편없는 결정들을 내렸다.[4] 1930년대 초반의 리더들은 최근과는 달리 근거로 삼을 만한 경험이 없었기 때문에 이들의 경우는 기준을 더 낮게 설정해야 한다. 물론 이전에도 몇 차례 위기가 있었으나—경제공황, 경기 침체, 은행 도산은 물론이고, 특히 1873년에는 철도 건설 붐이 급작스레 꺼지며 재정 파탄에 불을 지핀 일을 꼽을 수 있다—1930년에 벌어진 그 믿기지 않는 사태에 버금갈 만한 사건은 없었다.[5] 리더들은 위기에서 빠져나올 방법을 본능, 가치관, 야망에 근거해 상상해보는 것밖에는 방법이 없었다.

위기에 처했을 때 가장 중요한 것은 리더의 실질적인 대응이다. 반드시 해결해야 할 실질적인 문제들이 있고 그 문제들엔 구체적 조치들이 요구되는 법이다. 하지만 그와 함께 훌륭한 리더십에는 대중의 인식 역시 중요하다. 이런 점에서도 후버의 경우를 통해 많은 것을 배울 수 있다. 후버는 경영 스타일은 훌륭했던 사람이었다. 애초 대통령에 당선된 것도 그 덕분이었다. 정치인으로서 그는 번듯하고 품위도 있었으나, 지금 와서 그때를 돌아보면 경고 징후들도 분명 있었다. 우선 후버는 대중 앞에서는 차가운 사람처럼 보였다. 그는 대중도, 피상적 접촉도, 다른 정치인도 절대 좋아한 적이 없었다. 무표정한 얼굴로 대중 앞에서 연설할 때도 거의 웃는 법이 없었고, 웃는다 해도 방 안이 밝아지는 것 같은 그런 웃음은 아니었다.

이런 것들 중에는 애초 타고나는 것이어서 리더들도 어쩌지 못하는 부분도 있는 한편, 노력을 기울여 다듬어갈 수 있는 부분도 있다. 하지만 후버는 개인의 성격과 대중성이 연관돼 있음을 온전히 인식하지 못하고 있었다. 그것도 대중 정치와 대중 매체의 위력이 강해져 둘 사이의 연관성이 점점 중요해지던 시절에 말이다. 하지만 무엇보다도 최악은, 다들 어마어마한 고통을 느끼고 사회 자체가 푹 꺼져 사라질 것만 같던 그때 후버는 사람들의 고통을 전혀 느끼지 못하는 것처럼 보였다는 것이다. 그는 딱할 만큼 공감을 표하는 능력이 없었고, 심지어 그런 척 위장하지도 못했다. 단순히 후버가 타고나길 둔해서만은 아니었다. 그쪽 방면을 워낙 쓰지 않은 탓에 녹슨 것이었다.

리더로서 후버의 한계가 무엇이었고 그의 미래가 어떻게 전개될지는 1932년 중반 '보너스 아미 가두 행진Bonus Army March' 사태 때 그가 어떻게 잘못 대처했는지만 살펴봐도 훤히 드러난다. 그로부터 15년 전 제1차 세계대전에 참전했던 약 4만 3000명의 참전용사 중 상당수가 노숙자와 실직자가 된 채 워싱턴 DC에 집결한 사건 말이다. 지금도 그렇지만 당시에도 참전용사들에 대한 처우는 열악할 때가 많았는데, 전시에는 요란하게 칭송받다가 전쟁이 끝나면 그들은 전쟁에서 얻은 몸과 마음의 상처를 짊어진 채 어떻게든 혼자 힘으로 살아갈 방도를 찾아야 했다. 1932년에는 이들 참전용사의 상황이 특히나 암울했다. 극빈에 시달리며 일자리도 없고 배를 주리는 가족들마저 줄줄이 나앉자, 참전용사들은 13년 뒤인 1945년에 지급될 예정인 보너스를 달라고 연방 정부에 요구했다. 그들의 요지는 분명했다. '우리는 13년 후에 그 돈이 필요한 게 아니다. 지금 필요하다.'

후버는 이들의 요구를 불가하다며 일축했고, 상원도 대통령을 지지했다. 순전히 경제적 관점에서 보면 이 결정에도 일리는 있었다. 참전용사에게 지급되는 보조금은 1932년의 연방 정부 예산에서 이미 25% 정도를 차지하고 있었던 데다 미국에는 이들 못지않게 도움이 필요한 고통받는 사람들도 많은데 참전용사들에게만 수당을 조기 지급하면 새치기나 다름없는 일이었다. 후버의 입장은 확실히 '논리적'이었다. 하지만 그때는 논리로만 돌아가던 시절이 아니었다.

상원의 투표로 기각이 결정된 후 참전용사 대부분은 묵묵히 운명을 받아들이고 집으로 돌아가거나 계속 전국을 떠돌아다녔다. 하지만 약 1만 명은 워싱턴에 남아 자기들끼리 판자촌을 이루거나 버려진 정부 청사에 들어가 생활했다. 후버는 이들에게 간이침대와 담요를 비롯한 기초 생필품을 마련해주라고 명했다. 이런 일이 있었음을 알았던 사람이 당시엔 거의 없었지만. 그러긴 했어도 백악관에서 엎어지면 코 닿을 곳에 참전용사들이 죽치고 있는 모습이 대통령에게는 영 거슬렸는데, 그들을 보면 누구보다 큰 희생을 치른 자국 시민들, 더구나 아무 잘못 없이 위기의 희생양이 된 이들에게 국가나 정부가 마땅히 해줄 게 없다는 사실에 자괴감이 들었기 때문이다.

그러던 7월 28일 마침내 상황이 악화일로로 치달았다. 이날 워싱턴 DC의 경찰들에게 참전용사들의 사정을 봐주지 말고 판자촌을 완전히 철거하라는 명령이 떨어졌다. 그런데 참전용사 몇몇이 야영지로 다시 돌아갔고, 경찰이 이들에게 발포하면서 윌리엄 허스카William Hushka와 에릭 칼슨Eric Carlson 두 사람이 목숨을 잃었다. 리투아니아 출신 이민자였던 허스카는 세인트루이스에서 운영하던 정육점을 처분하고 '민주주의가 이뤄질 수 있는 안전한 세상을 만들겠다'라며 27세의 나이로 1917년 자원입대해 전투를 겪었다. 칼슨은 캘리포니아 오클랜드에 일가족을 둔 가장으로, 프랑스 북부의 치열한 참호전에서 죽을 뻔하다 겨우 살아남았다. 이런 사람들이 깊은 절망 끝에 1932년 자신의 리더들에게 도움을 청하러 수도까지 찾아왔으나, 끝내 자신들을 보호해줘야 할 사람들의 총에 맞아 목숨만 잃었다.

총격이 발생하고 나서 경찰들은 공황 상태에 빠져 백악관에 연방 정부의 지원을 요청했다. 후버는 이런 상황에 차분하게 대응하기는커녕 그만 인내심을 잃었다. 그는 보너스 아미 농성에 범죄자와 공산주의자들의 선동이 일정 역할을 했을 것이라고 내심 확신하고 있던 터였다. 실제로는 공산주의 운동가들이 이들 시위대에 접선하려 했으나, 참전용사들이 그들의 제안을 일언지하에 거절했다. 이 사건에 향후 무정부 사태의 조짐이 있다고 판단한 후버는 더글러스 맥아더Douglas MacArthur를 호출했고, 맥아더는 재빨리 군대를 소집해 조지 S. 패튼George S. Patton과 드와이트 D. 아이젠하워Dwight D. Eisenhower 두 장군에게 지휘를 맡겼다. 제2차 세계대전 사령관으로서 장차 훈장까지 받게 되는 이 세 장군의 시선과 무기는 굶주린 참전용사들과

　　　　　　　　　　　　　　다시, 리더란 무엇인가

그 일가족들에게 쏠렸다.

　그날 저녁 맥아더의 지휘를 받는 제12보병연대와 제3기병연대가 패튼이 지휘하는 탱크 다섯 대와 함께 펜실베이니아 애비뉴에서 대오를 이루었다. 수천 명의 연방 정부 직원들도 애국 관련 행사라도 있나 싶어 길거리에 늘어서서 그 광경을 지켜보고 있었다. 보너스 아미 농성대는 이들 군대를 보자 환호했는데, 참전용사인 자신들을 기리는 의미로 병사들이 집결했다고 믿었기 때문이다. 하지만 맥아더 장군은 농성대를 향해 진격할 것을 기병대에 명했다. 그러고 나서는 보병대가 야영지로 진입해 참전용사들의 임시 숙소를 허물어 버렸다. 참전용사들은 애너코스티아강을 건너 제일 큰 야영지로 도망쳐 들어갔고, 그제야 후버는 공격을 멈추라고 명령했지만 맥아더는 따르지 않았다. 폭력이 난무하는 아비규환 속에서 55명의 참전용사가 부상을 입었다. 한 임산부는 유산까지 했고, 버나드 마이어스 Bernard Myers라는 생후 12주 된 아기는 군대의 최루탄 공격에 목숨을 잃었다. 병사들은 불을 질러 야영지를 깡그리 태웠는데, 그때 찍힌 사진 속에 당시의 참상이 그대로 담겨 있다.

　사건이 터지자 미국 곳곳에서 성난 민심이 들끓었다. 이 사태가 벌어진 원인을 전적으로 후버의 잘못에서만 찾을 일은 아니었지만, 그의 냉철함과 기술 관료로서의 본능에서 보면 보너스 아미는 골칫거리이자 국가 전복 세력으로 비칠 뿐이었는데, 사실 그들은 피해자였다. 애초 궁지에 내몰리지 않았다면 그들이 백악관 근처에서 야영하는 일도 없었을 것이다. 후버는 미국 시민과 참전용사에게 폭력을 행사한 장군들에게 어떤 징계도 내리지 않았다. 심지어 맥아더 장군

국회의사당 잔디밭 위의 보너스 아미 참전용사들, 워싱턴 DC, 1932년 7월 13일.
(© Niday Picture Library/Alamy Stock Photo)

군대의 공격 이후 불타고 있는 보너스 아미 야영지, 워싱턴, DC, 1932년 7월 28일. 뒷배경에 미국 국회의사당 건물이 서 있다. (© Signal Corps/National Archives)

다시, 리더란 무엇인가

은 대통령의 명령을 노골적으로 어겼는데도 말이다. 보너스 아미 사태는 그나마 약간 남아 있던 후버에 대한 대중의 지지마저 무너뜨렸을 뿐 아니라, 그의 리더십이 위기에 맞닥뜨리면 얼마나 반동적이고 비정한 면모를 띠는지를 단적으로 보여주었다. 백악관 입성 당시만 해도 세간의 존경을 한몸에 받았던 그는 불과 몇 년 만에 수많은 이의 멸시 속에서 백악관을 떠났다.

• • •

원래는 1933년 3월 4일 자 〈뉴요커New Yorker〉 표지에 실릴 예정이었지만 끝내 실리지 못한 피터 아노Peter Arno의 재미있는 그림이 하나 있다. 대통령으로 선출된 프랭클린 D. 루스벨트가 취임식 행진을 벌이며 국회의사당으로 가는 장면을 묘사한 이 그림에는 루스벨트와 후버가 실크해트를 쓴 채 나란히 차를 타고 가는 모습이 담겨 있다. 19세기에는 대통령 선거의 승자와 패자가 이렇게 어색하게 오픈카에 동승해 워싱턴 DC의 취임 선서식에 참여하는 게 관례였고(〈뉴요커〉가 애호했던 행사다), 그런 식으로 '양 당파 사이의 우호 관계'를 보란 듯 과시하곤 했다. 아노의 삽화에서 후버는, 실제 모습도 그랬듯 침울한 표정으로 주변을 흘깃 바라보고 있다. 한편 루스벨트는 대중을 향해 고개를 돌린 채 만화 캐릭터 같은 우스꽝스러운 미소를 지어 보이고 있다.

아노는 으레 고상한 척하는 〈뉴요커〉의 방식에 따라 두 남자 모두를 풍자하기 위해 이 그림을 그렸다. 그림에는 두 리더를 당시 세간

차를 타고 대통령 취임식에 가는 프랭클린 D. 루스벨트와 허버트 후버를 그린 피터 아노의 삽화, 1933년 3월. (© Granger Historical Picture Archive/Alamy Stock Photo)

이 어떻게 인식하고 있었는지가 잘 담겨 있다. 우선 후버의 표정만 봐도 그가 대공황을 얼마나 언짢게 생각했는지가 고스란히 드러난다. 한편 한껏 들뜬 루스벨트의 모습에서는, 유복한 환경에서 자라 세상 물정도 모르는 사람이니 아마 대공황에 대한 대처가 후버보다도 형편없으리란 세간의 인식을 엿볼 수 있었다.

　루스벨트는 뉴욕주에서도 부유하다고 꼽히는 허드슨밸리의 상류층 출신이었다. 반면 후버는 어린 시절 아이오와주와 오리건주의 작은 마을들을 돌며 성장했고, 변변찮은 배경을 극복하고 모진 노력 끝에 자수성가한 인물이었다. 또 정계에 입문하기 전 학업과 직업에서 탁월한 역량을 보인 후버와는 반대로, 루스벨트는 하버드대학교의 별 볼 일 없는 학생에다 꼬박꼬박 사교계에 출근하는 한량으로 통했다. 컬럼비아대 로스쿨은 끝내 졸업하지 못했고, 정계에 발을 들인 계기도 대통령이 되겠다는 생각 때문이었다. 미국의 26대 대통령 시어도어 루스벨트Theodore Roosevelt의 친척이었던 것이 그런 포부를 갖게 만들었다. 하지만 그 유명한 집안의 성姓과 어마어마한 특권을 누리는 점을 빼면 젊은 시절의 프랭클린에게는 훌륭하다 할 면이 딱히 없어 보였다. 그가 진정으로 사람들을 이끄는 재능과 잠재력을 지녔다는 사실이 드러난 것은, 순전히 개인적 야망과 자격만 갖고 정계에 본격적으로 뛰어든 후의 일이었다. 루스벨트는 제1차 세계대전 때 우드로 윌슨 정부의 해군 장관 비서로, 대공황 당시 뉴욕 주지사로 일하면서 값진 경험을 얻었고, 그 과정에서 역동적이고 진보적인 정책을 만드는 능력으로 두각을 나타내며 전국적인 명성을 쌓았다. 하지만 루스벨트가 백악관에 발을 들일 때조차도 세간에는 끔찍한 경제적 위기와 후버의 무능이 그가 대선에서 승리한 일등공신이라고 생각하는 이가 많았다. 그때도 루스벨트는 여전히 기회주의, 두루뭉술함, 우유부단함, 심지어는 게으르고 진지하지 못한 사상가로 명성이 높았다.

그렇다면 루스벨트처럼 하찮게 치부되던 사람이 어떻게 미국 대통령사에 길이 남을 신화적 인물, 다시 말해 미국인들이 대선에서 매번 그에게 표를 던지는 바람에 그가 죽고 나서 누구도 두 번 다시 대통령을 그렇게 오래 역임하지 못하게끔 미국 역사상 최초로 임기 제한 규정까지 두게 한 인물로 자리매김할 수 있었을까?

20세기의 가장 유력한 미국 역사학자로 손꼽히는 리처드 호프스태터Richard Hofstadter를 사로잡았던 질문이 바로 이것이었다. 루스벨트가 집권했던 1930년대에 성년기를 보낸 호프스태터는 루스벨트를 거듭나게 한 비결은 다름 아닌 역경, 즉 39세에 소아마비에 걸렸던 일이라고 믿었다. 루스벨트가 이 병에서 회복하기까지는 몇 년이 걸렸고, 이후에도 내내 휠체어에 의지해 살아야 했다. 그래도 시각 매체가 항상 돌아가기 이전 시대였기 때문에 그는 대부분의 미국인이 눈치채지 못하게 장애를 숨길 수 있었다. 이 시련이 루스벨트의 품성을 한층 강하게 단련해주면서, 이전만 해도 특권 의식이 몸에 밴 철없는 응석받이 사내아이 같던 그가 자기 아닌 다른 사람, 특히 약자와 취약 계층의 고통을 비로소 이해하게 되었으리라는 게 호프스태터의 생각이다.

호프스태터는 파시즘이나 공산주의 같은 이른바 '전체주의적'이거나 급진적인 이데올로기라면 치를 떤 냉전 시대의 자유주의자였다. 그가 보기엔 루스벨트의 비판자들이 씌우는 혐의야말로 루스벨트가 성공한 핵심 요인이었다. 바로 어디에도 끝까지 헌신하지 않는 이데올로기적 융통성 말이다.[6] 최근 들어서는 이 관점이 루스벨트를 저평가한다며 문제 삼는 역사가들이 많지만, 지난 두 세대 동안은 학자들이 이 프리즘을 통해 그의 대통령 시절을 들여다본 게 사실이다. 한마디로 루스벨트가 행한 정치적 리더십의 내용보다 그의 성격에 초점을 맞춘 경우가 더 많았다는 이야기다. 이 해석에 따르면 과거엔 약점으로 보였던 루스벨트의 많은 품성이 나중에는 위기를 성공적으로 돌파하는 리더십에 필요한 강한 자질이 되었다.

다시, 리더란 무엇인가

예를 들면 루스벨트의 품성은 고립 양육을 통해 형성된 부분이 많았다. 그렇게 해서 만들어진 성격은 그가 성인이 된 뒤에도 엄청난 자기 확신을 갖게 하는 등, 그에게 유리하게 작용한 것으로 보인다. 어렸을 때부터 개인 교사를 두고 공부하고, 어머니로부터 너는 특별한 아이라는 말을 귀에 못 박히도록 듣고, 격이 안 맞는 아이들과는 어울리지 못하고, 튀는 복장을 빼입은 채 사진을 찍어온 사람이 있다고 치자. 누구라도 이런 식으로 양육되면 자기중심적이고 사회성은 형편없는 어른이 되어 타인은 거의 배려하지 못할 것이다. 그런데 어떤 까닭에선지 루스벨트 같은 경우는 이런 양육 경험이 내면에 자신감을 불어넣고, 권좌에 오른 뒤에는 그를 든든하게 지켜주는 역할을 했다. 덕분에 그는 결계를 치기라도 한듯, 주변의 혼란에도 아랑곳없이 꿋꿋이 일할 수 있었다. 반드시 공익을 염두에 두고 일해야 한다는 강한 의식에 불굴의 투지와 특유의 가차 없는 추진력이 결합되자, 루스벨트는 그때껏 동시대인들이 한 번도 접하지 못한 부류의 정치적 힘을 발휘하게 된다.

호프스태터는 루스벨트가 그의 아내이자 사촌 엘리너(그녀도 루스벨트와 마찬가지로 갖가지 특권을 누리며 격리된 환경에서 자랐고, 남편과는 별개로 공공 분야에 오래 몸담으며 인상적인 이력을 남겼다)와 함께 보여준 태도를 설명하며 노블레스 오블리주라는 표현을 썼다. 이 말에는 귀족의 지위에 있는 사람이라면 자신이 엄청난 특권을 누리고 있음을 깨닫고 그것을 타인을 위해 일하는 강력한 동기로 삼아야 한다는 생각이 담겨 있었다. 사회에서 가장 많은 특권을 누리는 사람과 가장 적게 누리는 사람은 모두 똑같은 운명을 나눠 지고 있으며, 그 '상호 의존성'

어머니 사라와 다섯 살 때의 프랭클린 D. 루스벨트, 뉴욕, 1887년.
(© Franklin D. Roosevelt Library/National Archives and Records Administration)

이(루스벨트 자신의 말이다) 결국에는 모두를 이롭게 할 것이었다.

그간 역사가들이 써놓은 숱한 글을 보면 당시 유권자들이 이른바 뉴딜 연합이라는 막강하지만 예상 밖의 세력을 형성해 대선에서 연거푸 루스벨트에게 승리를 안겨준 것을 알 수 있다. 산업계 노동자들, 시골 농부들, 아프리카계 미국인들, 비주류 종교인들, 남부 백인들, 도시 이민자들로 구성된 이들 세력은 이후로도 30년 넘게 선거에서 민주당의 견고한 지지층이 돼주었다. 하지만 아무래도 루스벨트의 정치적 성공에서 가장 놀라운 특징은 그가 미국의 빈민층 사이에서는 최고로 추앙받고, 최고 부유층 상당수와 최고 권력층 사이에

다시, 리더란 무엇인가

서는 철천지원수로 통했다는 사실일 것이다. 미국의 부자와 권력자들에게 루스벨트는 위험한 독재자, 심하게는 자신의 계급에 등 돌린 배반자로 여겨졌다.

루스벨트는 고정된 사상이나 이데올로기적 신념은 없었을지 모르나 끝없이 정책을 만들어내는 에너지로 그 빈자리를 메웠다. 그가 대통령에 취임한 직후의 100일은 정계에서 신화로 통한다. 단언컨대 에이브러햄 링컨Abraham Lincoln 이후 대통령 집무 첫 3개월에 그토록 중대한 일들이 많이 이뤄진 적은 또 없을 것이다. 대규모 공공투자를 하고 미국인들에게 일자리를 제공해 대공황을 끝내겠다는 목표로 세밀하게 마련된 장기 정책인 뉴딜은 미국의, 나아가 전 세계의 정치와 경제를 완전히 뒤바꿔놓았다. 물론 오로지 '경제적인' 면에서만 보면 뉴딜 정책은 소기의 목적을 달성하지 못했고 미국 경제는 1930년대 내내 '불황'을 면치 못했다. 하지만 이 정책은 그보다 더 중요한 뭔가를 이뤄냈다. 사람들에게 희망을 불어넣고, 사기와 자긍심을 다시 심어주고, 공익을 가장 우선시하는 리더십을 보여준 것이다. 루스벨트는 대통령직에 머무는 내내 다종다양한 미국인에게, 다시 말해 인종과 지역을 막론한 수많은 미국인에게, 자신은 물질적 안녕과 사회적 안녕을 무엇보다 중시하며 그것들을 위해 기꺼이 싸워나갈 거라는 확신을 심어주었다. 이 같은 그의 투지는 그가 치른 총 네 번의 대선뿐만 아니라 의회 선거에도 도움을 주었으니, 대통령직에 머무는 내내 대다수의 미국인이 그에게 한결같은 지지와 성원을 보냈다.

루스벨트의 식을 줄 모르던 낙관주의와 소년 같은 열의는 어린 시절의 양육 방식과 그의 기질에서 나온 것이었으나, 한편으로는 바로 이것들이 그의 정치 프로그램들의 본질이기도 했다. 누구에게도 배운 적이 없음에도 루스벨트는 그의 자신감을 미국에 옮겨 심을 줄 알았다. 루스벨트는 라디오를 광범위하게 활용한 미국의 첫 정치인이기도 했는데, 그 방면의 재주도 천부적이었다. 그 유명한 '노변정담fireside chat'을 통해 루스벨트는 자신의 정책들에 대해 친근하게 대화하듯 이야기하면서, 사람들이 얼마나 힘겹게 살아가는지 정부가 잘 알고 있고, 그들 이야기에 귀 기울이고 있으며, 앞으로도 그들을 위해 여러 일을 해나갈 것이란 인식을 국민에게 심어주었다.

또 루스벨트에게는 도무지 분석하거나 모방하기 힘든 능력도 있었으니, 모호하고 낙관적인 판에 박힌 문구들을 (심지어 후세가 듣기에도) 패기 넘치는 구호로 만들 줄 알았다는 것이다. 후버의 문구도 내용은 별반 차이가 없었지만 맥없게 들렸던 것은 물론 조롱거리로 기억된다. "저 모퉁이만 돌면 번영이 우리를 기다리고 있습니다"라는 후버의 말은 어처구니없게만 들렸는데, "우리가 두려워할 건 두려움 그 자체 말고는 아무것도 없습니다"라던 루스벨트의 말은 어째서 그토록 감격적으로 다가왔는지 명쾌하게 알 수는 없을 것이다. 아마도 루스벨트의 에너지, 그의 연설 방식, 후버에게는 없던 어떤 카리스마, 그리고 후버와는 달리 대통령직 수행 초반부터 말과 행동을 일치시키려 노력했다는 인상이 그 이유와 어느 정도 관련 있지 않을까. 하지만 이와 함께, 그가 대통령이자 리더로서 사람들의 일상적인 삶에 개인적 책임감을 느끼는 것처럼 말하고 행동한 것도 주효했다. 우리가 루스벨트처럼 날 때부터 유리한 고지를 점하거나 그

다시, 리더란 무엇인가

에 버금가는 정치 기술을 갖기는 힘든 일일 것이다. 하지만 그에게서 성공적인 리더십과 관련해 뭔가 배우는 것은 충분히 가능하다. 루스벨트는 자신의 고상한 대의에 부합하는 훌륭한 정책들을 만들어 냈고, 위기의 시절을 악착같이 버텨나가는 사람들에게 실질적으로 필요한 것들을 해주면서도, 그게 꼭 정치적으로 필요한 행보여서만이 아니라 그렇게 해야 자신도 좋다는 식으로 일했다. 루스벨트는 바로 이 방식을 통해 당분간은 자신의 리더십, 즉 대통령직과 미국의 경제 및 정치체제 자체에 가해지던 심각한(하지만 과소평가된) 도전을 얼마쯤 피할 수 있었다.

· · ·

1930년대에 이어진 루스벨트의 대통령직과 미국의 정치체제에 가장 만만찮았던 위협을 꼽으라면 세간에 '킹피시Kingfish'라고도 알려진 루이지애나의 휴이 롱Huey Long 일 것이다. 미국 정계 인물 가운데 루스벨트를 제외하고 그만큼 요란하게 이름을 떨치며 사람들에게 확실한 인상을 남긴 이도 없다. 이 논쟁적인 남자가 생전에 남긴 극소수 기록물들을 보면, 그는 늘 단정치 않은 얼굴에 단정치 않은 머리를 하고 화려한 입담과 요란한 몸짓으로 청중을 사로잡으며 특유의 늘어지는 남부 억양으로 장대한 계획을 우렁차게 늘어놓곤 했다. 이를테면 미국 최고 갑부들의 탐욕에 제동을 건다느니, 거대 석유 회사에 본때를 보인다느니, 부를 재분배한다느니, 미국 경제가 만인을 위해 작동하도록 해서 "너무 큰 사람도, 너무 작은 사람도,

미국 루이지애나주 상원의원 시절의 휴이 P. 롱, 1934년. (ⓒ Harris & Ewing Collection/Library of Congress)

너무 부자인 자도, 너무 가난한 자도 없는" 세상을 만들어야 한다느니 하는 내용이었다.[7] 이 대목에서 그의 이력을 살피고 넘어갈 필요가 있다. 그래야 루스벨트가 어떤 정치적 및 사회적 세력과 맞서 싸워야 했고, 도전을 막아내고 어떻게 권좌를 지켜냈는지를 제대로 알 수 있기 때문이다.

변변찮은 소도시 출신의 야심만만한 변호사였던 롱이 루이지애나 주지사로 선출된 것은 월스트리트 대폭락 1년 전인 1928년이었다. 영락과 출세가 거듭된 파란만장한 첫 임기를 마쳤을 때 미국은 나라 전체가 전면적인 경제 위기에 처해 있었다. 그러자 롱의 시선

다시, 리더란 무엇인가

은 주를 떠나 전국 차원의 정계를 바라보게 된다. 1932년 루스벨트가 대선에서 승리한 그해에 롱도 자신의 주에서 민주당으로 입후보해 상원의원 당선에 성공한다. 하지만 롱은 워싱턴 정가에서 대중 선동꾼으로 이름을 날리는 와중에도 루이지애나주의 정계까지 함께 쥐락펴락했다. 선출된 주지사 위에 군림하며 그를 업신여기는가 하면(사실상 그는 롱의 꼭두각시나 다름없었다), 주 법령을 멋대로 고치고, 핵심 요직에 정실 인사를 하는가 하면, 비판자들과 반대자들을 겁박하고, 자신의 정치적 혹은 개인적 현안을 제지하면 참지 않겠다는 공언도 서슴지 않았다.

롱은 빈민 사이에서 인기가 대단했는데, 처음엔 대공황이 강타한 그의 주에서만 그랬지만 나중엔 기세가 전국으로 확대되었다. 그 이유를 헤아리기란 어렵지 않다. 롱은 사람들에게 왜 나라가 대공황에 빠졌고, 왜 그들이 고통받고 있는지에 대해 나름의 설명을 내놓았다. 그러면서 주범들 이름을 대며 해결책을 제시했다. 그의 언변은 사석에서나 라디오에서나(롱 역시 라디오를 활용하는 재주가 뛰어났다) 사람들을 화나게 하는 동시에 즐겁게도 했다. 롱은 사람들이 잘 알아듣는 언어로 이야기했고, 사람들의 삶에 녹아 있는 비유를 썼으며, 자신도 그들과 같은 사람이라고 느껴지게끔 했다. 대공황의 가장 암울한 시절에 그는 자신이 '모든 사람을 왕으로 만들어 삶에 꼭 필요한 것들을 갖지 못한 남녀가 하나도 없도록, 금융계 귀족들의 변덕에 그들이 먹고사는 문제가 걸리는 일이 없도록' 하겠다고 주장하면서, 중산층에서 떠밀리듯 쫓겨난 많은 사람은 물론 참담한 빈곤 속에서 살아가는 이들에게 다시금 힘을 낼 수 있으리라는 희망을 품게

했고, 그런 일을 해낼 수 있는 사람은 자신뿐이라는 인식을 심었다.[8]

전형적인 남부 출신인 롱은 미국 남부의 해묵은 포퓰리즘 정치 전통의 일부이기도 하지만, 후일 전 세계 많은 사람에게까지 뚜렷한 인상을 남겼다. 기득권을 신랄하게 비판하고, '국민'의 생각을 대변하는 말을 하고, 망가진 체제를 고치는 것은 물론 그 존재가 잊힌 사람들을 반드시 도울 테니, 그 대가로 자기 권위에 복종할 것을 요구하는 정치인으로서 말이다. 서양 언론과 학계에서는 보통 이런 정치인을 '포퓰리스트'라 일컫는다. 여기엔 그럴 만한 이유가 있으나, 오늘날엔 '포퓰리즘'이 다양한 정치적 및 개인적 특성을 대신하는 말로 아주 느슨하게 쓰인다는 게 문제다. 이를테면 권위주의, 외국인 혐오, 주전론, 파시즘, 인종차별, 남성성 과시에도 포퓰리즘이라는 말을 쓰곤 한다. '포퓰리스트'라는 용어는 언론, 심지어 학계에서 사용될 때조차 거의 항상 경멸의 뜻을 담고 있는데, 결국 진보주의자들은 질색하고 보수주의자들은 두려워하는 것은 뭐든 포퓰리스트로 불릴 수 있다는 뜻이다. 이때는 리더가 어떤 행동을 하느냐보다 어떤 말을(아울러 그 말을 어떤 식으로) 하느냐가 무엇보다 관건이다. 따라서 억만장자에게 더 높은 세금을 물려야 한다고 주장하는 정치인이 있고, 이민자들을 추방해야 한다고 주장하는 또 다른 정치인이 있다고 할 때, 두 정치인이 내건 현안의 내용은 아주 다른데도 이들은 나란히 포퓰리스트 취급을 받을 때가 많다.[9]

휴이 롱은 엄밀한 역사적 의미에서 봤을 때 진정한 **포퓰리스트**였다. 실제로도 롱은 19세기 말 미국에서 창설된 진짜 포퓰리스트당 Populist Party을 계승한 인물이었다. 이 정당은 (적어도 내세운 비전에서만큼

다시, 리더란 무엇인가

은) 시골 농부와 지역 공동체를 중앙정부의 권력 및 그들 삶과는 거리가 먼 금융시장으로부터 보호하는 데 초점을 맞추었다. 지금 우리 시대에 포퓰리스트라 불리는 많은 정치인과 달리 롱이 그토록 많은 사람에게서 열렬히 사랑받은 것은 단순히 그가 한 말 때문이 아니라 그가 한 일 때문이었다. 아니, 정확히 말하면 롱도 루스벨트와 비슷하게 자신이 한 것을 말하고, 자신이 말한 것을 실제로 해내는 인물이었다.

극심한 경제적 위기를 겪는 동안에는 대부분이 생존과 물질적 이익을 가장 염두에 두기 마련이다. 롱은 매너, 교양, 체면 따위는 신경 쓰지 않았는데, 그의 유권자들 역시 이런 것들에 신경 쓰지 않았다. 그들이 염두에 둔 건 실질적인 결과였다. 그리고 롱 덕에 그것을 얻어낼 수 있었다. 롱이 루이지애나주 주지사로 취임할 당시만 해도 루이지애나주에 깔린 콘크리트 도로는 고작 476킬로미터, 아스팔트 도로는 56킬로미터, 자갈 도로는 9218킬로미터가 전부였고, 커다란 교량이 세 개 있었지만 미시시피강을 가로지르는 것은 없었다. 그로부터 불과 7년 후인 1935년에 루이지애나에는 콘크리트 도로가 3936킬로미터, 아스팔트 도로는 2105킬로미터, 자갈 도로는 1만 5496킬로미터가 깔려 있고, 커다란 교량은 40개 넘게 놓여 있었다.[10] 루이지애나주를 자신의 영지처럼 다스린 롱은 그해에 암살당했다.

많은 이가 보기에, 대공황이 최악으로 치달았을 때 이런 발전을 이뤘다는 것은 휴이 롱이 단순히 말에만 그치는 사람이 아니라는 증거나 다름없었다. 사람들의 삶을 구체적이고 직접적으로 개선했으니 말이다. 롱이 주지사로 처음 당선됐을 때 루이지애나는 지독히 가난했고, 그가 죽은 후에도 여전히 지독히 가난했다. 지금도 가난하긴 마찬가지다. 하지만 롱이 떠날 즈음 루이지애나주나 그곳 주민들의 생활이 그가 처음 왔을 때보다 한결 나아진 건 사실이었다.

롱의 지지자들이 금융 귀족의 탐욕으로부터 자신들을 지켜주고 가장 어려울 때 자기들 형편을 걱정해준 롱에게서 영웅의 모습을 봤을 때, 뉴욕의 잡지 편집자들, 케임브리지와 뉴헤이븐의 교수들, 워싱턴 정가 내부인들, 곳곳의 재계 거물 등 엘리트층은 롱에게서 훨씬 더 악랄하고 위협적인 뭔가를 보았다. 그들 눈에는 자신들은 물론 자신들이 가장 중시하는 것들까지 위협하는 한 남자가 보였다. 대공황이 일어나면서 전 세계에는 자유민주주의와 자본주의에 대한 환멸이 무척 팽배했는데, 미국을 비롯한 세계의 많은 이들에겐 자유민주주의와 자본주의가 대위기를 일으킨 공범으로 여겨졌기 때문이다. 1930년대에 유럽이 대공황의 후유증을 겪는 모습을 지켜본 사람이라면 누구나 그랬듯이, 영국과 프랑스 같은 의회민주주의는 살아남으려 고투를 벌이는 데 반해, 오직 두 나라만 위기에도 끄떡없이 살아남은 것은 물론 더욱 번성하는 것처럼 보였으니 바로 나치 독일과 소련이었다. 특히 당시 많은 미국인이 히틀러를 정치적 롤 모델로 삼는가 하면, 스탈린을 미래의 길을 제시하는 지도자로 여기기도 했다. 공산주의자와 파시스트는 중요 이슈에서는 하나같이 이데올로기적으로 정반대 입장이었고, 스페인과 프랑스 같은 곳에서는 이 기조가 맞붙어 전쟁을 벌이기도 했다. 하지만 이때만 해도 앞으로 서양 세계는 자유주의나 민주주의보다 파시즘이나 공산주의의 길을 걸으리라고 내다보는 것이—실제로 수많은 지성인이 그렇게 전망했다―충분히 일리가 있는 듯했다.

아닌 게 아니라 그야말로 어디서나, 심지어 미국에서까지 자유민주주의 기반이 불안하게 뒤흔들리던 때였으니, 수많은 미국 엘리트의 눈에는 롱이 파시스트 선동가로서 언제든 취약한 체제를 송두리째 뒤엎을 가능성이 있는 사람으로 비쳤다. 잡지나 디너파티에서 그들은 롱을 미국의 히틀러 혹은 무솔리니라 일컬었다. 그로부터 몇년 뒤 제2차 세계대전이 끝나자 로버트 펜 워런Robert Penn Warren은 롱에게서 영감을 받아 소설《모두 대왕의 백성 All the King's Men》(1946)을 선보였다. 이 소설과 이를 원작으로 한 1949년의 영화에서 롱은 윌리 스타크Willie Stark라는 인물로 그려지는데, 권력에 굶주린 이 냉소적인 불한당은 끝내 사필귀정식의 참혹한 최후를 맞는다.

당대 롱의 비판자들은 그가 구사하는 언어와 몸짓을 무척 거슬려 했는데, 그 모습이 흡사 히틀러와 시골 장터의 주정뱅이 삼촌을 괴상하게 섞어놓은 것처럼 보였기 때문이다. 그런가 하면 롱을 일종의 공산주의자로 본 이들도 있었다. 롱이 그들에게 어떤 위협을 가하는 것처럼 보이느냐에 따라 그의 모습도 달라졌다. 롱을 두려워할 이유가 충분했던 이들도 있었다. 가령 스탠더드오일사Standard Oil Company는 그때까지 루이지애나주를(멕시코만 인근의 다른 주들과 함께) 관례처럼 자기 사업체의 지부처럼 관리해왔고, 롱의 선임자들은 스탠더드오일사가 원하는 사업을 인허가하는 이상의 일은 거의 하지 않았다. 롱은 자신이 주지사로 취임하면 그런 시절은 막을 내릴 거라고 분명히 밝혔고, 이로 인해 스탠더드오일사는 물론 이들의 정계 하수인들과도 영영 척을 지게 됐다.

하지만 롱은 자신의 의제를 밀어붙일 때 민주적 제도들은 거의 무시하다시피 했다. 공직에 선출되거나 권력을 휘두르는 방편으로 써야 할 때는 제외하고 말이다. 한편 자유주의자와 중도 보수주의자들은 입법부와 고등법원 같은 기관들을 무엇보다 숭상하고 아끼며, 그것들이야말로 민주 사회를 이루는 기반이자 본질이고 자신들의 정치적 의제를 밀고 나갈 수 있는 유일한 방편이라고 보았다. 이들에게 롱은 선동을 일삼는 부패한 독재자나 다름없었다. 그들 생각에도 일리는 있었다. 롱은 자신을 견제하려는 자는 누구든 업신여겼으며, 자신이 이끌던 루이지애나주에서도 독재자처럼 굴었다. 그는 결국 중요한 것은 국민을 위해 최선인 일이고 오로지 자신만이 국민의 뜻을 제대로 대변하고 있는 만큼 자신을 규탄하는 자들은 국민에게 해를 끼치는 것이라고 주장했다.

그런데 경제적으로 끔찍이 어려운 데다 심각한 빈곤에 처해 있는 시절에 과연 '민주주의'가 무슨 소용이란 말인가? 이는 여러 면에서 1930년대의 루이지애나주와 공통점이 많은 오늘날의 수많은 개발도상국에서도 똑같이 마주치는 질문이기도 하다. 만일 1930년대에 누군가가 맨해튼의 어퍼이스트사이드에서 루이지애나를 찾아가 롱의 지지자들에게 권위주의가 얼마나 위험한 것인지, 롱이 갖가지 제도며 민주적 절차를 얼마나 무시하고 있는지 일깨워준다고 해보자. 루이지애나 주민들은 그 제도들이 훌륭하고 좋다고 인정하면서도, 자기네 농장을 시내와 연결하는 도로를 깔아주고, 아이들 목숨을 살릴 병원을 지어주고, 난생처음 아이들이 읽기와 쓰기를 배울 수 있는 학교를 지어준 것은 롱이라고 말하지 않을까. 반면에 롱

다시, 리더란 무엇인가

이라면 질색하면서 그와 필사적으로 싸운 석유 회사들과 기득권 정치인들은 루이지애나 주민들에게 해준 게 아무것도 없었다. 그들은 현지 주민은 안중에도 없었고, 설령 주민들을 생각한다 해도 대체로 교양 없는 미개인 정도로 여길 뿐이었다. 이 가난한 사람들을 뉴욕의 금융 폭락의 여파에서 보호하기 위해 이른바 '민주주의'가 한 일은 아무것도 없었다.

그런데도 루이지애나나 다른 지역의 가난한 이들이 물질적 이득, 끔찍한 대공황 기간 중의 지원, 그리고 그들을 신경 써주는 리더를 제쳐놓고 '민주주의'를 우선시해야 하는 까닭이 대체 무엇이란 말인가? 더구나 롱이 주도한 '우리의 부를 나누자Share Our Wealth'라는 전국적 정치 공약은 사람들의 마음을 기막히게 사로잡았다.[11] 이 공약은 더 많은 백만장자가 생겨나도록 재산을 500만 달러(2023년 기준 약 1억 1100만 달러) 이상은 갖지 못하게 하고, 각 가정에는 5000달러(2023년 기준 약 11만 1000달러)의 기초 지원금을 지급해 '주택과 자동차 등의 주택 편의시설, 그리고 사는 데 필요한 라디오 등의 물건들'을 구비할 수 있도록 하는 방안이었다. 롱의 비판자들이 보기에 그의 제안은 엉성한 것은 물론 실현도 불가능했다. 하지만 이 비판은 중요한 걸 놓치고 있었다. 롱이 가난한 이들 사이에서 많은 인기를 얻고 심지어 사랑까지 받았던 것은 그의 연설이나 프로그램이 미국의 현실적인(그리고 계속 진행 중인) 문제, 즉 이루 헤아릴 수 없이 많은 이들이 대공황 시절에 특히나 확실히 깨달았던 문제를 건드렸기 때문이었다. 바로 경제적 불평등 말이다.

· · ·

1935년 9월 루이지애나의 한 젊은 의사가 자신의 가족인 한 판사에게 롱이 강압적 전술을 쓴다며 분을 품고 롱을 총으로 쐈다. 롱의 나이는 불과 마흔둘이었다. 당시 그는 1936년 대선에 출사표를 던지려는 움직임을 한창 보이고 있었다. 그렇게 미국 정계에서 가장 화려한 이력을 자랑하던 한 정치인의 경력이 급작스레 막을 내린 것을 계기로 이런 질문이 고개를 들었다. 만일 그가 계속 살아 있었다면 어땠을까?

롱과 루스벨트의 관계는 오락가락해서 한때는 동지였던 관계가 틀어져 비판자에서 나중엔 적까지 되었다. 롱은 미국 국민의 삶을 제대로 돌보려면 루스벨트의 뉴딜 정책으로는 충분치 않으며, 오로지 자신의 '우리의 부를 나누자' 프로그램만이 그 목적을 실현할 수 있다고 믿었다. 역사가 앨런 브링클리Alan Brinkley가 1982년에 쓴 고전적 저서《저항의 목소리Voices of Protest》에 잘 드러났듯, 롱은 자신이 미국 정계를 주름잡는 데 가장 큰 장애물이 루스벨트라고 여겼다. 루스벨트 역시 롱이 자신의 대통령직, 심지어는 미국의 체제 자체에 가장 만만찮은 위협이라고 보면서 롱을 '미국에서 가장 위험한 남자 2인 중 하나'라고 지목하기도 했다. 루스벨트에 따르면 다른 한 명은 맥아더 장군이었다. 1936년의 대선은 두 남자가 대권을 두고 벌이는 최후의 대결이 될 터였고, 간접적으로는 민주주의와 권위주의의 결전이 될 터였다.[12]

롱이 죽지 않고 살았다고 해도 분명 그랬을 거라고 장담할 수는

다시, 리더란 무엇인가

없지만, 1936년의 선거에서 루스벨트를 이기기는 누구라도, 심지어 롱이라도 힘들었을 것임은 부인할 수 없는 사실이다. 많은 미국인이 롱의 권위주의를 두려워하고 그가 내놓은 제안을 경멸했다는 것도 이유 중 하나다. 하지만 가장 주된 이유는 다름 아닌 루스벨트가 너무도 성공적인 대통령이자 너무도 노회한 정치인이었다는 것이다. 롱도 가난한 이들 사이에서 인기가 많았지만 루스벨트의 인기도 그에 못지않았다. 루스벨트의 인기는 유난히 더했다. 아닌 게 아니라 대권 주자로서 롱의 가장 큰 골칫거리도 미국 남부인을 포함해 롱을 사랑하는 수많은 사람이 루스벨트도 사랑한다는 사실이었다.

결국 리더로서 루스벨트가 지닌 가장 대단한 정치적 수단, 아울러 그가 롱을 비롯한 다른 이들의 도전을 용케 물리치는 데 활용한 것은 뉴딜 정책이었다. 루스벨트는 나름의 수완을 발휘해 국민들이 절망의 시기에 자신들을 도운 이 정책을 대통령과 동일시하도록 만들었다. 루스벨트는 롱과 싸우거나, 그를 비판하거나, 그가 제기한 문제들을 무시하지 않았다. 오히려 당시에도 그 이후로도 그는 국민에게 롱의 권위주의를 조심하라고 당부하지도, 히틀러와 비교하지도, 당시의 수많은 사람처럼 단순히 '선동가'로만 치부하지도 않았다. 외려 루스벨트는 롱을 끌어안는 기막힌 리더십 전술을 구사했다. 1935년에 루스벨트 정부가 개시한 일명 제2차 뉴딜 정책은 롱이 일으킨 정치적 반란에 대한 나름의 영민한 대응으로 볼 수 있다.

뉴딜 정책의 공식 목표는 미국 경제를 진작한다는 것이었지만, 이 정책의 가장 중요한 특징은 사람들이 일하도록 하고(말 그대로 무엇이든 하게 하고), 그들 주머니에 돈을 채워주고, 사회의 기본적인 틀을 복

구한다는 것이 아니었을까. 뉴딜 정책은 미국이라는 나라의 사회적
틀, 경제, 인프라, 물리적 지형 자체를 뒤바꿔놓았다. 뉴딜 정책에는
테네시강 유역 개발 공사 같은 엄청난 규모의 공공사업과 프로젝트
도 포함돼 있었다. 미국의 노동자와 농부들은 전국경제회복국National-
al Recovery Administration 이나 공공사업진흥국Works Progress Administration 같은
기관에 기대면서 그 도움을 좋아하게 됐다. 포크 뮤지션이나 블루스
뮤지션들은 흑인 백인 할 것 없이 이 제도들을 칭송하는 노래를 만
들어 불렀다.[13] 루스벨트와 그의 관료들은 실직 상태의 예술가와 작
가도 먹고살 필요가 있음을 인식하고 정부 내에 이들을 위한 일자리
를 마련하는 기지를 발휘하기도 했으니, 연방예술프로젝트Federal Art
Project 같은 대규모 기관을 통해 대공황과 뉴딜 정책이 미국 국민에
게 미친 영향을 다루는 그림, 삽화, 글, 사진, 다큐멘터리 제작을 지
원한 것이다. 이를 계기로 재능 있는 수많은 미국인이 루스벨트에게
고마움을 느끼며 그의 충성파가 되었고, 이후에도 루스벨트의 의제
를 지지하고 널리 홍보하며, 경제 프로그램이었던 뉴딜 정책을 매력
적인 문화 제도로 변모시켰다. 정치적인 면에서 이 모든 정책은 루
스벨트를 지키는 든든한 방패막이였다. 그리고 이 정책들이 남긴 커
다란 유산 덕에, 두 거대 정당의 정치인들이 수 세대에 걸쳐 그 유산
을 허물기 위해 갖은 노력을 했는데도 불구하고 미국은 많은 국민이
보기에 한결 살 만한 나라가 될 수 있었다.[14]

물론 당시에도 그 이후로도 뉴딜 정책에는 비판자들의 시끄러운
성토가 끊이지 않았다. 우파 쪽에서는 '자유 시장' 이데올로그,* 반
국가주의자를 비롯해 보수 진영의 다양한 뉴딜 정책 반대파가 뉴딜

다시, 리더란 무엇인가

로는 미국 경제를 구할 수 없다는 목소리를 줄기차게 냈고, 뉴딜 정책 때문에 미국 경제를 지휘하며 영향력을 행사하는 정부의 힘만 커진다고 탄식했다.[15] 재계와 대기업으로서는 지난 10년 동안 기업 친화적인 정부 덕에 상당 부분 말살되었던 노조 세력이 뉴딜 정책을 계기로 되살아나 힘을 얻고 있다는 사실이 특히 못마땅했다. 한편 좌파 마르크스주의자 눈에는 사회주의혁명을 통해 자본주의를 구하는 것이 루스벨트가 추구하는 일차적 목표처럼 보였는데, 지금 와서 보면 전혀 가당치 않으나 당시 벌어지던 일들에 비춰보면 그렇게 무리인 생각도 아니었다. 최근에는 뉴딜 정책을 계기로 연방 정부 차원의 인종차별주의가 깊이 뿌리내렸음을 집중 조명하려는 움직임이 자유주의와 신자유주의 진영의 비판자들 사이에서 일기도 했다. 루스벨트 집권 시절 뉴딜 연정의 중추를 이루고 있던 남부 민주당 소속 의원들의 압박에 밀려 뉴딜 정책이 더러 백인 노동자와 농민들에게 유리하게 진행되거나 아프리카계 미국인은 배제하기도 했는데, 이 부분이 루스벨트 집권 시절 이후까지 부끄러운 유산으로 남았다는 것이다. 정치학자 아이라 카츠넬슨Ira Katznelson의 저서《두려움 그 자체Fear Itself》에 따르면, 그런 조처들은 미국에서 민주주의 기조를 지키고, 1930년대 들어 전 세계에서(아울러 미국에서도) 위세를 떨치게 된 막강한 반자유주의 이데올로기를 누르기 위한 피치 못할 악마와의 거래였다.[16]

순전히 경제적인 관점에서 봤을 때 뉴딜 정책은 미국을 대공황에

---

* 　특정 계급의 입장이나 당파를 대표하는 이론적 지도자를 이르는 말.

서 끌어내는 데 실패한 게 사실이다. 미국의 대공황 탈출은 1941년 12월 미국의 제2차 세계대전 참전을 통해서야 가능했고, 당시 막대한 공공 군사 지출 프로그램에 들어간 돈은 정부가 그간 뉴딜 정책에 들인 총 액수를 압도했다. 이 프로그램의 결과는 뒤에서 살펴보자. 하지만 이 비판은 중요한 핵심 하나를 놓치고 있다. 우리는 우리가 경제 속에서 살아간다는 이야기는 늘 듣지만, 사회 속에서 살아간다는 사실은 자주 잊는다. 근래의 다른 미국 대통령들과는 달리 루스벨트는 바로 이 점을 항시 숙지하고 있었고, 이것이 그가 리더로서 가진 가장 큰 장점 중 하나였다. 뉴딜 정책은 사람들에게 일자리와 안정을 줌으로써, 나아가 사람들 사이의 사회적 유대를 더욱 돈독하게 만듦으로써 사기를 북돋고 자부심을 회복시키고 국민이 하나로 뭉치게 해주었다. 뉴딜에서 가장 중요하게 꼽히는 조처나 법령 중엔 경제와는 상관없는 것들도 있었다. 예를 들어 1935년에 통과된 사회보장법Social Security Act은 경제 성장을 이끌어내지 못했으나, 재정적 및 심리적 측면에서 안전망 노릇을 해주었다. 1935년에 통과된 전국노동관계법National Labor Relations Act도 오늘날 경제학자들이 활용하는 갖가지 수치 지표상으로는 경제를 전혀 움직이지 못했지만, 노동자들이 노조를 구성하고 고용주와 집단으로 교섭할 권리를 보호하고 아울러 재계에 존재하던 고용 악습을 근절한다는 목표를 세움으로써 향후 수십 년 사이에 미국 경제 안에서 노동자의 지위를 견고하게 다져주었다.

리더로서 루스벨트는 위기의 순간들이 다른 때 같으면 진척시키지 못할 꼭 필요한 정책들을 추진해볼 절호의 기회라는 것을 머리가 아닌 기질을 통해 잘 알고 있었다. 루스벨트가 앞의 두 방안을 법령으로 만들었을 때 공화당에서는 '사회주의'라느니 '비非미국적'이라느니 하며 열띤 반대 선전을 벌였다. 하지만 국민의 압도적 대다수는 사회보장법과 노동관계법의 본질을 잘 알아차렸다. 그 법이 필요한 이들에게 꼭 필요한 도움을 주는 내용임을 말이다. 이때 창설된 전국노동관계위원회National Labor Relations Board, NLRB는 지금도 존속하고 있으며 사회보장법 역시 여전히 높은 호응을 보이고 있어 정계에서 (심지어 보수주의자조차도) 이 법령에는 함부로 손을 대지 못한다. 정부가 국민을 위해 노력을 쏟고 있다는 연결성에 대한 인식 덕에 미국 사회는 유럽에서는 독일, 아시아에서는 일본에 맞서 전쟁을 치르게 됐을 때 후방의 지지력을 단숨에 효과적으로 결집해낼 수 있었다.

정치적 리더로서 루스벨트는 열성적인 자본가를 넘어서는 일은 하지 않고자 했으며, 미국 경제를 보호하는 것이 자신의 책무라고 여겼다. 2023년이라면 대부분의 미디어나 심지어 민주당까지 뉴딜 정책을 명목으로 루스벨트에게 '극좌' 딱지를 붙일지 모르지만, 적어도 당대의 그는 자신이 알던 식의 사회주의자나 공산주의자는 아니었다. 물론 1936년의 대선에서 공산당이 루스벨트를 지지했고, 뉴딜 정책을 가장 열렬히 지지한 선전가 상당수는 공산주의자나 그 부류의 뜨내기 정치인들이었지만, 루스벨트 자신은 개인적으로 이들과 아무 관련이 없었으며, 그의 정부도 공산주의에 대한 신랄한 비판 기조를 시종일관 이어갔다.

이와 함께 루스벨트는 반인종차별 영웅에 낄 만한 사람은 아니었다. 그는 더 커다란 자신의 의제를 위해서라면 인권은 얼마든 희생할 용의가 있었다. 가령 제2차 세계대전 동안 루스벨트 정부는 부끄럽게도 '국가의 안전'을 명목으로 정당한 근거도 없이 미국 내의 일본계 미국인들을 억류 시설로 보냈고, 그 시절 미국에는 정부가 뿌린 인종차별적인 전시 선전이 넘쳐났다. 리더로서 루스벨트가 보여준 무자비함은 대공황 시절 국민을 위해 일하는 과정에서 톡톡히 제 역할을 해서 그가 선거에서 연거푸 승리하고 세계대전에서 연합군이 독일과 일본을 상대로 승리하는 데 일조했으나, 확실히 어두운 일면도 있었다.

하지만 루스벨트가 미국의 다른 비주류 계층과 마찬가지로 아프리카계 미국인 사이에서 그렇게나 대단한 인기를 누릴 수 있었던 이유는 이들이 사기나 속임수에 넘어가서가 아니라 지독히 어려웠던 시절에 그의 정책들이 이들 중 많은 이에게 실제로 도움이 되었기 때문이다. 링컨 집권 이후 아프리카계 미국인의 삶을 눈에 띄게 개선시킨 극소수의 대통령 중 하나로 루스벨트도 들 수 있을 것이다. 물론 루스벨트 대통령 시절에도 인종차별은 여전했지만 말이다. 루스벨트 대통령 집권기에 흑인 유권자들이(적어도 투표권을 가진 이들은) 공화당에서(링컨의 당이었다) 민주당으로 대거 이동했고, 이 이탈은 1960년대 린든 B. 존슨Lyndon B. Johnson 대통령 집권기를 거치며 마무리된다. 아프리카계 미국인들은 자신들의 고통을 알아주고 도우려 했던 리더에게 적극적으로 화답하며 충성심을 키워나갔다.

아이러니한 일이지만 결국 루스벨트가 성공하고 미국의 체제가 살아남는 데는 뉴딜 정책 자체의 과격성이 주효했다는 이야기인데, 이 점은 파시스트와 공산주의 사상 및 운동이 곳곳에서 맹위를 떨치

다시, 리더란 무엇인가

던 시대, 더 나아가 휴이 롱이 암살당하기 전 대권을 거머쥘 것처럼 보였던 시대의 맥락에서 이해해야 한다. 뉴딜이 한창 추진될 때 사람들이 맞닥뜨린 갖가지 문제에 루스벨트는 계급에 기반한 접근법을 취했던 것으로 보이며, 따라서 그의 발언들도 점점 과격해지고 날이 섰다. 예를 들면 다음 대선이 코앞에 닥쳐 있던 1936년 1월 루스벨트는 국정연설에서 이렇게 말했다. "우리는 깊이 뿌리내린 탐욕의 미움을 사버리고 말았습니다."

언제나 그랬듯, 이런 말이 막강한 정치적 힘을 발휘한 비결은 루스벨트가 행동으로 뒷받침한 데 있었다. 1935년의 세입법Revenue Act에서는 이른바 부유세Wealth Tax가 도입되어 초고소득에 최대 75%까지 세금을 물렸다. 부유세에는 '부자들을 우려먹는' 법안이라는 악의적 별명이 붙기도 했다. 오늘날 미국 정치인들은 주요 후원자 때문에라도 감히 생각도 못 할 이 법안의 세율을 선례로 삼아 이후 누진세가 생겨났고 1960년대 내내 유지되며 미국 경제를 활황기로 이끌었다. 이 시기의 경제 성장은 미국 역사에서 전무후무했다. 이 법안 자체는 경제나 가난한 이들의 삶을 당장 크게 변화시키지 않았지만, 이 조치에는 꽤 강력한 상징적인 한 방이 들어 있었다. 리더로서 루스벨트는 상징을 막강한 도구로 활용하는 법을 알고 있었고, 그것을 통해 자신이 누구를 위해 일하고 있고 자신과 국민들을 이롭게 하는 길을 누가 가로막고 있는지를 확실하게 전달했다.

루스벨트에게 가장 완강하게 맞서며 그를 극렬히 미워했던 이들이 그와 똑같은 사회경제적 배경을 지닌 이들이었다는 사실을 알기란 어렵지 않다.[17] 루스벨트 쪽에서는 이런 적의를 보란 듯 무기로 삼았고, 1936년 대선 선거전에서는 생전에 휴이 롱이 보여주거나 말했던 것과 다를 것 없는 '포퓰리스트' 면모를 보이기도 했다. 아마도 가장 기억에 남을 사건으로 꼽힐 10월 31일 뉴욕 매디슨 스퀘어 가든Madison Square Garden*에서 열린 선거 유세에서 루스벨트는 자신이 발을 들이기 전에는 백악관의 리더십이 어떤 모습이었는지를 경기장에 모인 청중에게, 나아가 미국인 모두에게 이렇게 상기시켰다.

> 12년 동안 이 나라는 일절 듣지도, 보지도, 하지도 않는 정부 때문에 얼마나 힘들었는지 모릅니다. 국민은 정부를 바라봤지만, 정부는 외면했습니다. 9년 동안 부富 운운하며 국민을 농락하더니 3년 내내 재앙이 이어졌습니다! 9년 동안 주식 시세표에 정신 팔리게 하더니 3년 내내 식량 배급 줄에 서 있게 했어요! 9년 동안 미친 듯 신기루를 좇다 3년 내내 절망에 빠져 있어야 했습니다! 가장 무심한 정부가 최선의 정부라는 기조를 내거는 그런 정부를 다시 권좌에 앉히려 분투하는 막강한 세력들이 오늘도 미국엔 건재합니다. 이번 정부는 어땠습니까. 근 4년간 여러분 정부는 빈둥빈둥하는 대신 두 팔을 걷어붙이고 일했습니다. 저희는 계속 그렇게 팔을 걷어붙이고 일할 것입니다!

그다음 루스벨트는 앞으로 자신이 뭘 할지, 자신이 어디쯤 서 있

---

*   뉴욕 중심부에 위치한 실내 경기장. 미국 헌법의 기초를 다진 미국 4대 대통령 제임스 매디슨의 이름을 따서 명명되었다.

는지, 누가 자신을 가로막고 있는지로 요령 있게 화제를 돌린다.

> 우리는 평화의 오랜 적들과 맞서 싸워야만 했습니다. 바로 재
> 계와 자금의 독점, 투기, 분별없는 금융계, 계급 간 적의, 지역
> 주의, 전쟁을 통한 부당이득 같은 것들 말입니다. 이런 것들은
> 미국 정부를 자기네 일을 돕는 부속기관쯤으로 여기려 하던 참
> 이었습니다. 이제 우리는 압니다. 조직적인 돈에 따라 움직이
> 는 정부는 조직적인 군중에 따라 움직이는 정부만큼이나 위험
> 하다는 것을요. 이런 세력들이 후보 하나를 저지하려 이렇게
> 똘똘 뭉친 적은 우리 역사를 통틀어 단 한 번도 없던 일입니다.
> 그들은 저를 미워하는 데는 다들 한뜻입니다. 괜찮습니다. 얼
> 마든 미워하라고 하세요!

루스벨트가 특유의 미국 동부 연안 상류층 억양으로 여기까지 말
하자 자신들의 리더에게 보내는 군중의 요란한 환호가 몇 분 동안
그치지 않아 그는 잠시 말을 멈추어야 했다. 이 긴 순간은 후세를 위
해 기록으로도 남겨졌다. 사흘 뒤 훨씬 박빙일 거라 확신했던 많은
이의 예상을 깨고 루스벨트가 1932년에 자신이 세운 기록을 경신하
며 미국 역사상 가장 큰 표 차이로 재선에 성공했다. 이 대선의 불쌍
한 상대는 캔자스주 주지사를 지낸 공화당 후보 앨프 랜던Alf Landon
이었다. 1937년 1월의 두 번째 취임 연설에서 루스벨트는 이 말로 자
신의 리더십 비전을 명확히 밝혔다. "우리의 진보는 이미 많은 것을
가진 사람들의 부를 더 늘려주느냐로 시험받지 않습니다. 너무 적게

가진 이들에게 충분히 주느냐가 우리의 진보를 시험하는 기준입니다."[18] 미국에서의 집권을 염두에 둔 이들은 이 말을 듣고 자신들과 맞붙은 적이 결코 이 나라의 패권을 호락호락 넘겨주지 않을 것임을 알았고, 그래서 루스벨트에 대한 미움도 훨씬 커졌다.

• • •

루스벨트는 네 번째 임기가 시작된 직후이자 제2차 세계대전이 끝나가던 1945년 4월 세상을 떠났다. 그가 대통령직에 머문 12년 동안 미국에는 그가 독재자나 다름없다며 비판하는 힘 있고 영향력 있는 사람들이 늘 있었다. 그의 임기 중에서도 대대적 전환점으로 꼽히는 1937년에는 특히 더 그랬다. 이해는 루스벨트에게는 물론 뉴딜 정책에도 아주 험난한 한 해였다. 이해 초봄 새로운 불황이 미국을 강타하면서 드디어 대공황을 빠져나오는구나 싶은 기대가 산산이 부서졌을 때, 루스벨트는 많은 이가 그런 상황에서 으레 그러듯 뒤로 물러나기보다는 외려 포퓰리스트적인 면을 적극 활용하며 이 사태는 재계 엘리트층의 사보타주 탓이라고 못 박았다. 루스벨트 정부의 고위 관료 중 하나로 성미가 아주 고약했던 내무부 장관 해럴드 이커스Harold Ickes는 그해 출간된 한 대중서의 제목을 빌려 "60개 가문이 미국의 전 국민과 대결을 벌이고 있다"라고 말하기도 했다.[19] 뉴딜 정책이 불안하게 흔들리는 이 힘든 시기의 틈을 노려 비판자들이 득달같이 달려들던 바로 그때 루스벨트는 자신의 무자비함을 보여주었다. 이 부분은 리더로서 루스벨트가 줄곧 성공을 거두는 데 아주 중요했지만 저평가되어왔다.

루스벨트의 이런 면을 여실히 드러낸 것으로 한 비판자가 일명 '법원 무력화' 계획이라는 별칭을 붙였던 사법 절차 개혁 법안Judicial Procedures Reform Bill만 한 게 없다. 법안이 마련되기 전에 루스벨트 반대파들은 기표소의 결과로는 그를 당할 수가 없고 뉴딜이 좋지 않은 것임을 미국인들에게 충분히 납득시키지 못하자 연방 대법원의 힘을 빌려 자신들이 민주주의로는 이루지 못하는 것을 '사법'의 방편을 통해 이루고자 했다. 이들은 뉴딜 정책의 숨통을 끊거나 아니면 최소한 족쇄는 채울 수 있길 바랐고, 가난한 이들과 노동자 가정을 돕는다는 취지로 마련된 것이 분명한 부분들에 대해 특히 그랬다. 과연 예상대로 보수 성향인 연방 대법원에서는 최저임금법 등 뉴딜 정책의 핵심 방안들이 '위헌'이라고 판결했다. 하지만 법원의 권위에 머리를 조아리며 뉴딜 정책이 그냥 죽게 내버려둘 루스벨트가 아니었으니 오히려 그는 투지를 불살라 대법원의 법관을 늘리는 법안을 도입했다. 루스벨트의 제안은 오늘날에도 비합리적으로 보이지 않는 내용이다. 현직 판사가 70세에 이르러서도 물러나지 않으면 대통령이 새로운 판사를 임명할 수 있도록 하는 내용이기 때문이다. 이 법안에 따라 판사는 최대 여섯 명 더 늘어나 총인원이 아홉 명에서 15명까지도 늘어날 가능성이 있었다.[20]

결국 루스벨트는 연방 대법원에 압력을 넣으며 그 구성을 변화시킬 수 있다는 엄포를 놓음으로써, 자신은 '견제와 균형의 원리'는 물론 제도와 사회망을 통해 나라를 통치해야 한다는 엘리트층의 입장도 마땅히 존중하지만, 국민의 손에 선출된 지도자로서 무슨 일이 있어도 '기존 체제'를 따르거나 엘리트층의 특권을 우선시해야 할 책임이 있는 게 아니라 국민 대다수를 먹여 살리고 보호해야 할 의무가 있다는 의사를 분명히 밝혔다. 루스벨트의 생각대로, 민주주의 안에서 지도자의 역할은 사람들이 좋다고 투표한 정책들을 실제로 실행하는 것이다. 단지 민주주의의 겉껍데기만 존중하는 데 머무는 게 아니라 실질적 내용에 주의를 기울여야 한다. 이것은 추상적이거나 탁상공론 차원의 문제가 아니었고, 루스벨트 자신도 어쨌거나 대단한 이론가라 할 인물은 아니었다. 미국인들은 하루하루 힘겹게 살아가고 있었다. 배를 주리는 이들도 많았다. 그런 이들이 뉴딜 정책을 압도적으로 지지하고 있었다. 대통령은 그들을 돕고자 노력하고 있었다. 뉴딜 정책은 사익에는 부합하지 않을지언정 공익에는 확실히 부합했다. 그런데 연방 대법원에서 대통령을 막으려 하고 있었다. 루스벨트에게는 절차와 제도보다는 사람들의 삶이 항상 더 중요했다. 바로 이 점이 그가 리더로서 강인한 면모를 보이고 인기를 누릴 수 있었던 원천이다.

시시각각 의회의 표결이 다가올수록 루스벨트의 안은 불발로 끝나고 말 것처럼만 보였다. 그가 속한 민주당을 포함해 의회의 저항이 만만찮았던 데다, 루스벨트의 동지들 사이에서조차 대통령이 민주주의의 권한을 넘어서서 권위주의적인 방향으로 가고 있다는 인식이 형성돼 있었다. 그런데 이즈음 아주 이상한 일이 일어났다. 다름 아닌 연방 대법원의 분위기가 바뀐 것이다. 대법관 중 한 명이었던 오언 로버츠Owen Roberts가 갑자기 입장을 바꾸면서, 의회에 루스벨트의 '법원 무력화' 법안이 상정되기 한발 앞서 전국노동관계법

다시, 리더란 무엇인가

과 사회보장법 모두 5 대 4로 연방 대법원의 합헌 판결을 받은 것이다. 우파가 가장 질색해서 누가 봐도 법원에서 분명 폐지시킬 것이라 확신했던 두 법안을 말이다. 결국 대통령의 메시지가 연방 대법원에 통한 셈이었다. 자신의 의제를 관철시킬 때까지 대법원과 끝까지 싸울 것이고, 대법원의 권한은 공익을 넘어선 데 있지 않다는 뜻 말이다. 이 판결 이후 미국이 대규모의 세계 위기에 발을 들이면서 뉴딜 정책은 그렇게 순탄하게 흘러가지 못했으나, 대체로 법적인 면에서는 별 반대를 받지 않았다. 여기서 더욱 중요한 점은 그 메시지가 루스벨트의 지지자들에게도 통했다는 것이다. 지지자들은 자신의 리더가 자신들을 위해 싸우는 투사가 되어줄 것을 알았다. 설령 그것이 전통을 깨뜨리고 권위주의에도 손대야 한다는 뜻일지라도 말이다. 지지자들은 대통령과 그의 정당에 더욱 깊은 충성과 폭넓은 지지를 보내는 것으로 화답했다.

그런데 루스벨트 대통령은 비판자들의 불평처럼 정말로 권위주의적이었을까? 그 답은 민주주의, 더 나아가 위기 속에서의 리더십을 어떻게 바라보느냐에 달려 있다. 민주주의가 존속하기 위해서는 통치의 기반이 되는 제도를 존중하는 것도 중요하지만, 그 안에서 살아가는 사람들의 선호와 필요를 존중하는 것도 중요하다. 그런데 민주주의 세계가 1930년대에 겪어야 했던 그 위기에서는, 심지어 우리가 지금 겪고 있는 위기에서는 민주주의에 꼭 필요한 두 조건이 충돌할 수밖에 없다. 그때는 과연 무엇이 우선일까? 루스벨트가 자신이 원하는 방향으로 대법원을 끌고 가려 했던 것을 두고, 그의 조처가 민주주의를 손상시키는 일이라고 말하는 이들이 있었는가 하면, 오히려 민주주의를 구하는 길이라고 주장하는 이들도 있었다. 내가 보기에 당시 루스벨트가 다섯 명의 비선출직 판사(이들 모두는 19세기의 도금 시대Gilded Age에 태어난 부유층 출신이었다) 손에 뉴딜 정책이 그냥 죽게 내버려두었다면 민심이 걷잡을 수 없이 사나워졌을 것이다. 엘리트층은 루스벨트가 절차와 제도를 존중했다며 찬사를 아끼지 않았겠지만, 뉴딜 정책에 의존해야 했던 이들은 십중팔구 휴이 롱 같은 리더에게 기댔을 것이다. 헌법을 하찮은 종이 쪼가리쯤으로 여기는 사람에게 말이다. 아니면 사람들은 더 극단적인 대안, 그 시절 유럽의 수많은 나라에서 그랬던 것처럼 파시스트가 권력을 잡는 것만큼 무시무시한 방안을 찾아냈을지도 모른다.[21]

대공황 같은 극심한 위기에는 사람들이 민주적인 리더 혹은 권위주의적인 리더를 찾아 반사적으로 기대지 않는다. 그보다 누구든 위기에 정면으로 맞서 상황 설명과 함께 해결책까지 제시하는 이에게 기댈 가능성이 더 크다. 그때 위기를 진상에 가깝게 설명하며 공공의 이익에 초점을 맞춘 해결책을 내놓는 리더들이 있는가 하면, 현실의 문제들을 건들기는 하지만 그릇된 설명을 내놓으며 뭔가를 희생양으로 삼고, 회피하고, 사람들을 고통스럽게 하는 진짜 원인을 외면하는 해결책들을 내놓는 리더들도 있다. 과거 파시스트들의 행태가 바로 그러했고, 그 후계자들의 행태는 지금도 여전하다. 첫 번째 종류의 리더는 두 번째 종류의 리더를 저지하기 위해 열심히 싸우지 않으면 안 되고, 생전에 루스벨트는 그렇게 했다.

루스벨트는 파시즘이 유럽을 휩쓸고 러시아의 볼셰비키 당원들이 배후에 도사리고 있던 모습을 실시간으로 직접 봤던 만큼 이 역학을 너무도 잘 알았다. "민주주의가 자취를 감춘 위대한 나라들도 이제는 몇몇 있습니다." 1938년 4월의 노변정담에서 루스벨트는 이렇게 말했다. "그 나라 사람들이 민주주의를 싫어해서 아니라, 실직과 불안정, 아이들이 배를 곯는데도 리더십 없이 갈팡질팡 헤매며 무력한 정부 탓에 그저 손 놓고 있어야 하는 상황에 진력이 났기 때문이지요. 그래서 결국엔 절망감 속에서 뭐라도 먹을 걸 손에 쥐길 바라며 자유를 희생하기로 선택한 겁니다."[22]

미국을 비롯한 세계 여러 나라의 엘리트층, 자신들의 민주주의를 계속 지키고 싶은 이들은 미국 역사상 가장 성공했다고 손꼽히는 정치인의 이 예리한 관찰을 가슴에 새기고 과거의 유물로만 치부하지 않는 지혜를 가져야 할 것이다. 루스벨트 입에서 거론되다 끝내 그와 전쟁을 벌였던 위험한 부류의 리더들을 막는 최선의 방벽은 일종의 타협이다. 공공의 이익에 헌신하는 리더라면 그 과정에서 절차, 제도의 제약, 엘리트층과의 합의 같은 부분은 희생할 수밖에 없다. 이런 식으로 타협한 대표적 인물이 바로 루스벨트였다.

루스벨트는 오래도록 빛을 잃지 않을 진리, 더욱이 오늘날처럼 정보 조작과 회의주의가 횡행하는 시대에는 너무도 쉽게 잊히곤 하는 불변의 진리를 몸소 보여주었다. 공공의 이익을 걸고 싸움을 벌이는 것은 여전히 리더가 가진 막강한 도구라는 점 말이다. 더욱이 루스벨트는 엄청난 민주주의적 권위를 가진 위치에서 그 일을 해냈다. 그가 연거푸 대통령에 당선되고, 그것도 역사상 유례없는 큰 격차로 이긴 것은 자신의 리더십을 통해 얻은 결과였다.

루스벨트의 사례는 역사가 리더를 만드는가, 아니면 리더가 역사

미국 웨스트버지니아에서 유세 중인 프랭클린 D. 루스벨트, 1932년 10월.
(© Franklin D. Roosevelt Library)

를 만드는가 하는 논쟁을 해소해주지 않는다. 둘 다 진실임을 보여
주기 때문이다. 루스벨트의 리더십은 그의 양육 방식 및 국가적 위
기를 통해 만들어졌고, 리더로서 그의 강점들은 위기에 대응하는 과
정에서 여실히 드러났다. 하지만 리더로서 루스벨트는 역사에 자신
의 발자취를 남겼다. 처음엔 미국인들이 삶에서 제일 지독했던 재
앙을 겪을 때 그들을 돕고 갖가지 어려움을 피하며 적들을 물리쳤다
면, 나중에는 제2차 세계대전에서 미국을 이끌며 나치즘과 파시즘
을 상대로 승리를 거두었다. 에이브러햄 링컨 이후, 나아가 로널드
레이건Ronald Reagan 이전까지는 미국 역대 대통령 중 미국인의 삶에
이토록 크고 지속적인 영향력을 미친 사람은 없었다.

다시, 리더란 무엇인가

1930년대의 대공황은 심각한 위기 속에서 어떤 종류의 리더들이 줄줄이 나타날 수 있는지를 잘 보여준다. 그런 위기에서 사람들은 투사의 모습을 한 리더를 필요로 하기에, 어떻게든 그런 인물을 하나 찾아내기 마련이다. 허버트 후버는 그런 종류의 리더가 아니었다. 휴이 롱은 분명 투사였으나, 가난한 이들을 위해서도 싸웠던 만큼 자신의 독재 권력을 위해서도 싸우는 모습이 역력했다. 태생적으로나 기질적으로나 엘리트층의 일원이었던 루스벨트는 갖가지 결점도 있었지만, 상대와 언제 협력하고 언제 싸워야 하는지 잘 알았다. 대중도 루스벨트가 투사임을—자신들에게 가장 중요한 것을 위해서라면 전쟁도 불사하지 않을 것임을—알아보았다. 그는 대공황에 맞서 싸웠고, 나중에는 자신의 강점을 모두 쥐어짜고 정치적 역량을 총동원해 파시즘에 맞서 싸웠다. 그는 자신이 속했던 사회 상층 계급과 자신을 형성한 엘리트층의 제도에 맞섰다는 점에서 반란자이기도 했다. 하지만 휴이 롱과는 달리 루스벨트는 체제 자체를 전복하려는 단계까지는 가지 않았다. 루스벨트는 성자는 아니어서 정치적 및 군사적 면에서 자기 손에 들어온 권력을 모조리 활용하는 데 주저하지 않았지만, 마지막 숨을 거두는 날까지 그가 권력 자체나 자신의 영달이 아닌 공공의 이익을 바라보고 리더십을 행사하려 했다는 점은 국민 대다수가 추호도 의심치 않았다. 결국엔 그것이 루스벨트가 리더십에 남긴 가장 큰 유산이 아니었을까. 권력과 공공의 이익은 모순되지 않는다는 점 말이다. 때로 그 둘은 하나이며 같다.

3장

개혁

목표를 위해 협상할 것인가,
투쟁할 것인가

◆

여성참정권 운동의 쌍두마차,
캐리 채프먼 캣과 앨리스 폴

마키아벨리의《군주론》을 읽고 지적 자극을 받을 수는 있어도 그 내용이 개인의 삶과 어떻게 연관되는지, 일반인으로서 리더십과 관련해 어떤 가르침을 얻을 수 있는지 모르겠다는 사람이 많을 것이다. 권력이 적거나 아예 없는 이들이 스스로를 16세기의 이탈리아 군주와 동일시하기란 쉬운 일이 아니다. 특히 사회적 집단, 젠더, 종교 혹은 성적 지향 등을 이유로 차별받거나 몰인정한 대우를 받는 사회에 산다면, 마키아벨리의 가르침은 현실과 훨씬 동떨어진 이야기로 들릴 것이다. 그 이유는 마키아벨리의 리더십 모델은 이미 권력을 쥐었거나 권력 가까이 간 자에게 가장 잘 적용되기 때문이다. 권력을 더 많이 쥐고 있을수록 마키아벨리의 조언도 더 힘을 발휘한다. 하지만 생존이나 인정을 위해 분투하는 것이 일상일 때는 어떻게 해야 '제약의 테두리를 늘릴' 수 있을까?

프랭클린 루스벨트나 마오쩌둥, 피렌체의 군주들과는 정반대로 권력이 전혀 없는 사람들이 어떤 선택을 했는지에 대해서는 이어지는 4장에서 살펴볼 것이다. 역사에는 권력을 지닌 자와 전혀 지니지 못한 자 사이의 중간 지대가 존재한다. 리더로서 인정받고 재량껏 행사할 수 있는 권력도 얼마쯤 있지만, 이 권위가 공식적이거나 제도적이거나 강제적이지는 않은 경우 말이다. 이런 부류의 리더들이 무엇보다 의미 있는 변화를—지금은 기본적으로 자리 잡아서 수많은 이들이 당연하게 여기기 쉬운 것들—일으키는 데 힘을 보탠 사례가 많다. 사회가 '발전'해서 생겨났다고 여겨지는 것들이 알고 보면 사회와 경제를 변화시키기 위한 눈물겨운 투쟁의 산물일 때도 많다. 이런 변화는 공식적인 권력은 전혀 갖지 못한 이들을—변화를 위해 구타당하고, 교도소에 가고, 심지어 목숨까지 잃은 사람들을 비롯해—주축으로 단숨에 시작되는 일이 많다. 미래에는 수많은 사람이 이 운동가를 추켜세우고, 심지어 이름을 따서 국경일도 정하겠지만, 당장 그들은 경멸과 무시 그리고 형벌에 시달린다. 지금은 반란자이지만 언젠간 성자가 되는 게 이들이다.

사회가 주요하게 변화한 역사를 면밀하게 들여다보며 어떻게 그런 일들이 일어났을까를 탐구해보면 보통 세 가지 요소가 필요하다는 것을 알 수 있다. 첫째로는 기존 세력에 맞서 싸울 온건한 리더십이 있어야 했다. 둘째로는 똑같은 싸움을 벌이는 급진적인 리더십이 있어야 했다. 셋째로는 그 싸움의 명분이 되는 변화를 일으킬 공식적, 제도적 권력을 가진 이들 사이에서 어떤 식으로든 일이 시작돼야 했다. 그리고 이 시작이 강제적으로 더욱 폭넓게 확대돼야 변화가 일어날 수 있었다. 그런데 이런 일은 결코 저절로 일어나거나 권력자들의 결정만으로 곧장 일어나지는 않는다.

기본적 권리를 어떻게든 얻고자 하거나 훨씬 막강하고 폭력적인 세력에 맞서는 이들은 선택의 기로에 서기 마련이다. 그때는 자신의 싸움을 어떻게 이끌어갈까? 평화적으로 싸우는 이들도 있는 반면 그렇지 않은 이도 있다고 역사는 우리에게 일러준다. 전투적 방법을 택하는 이들도 있고, 체제 밖에서 활동하며 체제에 저항하는 이들도 있고, 체제를 아예 허물거나 전복하려는 이들도 있을 것이다. 그들이 내리는 결정은 기질과 성향, 효과가 있다고 믿는 것, 때로는 눈앞에 놓인 선택지에 따라 달라진다. 어떤 길을 선택하든 그들은 현상 유지로 이익을 얻는 사람들은 물론 권력을 쥔 사람들로부터 비판받을 것이다.

이에 가장 잘 부합하는 사례로는 19세기와 20세기 초에 활동한 미국의 여성참정권론자들을 들 수 있다. 미국에서 여성 투표권을 얻기 위한 싸움은 거의 한 세기 동안 지속됐고, 4세대에 걸친 운동가들의 활약으로 1919년 성별에 따른 투표 차별을 금지하는 수정헌법 제19조(1920년 비준)가 통과되면서 공식적으로 대단원의 막을 내렸다.

선거권은 미국이 생겨난 초창기부터 늘 논쟁의 화두였으며, 투표역시 특권을 가진 특정 시민들의 전유물이었다. 애초에는 땅을 가진 백인 남성만 투표할 수 있었다. 그러다 선거권이 이따금 한 번씩 대거 확대되면서 민주주의 개념도 함께 바뀌었다. 선거권의 역사에 이런 우여곡절이 있었던 것만 봐도 민주주의가 결코 사람들에게 그냥 주어지지 않았음을 알 수 있다. 민주주의를 얻기 위해 사람들은 늘 투쟁해왔다. 따라서 미국인들이 당연하게 치부하면 안 되는 것은 단순히 여성 투표권만이 아니다. 사람들의 투표권 자체를 당연시해서는 안 된다는 뜻이다.[1] 심지어 오늘날에도 세상 사람들 대부분이 민주주의 사회에서 살지 못하고 있으며, 세상의 나라들 대부분도 민주주의 국가가 아니다. 아울러 미국을 비롯해 적어도 공식적으로는 민주주의를 행하고 있다는 수많은 나라에서도 선거제도가 갖가지 결함, 제한, 부패를 안고 있을 수 있다. 서류상 선거권을 가진 수많은 미국인도 갖가지 이유로 투표를 못 할 때가 있으며, 그 일부는 제도 설계에서 기인한다. 18세기 헌법에 유래를 둔 미국의 정치체제에서도 비민주적인, 심지어는 반민주적인 특징을 여럿 찾아볼 수 있다. 이런 점에서 보면 딱히 재력이 없어 자신의 '대표'들에게서 원하는 결과를 살 능력이 없는 평범한 사람들에게는 투표야말로 자신의 힘을 행사할 극소수 통로 중 하나다. 투표권 쟁취는 단순히 원칙의 문제가 아니다. 투표권은 힘을 적게 가진 사람들에게도 정치적 현안과 자신이 리더로 선택하는 사람에 관해 발언할 기회를 보장하는 방편이다. 여성참정권론자들은 투쟁 초반부터 투표권은 단순히 성별 간 평등을 상징하는 것에 그치지 않음을 잘 알고 있었다. 투표권은 대부분 여성이 사회가 움직여가는 방향을 결정하는 데 나름의 힘을 보탤 수 있는 유일한 방법이었다. 그리고 확실히 투표권만이 여성들이 자기 삶의 방식에 대해 뭐라도 말하고, 어떤 식으로든 이끌어갈 수 있는 유일한 길이었다.

여성참정권 투쟁을 민주주의 참여를 위한 싸움이라는 더 큰 역사의 틀에서 바라본다고 해도(전 세계 여성참정권을 바라보는 시각이 그러했다) 여성참정권 운동에는 여러모로 독특한 점이 있었다. 무엇보다 전체 시민의 절반 이상이 차별을 당했다는 것이 중요했다. 당시 대

다시, 리더란 무엇인가

부분의 여성은 사회와 경제의 전반적인 면에서 차별받았고, 따라서 투표권이 없는 상황은 빙산의 일각에 불과했다. 실제로도 많은 여성에게 참정권은 우선순위가 가장 낮은 사안이었다. 하지만 개중에는 나름 특권층에 속하며 부, 교양, 영향력은 모두 가졌으면서도 단지 성별 하나만을 이유로 대통령 선거에 참여하지 못하는 여성들이 있었다. 시간이 갈수록 사회적 특권과 정치적 차별 사이의 괴리를 여성들은 받아들일 수 없게 됐다. 그런 만큼 여성참정권 운동이 특히 초반부에 사회 최상류층에서 싹튼 것은 당연한 일이었다.

하지만 특권을 가졌다고 해서 성공을 향한 길이 마냥 순조롭게 뚫리는 것은 아니었다. 앞으로 살펴보겠지만, 여성참정권에 대한 반발은 마지막 순간까지 무척이나 거셌다. 이제 그 이유들을 알게 되겠지만, 우선은 무엇보다 변화를 요구하는 일 자체가 어렵다는 사실을 인정하는 게 중요하다. 투표권을 얻기 위해 투쟁하려면 서로 공통점이 없어 보이거나 이해관계가 상충하는 여성들이 반드시 단합하고 연대해야 했다. 여성이라는 성별을 제외하고 당시 여성들 사이를 연결해준 것은 투표권이 없다는 사실 단 하나뿐이었고, 더구나 모든 여성이 이 문제를 똑같이 중요시한 것도 아니었다.

역설적인 얘기지만, 권력이 거의 없이 차별받는 사람들의 집단을 살펴보면 집단의 크기가 크면 클수록 결속력은 더 약해지는 듯하다. 물론 나중에는 숫자로 밀고 나갈 수도 있지만, 보통은 규모가 큰 집단이 분열하거나 다른 세력에 굴복하기가 더 쉬운 편이다. 규모가 큰 집단은 작은 집단이 지닌 열의, 추진력, 긴급성을 갖지 못하는 경우가 있는데, 구성원들이 사회적으로 별 특징이 없는 이들일 경우 특히 그렇다. 민주주의의 투표권 같은 권리를 빼앗긴 인구가 전체의 절반에 달하더라도, 그 권리를 자신들의 최우선 순위로 꼽는 사람들은 일부에 불과할 것이다. 더구나 그중에서도 과연 얼마나 많은 이가 투표권을 얻기 위한 힘겨운 싸움에 적극 동참할 능력을 가지거나 혹은 동참하겠다는 뜻을 품을 수 있을까? 따라서 결국 싸움에 참여할 최종 인원은 사회 집단 전체 성원의 극히 일부에 불과하다. 당시에도 많은 여성에게는 자신이 흑인이냐 백인이냐, 가난하냐 부유하냐가 대통령에게 표를 던질 수 있느냐보다 훨씬 중요한 문제였다. 심지어 그 점은 오늘날의 수많은 여성도 마찬가지일 것이다.

따라서 그 시절 여성참정권 운동을 이끈 리더들은 하나같이 독특한 과제를 떠안았는데, 이 부분은 오늘날 사회를 이끌고자 하는 리더에게도 시사하는 바가 있다. 가령 내가 1860년에 활동한 여성참정권론자로서 여성의 참정권이 무엇보다 중요하다고 강하게 믿으며 다른 여성들도 내가 벌이는 운동에 동참하길 바란다고 해보자. 나는 다른 여성들에게 과연 어떤 말로 남편과 가족 그리고 사회질서에 충실해야 한다는 의무감을 비롯해 해보지 않은 일에 대한 두려움, 종교, 사회생활, 인종, 경제적으로 얽힌 다른 집단과의 질긴 관계를 극복하라고 설득할 수 있을까? 여성 인권 운동가들이라면 잘 알겠지만 이는 예나 지금이나 대의를 중심으로 여성들을 뭉치게 하고자 할 때 늘 겪는 어려움이다. 실제로도 여성참정권 운동가들도 수십 년 운동을 벌인 뒤에야 비로소 성공 공식을 발견했고, 특정한 장소의 특정 순간에 다다라서야 변화의 계기를 마련할 수 있었다.

어떤 운동을 이끄는 리더가 되려면 먼저 자신부터 동력을 가져야 한다. 동력을 스스로 만들어내야 할 때도 있다. 하지만 대체로 동력은 무언가로부터, 즉 상황, 동기, 돈, 사상, 명분 같은 것들로부터 비롯되는 법이다. 자신이 당하는 차별이 부자연스럽거나 부당하다는 사실을 인식해야만 사람들은 비로소 그 문제를 싸워야 할 가치가 있는 일이라고 결정한다. 여성참정권 운동이 훌륭한 본보기다. 심지어 이 운동은 탄생 날짜까지 정확히 못 박을 수 있으니, 1848년 7월 뉴욕 세니커폴스에서 이틀 동안 열린 여성 권리 대회가 그 시초였다.

세니커폴스 대회Seneca Falls Convention를 이 시대에 유일하게 일어난 여성운동 사건이라고 보기는 무리고, 여성참정권 운동의 역사에서 이 대회가 지니는 중요성은 반은 역사적 사실이고 반은 허구에 불과함을 그간 몇몇 학자가 입증한 것도 사실이다. 하지만 그렇다고 해도 이 운동의 중요성과 대표성을 부정할 수는 없다. 여성 200명과 함께 (둘째 날에는) 흑인 작가 겸 운동가 프레더릭 더글러스Frederick Douglass를 비롯해 남성 40명도 합세한 이 대회의 밑바탕에 깔린 생각은 여성의 권리를 전반적 측면에서 증진하자는 것이었다. 사실 대회에 참석한 사람들조차 여성참정권 문제는 논쟁거리가 많다고 여겼다. 대회 주최자 엘리자베스 케이디 스탠턴Elizabeth Cady Stanton과 루크리셔 못Lucretia Mott은 일찍이 노예제 반대 투쟁을 통해 정계에 첫발을 디뎠다. 당시에도 이들은 1840년 런던에서 열린 세계 노예제 반대 대회World Anti-Slavery Convention에 참석했다가 단지 여성이라는 이유만으로 대회장 출입을 저지당하는 수모를 겪어야 했다. 세니커폴스 대회의 취지는 여성의 투표권에 국한하지 않았으나, 정치 과정에 참여하는 여성의 권리에 대한 신념이 이 대회에서 공식 표명된 것은 사실

세니커폴스에서 열린 여성 권리 대회에서 엘리자베스 케이디 스탠턴이 연설하는 모습을 그린 삽화, 뉴욕, 1848년 7월 20일. (© Granger Historical Picture Archive/Alamy Stock Photo)

이다. 아울러 대회의 리더들은 엘리트층이었음에도 모든 여성을 염두에 두고 이 개념을 표명했다. 세니커폴스의 결의는 (당시 상정된 총 11개 안건 중) 만장일치로 통과되지 못한 유일한 안이기도 했다. 내용이 너무 과격하다고 여겨져서, 수많은 여성 인권 운동가들조차도 이 안을 받아들이기 난감해하며 도발이나 다름없다고 보았다. 하지만 프레더릭 더글러스가 여성참정권을 독려하는 대중 연설을 한 끝에 세니커폴스 결의도 통과될 수 있었다.[2]

　이런 사건이 난데없이 벌어지는 법은 없으며, 중요한 정치적 사건이 일어나기 전엔 어떤 식이든 사회적 및 경제적 과정이 존재하기 마련이라는 것이 역사 전개의 한 법칙이기도 하다. 이 책을 관통하는 주된 테마 하나도, 리더들은 그 자신이 역사적 변화를 일으키는 주체이기 이전에 역사적 변화 속에서 태어난 존재들이라는 것이다. 그렇다면 1848년 여름에 굳이 한가한 시골 풍경뿐인 업스테이트 뉴욕까지 가서 이틀씩이나 사회 안에서의 여성의 미래를 화두로 논의한 이들은 과연 어떤 여성들(그리고 남성들)이었을까? 그 무렵은 초반 단계였던 산업화와 도시화의 힘이 여성들의 삶에 영향을 미치기 시작한 시기였다. 여성들이 일터에 혹은 시장에 발을 들였다는 것은 이제는 그들도 단순히 아내, 딸, 누이만이 아니라 점차 경제체제와 직접적 관련이 있는 개인으로 기능한다는 뜻이었다. 하지만 사회적 과정 하나만으로는 뚜렷하고 빠른 변화를 이루는 데 충분치 않다. 변화를 위한 생각들 역시 중요하다. 세니커폴스에서 가장 중요했던 새로운 생각은 다름 아닌 '모든 남성 그리고 여성은 평등하게 창조되었다'라는 것이었다. 스탠턴은 대회 첫날 이 구절이 포함된 '감상과 고충의 선언문Declaration of Sentiments and Grievances'(토머스 제퍼슨Thomas Jefferson의 미국 독립선언문을 발췌해 작성했다)을 참가자들 앞에서 큰소리로 낭독했다. 물론 오늘날 들으면 이보다 시시한 선언문도 없을지 모른다. 하지만 어느 시점에는 바로 이런 유의 선언이 대중 앞에서 처음으로 공식 표명되어야, 즉 분명한 사실로서 큰소리로 선언되어야 비로소 그 내용이 실제 행동으로 옮겨질 가능성이 생긴다.

19세기 후반에 여자대학이 부쩍 많아진 현상은, 여전히 정계나 재계에서 배제되어 있던 교육받은 여성들이 여성에게 적합하다고 여겨지는 사회 개혁이나 사회활동에 헌신한다는 뜻이기도 했다. 덕분에 이른바 여성의 어머니 역할이 삶의 다른 분야들, 이를테면 빈민 교육, 건강 증진 및 성교육 개선, 자원봉사 단체 결성 같은 영역으로 확대되었다. 자원봉사 단체의 한 예가 바로 여성기독교절제연맹Women's Christian Temperance Union으로, 이 단체는 1919년 미국 내 주류 판매 및 소비를 불법으로 규정한 금주령 탄생에도 일조했다. 인기 없던 이 법은 결국 13년 후 폐지되었다. 당시 여성은 투표할 수도 없었고 법적으로나 경제적으로 남성에게 매여 있는 처지였지만, 특정 계층 여성은 엘리트 교육을 보장받았던 만큼 교사, 간호사, 도서관 사서, 사회사업가—이른바 남을 돕는 전문직으로, 아동 및 다른 여성들과 관련된 일들을 주로 했다—로 일하기도 했다.

그러다 이들이 처한 사회적 및 경제적 상황이 변화하면서 엘리트 층 백인 여성 상당수가 자신을 위해 쓸 시간을 더 많이 갖게 됐다. 그래서 여성들 모임에 가입하는 이들이 생겨나는가 하면, 아예 결혼하지 않거나 아이를 갖지 않는 이가 늘어났다. 결혼했던 여성이 용케 이혼에 성공하는 일도 늘어났다. 1880년 결혼 20건 중 한 건꼴이었던 이혼은 1916년에는 아홉 건 중 한 건꼴로 늘어났다.[3] 여기에 점점 더 많은 여성이 남자 대신 다른 여성과 사는 편을 선택하는 추세였다. 심지어 가정을 계속 꾸려가는 여성들조차—이들이 여전히 압도적 다수를 차지했다—자녀를 덜 낳았고, 아이들도 전보다 더 어린 나이에 학교에 들어갔다. 노동자 계층이 아닌 엘리트층 여성은 돈을 벌려고 굳이 일할 필요가 없었고, 따라서 정치적 활동을 비롯해 집 밖에서 관심사에 쏟을 수 있는 시간이 더 많았다. 이렇듯 변화하던 사회적 상황을 정치적 변화가 반드시 필요하다는 확고한 신념과 결합해보면, 먼 길을 떠나 세니커폴스 같은 데까지 찾아갔던 사람들이 누구였는지 알게 된다. 이것이 마르크스가 말한 "과거로부터 주어지고 전달받은 상황"들로, 여성참정권 운동 리더들의 세력이 부상하는 데도 이런 면들이 중요했다. 일단 세력이 형성되었으니 이제는 그들 자신이 역사를 만들어나갈 때였다.

다시, 리더란 무엇인가

. . .

여성참정권 찬성론은 지금의 우리에겐 오랜 시간을 들여 곱씹어 볼 화두까지는 아니다. 여성참정권은 오늘날 당연한 일로 보이기 때문인데, 지금은 다들 여자도 마땅히 민주주의 방식으로 투표할 수 있어야 한다고 생각한다. 하지만 여성에게 참정권을 주지 말아야 한다는 주장은 사실 여성참정권 투쟁만큼, 어쩌면 그보다 더 오랜 역사가 있다. 여성참정권에 반대하는 주요 입장 중 하나는 여성은 공적 영역에는 어울리지 않는다는, 다시 말해 여자는 정치의 때를 묻히기엔 너무 순수하고 고운 존재들이라는 것이다. 또 다른 논거 하나는 여성들은 남성들에게 예속된 존재라는 것이었다. 여성들은 언제나 남편이나 아버지 혹은 형제들이 시키는 대로 따라야 했다. 여성들에게 투표권을 주는 것은 온전한 민주주의 절차를 훼손하는 것이나 다름없었다. 이 음흉한 주장은, 여성이 정치적 힘을 가져야 더는 남성들에게 의존하지 않을 수 있을 텐데도 외려 그 의존성을 무기 삼아 여성들이 정치적 영향력을 행사하지 못하게 가로막았다. 그것도 민주주의를 지켜야 한다는 허울뿐인 명분을 내걸고서 말이다.

여성참정권을 얻기까지의 머나먼 여정에 놓인 만만찮은 장애물 하나는 위기가 닥쳤을 때는—위기는 언제나 있는 법이었다—여성들이 개인의 관심사를 제쳐두어야 했다는 것이다. 가장 좋은 예가 남북전쟁으로, 전쟁이 이어진 몇 년 동안 여성참정권은 거의 묻히다시피 했다. 그런데 1870년 들어 수정헌법 제15조가 의회에서 통과돼 흑인 남성들은 투표할 권리를 얻은 반면, 여성들은 백인이든 아니든 여전히 투표권을 갖지 못하는 상황이 발생했다. 사태가 이렇게 전개되자 흑인 남성의 처우 변화를 울분에 차서 지켜보던 수많은 여성참정권 운동 리더들의 분노가 폭발했다. 흑인 남성 대부분은 얼마 전에야 노예 신분에서 해방됐는데도 곧바로 투표가 허용된 반면, 오랜 세월 사회의 존경받는 성원이었던 백인 여성은 아직도 투표권이 없었다. 여성참정권 운동 리더였던 수전 B. 앤서니Susan B. Anthony와 엘리자베스 케이디 스탠턴은 수정헌법 제15조 시행은 여성의 참정권 부여를 가로막는다며 이 법을 반대한 것으로 악명이 높았고, 이 때문에 흑인 리더들 및 프레더릭 더글러스 같은 협력자들과도 사이가 단단히 틀어졌다. 한편 수정헌법 제15조가 여성참정권의 대의를 훼손하기보다 민주주의 발전에 꼭 필요한 단계로서 오히려 여성참정권 투쟁의 토대가 될 수 있다고 본 이들도 있었다.[4] 물론 인종차별에 대한 투쟁이 더 화급하다며 여성 차별을 하찮은 문제로 치부하는 세력, 즉 인종차별과 여성참정권은 경쟁하는 관계고(실제로는 그렇지 않은데도) 인종차별이 더 중요하니 여성들은 절대 오지 않을 차례를 마냥 기다리라는 이들이 있었다. 여성참정권 운동 내부에서 이렇듯 인종차별 문제가 불거지자 결국 흑인 여성들이 독자적으로 기구를 만들었으니, 인권 운동가 아이다 B. 웰스Ida B. Wells가 이끈 시카고의 알파여성참정권클럽Alpha Suffrage Club이 일례다. 당시 미국 사회 전반에 인종 분리 정책이 얼마나 심했나를 생각하면, 이후로 흑인 여성참정권 운동이 백인 여성참정권 운동과 별개로 진행된 것은 어쩌면 당연한 일이었다. 웰스가 보기에 여성참정권 운동은, 흑인들이 미국 정계에서 더 많은 힘을 확보해 린치, 짐 크로법Jim Crow Laws,[*] 빈곤에 맞서 싸우는 더 큰 투쟁의 일부였다. 그녀는 단순히 투표권만이 아니라 그보다 훨씬 기본적인 갖가지 권리와 보호를 보장받지 못한 수백만 흑인 여성을 대표하고 있었다. 그녀는 다른 (백인) 여성참정권 운동의 리더들이 자신의 운동에 인종차별주의의 틀을 씌우거나 혹은 흑인들에게 인종차별주의적인 발언들을 할 때면 서슴없이 맞섰다.[5]

물론 모든 여성이 참정권 운동에 동참한 건 아니었다. 예를 들면 이주민 노동자들은 항상 계급과 노동자의 권리의 렌즈를 끼고 사회적 이슈들을—물론 '여성의 권리'도 마찬가지였다—바라보는 경향이 있었다. 이들 처지에서는 브린마대학이나 스미스대학을 졸업한 여성들과의 사이에서 공통분모를 찾기 힘들었을 뿐만 아니라, 그 여성들이 이들에게 따스한 손길을 내민 적도 없었다. 물론 정반대되는 방식의 계급 연대도 있다. 상당수 상류층 여성들도 여성참정권 운동에 반대했다. 상류층 여성 중엔 자신들의 관심사가 그 정도면 이미 충분히 표명되었다고 느낀 이가 많았다. 권력층과 직접적인 연줄이 있던 이들은 현 상황의 변화로 구태여 위협을 받고 싶지도 않았다. 심지어 여성이 재산가임에도 재정적 자립 같은 기본적 권리들이 없어서 향후 이혼으로 양육권을 잃는 일은 그들이 걱정할 일이 아니었다. 당시엔 여자는 정치에서는 발을 빼고 있는 게 더 낫다고 내심 믿는 이들이 많았다. 그러나 갖가지 사회운동이 변화를 위해 투쟁하는 모습을 살펴볼 때는, 차별받는 집단 내의 갈등에 지나치게 초점을 맞추거나 내분 속의 정치적 곤경이 발생한 이유를 살피는 일은 피하

---

* 인종 분리를 골자로 1876~1965년에 시행된 미국의 주법.

는 것이 좋다(이런 실수가 흔하기에 더욱 그렇다). 한마디로 여성참정권 운동에 저항한 여성들을 너무 부각하면 안 된다는 이야기다. 여성참정권 운동을 가로막은 가장 커다란 세력은 항상 그들의 강한 심리적 공포, 그리고 정치적 의제와 경제적 이해관계를 갖고 있던 남성들이었기 때문이다. 더구나 여성참정권 법령을 통과시킬지 말지를 결정한 것도 여성들이 아닌 남성들이었다.

궁극적으로 봤을 때 여성참정권 운동을 가로막은 가장 막강한 장애물은 반대 세력의 힘이 그야말로 엄청났다는 점이었다. 여성참정권 운동과 관련해 충분히 예상된 반발이었지만, 당시 미국엔 풍부한 자금과 잘 짜인 조직망을 갖춘 반여성참정권 단체들이 활동하며 그들 나름대로 갖가지 선전을 벌이고 소식지와 출판물을 간행하는가 하면, 삽화에서 '여성참정권 운동가들'을 신체적으로 혐오스럽거나, 성욕에 굶주리거나(혹은 성욕이 없거나), 남자의 기를 빼앗거나, 나쁜 엄마거나, 심지어는 인간 이하로 그리며 시종일관 조롱했다. 여성참정권론자들이 목표 달성에 한 발씩 다가가는 것처럼 보일수록 선전들도 더욱 격해졌다. 여성참정권 반대 운동의 배후 상당수는 오늘날 이른바 민간 부문에 속해 있던 남성들이었다. 이들 재계 리더들은 변화가 싫었고, 다른 누군가 특히 자신이 부리는 노동자들과 권력을 나누는 것이라면 아주 질색했다. 이들은 여성참정권론자들이 열심히 싸우는 것 못지않게 그에 반대하는 싸움을 열심히 벌여나갔다. 이들에게 민주주의는 열성적으로 지켜야 할 뭔가가 아니었고, 정치 혹은 경제체제에 개혁이 일어나겠다 싶으면 악착같이 달려들어 싸웠다. 이를테면 노동자 보호법령, 규제, 연방 정부의 과세

다시, 리더란 무엇인가

(특히 누진세), 반독점법령, 노조 보호법령 같은 것들에 극렬히 반대했다. 이들은 여성들이 투표할 수 있게 되는 상황도 두려워했다. 그 시절에 늘어놓은 황당한 궤변은 일단 넘어가더라도, 이들이 정말 겁낸 부분은 선출직 정치인을 뽑는 데(혹은 투표로 특정 정치인을 배제하는 데) 여성도 한몫하게 되면 그땐 과연 뭘 요구할지 모른다는 것이었다. 여성참정권 법안이 통과되면 자기들 회사와 사업을 해당 주에서 철수시키겠다고 재계 리더들이 으름장을 놓는 일은 예사였다. 이 전술은 종종 먹혀들어, 압박을 느낀 정치인들이 계속 여성참정권에 반대 표를 던지곤 했다.[6]

이상의 이유들과 그 밖의 갖가지 요인들 때문에 19세기 후반 여성 참정권론자들이 대의를 밀고 나가는 길은 결코 순탄치 못했다. 그러다 19세기 말과 20세기 초엽에 접어들며 상황이 변화하기 시작했다. 여성참정권론자들이 오랜 세월 공들여왔던 일이 말 그대로 하나둘 결실을 맺기 시작했다. 하지만 이런 일이 일어나려면 많은 상황이 먼저 변화해야 했고, 그러려면 구성원을 일사불란하게 뭉치게 할 새롭고 역동적이고 헌신적인 리더십이 필요했다. 이제 남은 질문은 하나, 이들 리더가 여성참정권을 점점 긴급해지는 화두로 다룰 때 그들이 과연 어떤 접근법을 택할 것인가였다. 이 시기에 처음 모습을 드러낸 주된 접근법은 두 가지였다. 여성참정권 운동이 성공하려면 상류층에 한정된 운동을 주류의 운동으로 만들어야 한다는 점, 그리고 미국의 리더들이 이 운동을 최우선의 화두로 삼게 해야 한다는 점에서 두 접근법의 생각이 같았다. 어떻게든 투표권을 얻어내야 한다는 점에서도 의견이 일치했다. 하지만 둘의 생각은 거기까지만 엇

비슷했다.

　1890년 전미여성참정권협회National American Woman Suffrage Association, NAWSA가 결성되며 여성참정권 운동도 협회의 힘을 빌려 얼마쯤 기세를 타기 시작했다. 이 시기의 협회 출범에서 지배적인 영향력을 행사한 이는 캐리 채프먼 캣Carrie Chapman Catt으로, 그때껏 전개된 주류 여성참정권 운동에서 가장 큰 실질적 성과를 거두었다고 할 수 있다. 집중력과 결의를 가진 캣은 체계화에 능했다. 그녀가 조직을 이끄는 동안 NAWSA는 두 가지의 새로운(혹은 전에 없던) 주장을 강조했는데, 둘 모두 사회적으로는 보수적 색채를 띠고 있었다. 하나는 여성들은 여성으로서 정치체에 나름의 기여를 한다는 주장으로, 이 관점에 따르면 여성에게는 그들만의 독특한 자질이 있다. 여성들 덕분에 사회는 더욱 다정하고, 어머니 같고, 평화롭고, 가정적이고, 따뜻하게 보살피는 곳이 된다는 것이다. 두 번째는 훨씬 노골적으로 보수적 색채를 띤 주장으로, 여성들이 '바람직하지 못한 것들'(다시 말하면 이민자와 비주류 계층)에 맞서서 정치체를 더 건강하게 만드는 역할을 한다는 것이었다.

　두 번째 주장은 특히나 동의하기 어렵고 황당한 이야기로 들린다. 당시 미국 사회는 한창 변화하는 중이었던 데다 웰스 같은 흑인 여성참정권론자뿐만 아니라 아시아계 미국인(예를 들면 1896년 중국 광저우에서 태어나 뉴욕에서 여성참정권 운동의 주요 리더로 활동한 메이블 핑후아 리 Mabel Ping-Hua Lee), 히스패닉계(예를 들면 로스앤젤레스 출신으로 소책자를 스페인어로 번역해 이민자들을 상대로 연설했던 마리아 드 로페스Maria de Lopez), 아메리카 원주민(예를 들어 1913년 워싱턴 DC의 여성참정권 운동 행진을 이끈 리더 중 하나였던 노스다코타의 마리 루이스 보티노 볼드윈(Marie Louise Bottineau Baldwin)

까지 각계의 명성 높은 여성참정권 운동가들이 활약하고 있었기 때문이다.[7] 따라서 협회에 기반한 캣의 리더십 속에서 전개된 운동은 여성참정권을 지지한 여성 전체를 대변하지 못했고, 오히려 캣 시절에 협회는 흑인 여성참정권론자와 더 멀어지게 됐다. 이 시절을 살펴보면, 사회의 리더십이 어떻게든 주류에 받아들여지고자 권력자들과 힘을 합치는 편을 택하면 주류에 속하지 못하거나 제도적 권력에서 소외된 이들이 정치에 참여하거나 기여할 기회가 희생된다는 점을 알게 된다. 캣에게 제일 중요한 것은 각계각층의 여성들을 하나의 기치 아래 규합하거나 그들이 행동에 나서도록 동기를 부여하는 것이 아니었다. 그보다는 주류 계층의 두려움부터 누그러뜨리자는 게 그녀의 전략이었다. 여기에는 여성들의 참정권 추구가 짐 크로법 위배로 이어지지는 않을 것이라고 남부 주 의원들에게 확신을 주는 일도 포함됐다. 캣에게서 나온 여성참정권 운동의 선전 내용은 철저하게 가부장적이었다. 그 안의 여성들은 어머니이자 양육자로서 이 세상에 유권자들과 병사들을 공급해주는 존재이자 전통적 가치들을 지키는 존재로 그려졌고, 하나같이 백인이었다. 캣 휘하의 여성참정권론자들은 어딜 가나 성조기를 손에 들고 흔들면서 보란 듯이 애국심을 드러냈다.

사회와 정치 지도자 중에는 진보란 대중의 힘을 밑바탕으로 이뤄진다고 믿는 이들이 있다. 그런가 하면 진보란 결국 막강한 힘을 가진 사람과 제도를 끼고 일을 도모할 때 이뤄지는 법이라고 믿는 이들도 있다. 캣은 후자였다. 그녀는 권력을 쥔 이들을—공식 직위에

성조기를 손에 든 캐리 채프먼 캣, 1917년. (© Harris & Ewing/Library of Congress)

있는 남성들, 의회에서든 기표소에서든 투표로 실력을 행사할 수 있는 남성들―겨냥한 전략적이고 계산적인 접근법을 구사했다. 그 전략은 포용적이거나 진보적이지 않았지만, 그녀의 관점에서는 지극히 효과적이었다. 정치적인 면에서 캣은 점진주의자인 셈이었는데, 어쨌든 실제로 진보를 이루는 데 주안점을 두어 아예 처음부터 전국적 여성참정권을 달라고 주장하기보다―캣 이전의 운동가들은 그렇게 해왔다―주 법령에 초점을 맞추어 주 선거에서부터 여성 투표권을 얻어내는 것을 목표로 했기 때문이다. 리더로서 캣은 대단한 열성과 결의를 지닌 동시에 인내심이 지극히 강했다.

한편 일각에는 캣의 방법론을 이해하거나, 그녀의 접근법에 동의하거나, 그녀의 인내심과 보수적 기조를 함께 이어가지 못하는 여성

다시, 리더란 무엇인가

참정권 운동가들도—특히 캣보다 젊은 세대 중에—있었다. 이들은 여성참정권 운동을 이끄는 주류 세력이 사회적 명망을 쌓는 데만 사로잡혀 투표권을 위해 해야 하는 일들을 전혀 하지 않고 있다고 생각했다. 이들 젊은 세대 운동가의 대표적 인물로 손꼽히는 이가 앨리스 폴Alice Paul이다. 그녀의 등장으로 여성참정권 운동은 투쟁의 역사에서 가장 드라마틱하고 결정적인 단계를 맞았다.

사회운동가로서 폴은 선대 운동가들보다 나라와 지역을 다양하게 넘나들며 활동했다. 다른 수많은 여성참정권 운동가와 마찬가지로 그녀도 상류층 가문 출신이었다. 펜실베이니아주 식민지를 건립한 윌리엄 펜William Penn이 그녀의 선조였다. 집안 대대로 믿어온 퀘이커교의 전통 속에서 자라난 그녀는 스와스모어대학을 졸업하고 처음 몇 년은 뉴욕시 로어이스트사이드의 한 사회복지관에서 헌신적으로 일했다. 그러다 일개 사회복지사로서는 엄두를 낼 수 없는 더 많은 변화에 대한 열망을 품고 영국으로 떠났고, 거기서 학업을 계속하며 영국 여성참정권 운동의 추이를 지켜볼 수 있었다. 당시 폴은 에멀린 팽크허스트Emmeline Pankhurst와 그녀의 두 딸 실비아 팽크허스트Sylvia Pankhurst와 크리스타벨 팽크허스트Christabel Pankhurst 같은 이들에게 많은 영감을 받았는데, 이들은 영국 여성참정권 운동을 가장 살벌한 국면으로 몰아간 장본인이기도 했다. 아울러 이 시기는 정부 당국자들이 여성참정권 운동을 가장 잔혹하게 억누른 때이기도 했다. 팽크허스트와 그 딸들 부류의 여성참정권 운동가들은 적당히 싸울 생각 따위는 없었다. 노년층이나 미디어에서 그들의 행동이 숙녀답지 못하다거나 예의가 없다며 아무리 못마땅해해도 괘념치 않았

1915년의 앨리스 폴. (© Harris & Ewing/Library of Congress)

다. 수십 년이나 여성참정권을 위해 투쟁했는데도 영국 정부가 꿈쩍할 생각도 하지 않자, 여성참정권론자들은 우편물 폭탄 등의 폭발장치들을 동원하고, 단식 투쟁을 이어가고, 울타리에 자기들 몸을 결박했다가 체포당하고, 교도소에서 끔찍한 강제 섭식을 당하면서도, 영국 여성이 투표권을 얻는 그날까지 저항을 계속할 것임을 공공연히 밝혔다. 폴은 바로 이런 상황을 지켜보고 동참하면서 영감을 받았다. 고향으로 돌아온 폴과 그녀의 친구들은 영국 여성참정권론자들이 썼던 갖가지 방법과 과격함을 미국으로 들여왔다. 여성의 투표권 쟁취를 위한 싸움은 정의로운 사회라는 더 커다란 대의를 위한

다시, 리더란 무엇인가

싸움의 일부라는 깨달음도 함께.[8]

폴이 미국 정계에 발 들였을 때는 마침 대대적 국면 전환과 함께 여성참정권 운동이 진보 운동과 맞물린 시기이기도 해서, 이제 운동가들은 갖가지 사회, 경제 이슈를 더욱 면밀하게 살피지 않을 수 없었다. 그중에서도 눈에 띄는 점은 이 같은 변화를 계기로 여성참정권 투쟁이 성공하기 위해서는 노동자 계층의 지지가 필요함을 운동가들이 깨달았고, 이런 깨달음이 변화의 원천이 됐다는 것이다. 대규모의 노동 계층 이민자 무리가 복잡한 대도시에 모여 살며 피땀 흘려 일해야 하는 상황에서 여성참정권 운동이 노동 계층 여성의 고역을 대변해줄 수 있었던 것은, 단언컨대 여성참정권 운동이 20세기 초반의 20년 사이에 이룩한 성공에 확실한 촉매가 되었다. 결국 여성참정권 투쟁이 성공할 수 있었던 것은 단순히 싸움을 이끈 리더들의 전략적 결정 때문만도 아니었고, 미국 기성 정치인들의 의중이 변화해서만도 아니었다. 여성참정권 운동이 그토록 바라던 목표를 마침내 달성한 건 그것이 대중 운동으로 변모하고 나서의 일이었다. 대중 운동이 되고부터는 권력층에서도 여성참정권 운동을 계속 무시하거나 약속을 미룰 수 없었다.

$\bullet\ \bullet\ \bullet$

뉴욕시 그리니치빌리지의 그린스트리트와 워싱턴스퀘어이스트 사이 워싱턴플레이스라는 곳에 가면 10층짜리 건물 하나가 우뚝 서 있다. 이 지역은 관광객이 늘 끊이지 않으며, 미국에서 학비가 제일

비싼 사립대학 중 하나인 뉴욕대학교가 명물로 군림하며 주변 부지를 소유하고 활용하는 것으로 유명하다. 브라운빌딩Brown Building으로 통하는 이 건물은, 알고 보면 맨해튼의 건물들이 대체로 그렇듯 끔찍한 역사를 안고 있다. 매일 그 곁을 지나치는 사람들 상당수는 미처 알지 못하는 역사 말이다.

옛날에 이 브라운빌딩은 애시빌딩Asch Building으로 통했고, 부유한 대학교의 부속 건물이 되기 훨씬 전에 꼭대기 한두 층에는 블라우스 공장이었던 트라이앵글셔트웨이스트사Triangle Shirtwaist Company가 있었다. 그 시절 여성들의 가장 흔한 복장이었던 대량 생산 블라우스를 만든 이들은 이민자 노동자들이었다. 대체로 젊은 여성과 소녀였던 이들이 견디기 힘든 위험한 환경에서 일해야 했던 어두침침한 공장들은 수지 맞는 도시 내의 의류 산업 지대에 자리하고 있었다. 지금은 미국에서 땅값이 가장 높은 바로 그 지대 말이다.

1911년 3월 25일 이 공장에서 화재가 일어났다. 안전하지 않았던 공장 내부의 환경을 생각하면, 화재가 일어나는 건 사실 시간문제일 뿐이었다. 여성들은 공장 밖으로 탈출하려 했지만 문이란 문은 죄다 잠겨 있었다. 이 노동력 착취 시설을 찍은 옛날 사진들을 보면 비상구가 한눈에 보이게 확실히 표시돼 있다. 하지만 화장실에 가서 쉬는 여성 노동자들의 습관이 회사 수익을 갉아먹는다며 공장장들이 비상구의 문들을 단단히 걸어 잠근 게 화근이었다. 그 바람에 화마가 공장을 온통 휩쓸어도 여성들이 비상구 문들을 열지 못해 불에 타 목숨을 잃거나 연기에 질식해 죽거나 계단 쪽으로 몰려갔다가 압사당했다. 비상계단은 망가지고 끊어져 무용지물이나 다름없었다.

트라이앵글셔츠웨이스트사에서 일하는 여성들. (ⓒ ZUMA Press Inc/Alamy Stock Photo)

그 와중에도 공장주들은 건물에 있던 엘리베이터 한 대를 타고 빠져나왔고, 이들이 나온 후 엘리베이터는 작동을 멈추었다. 노동자들은 지푸라기라도 잡는 심정으로 창문을 열고 10층 아래 도로로 뛰어내렸다. 그날 하루에 죽은 노동자만 146명, 그중 123명이 여성이었다. 그중에는 14살짜리 소녀들도 있었다.[9]

트라이앵글셔츠웨이스트 공장 화재는 여성참정권 운동이 대중에게 더욱 폭넓은 지지를 받는 일대 전환점이 됐다. 이제 노동 계층 여성 중에도 정치적 노력이 있어야만 자신들의 삶이 한층 나아질 수 있음을 인식하는 이들이 많아졌다. 온전한 프롤레타리아 혁명이 실현되기 전엔 투표권 행사가 그들이 할 수 있는 몇 안 되는 일 중 하

트라이앵글셔트웨이스트 화재 당시 창문으로 뛰어내린 여성들과 소녀들, 1911년 3월 25일.
(© Graff Collection/National Archives)

나일 것이었다. 아일랜드 대기근*을 피해 미국으로 건너온 아일랜드 이민자 가정 출신 레오노라 오라일리 Leonora O'Reilly 나, 유대계-우크라이나인 이민자로 키시뇨프 포그롬 Kishinev pogrom**을 피해 미국으로 건너온 클라라 렘리히 Clara Lemlich 같은 노동운동가들은 이미 블라우스 업계 공장 노동자들의 저항운동을 이끈 바 있었다. 그중 하나로 '2만의 봉기'라고도 알려져 있는 1909년 뉴욕 블라우스 노동자 파

---

* 1845~1852년 아일랜드에서 발생한 대기근 사태로, 100만 명 이상이 사망하고 다수가 해외로 집단 이주했다.
** 1903년 4월과 1905년 10월 러시아제국 키시뇨프(오늘날 몰도바의 수도 키시너우)에서 발생한 반유대주의 인종 학살.

다시, 리더란 무엇인가

업은 임금, 노동 환경, 노동시간 개선을 이루어내며 성공한 파업으로 평가받았다. 그런데 이 파업이 끝나고 불과 1년 만에 트라이앵글 셔트웨이스트 공장 화재가 일어나면서 공장주들이 노동자의 안전, 심지어 목숨을 지키는 일에도 여전히 땡전 한 푼 들이고 싶어 하지 않는다는 사실이 드러났다. 이 일로 노동 여성들의 분노가 끓어올라 극에 달하며 오라일리나 렘리히 같은 노동계 리더들이 여성참정권 운동 진영으로 넘어오기에 이르렀다. 이를 계기로 노동권과 여성참정권이라는 나름 관련 있던 두 대의가 강하게 연결될 수 있었다. 비록 각 진영의 리더들이 이 관계를 단단히 다지기까진 시간이 걸렸지만, 관계가 한번 다져지고 나자 운동의 기세를 막기는 훨씬 어려워졌다.

이와 거의 때를 같이 해서 사회의 정반대 계층에서도 새로운 움직임이 일기 시작했다. 전국적 규모의 진정한 혁신을 이룰 뜻이라면 권력자들만을 상대로 호소하거나(남자들이 어서 빛에 눈뜨기만을 기다리거나) 엘리트 여성들이 대의정치에 나서서 성공하기만을 노심초사 바라서는 안 된다는 인식이 엘리트 여성참정권 운동 리더들 사이에서 고개를 들기 시작했다. 이제는 여성 대중이 투쟁에 참여할 필요가 있었다. 트라이앵글셔트웨이스트사에서 일어난 일은—그만큼 유명하진 않지만 그 외에도 숱하게 일어난 이런 유의 재앙은—단순히 성차별적인 구호, 모욕, 혹은 정치적 권리나 투표권을 박탈당하는 차원의 문제가 아니었다. 그것은 순전히 몸 자체에 가해지는 잔혹함이었고, 사회 안에서도 가장 취약한 계층으로 꼽히는 노동자 여성들에게 무자비한 일들이 직접적으로 가해지고 있었다.

엘리트 여성참정권론자들과 노동자 대중을 연결시킨 가장 훌륭한 본보기로는, 어린 시절 시력과 청력을 모두 잃는 역경을 극복하고 저술가이자 운동가로 활발히 활동해 전 미국인의 심금을 울렸던 여성 헬렌 켈러Helen Keller만 한 이가 없을 것이다. 앨라배마주의 부유한 가정에서 태어나 래드클리프대학을 졸업한 그녀는 젊었을 때부터 여성참정권 운동의 리더는 물론 사회주의자이자 노동운동가로 활동하며, 여성의 권리와 노동자의 권리는 하나가 되어야 한다고 목소리를 높였다. 1915년 인터뷰에서 켈러는 미국의 맹인 여성 대부분이 눈이 멀게 된 것은, 자신의 경우와 달리 태생적이거나 질병에 걸려서가 아니라 노동 현장에서 사고를 당하거나 먹고 살기 위해 매춘하다 성병에 걸렸기 때문임을 짚었다. "눈이 멀게 된 걸 인간의 힘으론 어쩔 수 없는 불행이라고만 생각했던 저는, 실명의 원인 중 상당수가 산업계의 잘못된 근무 환경에 있다는 사실, 나아가 그 일들이 고용주의 이기심과 탐욕에서 비롯되는 경우가 많다는 걸 알게 됐습니다. 여기에 사회악도 한몫하지요. 결국 빈곤이 여성들을 수치스러운 삶으로 내몰고, 끝내 실명하는 상황까지 불러오는 것입니다."[10]

켈러가 여성들의 참정권을 위해 싸운 이유는 여성들의 의사를 반영할 수단을 얻기 위해서도, 엘리트층 사이의 성평등을 이루기 위해서도, 기회 균등이라는 미국의 윤리 기조에 충실하기 위해서도 아니었다. 그보다는 미국 전역의 여성들이 더 나은 물질적 여건 속에서 살아갔으면 해서였다. 켈러에게나 그 부류의 다른 리더들에게 여성들은 단순히 정치적 차별의 희생양만이 아니었다. 여성들은 자본가의 수익 창출이라는 이익을 위해 제멋대로 착취당하고 이용당하고

여성참정권 운동 집회에 참석한 헬렌 켈러, 1916년.
(© George Grantham Bain Collection/Library of Congress)

처분당하고 있었다. 켈러는 자신의 인생담은 한 개인이 어떻게 역경을 딛고 승리했는지를 보여주는 것이 아니라, 인생에서 부유한 가정, 헌신적인 교사, 소수 정예의 명문 사립학교, 이른바 현대적 방식의 강한 지원 체계를 만나는 것이 얼마나 행운인지를 보여준다고 일갈했다. 수많은 미국인을 비롯해 전 세계 사람들은 켈러가 어린 시절 갖은 신체적, 심리적 고초를 이겨낸 감동적인 이야기에는 익숙하지만, 그녀가 성년기에 정치적으로 활동하면서 그 시절의 경험을 어떤 식으로 해석했는지에 관해서는 제대로 알지 못한다. 개인의 성취를 높이 사고 사회적 연대는 경시하는 사람들에게 켈러의 이런 면모는 그리 와닿지 않을 것이다. 실제로 헬렌 켈러의 유산을 논할 때, 진정한 끈기란 무엇인가를 보여주는 근사한 이야기로 대중에 소구하기 위해 그 안의 정치적 함의는 모두 빠뜨리는 측면이 있다. 하지만 투표권이야말로 이 세상이 노동자 여성들에게 한사코 주지 않으려던 기본적 권리와 보호를 여성의 손으로 획득할 핵심 열쇠임을 인식했던 헬렌 켈러 같은 리더들을 모르면 그 시절 여성참정권 운동의 의미나 성공 요인들을 알 수 없다.

1920년대에 접어들며 여성참정권 운동의 규모는 어느 때보다 커졌다. 그 추진력의 근원은 다양해서, 캐리 채프먼 캣과 NAWSA, 앨리스 폴과 전미여성당National Women's Party, NWP, 아이다 B. 웰스와 알파여성참정권클럽, 클라라 렘리히와 여성참정권임금노동자연맹Wage Earners' League for Woman Suffrage 외에도 여러 곳이 있었다. 이 다양한 세력이 늘 한뜻으로 힘을 모으기만 한 것은 아니었고 심지어는 관계가 틀어질 때도 있었지만, 당대 권력자들을 상대로 함께 압박의 강도를 높여갔고, 각자의 자리에서 벌이는 활동들이 쌓여 커다란 효과를 냈다. 이런 추진력에 힘입어 여성참정권론자들도 일종의 연전연승의 기쁨을 만끽하기 시작하는데, 일찍이 여성들에게 투표권을 부여한 주 몇 군데에서 여성이 입후보해 당선되는 사례가 그랬다. 1916년에는(연방 차원에서는 아직 여성들에게 투표권이 없던 때였다) 당시 36세였던 저넷 랭킨Jeannette Rankin이 몬태나주(이 주에서는 1914년에 여성의 투표권을 승인한 터였다) 선거에서 승리해 미국 하원에 입성하면서 투표를 통해 연방 공직에 오른 최초의 미국 여성으로 이름을 남겼다. 그 후로 미국의 상황이 일변하면서 랭킨은 몬태나주에서 하원에 들어간 마지막 여성으로 남게 됐다. 하지만 그럼에도 랭킨은 자신이 하원의원으로 선출된 의의는 단순히 자신이 여성이라는 사실에만 있지 않다는 점을 잘 알았고, 자신의 승리를 모든 여성의 승리라고 생각하지도 않았다. 그녀는 자신이 사회운동가들의 힘을 빌려 그 자리에 섰음을 인식하고 각계각층의 더 많은 여성이 공직에 선출되는 사회, 나아가 모든 사람이 함께 잘사는 사회를 이룩하는 데 힘을 보태는 것이 자신의 책무라고 느꼈다. 랭킨은 남은 인생 내내 여성의 권리를 위해 싸우다 1973년 92세의 나이로 세상을 떠났다.

이렇듯 여성참정권 운동가들의 투쟁이 마침내 하나둘 결실을 맺는 가운데 앨리스 폴이 주축이 된 세력과 캐리 채프먼 캣이 주축이 된 세력 사이의 갈등은 커져만 갔다. 안에서만 자라던 이 갈등은 우드로 윌슨Woodrow Wilson이 대통령으로 재선된 1916년에 곪아 터지기 시작했다. 어떤 운동이 일어날지 무너질지, 나아가 어떤 운동이 성공할지 실패할지는 맨 아래의 사회적 투쟁과 맨 위의 정치적 리더십이 어떤 관계를 맺느냐에 따라 결정될 때가 많다. 여성참정권 운동에 대한 윌슨의 입장도 이러한 역학을 보여주는 좋은 사례다. 윌슨은 정치적으로 무척이나 복잡한 인물이어서, 어떤 면에서는 진보 운동과 연관 있었지만 여러 면에서 지극히 보수적인 구석도 있었으니, 여성과 흑인의 인권 문제에서는 특히 그랬다. 1916년 대통령에 재선됐을 때만 해도 윌슨은 여성참정권에 반대하는 입장이었다. 그러다 1917년 4월, 이전까지만 해도 유럽을 교착상태의 피비린내 나는 전쟁터로 만든 세계대전에서 계속 물러나 있겠다는 선전을 대대적으로 해오던 윌슨 정부가 돌연 세계대전에 참가해 연합국 편에서 독일 및 오스트리아-헝가리 제국에 맞서 싸우겠다고 결정한다.

미국의 제1차 세계대전 참전은 당시 미국 사회를 억압적이고 비정한 분위기로 몰아간 것으로 악명이 높다. 윌슨 정부는 참전 반대나 비판 의견을 거의 범죄 취급했다. 지방 당국자들은 양심적 반대자, 독일계 미국인, 전시라는 초애국주의 상황에서도 감히 자신들의 권리를 위해 싸움을 계속한 노동운동가들을 가만두지 않았다. 몇십 년 전 남북전쟁이 한창일 때 그랬던 것처럼, 여성참정권론자도 자신들 요구는 제쳐두고 하나로 뭉쳐 전승을 위한 애국적 노력에 힘을 보태야 한다고 여겨졌다. 마치 둘이 양립할 수 없는 것처럼 말이다. 실제로는 전혀 그렇지 않았다. 캣이 이끌던 NAWSA를 비롯해 많은 여성참정권론자는 이런 분위기를 따랐다. 바로 이때 여성참정권 운동에서 더 급진적 성향을 보이던 진영이 운명적인 결정을 내렸다. 전시 상황에도 아랑곳없이 자신들의 요구를 계속 밀고 나가기로 한 것이다. 보수적이고 점진적이고 격리주의적인 캣의 리더십을 경멸해 마지않던 폴과 그녀의 친구들은 진작 NAWSA를 떠나 1916년에 NWP를 결성한 터였다. 미국이 제1차 세계대전에 참전해 모두가 정부를 믿고 따를 것을 당연시하던 그 시국에 NWP는 여성참정권을 계속 요구한 것도 모자라 투쟁을 더욱 가열하게 밀고 나갔다. 그리고 정말 기발하게도, 윌슨으로서는 정말 짜증스럽게도 대통령의 말을 비롯해 전시 선전 구호를 대통령에 맞서는 구호로 활용하기 시작했다.

사실 애초부터 폴과 그녀의 보좌관이자 친구 루시 번스Lucy Burns, NWP의 다른 젊은 급진파는 미국의 리더 계층을 직접적으로 압박

다시, 리더란 무엇인가

할 작정이었다. 그들의 요구는 언젠가 여성에게 투표권을 달라는 것이 아니었다. 지금 당장 달라는 것이었다. 여성참정권에 '주州 차원의 권리'로 접근하던 종전 방식에서 과감하게 탈피해 헌법 수정으로 나아가는 것이, 그래서 여성참정권에 가장 극렬히 저항하는 주까지 포함한 모든 주에 여성참정권을 강제하자는 것이 이들의 바람이었다. 폴과 번스는 NAWSA에 있을 때 이미 이런 의중과 혁신적 접근을 내비친 바 있었는데, 새로이 대통령직에 오른 윌슨의 취임식 하루 전인 1913년 3월 3일 워싱턴 DC에서 사상 최초의 여성참정권 행진Women's Suffrage Procession을 열기로 기획한 것이다. 이 행사는 아주 요란하게 진행되었고, 참가한 여성들은 길거리에 몰려든 남성들에게 갖은 모욕을 당했지만 그 자리에 있던 경찰들은 여성들을 전혀 보호해주지 않았다. 하지만 이 행사는 시각적으로 무척 화려하고 근사한 볼거리 많은 이벤트이기도 했으니, 하얀 말을 타고 행진을 선두에서 이끈 여성참정권론자 이네즈 밀홀랜드Inez Milholland가 단적인 예였다.

여성참정권 행진을 보면 폴이 신봉하는 정치와 리더십의 기조를 알 수 있다. 폴은 당대 권력자들을 끊임없이 압박하고, 길거리에 나가 의견을 표명하고, 여성참정권을 외치는 이들이 얼마나 많은지 보여줌으로써 강제로라도 정계 및 지방의 당국자들이 여성들 요구에 응답하도록 만들어야 한다고 믿었다. 이 활동들은 윌슨의 대통령 재임 시절 한창 속도를 붙이다 미국의 세계대전 참전을 계기로 한층 전의를 다졌다. 이 말은 여성들의 행진과 일명 조용한 보초병 시위(여성참정권론자들이 플래카드를 들고 백악관 앞에서 벌인 시위)가 앞으로 정치에서 무슨 일이 벌어져도 멈추지 않고 계속될 것이란 뜻이었다. 여

여성참정권 행진에 나선 이네즈 밀홀랜드, 1913년 3월 3일.
(ⓒ Bain News Service photograph collection/ Library of Congress)

백악관에서 벌인 조용한 보초병 피켓 시위, 1917년. (ⓒ Harris & Ewing/Library of Congress)

다시, 리더란 무엇인가

기 담긴 메시지는 분명했다. '투표권과 평등에 대한 요구는 그 어떤 것에도 제약받지 않는다. 여성참정권이라는 대의는 이제 더는 다른 이슈에 밀려 뒷전이 될 게 아니다.' 이것이 여성참정권론자들이 절대 타협할 수 없는 기본권, 협상의 여지가 일절 없는 출발선이었다. 앞으로는 피켓 시위하다 체포당하는 게 폴의 주요 투쟁 방식이 될 것이라는 뜻이기도 했다. 만일 2023년에 진보와 보수 양편의 학식가와 정치인들이 이 여성참정론자들을 본다면 품위와 교양은 어디다 뒀냐며 가차 없이 깎아내릴 것이다. 어떻게 대통령 관저를 찾아가 그 앞에서 시위를 벌인단 말인가. 여성참정권론자들이 현실에 안주하는 엘리트층에게서 그런 비난을 듣기는 1917년에도 마찬가지였다.[11]

캣이 선출직 관료들을 상대로 나름의 정치 공작 전술을 써서 여성참정권이라는 대의를 밀고 나가도록 압박했다면, 폴은 끝까지 가시적인 사건, 압력 행사, 몸으로 부딪치는 자기희생 같은 방법을 고수했다. 백악관을 찾아가 피켓 시위를 벌이고, 윌슨이 정작 본국인 미국의 여성들에게 민주적인 권리도 주지 않으면서 이 세상을 '민주주의가 구현되는 안전한 곳'으로 만들기 위해 전쟁을 벌이겠다고 나섰으니 그런 위선자도 없다며 비난하면서 위험한 행보를 이어갔다. 이러한 요구에도 당국은 몇 달간 묵묵부답으로 일관하더니, 어느 날 폴을 비롯한 몇몇을 체포해 교도소에 집어넣었다. 시위가 '통행을 방해'한다는 등의 갖가지 구실을 들며 당국이 공식적으로 내놓은 해명은 이들이 사회의 안녕을 해치기 때문에 잡아들인다는 것이었다. 진의는 결국 전시에 그런 요구들을 하다니 괘씸해서 벌을 준다는 것이나 다름없었다. 이들 여성은 교도소에서도 단식 투쟁을 벌였고, 그 바람에 독재국가에서나 자행될 법한 처우를 당해야 했다. 민주주의를 명분으로 내걸고 전쟁을 벌이고 있는 나라에서 말이다. 정부는 이들을 절대 정치범으로 인정해주지 않았고(이들이야말로 진정한 의미의 정치범이었는데도), 이들은 튜브를 이용한 강제 섭식, 구타, 테러 등을 당했다. 정부의 목표는 이들을 무자비하게 다루어서 더는 그런 요구를 못 하게 하는 것, 아니면 적어도 품위 있되 실효성은 없는 방식으로 언제까지고 요구하는 선에서 만족하게 해놓고 권력을 쥔 부유층 남성들이 하염없이 그 요구를 뒷전으로 밀어놓게끔 하자는 것이었다. 어쩌면 여성참정권론자들이 교도소에서 폭력을 당한 이유는 더 단순한 데 있을지도 몰랐다. 그때야말로 기성 권력이 여성들, 특히 자신들에게 당당히 맞섰던 여성들에게 해를 입힐 수 있는 절호의 기회였으니 말이다. 하지만 폴과 그녀의 친구들은 단념하기는커녕 교도소 경험을 여성참정권의 대의를 살리는 쪽으로 활용했고, 자신들이 겪은 고초를 정치계의 제3자까지도 확실히 느낄 만큼 효과적으로 널리 알렸다.[12]

교도소의 가혹한 처우와 그 뒤를 이은 어느 때보다 큰 정치적 성공은 그 차이가 극명했다. 여성참정권론자들이 교도소에서 풀려나고 얼마 지나지 않았을 때, 즉 그들이 강제 섭식을 당하며 벌레가 득실대는 곳에서 생활한 지 불과 몇 달밖에 안 됐을 때 미국 의회가 수정헌법 제19조를 통과시켰다. 그래도 이번 사회적 투쟁의 결말은 행복한 편이었다. 적어도 얼마간은 그랬다. 1918년 9월 30일, 윌슨 대통령이 상원에 나가 여성참정권을 지지하는 연설을 했다.[13] 1919년

다시, 리더란 무엇인가

미국 켄터키주 주지사 에드윈 P. 모로Edwin P. Morrow가 수정헌법 제19조 켄터키주 비준안에 서명하는 모습, 1920년 1월 6일. (ⓒ Library of Congress)

5월 21일 하원에서 304 대 89의 표결로 여성참정권 수정헌법을 통과시키자(의결 정족수인 3분의 2 이상보다 42표 많았다) 6월에 상원이 법안을 비준했다. 이후 미국의 주들이 차례로 수정헌법을 비준했고, 이어 각 주의 주지사가 언론의 요란한 축포 속에서 여성참정권 운동 리더들이 지켜보는 가운데(캣과 동료들은 여기 끼어 있었지만, 폴과 동료들은 끼지 못했다. 웰스와 동료들이나 렘리히와 오라일리, 그 동료들도 당연히 끼지 못했다) 법안에 서명해 법을 제정했다. 이 사건들의 상징적 의미는 분명했다. 미국의 지도층이 여성참정권에 대한 기존 입장을 번복한 일은 엄연히 여러 세력이 힘쓴 결과 실현됐는데도 그중 딱 한 세력의 공로만 인정해주겠다는 것이었다. 투쟁 기간 내내 정치 당국자들 및 기존 체제와 합심하고 그들에게 아부했던 세력 말이다. 사실 어느 체제에서든 가장 막강한 권력자들이 얼마 전만 해도 별 힘이 없던 자들과 권력을 나눌 수밖에 없는 상황이 오면, 기존 체제에 도전하기보다 어떻게든 그 안에 속하려 애쓰는 자들만을 인정해주기 마련이다. 물론 제도 바깥에서 활동하며 체제에 도전하는 이들은 자신의 투쟁이 성공한 공로를 당대의 권력자들에게 돌릴 생각이 추호도 없다. 오히려 이들이 보기에 그 성취는 권력을 쥔 자들이 아니라, 권력을 별로 갖지 못한 사람들 것이어야 했다. 이들에게 대통령이나 주지사들 틈에서 사진 찍는 일쯤은 안 해도 그만이었다.

· · ·

수정헌법 제19조가 통과되어 적어도 표면적으로는 여성참정권 운동이 하나의 성공 스토리로 남았으니 이쯤에서 성공의 일등 공신은 과연 누구일까 질문하는 것도 흥미로운 사고 실험이 될 수 있다. 여성참정권 운동의 역사에서 가장 중요했거나 가장 막강한 영향력을 끼친 이는 과연 누구였을까? 여기서 후보로 꼽을 주요 인물은 셋인데, 모두 리더 개인을 넘어선 더 커다란 무언가를 대표했다는 특징이 있다.

첫 번째 후보인 우드로 윌슨은 국가의 리더층을 대표하는 인물이다. 윌슨은 여성참정권을 위한 헌법 수정에는 개인적으로 적잖은 세월 동안 반대해왔다. 하지만 두 번째 대통령 임기가 막바지를 향해갈 무렵 마침내 입장을 바꿔 전국적 차원의 여성참정권을 지지한 것도 모자라 심지어 상원에 나가 여성참정권을 지지하는 연설까지 했다. 그가 속한 민주당을 비롯해 상원에서 여성참정권에 대한 반발이 만만찮던 때 말이다. 독자들 가운데는 윌슨이 없었다면 수정헌법 제19조가 통과되지 못했을 거라며, 당시 그의 역할과 결심에 초점을 맞추는 이가 많을 것이다. 어찌 됐든 결국 여성에게 투표권을 부여한다는 법령을 통과시킬 힘을 가진 건 당시 미국을 움직이던 제도권 리더인 대통령과 의회 의원들이었으니까. 이런 맥락에 따르면 윌슨이 나름 '발전한' 덕에 이즈음 여성참정권을 유럽에서 자신이 수행하던 민주주의를 위한 싸움의 일환으로 바라보게 된 것이었다. 그 주장인즉, 윌슨이 여성참정권을 신봉하게 된 것은 그가 진보적인 가치들, 사회정의, 평등을 신봉했기 때문이었다.[14]

하지만 결국 여성참정권을 지지한다며 표를 던진 의회 의원들이 그랬듯, 윌슨 대통령 또한 그렇게나 오랜 세월을 꿈쩍 않다 어느 순간 계몽하여 느닷없이 마음을 바꾼 게 아니었음을 우리는 잘 안다. 권력자들에게 무턱대고 이끌리는 이들은 윌슨이 그런 식으로 변화한 것이야말로 정말 대단하다며 칭송하곤 하지만. 1918년 9월 상원에서 한 연설에서 윌슨은 자신이 그즈음 여성참정권을 지지하게 된 것은 전시에 미국 여성들이 기여한 노력에 대한 일종의 보상이라고 규정했으나, 이런 식의 연설은 자기 잇속을 차리려는 것일 뿐 전혀 솔직하게 들리지 않는다. 그가 여성참정권 문제로 늘 압박받았다는 사실, 아울러 여성참정권 운동의 리더들이 수정헌법이 통과되기 직전 몇 년 동안 투쟁에 더욱 불을 붙여 더는 이 문제를 미룰 수 없다고 목소리를 높였다는 사실을 모르는 이는 없다. 그 말은 결국 윌슨이 따져보니 여성참정권에 맞서 싸울 필요가 더는 없겠다는 계산이 나왔다는 이야기다. 만일 윌슨이나 다른 정치가들이 여성참정권을 놓고 결정해야 하는 상황에서 외부의 압박이 전혀 없었다면, 어쩌면 여성들은 2023년까지도 참정권이 주어지길 기다리고 있었을지도 모른다. 변화가 일어나는 방식이 원래 그렇다.

그렇다면 이 경우 윌슨이 결심하도록 밀어붙인 공로는 어느 지도자에게 있을까? 여기서는 각기 두 종류의 리더십을 대표하는 후보를 생각해볼 수 있다. 바로 캐리 채프먼 캣과 앨리스 폴이다. 캣에게 공이 있다고 말하는 사람은 그녀가 윌슨의 손을 억지로 잡아끌거나 그를 곤란하게 만들지 않고 어떤 식으로 잘 설득했는지에 초점을 맞출 것이다. 캣은 변화를 보수적 관점에서 바라본 인물이었다. 그녀는 여성들이 애국자이자, 훌륭한 사회의 일원이자, 인종과 계급의 위계를 더욱 공고하게 만드는 존재였으면 했다. 이런 맥락에 따르면 여성참정권을 추구한다고 사회에 어떤 식의 근본적 변화가 따라야만 하는 것은 아니었다. 여성참정권은 좋은 체계와 훌륭한 나라 안에 자리 잡은 잘못된 부분을 바로잡는 것이다. 그렇게 해서 여성들도 미국의 진정한 일원으로 만들고, 이미 남성들이 차지하고 이끌어가고 있는 갖가지 사회구조 및 정치 영역에 여성들도 발 들일 수 있게 하자는 것이었다.

여성참정권 운동 성공의 공로자로 꼽을 마지막 후보는 앨리스 폴이다. 폴은 급진적인 시각으로 여성참정권 투쟁을 바라본 인물이다. 따라서 그녀에게는 행동, 눈에 보이는 사건, 희생, 그리고 수십 년 뒤 마틴 루서 킹 주니어Martin Luther King Jr. 목사가 '지금 당장이 아니면 절대 안 된다는 절박함'이라고 정의한 일종의 투지가 무엇보다 중요했다. 폴과 NWP에서 활동한 그녀 친구들이 워낙 과격한 활동을 벌인 데다, 정의를 실현하기 위해 이들이 기꺼이 감행한 일들 때문에 개중에는 여성참정권 운동이라는 대의를 위해서는 이들이 캣의 NAWSA보다 더 헌신적이었다고 결론 내리는 이들도 있을지 모르겠다. 하지만 그렇지는 않다. 캣도 여성참정권 운동에 일평생을 바치며 일심으로 매달렸고, 깨어 있는 시간은 모조리 운동에 쏟았다. 여성참정권을 간절히 원한 것은 둘 다 똑같았다. 둘의 차이는 각자가 어떤 접근법을 취했고, 어떤 리더십 모델을 택했으며, 목표를 이루기 위해 무엇을 불사했는가에 있었다. 폴은 여성참정권 운동의 혁신적 측면에 매달렸다. 폴이 원한 여성참정권의 방식은 캣과 같았지만, 폴은 거기에 좀 더 깊은 정치적 의미가 담기길 바랐다. 그녀가 보기에는 여성에게 참정권을 부여하려고 권력층의 남성들이 무얼 하느냐가 중요한 게 아니었다. 중요한 것은 거의 아무런 힘도 없는 여성들이 스스로 여성참정권을 쟁취하기 위해 무엇을 불사할 것인가였다.

물론 리더를 골라서 어느 한쪽의 공로만 인정하는 이런 연습은 역사적으로 엄밀한 사실이 아닐뿐더러 정치적으로도 위험한 면이 있다. 왜 굳이 같은 운동의 한쪽 리더의 공로를 다른 쪽보다 더 크게 인정해야 하는가? 여성참정권 투쟁이 성공할 수 있었던 건 분명 상호보완적으로 접근한 다양한 리더가 힘을 합친 결과가 아니었던가? 이 논리에 따르면 여성참정권 운동의 역사에 가장 중요한 것은 뭐니 뭐니 해도 결과였다. 성공의 공로가 누구에게 있는지, 혹은 그 성공의 의미가 무엇인지는 알 바 아니지 않은가?

이 주장에도 얼마간 일리는 있으며, 여성참정권 운동을 이끈 다양한 리더들을 이렇듯 경쟁 구도로 몰면 이들 사이의 내분만 부각되고 공통 목적은 희미해져 이들의 진짜 적은 동료 여성참정권론자들이 아니라 여성투표권 부인과 구조적 차별이었다는 점을 잊게 되는 건 맞다. 하지만 적어도 표면적으로는 똑같은 것을 원했을 이들 사이에 분명 근본적인 견해 차이가 존재했음을—후일 살펴보니 그랬다는 게 아니라 당대에 실제로 견해 차이가 불거졌다—인정하는 일 역시 중요하다. 견해와 전략의 차이, 나아가 캣과 폴의 갈등을 인정하고 분석해야 여성참정권 운동의 리더들이 택했던 길과 결정들을 제대로 살펴볼 수 있다. 이런 사례들을 살필 때 우리가 흔히 안게 되는 위험은 견해 차이나 모순되는 관점은 외면하고, 똑같은 차별에 다른 방식으로 맞서 싸우는 희생자들 사이의 갈등도 무시한다는 것이다. 미국의 여성참정권 투쟁에는 거의 아무 힘도 없던 집단의 리더들이 동등하거나 더 많은 힘을 얻고자 할 때 전형적으로 어떤 선택에 직면하는지가 여실히 드러나 있다.

그 접근법의 차이는 단순히 리더의 기질이나 스타일에서 비롯된다기보다는, 리더가 자신이 애써 벌이는 투쟁을 어떻게 해석하고 이해하느냐에서 비롯된다. 캣의 경우 진보를 공식적인 평등, 즉 성별에 따른 차별을 금지하는 차원에서 이해했다고 해도 무방할 것이다. 수정헌법 제19조는 그 투쟁의 정점을 찍은 사건으로 승리를 의미했으며, 여성참정권을 위해 투쟁을 벌이거나 선출된 리더층을 교체할 필요도 없었다. 캣은 사회의 기존 제도들을 신봉했다. 반면 폴에게도 수정헌법 통과는 중요하긴 했지만, 그건 다른 사회를 만들어가는 여정의 출발점일 뿐이었다. 폴은 그 순간부터 여성의 권리를 투표권 이상으로 발전시키기 위해 노력하며 여생을 보냈다. 일례로 1923년 에 사상 최초로 '남성과 여성은 미국 전역을 비롯해 미국의 사법권 이 관할하는 모든 곳에서 동등한 권리를 지녀야 한다'라는 단순명료 한 논지의 남녀평등 헌법 수정안Equal Rights Amendment, ERA을 의회에 제 출했다. 미국은 여성에 대한 차별을 금하는 헌법 수정안을 오늘날까 지도 통과시키지 않고 있다. 거기에다 투표권을 얻는 것은 단지 정 치적이나 법적인 공식 절차에만 그치는 것이 아니었고, 법이 통과됐 던 갖가지 상황들, 그러니까 거기까지 가기 위해 거쳐야 했던 길들 도 결과만큼이나 중요했다. 내가 강연하다 보면 이 문제를 두고 으 레 엇갈린 반응이 나오곤 한다. 여성이 투표권을 얻었다는 결과 자 체가 중요한가, 아니면 참정권 투쟁 승리는 여성들의 노력과 리더십 을 인정받은 것인 만큼 그 성취는 여성 투표권에 표를 던져준 남성 들이 아닌 여성들 자신의 것이라는 게 중요한가.

이 논쟁을 바라보는 또 다른 방법은, 과연 폴과 그 친구들의 행동 들이 정말 불가피했는지 묻는 것이다. 세계대전이 한창인 와중에 백 악관까지 찾아가 피켓 시위를 벌이며 대통령을 난처하게 해서 체포 당하고 교도소에 갇혀 강제 섭식을 당할 필요가 과연 있었을까? 이 역사를 두고 일부 사람들은 폴이 몸을 던지는 희생을 굳이 하지 않 았어도 여성참정권은 실현되었을 거라고 말할 것이다. 여성참정권 은 의회에서의 정치적 거래를 통해, 그리고 윌슨 대통령이 결국 밀 어붙이기로 한 덕에 실현될 수 있는데, 아마도 그 이유는 윌슨이 세계사의 흐름을 읽었거나 계몽된 의식을 가졌기 때문이라기보다 그저 소속 정당이 더 많은 표를 얻길 바랐기 때문이었을 것이다. 이 관점에서 바라보면 당시에 정말 중요했던 것은 캣이 벌인 장기전의 게임과 정치 현실이었다. 보여주기식인 폴의 운동은 권력자 대부분이 언젠가는 찬성하게 될 과정을 필요 이상으로 극성스럽고 감상적으로 몰아간 면이 있었다. 하지만 이런 생각에 대한 반론도 만만찮다. 여성참정권이 어느 시점에 실현됐을 거라 해도, 폴과 NWP의 가열찬 노력은 여성참정권의 의미를 더욱 폭넓은 차원으로 승화시키려는 뜻에서였다. 즉, 단순히 투표할 능력을 갖게 된 것이 중요한 게 아니라, 여성들이 사회 안에서 나름의 힘을 가지는 것이 중요하다고 그들은 생각했다. 여성참정권 투쟁에서의 승리도 착실하게 행동한 여성들에 대한 남성들의 보상이 아니라, 여성들이 당연히 요구하고 얻어야 할 기본적 권리를 얻은 것일 뿐이었다.

또 여성참정권 투쟁을 사치스러운 투쟁, 장식품이나 다름없는 명분, 사회를 혁신하려는 노력이 아니라 여성을 기존과 하등 다르지 않은 위계 구조에 발 들이게 하려는 수작 정도로 말하는 이들도 있을 것이다. 그러면서 이들 회의론자는 수정헌법이 통과된 후로도 미국 사회는 사회적으로도, 경제적으로도, 정치적으로도 의미 있게 변화하지 않았다는 사실을 지적할 것이다. 사실 이런 평판 때문에 지금까지 여성참정권 투쟁은 1850년대와 1860년대의 노예해방운동이나 1950년대와 1960년대의 흑인 민권운동에 비해 중요성이 다소 떨어진다고 평가받은 적이 많다. 하지만 어떤 사회적 운동의 유산을 그 투쟁의 장기적 결과만을 놓고 평가할 수는 없다. 반드시 투쟁 자체에도 초점을 맞춰야 하며, 바로 이것이야말로 여성참정권 운동의 진정한 유산이 아닐까. 리더들은 그 자신에게 힘이 없는 상황에 놓이면, 권력자들을 비롯해 어쩌면 자신들에게 필요할 수도 있는 사람들을 적으로 돌릴지 말지 결정해야 한다. 아울러 동맹 세력을 만들지, 또 만든다면 누구와 손을 잡을지도 결정해야 한다. 이와 함께 그렇게 해도 자신들의 원칙이 훼손되거나 메시지와 야망이 희석되지는 않을지도 고민해야 할 테고 말이다. 한마디로 힘이 거의 없을 때 리더들은 기존 체제로 들어가 그 안의 사람들과 손을 잡을지(캣이 그랬던 것처럼) 아니면 기존 체제와 맞서 싸울지(폴이 그랬던 것처럼) 결정해야 한다.

그렇다면 둘 중 어느 쪽이 더 효과적일까? 어느 쪽이 더 가치 있을까? 이런 질문에 맞닥뜨린 게 여성참정권론자들이 처음은 아니었고, 그들 이후에도 이 질문은 끊이지 않았다. 여성참정권 운동과 그 안에서 불거진 갖가지 리더십 갈등을 보면 이 질문에 대한 답은 하나로 딱 떨어지지 않는다는 걸 알 수 있다. 어떤 식의 투쟁이든 언젠가는 투표권 쟁취라는 목표를 달성했을 테지만, 두 형태의 리더십이 동시에 공존한 덕에 때마침 투표권 쟁취가 성공할 수 있었던 것도 분명 사실이다. 여성참정권 투쟁이 리더십과 관련해 우리에게 가르쳐주는 바는, 성공(혹은 실패)에 이르는 길은 하나가 아니라 여러 갈래이며, 힘이 없는 상태에서 사람들을 이끌 때 어떤 투쟁 방식을 선택할지는, 어떤 방법을 써야 싸움에서 이길까보다 사람들이 대의를 위해 어떤 식으로 싸우고 싶어 하는가에 좌우되기도 한다는 것이다. 그래도 이것 하나만큼은 확실히 의심의 여지가 없다. 갖가지 기본적인 보호망과 권리를 지닌 여성과 그것들을 갖지 못한 여성들이 맺은 동맹 관계와 연대야말로 여성참정권 투쟁을 성장시키고 성공시킨 원동력이었다는 점 말이다. 승리를 위해, 여성참정권론자들은 대의에 헌신하는 투사여야 했고, 그들에게 정치적 힘과 대의권을 주지 않으려 하는 사회질서에 결연하게 맞서는 반란자여야 했으며, 자기희생이 요구될 때에는 도통 물러설 줄 모르는 성자가 돼야 했다. 이 셋이 결합할 때 그걸 막을 수 있는 것은 없음은 역사가 증명한다.

다시, 리더란 무엇인가

| 폭정 |

부당한 권력 앞에
신념을 지킬 수 있는가

◆

어둠 속에서 불꽃을 지킨 자들,
레지스탕스와 미라발 자매

한창 위기를 겪는 사회에서 살아가는 것, 위기의 시절에 리더가 되는 것, 또는 위기의 시절에 리더를 선택하고 심지어 선호하는 것은 그래도 괜찮은 경우다. 프랭클린 루스벨트는 재임 시절 리더십에 대한 근본적 차원의 도전을 여러 차례 맞았으나, 그래도 거대하고 강력한 나라를 이끄는 수장 자리에 있었다. 루스벨트는 정치적으로 갖은 수를 써서 자기 뜻을 관철하고, 원하는 방향으로 나아가고, 미국 국민에게 도움이 되리라 믿은 정책들을 추진할 수 있는 사치를 누렸다. 한마디로 그에겐 수단과 권력이 있었다. 수많은 이가 그의 지시를 순순히 따르는가 하면, 충언해주는 이들도 있었다. 루스벨트에겐 보호망과 안전망도 있었다. 또 정당성을 갖추고 지지도 받을 수 있었다. 아울러 미국 국민은, 적어도 대부분은 전례 없는 고난을 겪으며 끔찍한 위기를 고통스럽게 견디고 있었으나 그래도 선택의 방편이 있었다. 더 나은 삶을 살아가기 위해 열심히 노력이라도 해볼 수 있었다. 자기 생각을 마음껏 표현할 수도 있었다. 얼마간의 결점은 있을지언정 민주주의 속에서 살고 있었기 때문이다. 미국 국민은 자신들이 원하는 리더와 리더십을 결정하는 일에 얼마간 역할을 할 수 있었다. 그리고 누차 루스벨트를 선택했다.

이제는 비교적 사치스러운 이 상황의 정반대를 생각해보자. 우선 스스로가 리더도 아니고, 리더를 선택할 힘도 없고, 설령 리더들이 있어도 그들이 위험하고 힘을 남용하며 범죄를 저지르고 비도덕적인 경우 말이다. 이런 사람들은 우리 위에 군림하는 리더이지 우리를 위해 존재하는 리더는 아니다. 외려 우리 자신과 가족, 친구들을 해치는 데 혈안이 돼 있거나, 아예 우리의 삶을 망가뜨리거나 끝장내려고까지 할지 모른다. 그런데도 주변 사람들 중 대부분은 이런 리더십을 좋아하거나 지지할지도 모른다. 또는 우리 주변에 인정할 만한 리더십이 전혀 존재하지 않을 수도 있다. 거기엔 혼돈과 폭력만 난무할 것이다. 우리 자신을 비롯해 사람들의 신변 자체가 위험할 테고 말이다.

이 상황에서 우리는 무엇을 해야 할까? 그리고 과연 나는 사람들을 어떤 식으로 이끌어갈 수 있을까? 예나 지금이나 전 세계의 헤아릴 수 없이 많은 사람에게 이 질문은 단순히 학문적 차원에 머물지 않는다. 지극히 현실적인 문제이기 때문이다. 지금도 세계인의 약 3분의 1에 이르는 이가 독재 정권 아래서 살아가고 있다. 이런 정권의 종류는 그야말로 천차만별이지만 공통적인 몇 가지 기본적 특징이 있다. 우선 애초부터 체제 안에 정치적 다양성, 심지어는 이데올로기의 다양성이 마련될 여지가 없으며, 국민은 자신들을 이끄는 정치 리더들을 스스로 선택할 수도 없다. 하지만 이런 체제에서 가장

다시, 리더란 무엇인가

눈에 띄는 차이는 리더층이 국민에게 행사하는 힘의 정도, 그리고 그 안에 폭력과 권력 남용이 포함된 정도가 확연히 다르다는 점이다. 권위주의 정권이나 독재 정권 아래서 살아가고 있는데 어느 순간 스스로 위기에 처했음을 알게 될 때가 있다. 가령 살아가고 있는 체제를 우리 자신이나 다른 이들, 심지어는 국민 대다수가 더는 받아들이지 못하는 상황이 그렇다. 이런 시국에서는 그야말로 다양한 리더가 세상에 나타나기도 한다. 이들은 해당 국가나 정부의 가장 윗자리에 있는 공식적 리더가 될 사람들은 아니다. 이런 시국에서는 종전과는 다른 리더십 모델을—마키아벨리가 머리에 품었던 것과는 다른 종류의—상상하고 찾아 나서야 할 필요가 있다. 이들은 아마도 추종자가 거의 없고 제도적 권력도 갖지 못한 리더들일 것이다. 이들은 공공연하게 자신을 리더라 칭하지 못하거나, 리더임을 떳떳이 밝히지 못하거나, 아예 모습 자체를 드러내지 않을 수도 있다. 이들의 이름을 우리가 영영 알지 못할 수도 있다. 이들의 리더십과 유산은 이들이 행한 일에 따라 그 모습이 벼려진다. 세상에 굴복하느냐 끝까지 반란자로 남느냐, 삶과 죽음 중 무얼 선택하느냐, 현실을 받아들이느냐 아니면 타협을 거부하느냐에 따라서 말이다. 이런 시국에서 우리는 중요한 리더십 교훈을 얻게 되는데, 권력의 정점에 서 있지 않았더라도 세월이 흐르고 보면 그가 당대에 가장 중요했던 리더로 밝혀지기도 한다는 것이다.

현재 전 세계 수많은 지역의 정치 문화에서는 '폭정', '독재', '저항운동' 같은 말들의 의미가 무척 헷갈리게 사용되는 걸 볼 수 있다. 역사적으로 보면 현재의 실상과 전혀 맞지 않는 말들을 그렇게 제멋대로 사용하는 것은, 과거를 제대로 공부하지 못한 사회, 점수를 따려고 역사를(특히 역사적인 비유를) 정치적으로 어설프고 교묘하고 현실과 동떨어지게 사용하는 사회의 볼썽사나운 폐해라 하겠다.[1] 그만큼 과거에 실제 있었던 압제, 폭정, 저항운동을 살펴보는 것은 아주 중요한 일인데, 당시와 현재가 전혀 달라서가 아니라 오히려 그 일들이 우리가 사는 오늘날까지도 일어나고 있기 때문이다. 아울러 사람들이 으레 생각하는 장소나 맥락에서만 그 일들이 벌어지는 것도 아니다. 리더십의 의미는 리더가 자유로운 사회에 있느냐, 자유롭지 못한 사회에 있느냐에 따라 사뭇 달라질 수 있다.

• • •

폭정의 명실상부하고 무시무시한 사례를 살펴보기 위해 1940년의 유럽으로 돌아가 심금을 울리는 이미지 하나를 들여다보자. 1941년 판 〈라이프Life〉에 처음 실린 일명 '서럽게 우는 프랑스 남자'라는 이 사진을 누가 찍었는지는 알 수 없다. 사진에는 정장을 차려입고 거리에 선 채 무언가를 바라보며 군중 속에서 눈물을 줄줄 흘리는 한 중년 남자의 얼굴이 클로즈업으로 담겨 있다. 남자의 양옆에 있는 남자들과 여자들의 얼굴에서도 만감이 교차하는 것을 볼 수 있다.

이 사진은 1940년 9월 프랑스의 마르세유에서 촬영되었다. 유럽에서 제2차 세계대전이 시작된 지 1년 뒤, 프랑스가 나치 독일의 손아귀에 떨어진 지 3개월이 채 안 됐을 때다. 길거리에 모인 군중은 지금 아프리카로 '망명'길에 오른 프랑스 군대가 프랑스 국기를 든

다시, 리더란 무엇인가

'서럽게 우는 프랑스 남자', 프랑스 마르세유, 1940년 9월. (ⓒ Life magazine/NARA)

채 마르세유 시가지를 통과하는 광경을 지켜보는 중이다. 프랑스인에게 그 광경은 조국이 더는 자유로운 곳이 아니라는 뜻이나 다름없었다. 유럽을 통틀어 명실공히 최강으로 통하던 프랑스군은 200년 동안 이를 갈고 싸우던 적국 독일의 침공에 산산이 짓밟혔다. 최종 방어선이라는 뜻의 마지노선Maginot Line은 그 이름대로라면 뚫리지 말아야 했음에도 실상은 전혀 그렇지 못했다. 1939년 9월 히틀러의 군대가 폴란드를 침공한 후 프랑스와 영국도 독일에 선전포고를 했으나 실제 전투는 거의 벌이지 않았다. 이 일명 가짜 전쟁Phony War(프랑스인 사이에서는 우스꽝스러운 전쟁drole de guerre으로 불렸다)은 결국 프랑스군이 절치부심하던 적들에게 휘둘리며 굴욕적으로 패배하는 것으로 막을 내렸다.[2] 나치의 독재자 아돌프 히틀러는 파리를 정복하기 위해 달려와서는 자신의 승리를 사람들 뇌리에 각인시키기 위해 온 갖 짓을 벌였다. 에펠탑을 배경으로 관광객처럼 사진을 찍는가 하면 사람들 앞에서 신난다는 듯 지그를 추며, 그곳 사람들에게 지금 누 가 파리를 지키고 있는지를 확실히 알려주었다. 사진 속의 프랑스 남자는 바로 이런 광경들을 지켜보며 서럽게 눈물 흘리고 있었다.

당시 나치는 자신들 영역으로 들어온 세상에 대한 비전이 명확히 정해져 있었고, 그 틀 안에서 프랑스에 대한 구상도 구체적으로 마 련한 상태였다. 나치는 이 나라를 철저히 독일에 예속시킬 작정이 었다. 프랑스 관료들은, 이후로 두고두고 뼈저린 역사 탐구의 주제 로 남도록 슬픈 과정을 통해 히틀러에게 전적으로 협력했다. 독일군 은 프랑스를 두 구역으로 나누어 한쪽은 독일군 점령지로 만들고 다 른 한쪽은 비점령지로 두었다. 후자는 프랑스 남부의 온천 휴양도시 비시에 근거한 괴뢰 정권이 다스리게 된다. 이 정권의 리더이자 프 랑스의 실질적인 새 수장으로 등극한 이가 바로 필리프 페탱Philippe Pétain이었다. 당시 84세였던 그는 프랑스에서 가장 많은 훈장을 받은 장군이자 22년 전의 제1차 세계대전에서 독일군을 무찌른 전쟁 영 웅으로 통하던 자였다.

이 대독 협력 정권의 밑바탕에 깔린 공식적인 생각은(비시 정권은 애 국적 차원에서 꼭 필요하다며 프랑스 국민에게 선전했다) 대독 협력은 프랑스 가 독일군에게 떨어진 후에도 프랑스와 주권을 최대한 지키는 데 목 적이 있다는 것이었다. 이런 생각이 효력을 발휘한 것은 당대에는 독일군이 전쟁에서 승리해 유럽에 나치의 질서가 새로이 자리 잡을 거라는 가정, 나아가 희망이 자리 잡고 있었기 때문이다. 비시 정권은 프랑스의 독립을 온전히 지키려면 무엇을 해야 하는지를 두고 허튼소리들을 늘어놓았다. 심지어 전쟁이 끝나고 프랑스가 자유를 찾았을 때도 정부는 선전을 계속해 이 거짓말을 끈질기게 퍼뜨렸고, 비시 정권의 많은 관료가 선전의 엄호를 받고 복직해 프랑스 정계와 제도권으로 돌아왔다. 애초 비시 정권 시절에 프랑스 국민 대다수가 이들이 권력을 잡는 데 찬성하는 표를 던진 것도 선전이 작용한 결과였다. 하지만 비시 정권의 주된 목적은, 뒤로 갈수록 중요성이 커지는 순으로 나열하면 프랑스의 좌파를 척결하고, 독일의 프랑스 지배를 공고히 하고(점령지와 '비점령' 구역 모두에서), 해외의 전쟁에서 나치가 승리하도록 돕고, 나치의 유대인 학살 계획의 일환으로 프랑스의 유대인들을 한군데로 몰아 추방하고 끝내 죽인다는 것이었다. 원칙대로라면 비시 정권의 리더들은 나치가 만든 질서 속에서 프랑스 국민이 해를 당하지 않게 지켜야 했지만, 수많은 사람과 함께 자국의 프랑스 유대인 시민들을 아무렇지 않게 배신하고 그들을 죽음으로 몰아넣었다.[3]

이것이 당시 공식적 '리더들'이 저지른 짓이었다. 하지만 그렇다고 해서 프랑스의 국민들 모두가 그랬으리란 법은 없다. 스스로에게 한번 물어보자, 만일 우리나라가 아무렇지 않게 사람을 죽이는 외세에 침략당하고 점령당한다면 나는 과연 어떻게 행동할까. 이른바 리더라는 사람들이 단지 신원이나 직업 때문에 내 주변의 무고한 사람의 목숨을 노린다면 나는 어떤 식으로 반응할까. 그런 행태는 분명 잘못이라는 생각에 분연히 일어서서 맞서 싸울까?

이 질문들에는 사실 쉽사리 답할 수 없다. 하지만 현실 사람들이 살면서 늘 마주치는 현실적인 질문들이기도 하다. 1940년 이후의 프랑스에서만이 아니라 역사의 수많은 다른 시점에 수많은 다른 곳에서도 말이다. 인간애와 품위가 있는 사람이면 나치즘이나 인종 학살에 치를 떨기 마련이다. 이들 가운데는 괴물들에게 통치받는 것은 당연히 절대 용납 못 한다고 생각하는 이도 많을 것이다. 능력만 된다면 그 통치에 저항할 것이다. 지나간 역사를 돌아볼 때 우리는 사람들이 그런 상황에서 당연히 침략자와 독재자들에 맞서 싸우길 기대한다. 과거 사람들에 대한 판단도 그런 식으로 이뤄진다. 내가 유대인이 아니라도, 만일 유대인 이웃이 한밤중에 잡혀간다면, 그들을 끌고 가는 자들이 이웃을 해코지할 게 뻔하다면 나는 당연히 두고 보지만은 않을 것이라고. 하지만 그때 뭔가를 하는 사람은 거의 없던 것이 엄연한 현실이다. 당시에도 사람들 대부분은 나치의 질서와 비시 정권을 새로운 현실로 순순히 받아들였다.

오히려 새로운 현실 국면을 그저 받아들이는 데 그치지 않은 사람도 많았다. 이들은 새로운 현실을 환영하며 환호를 보냈다. 이런 일이 일어나는 데는 이데올로기적 요소도 중요했다. 사실 비시 정부는 난데없이 불쑥 탄생한 게 아니었고, 단순히 나치가 들어앉힌 정권도 아니었다. 나치즘의 원류라 할 파시즘이 애초에 싹을 틔웠던 데가 프랑스였다.[4] 프랑스 하면 라타투이* 못지않게 지독한 반유대주의도 유명했다. 물론 프랑스의 반유대주의는 히틀러와 나치당원들

---

*   양파, 후추, 가지, 호박, 토마토를 넣어 끓인 스튜의 일종.

이 보인 것만큼 생물학적인 면에서 필사적이지는 않았지만. 비시 정권 탄생 직전인 1930년대 프랑스는 좌파와 우파의 대립으로 내전이 언제 터져도 이상하지 않은 상황이었다. 히틀러가 독일의 권좌에 오른 지 얼마되지 않은 1934년 2월에는 프랑스 파시스트들이, 몇몇 역사학자가 보기엔 민주적으로 선출된 정부를 길거리 폭력으로 뒤엎는 것이나 다름없는 시도를 벌였다.[5] 당시엔 비시 정부를 통해 프랑스가 진정한 국가의 모습과 올바른 가치들을 회복했다고 보는 이도 많았다.

프랑스 우파는 프랑스 제3공화국—1870년 이래로 프랑스에 존속했던 정부 체제—이라면 아주 질색했고, 일각에는 1789년의 프랑스혁명이 군주제를 전복하고 귀족 계급을 무너뜨리고 가톨릭교회의 특권을 공격하고, 나아가서는 수백 년 동안 프랑스를 지배해온 위계 서열을 깨뜨리고자 했다며 혁명의 유산을 적대시하는 이들도 있었다. 이른바 이 '복고주의자'들은 1936년에 성립돼 1938년까지 프랑스를 이끈 인민전선Popular Front 정부를 특히나 경멸했다. 이 정부는 민주적인 선출 절차를 통해 구성됐고(스트라이크 1), 좌파 사회주의자들과 공산당원들이 포함돼 있었으며(스트라이크 2), 유대인이자 사회주의자였던 레옹 블룸Leon Blum 이 총리를 맡았다(스트라이크 3). 우파는 이런 정부가 있다는 사실 자체를 지독한 도덕적 퇴폐와 국가적 몰락의 징표로만 여겼다. 비시 정권의 리더들과 이 정권의 가장 열렬한 지지자들은 민주주의, 변화, 평등, 사회주의, 세계시민주의, 외국인, 유대인들을 혐오했다. 그들은 여성들이 정치에서 맡을 역할은 없으며, 여성들의 주된 사회적 목적은 아내와 어머니가 되어 본분을 다

카페에서 현지 시민들과 섞여 있는 독일 국방군 장교들, 프랑스 파리, 1940년 7월.
(© Showshots/Alamy Stock Photo)

하는 것이라고 믿었다. 나치에 적극적으로 협조한 이들 대부분은 사회적 및 문화적으로 보수주의자들이었고, 그 자신이 파시스트로서 나치에 동조하고 심지어 숭배한 경우도 많았다. 블룸이 이끄는 인민전선과 나치즘 중 한쪽을 선택하라고 했을 때 망설임 없이 나치를 선택할 이들이 프랑스에 전혀 없지는 않았다.

그렇다고 비시 프랑스 시절에 일어난 모든 일을 순전히 이데올로기나 반유대주의 탓으로 돌려서는 안 될 것이다. 왜 그런 식으로 행동한 프랑스 시민들도 있었는지를 설명하는 중요한 요인은 인간의 가장 강력한 욕구와 관련 있기 때문이다. 정상 상태로 돌아가길 원하는 이 욕구는 종종 단순히 순응과도 동일시될 때가 많다. 1940년에 사람들이 바란 이상적인 시나리오는, 적어도 그럴 능력이 있는 사람들은 새로 구축된 현 상황에 준해 살며 최대한 정상적으로 일상을 영위하려 노력하는 것이었다.

당시 많은 사람이 프랑스인이 항복하고 비시 정권이 나치에 부역한 덕분에 프랑스만큼은 유럽 다른 지역들이 전쟁통에 겪어야 했던 참상을 피할 수 있었다고 믿었다. 이 말도 틀린 것은 아니었다. 파리만 해도 대부분 지역이 본연의 모습과 아름다움을 간직했다. 곳곳의 공공건물에 나치 깃발이 드리워지고 길거리에서는 늘 나치 군대의 사열식이 진행되는 게 눈에 거슬렸지만, 런던이나 바르샤바처럼 독일군 비행기의 폭격을 받아 도시가 잿더미로 변하지 않은 게 어디인가. 대부분 물자는 엄격하게 배급을 통해 공급됐기 때문에 파리 시민(프랑스의 다른 도시도 마찬가지였다)들은 최대한 근검절약하며 살아야 했다. 그래도 유대인 딱지가 붙어 추방이나 죽음으로 내몰리지만 않으면, 또 순순히 눈을 아래로 깔고 새 지배자들과 맞서 싸우려고만 하지 않으면 여전히 카페에도 가고 마음껏 자전거를 타고, 시장에서 장을 보고, 센 강둑에서 일광욕을 하고, 친구들과 시시덕거리고, 가로등 아래서 키스하고, 책도 얼마든 읽고 쓸 수 있었다. 주변에 만발한 꽃들을 감상할 수도 있고 새들의 노래도 들을 수 있었다. 파시스트들 눈치를 보느라 이런 것들까지 못 할 건 아니었다. 어쩌다 길거리에서 가슴팍에 노란 별을 단 이웃을 마주하면 그 사람의 앞날이 뻔히 보였지만, 그런 생각들은 이내 머리에서 떨쳐내고 매일의 평범한 일상을 이어갈 수 있었다.

하지만 개중엔 여전히 마음속에서 의구심을 떨치지 못한 사람들, 혹은 이따금 양심의 가책을 느낄 사람들도 있었으니, 프랑스는 이들

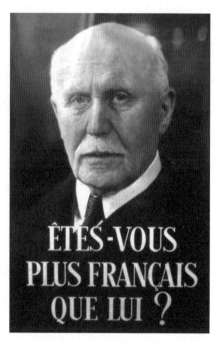

'이 남자보다 더 프랑스인다운 사람?', 필리프 페탱의 모습이 실린 비시 정부의 선전 포스터, 1940년. (© Photo 12/Alamy Stock Photo)

의 마음을 돌리기 위해 반란 억제에 가장 효과가 뛰어난 것들로 집중포화를 퍼부었다. 대대적인 선전이었다. 비시 정부는 아버지나 할아버지 같은 인상을 풍기는 페탱의 포스터로 전국을 도배했다. 이런 분위기에서 그 누가 페탱이 진심으로 조국의 국민을 가장 먼저 위하지 않는다고 생각할 수 있었겠는가? "이 남자보다 더 프랑스인다운 사람?" 페탱을 거인 같은 남자이자 수호자로 그린 비시 정부의 한 선전 포스터에 도발적으로 실려 있던 문구다. 나치 지배자들의 승인을 얻기도 했지만, 동시에 수 세대 전부터 이어져온 프랑스 우파 애국주의자의 지배적 정서가 반영된 이런 선전에는 프랑스 국민

다시, 리더란 무엇인가

을 위협하는 진짜 세력은 따로 있다는, 즉 프랑스는 유대인, 프리메이슨 단원, 볼셰비키, 영국인을 멀리해야 한다는 경고도 담겨 있다고 할 수 있었다.

그런데 폭정 속의 일상은 과연 어떤 모습일까? 파시즘을 내걸고 인종 학살을 일삼는 정권 속에서 사는 삶은 한시도 잔혹함과 폭력을 벗어나지 못하는 삶이 아닐까 생각될 것이다. 거리엔 늘 두려움과 공포가 도사리고, 애국심을 강제로 표현해야 하고, 행군과 구호 복창이 일상이 되고, 겁에 질린 사람들이 모두가 보는 앞에서 속박이나 총살을 당하고, 사방에 으스스한 분위기가 감도는 모습 말이다. 하지만 현실은 그것과는 거리가 먼데, 어떻게 보면 이게 더 섬뜩하다. 폭정 속에서의 삶도, 대부분 사람에겐 여느 날과 전혀 다르지 않고 심지어는 즐거울 수 있다. 압제적 정권이 노리는 사람이 내가 아니라면 파시스트 정부에서 살건 자유주의 정부에서 살건 아무 차이를 느끼지 못할 수 있다. 오히려 개인적 사정은 꽤 좋을 수도 있다. 비시 정권하에서도 많은 프랑스인이 그랬고, 그런 만큼 이들은 정권에 저항할 아무런 이유도 찾지 못했다.

· · ·

물론 다들 알다시피 그 시국에서도 물러섬 없이 저항에 나선 이들도 있었다. 심지어 프랑스 레지스탕스에는 명망 높은 리더 샤를 드 골Charles de Gaulle도 합세해 있었다. 그전까지만 해도 무명의 프랑스군 장교였던 드골은 나치 부역을 거부하고, 줄곧 독일군에 맞서 싸우고 있던 영국군과의 동맹을 충실하게 지킬 것임을 공언했다. 본국 군대를 이탈한 드골 장군은 런던에 머물며 자유 프랑스 운동을 준비하고, 그곳에서 저항운동 세력을 규합하는 한편 방송을 통해 저항운동 동지들에게 널리 메시지를 전하고, 프랑스 국민과 병사에게도 자신들의 대열에 합류할 것을 요구했다.

전쟁 이후 프랑스인들이 수십 년 동안 자발적으로 믿어온 강력한 신화의 내용이 무색하게도, 나치 점령과 비시 정권에 대항한 프랑스의 레지스탕스 운동은, 특히 초반에는 규모도 작은 데다 구성도 오합지졸이나 다름없었다. 그러다가 어쩌면 당연한 얘기지만, 전쟁이 뒤로 갈수록 나치가 끝내 패배할 듯한 양상으로 전개되자 많은 프랑스인이 레지스탕스에 합류했다. 전쟁이 끝난 뒤에는 어이없게도 프랑스의 거의 모든 사람이 자신은 전부터 나치 정권에 맞서 용감히 싸워왔다고 주장하기에 이르렀다. 그리고 이른바 이 대중 저항운동이 후일 몇십 년에 걸쳐 프랑스라는 나라가 다시 세워지는 동안 프랑스 국민 정체성의 근간을 이루었다. 중요한 것은, 프랑스인들이 뒤늦게 저항운동에 합류함으로써 자신들이 비시 정권에 동참하고 순응했던 이력을 씻어낼 수 있었다는 점이다. 하지만 비시 프랑스를 연구한 사학자 로버트 O. 팩스턴Robert O. Paxton도 지적한 것처럼, 전쟁 초기는 진짜 레지스탕스에겐 외로운 시절이었다.[6]

드골과 그의 핵심 대원들의 본거지는 런던에 있었다. 하지만 저항운동은 프랑스 안에 살면서 정권에 맞서 싸운 사람들에게도 의지한 바가 컸다. 그렇다면 그렇게 할 수 있었던 사람들은 과연 누구였을까? 이 저항운동은 비주류의 다양한 사람들 사이에 걸쳐져 있었다. 우선은 드골의 모범적인 리더십을 충실히 따라 운동에 나선 전형적인 애국지사 부류가 있었다. 하지만 저항운동원 중에는 이렇다 할 정치적 및 이데올로기 경향을 지니지 않은 이도 많았다. 프랑스 시민 가운데서는 아르메니아인이나 유대인 같은 소수 인종이 특히 두각을 나타냈는데, 전체 인구 대비 운동 참여 비율이 훨씬 높았다. 여자들도 남자들 옆에 서서 싸움을 벌였지만, 당시 사회에 두루 나타나고 있던 여성 혐오에 시달려야 하기는 마찬가지였다. 마지막으로, 저항운동 세력 중에서는 프랑스 공산주의자들의 규모가 제일 컸지만, 이들이 합류하기까지는 다소 시간이 걸렸다. 1939년 6월에서 1941년 6월까지는 이들이 나치-소련 불가침조약을 철저히 지키며 영국군을 자본의 하수인이라며 맹비난했기 때문이다. 하지만 히틀러가 이 조약을 깨고 1941년 소련을 침략한 뒤로는 공산주의자들이 나치에 가장 극렬히 맞서는 저항운동 세력이 됐다.[7] 전체적으로 보면, 평상시라면 이데올로기를 놓고 맞붙었을 이들이 프랑스 저항운동이라는 기치 아래 하나로 모여 있었다. 더욱 강력한 공공의 적을 물리치기 위해 정치적 논쟁은 일단 옆으로 밀어놓고 의기투합한 것이다.

'저항운동'이라는 용어가 지금은 제멋대로 사용되고 있는 만큼, 이쯤에서 비시 정권과 나치에 저항하면 어떤 결과를 맞았는지 살펴보는 것이 특히 의미 있을 것이다. 그 위험성을 설명하는 데는 긴 말도 필요 없이 누벨아키텐 지역의 유령 마을 오르두라쉬르글란의 을씨년스러운 광경만 보여줘도 충분하다. 1944년 6월 10일, 공동체 주민 누군가가 저항운동 대원들을 숨겨줬다는 이유로 이곳에서 총

황폐해져 인적조차 찾을 수 없는 오르두라쉬르글란, 프랑스, 2008년 6월.
(© Tristan Leverett/Alamy Stock Photo)

643명에 달하는 남자, 여자, 아이가 독일 무장친위대에 학살당하는 참극이 벌어졌다.

레지스탕스에 합류한 사람들은 자신의 목숨은 물론 자신과 가까운 모든 이의 목숨까지도 위태로움을 잘 알았다. 붙잡히기라도 하는 날엔 투옥, 고문, 죽음을 피할 수 없었다. 이런 여건 속에서 누가 용기를 내서, 아니면 정신이 나가서 레지스탕스에 들어가려 하겠는가? '정상적인' 생활을 영위할 능력이 있는 사람들 대부분은 당연히 아니었다. 그저 목숨만 부지하길 바라던 사람들 대부분도 아니었다. 심지어 나치를 경멸하고 부역자들을 가증스럽게 바라보던 사람들 대부분도 아니었다. 저항운동가들 중엔 열렬한 반나치주의자로서 조국을 나치가 통치하는 걸 견디지 못하거나 받아들이지 못하는 이도 많았지만, 그 정도로는 어림도 없었다. 상황이 정말로 암울할 때, 즉 이러다간 독일이 세계대전에서 승리할 것처럼 보이던 때 레지스탕스에 가담한 사람들은 주로 가족도 애착도 커다란 책임감도 없는 사회 부적응자들이었다. 궁지에 몰린 사람들, 어리석을 만큼 겁을 잃어버린 사람들, 일확천금을 노리는 협잡꾼들이었다. 자신이 살든 죽든 아무 상관도 없던 사람들.

프랑스 레지스탕스를 묘사한 작품들이 근래 몇 년 동안 많이 나왔는데, 보통은 나치의 악독함과 비시 정부의 공모에 맞선 인물들의 영웅적 면모를 찬양하는 내용이다. 이와 함께 프랑스에서는 수십 년 동안 레지스탕스야말로 프랑스 민족 정체성의 정점을 차지한다고 여겨져왔다. 하지만 프랑스 레지스탕스를 다룬 수많은 책과 영화 가운데서도 압권은 1969년에 제작된 장피에르 멜빌Jean-Pierre Melville의 음울하고도 가슴 미어지는 걸작 〈그림자 군단L'armée des Ombres〉이다. 이 영화는 세상에 나왔을 때 대체로 사람들에게 외면당했다. 1968년의 젊은 세대는 드골과 그가 상징하는 모든 것에 반기를 든 세대였던 만큼, 드골을 역사 속 숭고한 존재로 그리는 듯한 이 영화는 당시 추세와 맞지 않았다. 정치적으로나 문화적으로나 이 영화는 시대에 발맞추지 못하고 있었다. 시몬 시뇨레Simone Signoret, 리노 벤투라Lino Ventura, 장피에르 카셀Jean-Pierre Cassel 같은 스타들이 출연했음에도 이 영화는 오랜 세월 거의 묻히다시피 했다. 그러다가 제작되고 37년이 지난 2006년 복원 작업을 거쳐 재배포되고서야 오래도록 미뤄진 찬사를 마침내 들을 수 있었다.

이 영화는 조제프 케셀Joseph Kessel의 동명 소설《그림자 군단L'Armée

des Ombres》과 한때 멜빌 자신이 레지스탕스(그의 유대인 본명은 그룹바크였다)로 활동했던 경험담을 토대로 나치 점령기의 가장 암울한 시절에 활동한 소규모 비밀 조직을 쫓으며 이야기를 풀어나간다.[8] 그런데 분명 정치를 배경으로 깔고 있는데 영화 자체는 놀랍게도 전혀 정치적이지 않다. 낭만적이지도 않다. 영화는 그 누구에 대해서도 레지스탕스에 합류하게 된 동기를 따로 밝히지 않는다. 영화 속 그 누구도, 결국 참혹하게 죽고 말 게 거의 확실한데 왜 굳이 모든 걸 버리고 지하조직까지 들어와 나치와 싸우게 됐는지를 설명해주지 않는다. 일장 연설 같은 것도 없다. 누구도 당대 현실에 관한 이야기는 입에 올리지 않는다. 오히려 영화에서 역사적 시기가 명확히 언급되지 않았더라면—서두에서 프랑스의 항복 후 나치 병사들이 파리로 행군해 들어오는 께름칙한 장면이나, 영화 중간중간에 나라 밖에서 여전히 전쟁이 벌어지는 중임을 암시하는 대목이 없었다면—아마 이 영화도 멜빌 고유 스타일의 다른 갱스터 영화들과(프랑스에서는 폴라polar라고 불리며, 멜빌의 이런 부류 영화들도 인간의 불안한 실존을 마찬가지 방식으로 그려내고 있다) 별반 다르지 않게 느껴졌을 것이다. 그런데 이 둘이 서로 닮은 건 우연이 아니다. 저항운동가들은 실제로 범법자 취급을 당하며, 더러 지하조직으로 활동하기도 하고, 더러 훤히 드러난 곳에 숨어 있기도 했으니까. 비시 정권과 나치 지배자들에게는 이들이 나라에서 가장 잡아들이고 싶은 범죄자들이었다.

이 영화가 확실히 보여주고자 했던 사실 하나는 당시 전쟁에 들어간 총력 면에서 보면 저항운동은 보잘것없는 수준이었다는 것이다. 당국자들에게 저항운동가들이 눈엣가시 같은 존재였던 것은 맞지만, 운동가들은 나치 점령자들이나 비시 정부의 관료들에게 이렇다 할 일을 거의 하지 못했다. 무기나 각종 장비를 구해달라는 그들의 요구는, 더욱 넓은 범위의 전쟁에 초점을 맞추고 활동했던 런던 지휘부의 묵살을 당하기 일쑤였다. 영화는 거의 내내 저항운동가들이 교도소에 갇히고, 거기서 도망쳐 나오고, 내부 변절자들을 잡아내고, 자기들끼리 메시지를 주고받고, 변장해서 신원을 숨기고, 사형을 앞둔 동료를 구해내려 애쓰고, 리더이기도 한 위대한 인물인 드골을 잠깐이라도 직접 만나보려 엄청난 위험을 무릅쓰고 남몰래 여정에 오르는—영화 안에서 특히 뇌리에 남는 장면이다—이야기로 채워진다. 대원들은 엄격한 위계와 규정에 따라 활동하는데, 이 점이 다른 무엇보다 중요하다. 저항운동원들은 몸을 던질 만큼 용맹하지만 잔혹한 동시에 비굴해지기도 한다. 영화는 충격적이고 비극적인 사건 전개로 끝을 맺으며 시청자로 하여금 그들이 과연 무엇을 위해 싸웠고 그 대의가 정말 그렇게 가치 있는 것인지 의문을 던지게 한다. 영화를 보면 저항운동가들이 죽는 걸 결코 두려워하지 않았음을 알 수 있다. 아닌 게 아니라 그들은 자신들이 언젠간 죽임을 당할 거라는 걸 알았고, 늘 그 음울한 가정 속에서 살아갔다. 이들은 서로를 위해서라면 얼마든지 죽을 용의가 있었고, 그렇게 해서 싸움만 계속 이어갈 수 있다면 자기 한목숨쯤은 기꺼이 바칠 수 있었다. 심지어 언젠가 적에게 붙잡혀 레지스탕스 대원의 이름을 불라며 고문을 당하게 되면 그냥 자살해버릴 생각으로 청산가리 알약을 지니고 다니기도 했다.

이렇듯 저항운동가들의 암울한 현실과 아무 희망도 없는 실존

장피에르 멜빌의 영화 〈그림자 군단〉(1969) 홍보 포스터 원본.

을 그리는 와중에도 영화는 이들의 저항운동이 갖는 의미를 되풀이해서 보여준다. 이들이 독일군을 패퇴시키거나, 비시 정권을 전복하거나, 아니면 더 나은 새로운 세상을 건설하는 일은 절대 없을 것이었다. 하지만 계속되는 모든 노력을 통해 그들이 해낸 것은 그것이 아니었다. 죽음의 바다 안에서도 무언가가 계속 살아 있게 지켜낸 것이 그들의 역할이었다. 그 무언가는 독립의 불꽃일 수도 있고, 민족적 자부심일 수도 있고, 아니면 인간애의 불씨였을 수도 있다. 저항운동이라고 해서 모든 활동이 폭력적이고 반항적인 것은 아니다. 개중엔 미묘하거나 일상적이거나 말로 표현할 수 없는 것도 있다. 이 영화의 긴장감 넘치는 한 장면에는 게슈타포 병사들을 피해 한밤중의 파리 시내를 죽기 살기로 내달리다 자포자기의 심정으로

다시, 리더란 무엇인가

이발소로 들어가는 한 레지스탕스가 나온다. 그야말로 숨이 턱까지 찬 그는 손님인 척하고 이발사에게 면도를 받는데, 막상 자리에 앉고 보니 거울 옆에 페탱의 포스터가 떡하니 붙어 있는 게 아닌가. 면도를 하는 내내 이발사의 면도칼은 대원의 목 위에 놓여 있다. 이 장면에서 두 남자는 시종 한마디도 나누지 않는다. 깔끔하게 면도하고 여전히 목숨이 붙은 채 레지스탕스가 이발소를 나서는데, 이발사가(가수 세르주 레지아니Serge Reggiani가 연기했다) 자신의 트렌치코트를 내어주며 그가 나치에게서 도망칠 때 입었던 옷을 벗기고 기어이 코트를 입힌다. 손에 땀을 쥐는 또 다른 장면에서는 서류 가방에 불법 송신기를 넣은 채 파리의 기차에서 내리는 저항운동원이 나온다. 그의 눈에 플랫폼에 서서 짐을 검사하는 비시 정권의 경찰관들이 보인다. 그는 즉석에서 기지를 발휘해, 아이와 함께 걷고 있던 일면식도 없는 한 여인의 팔짱을 낀다. 그러고는 아이를 들어 올려 자기 품에 안지만 그래도 젊은 엄마는 조금도 주저하는 기색이 없다. 만면에 웃음을 띤 이 가짜 가족은 유유히 검문소를 빠져나간다. 또 다른 시퀀스에는 일부러 체포당해 자기 동료가 갇혀 있는 게슈타포 감옥으로 들어오는 저항운동원이 등장한다. 동료가 고문 후 죽음의 문턱에 다다른 걸 알고 마지막 남은 청산가리 알약을 건네주려 거기까지 간 것이었으나, 정작 그 동료에겐 약이 두 알 있다고 안심시킨다. 동료가 사실을 알았다간 독약을 안 받으려 할테니까. 당시 평범한 사람들은 바로 이런 사소한 행위들을 통해 비범한 용기를 보여주며 저항한 것이었다.

결국 비시 프랑스의 레지스탕스가 그 의의를 인정받을 수 있었던 건 일이 모두 끝난 뒤, 즉 역사의 노선이 확실히 정해진 뒤의 일이다. 당시에는 대부분의 사람이 저항하지 않았다. 아니, 저항할 수 없었다. 독일군에 부역하면서 나치 통치하의 세계 질서에 별 불만을 느끼지 않고 살아간 이도 많았을 것이다. 그렇다면 만일 세계대전에서 연합국이 승리하지 못했다면 어떤 일이 벌어졌을까? 전쟁이 끝나고 나서도 드골이 프랑스의 리더로 자리매김하지 못했다면, 우리는 레지스탕스와 그 리더들을 과연 어떻게 생각했을까? 이런 식으로 생각하면 역사책은 승리한 자들의 기록이라는 케케묵은 상투어도 아주 틀린 말은 아니다. 정말로 연합국이 패배하거나 드골이 지도자로 부상하지 못했다면, 저항운동가들은 대체로 역사 기록 바깥으로 밀려나거나, 실패한 '테러리스트' 무리 정도로 치부되고 말았을 테니까. 오늘날에도 세계에는 이른바 '나쁜 놈'들이 과거의 대규모 전쟁에서 승리한 나라가 많고, 그 옛날 영웅적으로 싸웠던 '자유의 전사freedom fighter'*들을 자기네 민족 이야기에 등장하는 일탈자 혹은 얼간이쯤으로 그리는 경우도 허다하다.

프랑스의 경우는 전쟁이 끝나고 나라가 자유를 되찾았을 때 자랑스러워할 수 있는 무언가를, 즉 나라의 근간이 될 정체성과 국민이 따를 만한 지도자를 저항운동에서 찾을 수 있었다. 그즈음 영국인은 윈스턴 처칠Winston Churchill이라는 인물이 있다는 것과, 독일군의 끝없는 폭격에도 물러서지 않은 뚝심을 보여주었다는 것에서 나름의 자부심을 가질 수 있었다. 미국인과 소련인들은 군사적 승리를 거두고

---

*   반정부 무장투쟁을 하는 사람을 그 지지자들이 칭하는 이름.

새롭게 재편된 세계의 패권을 손에 쥔 참이었다. 그렇다면 1945년 프랑스엔 뭐가 있었을까? 치욕이 있었다. 얼마 전까지만 해도 프랑스엔 히틀러의 뜻대로 움직인 괴뢰 정권이 자리하고 있었으니까. 하지만 괴뢰 정권과 함께 한편엔 드골과 그의 추종자들도 있었다. 저항운동 덕에 전후 프랑스는 나라를 이끌어갈 리더와, 아울러 그보다 훨씬 중요한 것으로 나름의 리더십 모델을 얻을 수 있었다. 드골이 이 시절 화두로 삼았던 것도 '영원한 프랑스La France Éternelle'였다. 이 신화 속에서 드골은 전시의 저항운동을 실제보다 훨씬 규모가 크고 중요했던 움직임으로 내세우면서, 이 저항운동이야말로 프랑스라는 나라의 진정한 본질을 담고 있다고 했다. 이 말은 곧 비시 정권이 저지른 범죄는 한구석에 조용히 묻고 나치 부역도 일종의 일탈처럼 다루겠다는, 정확히 말하면 나치 부역이 그렇게까지 악의적인 일은 아니었던 척하겠다는 뜻이나 다름없었다. 아울러 이렇게 전쟁 이후 프랑스 정계의 분위기를 형성했으니, 드골이 1960년대 말 내내 프랑스 정계를 주름잡았던 것도 우연이 아니었다.

리더십 면에서 프랑스 저항운동이 궁극적으로 남긴 진정한 공로는 거부하는 법을 보여준 것이었다. 대다수 사람이 순식간에 받아들이는 것을 받아들이지 않고, 비도덕적 행동에 줏대 없이 따라가지 않고, 사악한 질서를 따르지 않고, 현실 안주를 받아들이지 않는 모습 말이다. 그렇긴 해도 프랑스의 저항운동에 합류하는 것은 인종차별이나 파시즘에 맞선 원칙주의 투쟁처럼 늘 그렇게 고결한 이상을 따른 결과는 아니었다. 수많은 저항운동가에게 싸움은 외세의 침략을 물리친다는 의미가 강했다. 한마디로 나라를 지키려는 싸움이었다. 그래서 나치에 저항해서 싸웠던 이들 중엔 나중에 프랑스 식민 통치에 반발하는 알제리인들과도 서슴없이 맞붙어 싸운 이들도 많았다. 저항운동가에서 압제자로 전향한 이들 생각에는 모순될 것이 전혀 없었다. 어느 경우에나 그들은 자신을 조국 프랑스를 적으로부터 지켜내는 투사로 여겼으니까 말이다. 심지어 프랑스는 나치 점령기 내내 외국에 압제적인 제국이었고, 이 시절 프랑스의 식민 통치를 받은 사람들만 수백만 명에 달했다.

거부라는 리더십 모델을 이해하는 가장 좋은 방법은 아마 그것의 정치적 및 이데올로기적 측면은 대수롭지 않게 넘기고, 대신 받아들여지지 않는 현실에 대한 원칙주의적인 태도의 일종으로 바라보는 것일 듯하다. 역사 속 저항운동가들이나 반란자들에게 거부는 다른 사람들은 거의 꿈꿀 수도 없고 꿈꾸려 하지도 않는 미래를 상상할 수 있다는 뜻이기도 했다. 전쟁이 끝나고 몇 년 정도 흐른 뒤 글을 쓴 한 저항운동가는 이렇게 설명했다. "이런 식으로 거부했던 덕에 우리는 러시아인, 영국인 혹은 미국인 병사를 봐도 낯부끄럽지 않을 수 있었다……. 그토록 사소한 것 때문에, 그러니까 낯부끄러운 짓은 도저히 못 견디겠다는 열망 때문에, 그토록 많은 사람이 다 알면서도 그렇게나 많은 위험을 무릅쓴 것은 그때까지 한 번도 없었다. 생각하면 어이없을지 모르나, 우리가 인간으로서 존엄성을 회복할 수 있었던 건 이런 어이없는 일들을 벌인 덕분이었다."[9]

다시, 리더란 무엇인가

· · ·

어쩌면 비시 정권 사례는 너무 극단적으로 보일지도 모르겠다. 이 책을 읽는 독자 대부분은 앞으로 그런 상황에서 살아갈 일이 없을 거라고, 나아가 지금 사람들이 1942년의 프랑스 사람들과 똑같은 선택을 할 필요는 없을 거라고 생각해도 무방할 것이다. 하지만 역사 속의 극단적 사례를 현 시대와 갖가지 다양한 상황에 적용할 수 있는 이유는, 상황들이 똑같아서가 아니라 사람은 늘 더 커다란 (그리고 보편적인) 선택을 해야 하는 상황을 맞기 때문이다. 나라면 위험하고 비도덕적인 리더십이 군림할 때 맞서려 할까? 나는 힘을 남용하는 체제나 리더에 맞서기 위해 내 모든 것을 얼마든 걸 수 있을까? 내가 비시 정권 시절의 프랑스에 살았다면 선뜻 누군가를 죽이고 나도 죽을 수 있는 저항운동가가 됐을까, 아니면 센강의 강둑에 한가로이 앉아 있는 사람 중 하나가 됐을까? 또는 비시 정권에 협력했을까? 어떤 선택을 하든 그에 따르는 장단기적 결과들을 나는 묵묵히 받아들여야 할 것이다.

비시 정권이 탄생하고 존재한 이유를 이해하는 것은 그렇게 복잡하지 않다. 우선 프랑스 외부와 내부에서 자라난 여러 가지 이유가 있었고, 무엇보다 독일군 침공이 직접적인 원인이 됐다. 하지만 우리 눈에 비시 정권은 역사 안에서 격절된 순간처럼 보인다. 즉, 기간은 비교적 짧으나 그 앞뒤의 맥락과는 확연히 다른 시기의 특징이 보인다. 심지어 그것이 존립했던 특정 국가와는 전혀 아귀가 맞지 않는 것처럼 보이기까지 한다. 그런가 하면 우리는 간혹 폭정과 독재를 통상적인 현상으로 생각하는 우를 범한다. 특히 독재, 폭정, 권위주의, 전제정치를 생각할 때 머리에 곧잘 떠오르는 지역들을 생각할 때면 결국 그것을 당연하게 여기곤 한다. 하지만 당연하게 받아들여서는 안 된다. 독재는 지금도 전 세계 곳곳에 퍼져 있고 독재자들은 그럴듯한 구실로 자신의 통치를 정당화하나, 다른 곳들에 비해 독재가 '자연스럽게' 잘 맞는 문화나 국가는 세상에 없다. 독재는 항상 역사적 조건 속에서 탄생한 결과물이기 때문이다. 나는 독재자나 폭군 유형의 리더에게는 그다지 관심이 없다. 내가 진정 관심 있는 부분은 폭정, 독재, 압제의 상황 속에서도 리더들이 어떻게 사람들을 이끌 수 있고, 또 지금껏 그러기 위해 어떻게 노력해왔느냐다. 그렇기 때문에 "아, 거기요? 거기는 독재가 행해지는 게 당연합니다" 하는 식의 이야기는 하고 싶지 않다. 그보다는 독재가 생겨난 까닭을 이해하고, 그 상황에서 역사가 리더십에 관해 가르쳐주는 것을 알고 싶을 뿐이다.

그러기 위해 프랑스를 떠나 바다 건너 도미니카공화국으로 가보려 한다. 얼핏 비시 시대 프랑스와는 동떨어져 보이는 도미니카공화국은—이 지역과 다른 지역의 수많은 나라와 마찬가지로—압제적 통치를 겪었고, 특히 라파엘 트루히요Rafael Trujillo 독재 시절(1930~1961)의 압제로 가장 악명이 높았다. 트루히요는 단순히 정치체제의 정점이 아니라 그 이상의 수준까지 올라서서 나라를 통치한 인물이었다. 독재자로 군림한 상당 기간 동안 트루히요는 도미니카공화국의 공식 수장이 아니었다. 대신 그는 꼭두각시 대통령을 자리에 앉혀 나라의 정통성과 구색을 갖추었다. 하지만 실질적 면에서 꼭두각시들과 트루히요의 관계는 페탱과 비시 정권이 히틀러와 맺고 있던 관계와 마찬가지였다. 정말 중요한 일은 하나같이 독재자의 결정에서 비롯됐다. 트루히요는 제멋대로 휘두를 수 있는 권력을 가지고 있었다. 그는 정치적 반대파 혹은 자기 뜻을 거스른 자는 누구든 교도소로 보내거나 죽일 수 있었다. 도미니카공화국에서 누구에게 무슨 짓을 해도 아무런 책임을 지지 않았다.

독재자로 군림하는 동안 트루히요는 개인적으로 어마어마한 강단을 보여주는 동시에 나라를 위해 몇 가지 괄목할 만한 성과를 이루기도 했다. 그가 집권하면서 경범죄가 줄어들고 '질서'가 자리 잡았으며, 인프라도 얼마간 개발되는가 하면, 공공사업이 이루어지고, 카리브해 연안에서 최고로 손꼽히는 군대가 육성되었다. 그가 잔혹한 공권력과 공포를 옆에 낀 채 그토록 오래 권좌에 머문 데는 더 심오한 이유들이 있었다. 그렇다고 해도 트루히요가—굳이 돌려서 말하지 말기로 하자—잔인한 사이코패스였다는 사실만은 분명하다. 여성들을 대하는 그의 태도는 특히나 역겹기 짝이 없었다. 살인과 강간 전력이 있던 그는 동료들을 괴롭히고, 다수의 아내와 딸들에게 성접대를 요구하고, 대중 앞에서 사람들을 모욕하는 것을 즐겼다. 그뿐인가, 사람들을 고문하고 기상천외한 방식으로 죽이는 것을 승인하고 즐긴 것도 모자라 아들들에게는 자기만큼 타락한 사람으로 살아야 한다고 가르치기도 했다. 트루히요는 더없이 부패한 인물이기도 했다. 도미니카공화국에서 값어치 있는 거의 모든 것은 그와 그의 가족 소유라고 해도 과언이 아니었다. 결국 마피아 체제와 다를 바 없었으니, 나라를 경영하며 생겨나는 이권 중 가장 많은 몫은 우선적으로 트루히요 일가로 흘러 들어갔다. 그가 독재자로 군림한 초기의 조치 하나는 이른바 파슬리 학살이었다. 1937년 10월의 단 일주일 동안 트루히요의 병사들이 아이티와 도미니카공화국 접경지대에서(이 두 나라는 히스파니올라섬을 나누어 점유하고 있다) 도미니카 쪽에 살던 1만 7000~3만 5000명의 아이티인 남자, 여자, 어린아이들을 서슴없이 죽인 것이다.

하지만 트루히요를 비정상인으로 규정하고 더없이 분명한 그의 사악함을 곱씹어보기에 앞서, 이 역사적 사례를 면밀하게 탐구하는 데 가장 중요한 것부터 명확하게 짚고 넘어가야 한다. 우리의 리더가 살인을 불사하는 사디스트까진 아니라도 우리가 '이상적인' 상황에서 사회생활을 하는 경우는 없다는 점이다. 오늘날 개인들은 보통 엄격한 구조, 특히 권위주의적인 틀 속에서 활동하기 마련이다. 나치 통치하의 프랑스와 마찬가지로 트루히요 치하의 도미니카공화국은 권력이 남용되고 각종 위험이 도사리는 '극단적인' 환경이었다. 비시 정권 치하의 프랑스가 그랬듯 도미니카공화국에서도 사람들은 어려운 선택들을 해야 했다. 정권에 협력할 수도 있었고, 정권에 머리를 조아리며 자신의 삶을 최대한 그대로 영위(하고자 노력)할 수도 있었고, 아니면 탈출을 시도하거나, 그것도 아니면 저항할 수도 있었다. 앞으로 이 모든 선택을 사례별로 살펴보며 각 선택의 결과들을 마주할 것이다. 하지만 트루히요와 그의 폭정을 유별나게 만든 모든 일과 상관없이 이러한 폭정 속에서 전개되는 삶의 역학은 많은 사람에게 익숙하게 다가올 것이다. 자신의 경험에서든 혹은 주위 사람의 경험을 통해서든 말이다. 우리가 아무 힘이 없을 때 앞에

다시, 리더란 무엇인가

나타날 수도 있는 리더십과 갖가지 가능성을 생각해볼 필요가 있는 이유는 그 때문이다.

· · ·

도미니카공화국에서는 트루히요 방식의 독재가 어떻게 출현하게 됐을까? 그 역사는 트루히요가 권력층에 발 들이기 전은 물론 도미니카공화국이 탄생하기 훨씬 전으로 거슬러 올라간다. 사실 독재정치는 그 일대에서는 예외가 아닌 통례였다. 트루히요가 유난히 잔혹했고 나라 안에서 그의 권력 역시 절대적이었지만, 그가 시행한 사회 및 경제정책들은 여러 면에서 전형적이었다. 장기 집권한 수많은 독재자와 마찬가지로 그도 처음에는 대중의 지지를 받으며 즐거워했다. 도미니카공화국의 많은 시민, 특히 극빈 계층에겐 트루히요 치하의 삶이 그가 권좌에 오르기 전의 삶보다 어떤 면에서는 한결 나았다. 그가 세상을 떠났을 때보다 그가 살아 있을 때가 더 나았고 말이다.

하지만 당시 이 일대에서 일어난 일들 대부분이 그랬듯, 트루히요가 권좌에 오를 수 있었던 주된 요소는 도미니카공화국이 미국과 맺고 있던 관계에서 찾을 수 있다. 구체적으로 말하면 1916~1924년 미군이 도미니카공화국을 침공해 점유하면서 독재정치가 출현하고 트루히요가 버젓이 독재자로 군림할 수 있는 환경이 조성되었다. 이 사례만 봐도 왜 어떤 정치체제나 그곳의 리더를 그 나라 본래 '문화'의 산물로만 볼 수 없는지가 드러난다. 특히 도미니카공화국처럼 작고 약한 나라와 미국처럼 크고 막강한 나라 사이에 힘의 균형을 이루지 못할 때는 더욱 그렇다. 아울러 어떤 리더가 국내에서는 힘이 막강해도(나라를 철권으로 통치하든, 민주적으로 선출되어 폭넓은 지지를 받든) 지정학적, 세계적, 경제적 면에서 더 큰 세력을 만나면 거기 의존하게 되고, 그 힘이 결국 리더의 운명은 물론 조국의 운명까지 결정하게 된다는 사실 역시 숱한 사례를 통해 입증된다. 트루히요도 예외가 아니었다.

미국의 군사 개입은 현대 세계에서 가장 오래 나타난 특징 가운데 하나다. 사람들은 수 세대를 거치며 이 현상을 으레 당연시하는 법을 터득했지만, 그래도 미국의 군사 개입이 라틴아메리카에서 어떻게 작용했는지를 면밀히 살펴볼 필요가 있다. 이 역사를 모르고는 도미니카공화국이란 나라를 이해할 길이 없기 때문이다. 그런데 과연 역사를 어느 정도 아는 것이 중요할까? 이와 관련해 역사가 존 루이스 개디스John Lewis Gaddis가 '관련성 소멸 원칙'을 제시한 바 있다. 그의 말인즉 어떤 사건이나 발전 과정이 어떻게 일어났는지를 이해하려면 그전에 일어난 일, 그리고 또 그 일 이전에 일어난 일을 계속 거슬러 올라가 과거 사건이 해당 사건과 직접적으로 이어지지 않는 '관련성 소멸' 지점까지 다다라야 한다는 것이다.[10]

도미니카공화국의 경우는 1823년까지 거슬러 올라가 그 이후를 살펴보는 것이 좋다. 이즈음 미국이(미국은 제임스 먼로James Monroe 대통령이 통치하는 젊고 에너지 넘치는 공화국이었으나 유럽의 제국주의는 여전히 절정에 달해 있었다) 서반구에서 유럽이 행하는 식민주의를 더는 용납할 수 없다고 선언했기 때문이다. 이 말은 이제 서반구는 미국이 책임질 거란 뜻이기도 했다. 일명 먼로 독트린이라고 불린 이 내용은 반제 국주의 입장을 공식적으로 표방한 것이나 다름없었다. 미국이 영제 국에 맞서는 반식민주의 투쟁을 통해 탄생한 나라인 만큼 미국 엘리 트층은 자신들은 지금 반식민주의 기조를 널리 전파하는 동시에 탐 욕스러운 유럽 제국주의의 힘으로부터 아메리카 대륙 사람들을 지 켜주고 있다고 믿었다.

이때부터 먼로 독트린은 미국 외교정책의 초석으로 자리 잡았고, 이후 수십 년 동안 미국은 아메리카 대륙에 더욱 많은 힘을 행사하 며 이곳을 통제하는 방향으로 나아갔다. 그사이 아메리카 대륙의 나 라들은 차례로 유럽 제국, 특히 스페인과 포르투갈로부터 독립을 쟁 취하기에 이르는데, 그때마다 거의 항상 혹독한 전쟁을 치르며 수많 은 사람이 목숨을 잃어야 했다. 그러다 먼로 독트린은 1904년의 이 른바 루스벨트 계론Roosevelt Corollary으로 일대 전환을 맞으니, 이 계론 을 통해 시어도어 루스벨트 대통령 행정부는 앞으로 미국이 80년 전 먼로 독트린에서 표방한 내용에서 한 발 더 나아갈 것이라고 발표했 다. 이제 미국은 서반구 나라들이 국내 문제 혹은 불안정에(그 나라가 불안정한지 여부는 오로지 미국의 판단에 달려 있었다) 시달릴 경우 선제적으 로 나서서 개입해 유럽의 습격이나 제국주의 침략으로부터 이들 나 라를 지켜낼 권리를 우선적으로 가질 것이었다.

당시 미국은 이미 하나의 제국으로 부상해 있었다. 1898년 미국- 스페인 전쟁에서 스페인을 대파한 미국은 쿠바와 카리브해 일대의 나머지 지역에 대한 지배를 공고히 했다. 또한 가장 유명한 사례인 필리핀을 비롯해 태평양에 자리한 스페인의 식민지 영토들을 강제로 차지하고 그곳을 종래의 식민 강국의 방식으로, 다시 말해 잔혹하게 통치했다. 루스벨트 계론은 미국이 카리브해 일대에 대한 경제적, 정치적, 군사적 개입을 되풀이하는 구실이나 다름없었고, 이제 미국은 카리브해 일대를 뒷마당으로 여기고 있었다. 일대의 지배 세력으로 군림하게 된 미국에 가장 중요한 것은 자국의 경제적 팽창 및 경제적 실력 행사였고, 이는 주로 민간 부문을 통해 실행되었다. 미국의 리더들이 국익 추구와 재계의 이익 추구 사이에서 좀처럼 갈피를 잡지 못한 것은 건국 초창기부터 있던 일이었다.[11]

역사가 에밀리 로젠버그Emily Rosenberg는 선구적인 연구에서 일명 달러 외교로 통하는 정책을 다루며, 이 시대 미국 외교정책이 가장 중요시한 가치는 '안정화'였으리라는 점을 입증해 보였다. 당시 미국은 카리브해 곳곳의 나라가 미국의 상업적 이익을 국내의 위협으로부터 지켜줄 경우 그 나라 정부를—보통은 독재 정권이었다—지원하는 정책을 폈다. 달러 외교에는 두 가지 신조가 밑바탕에 깔려 있었으니, 채무에 대해서는 강경한 원칙을 지키고 이 세계와의 금융 거래는 민간 부문에 맡겨 미국의 힘을 계속 확장한다는 것이었다.[12]

카리브해 일대의 작고 가난한 나라들은, 그곳을 단순히 착취의 대상이자 그곳 국민이 스스로 통치할 능력이 없는 철부지로만 보는 열강들 사이에 낀 채 지극히 (그리고 당연히) 불안정한 모습을 보였고, 걸핏하면 리더들이 권좌에서 쫓겨나거나 암살당했다. 이 나라들은 걸핏하면 채무 불이행을 선언해 나라 안에 자리 잡은 미국 기업들과 그들의 이익을 지켜주지 못했다. 바로 이것이 미국인들이 그토록 질색했던 '불안정'이었다. 그렇다면 어떻게 해야 이 나라들을 '안정화'

다시, 리더란 무엇인가

할 수 있을까? 첫 단계는 침공과 점령이었다. 그다음에는 새로운 금융 체계를 세워 미국 달러에 의존하게 하는 한편 중앙은행 설립과 함께 금본위제를 강제 시행했다. 이런 체제를 실행하려면 막대한 규모의 대출금이 필요했으니, 이 부분에서 월스트리트가 나섰다. 대출금에는 항상 갖가지 단서가 붙었다. 미국 측에서는 대표단(민간 시민들로 꾸려지는 경우가 많았다)을 보내 대출금이 '올바로' 사용되고 있는지 확인하게 했고, 그러다 보면 결국 관세 징수부터 예산 제도, 인프라, 위생, 교육, 세제에 이르는 모든 것을 감독하기 마련이었다. 세계은행과 국제통화기금International Monetary Fund, IMF의 역사를 알고 싶다면 이들 기관에서 마련해주는 대출금이 특정한 결과 및 외부 감독과 연결되는 만큼, 달러 외교가 어떤 식으로 이뤄졌는지도 살펴볼 필요가 있을 것이다. 월스트리트의 대출금을 받은 정권들은 계획대로라면 시간이 갈수록 더 잘 그리고 순조롭게 운영되어 관리 감독을 받을 필요가 적어지면서 더 올바른 방향으로, 다시 말하면 미국에 친화적으로 일하며 미국의 국정 개입 부담을 줄여주는 동시에 미국의 금융 활동 및 정치적 영향력은 확실히 늘려주어야 했다. 그런 나라들은 결국 로젠버그가 말한 '달러 외교 속국'이 되어갔다. 그런데 문제는 이들 나라가 마냥 안정적이지만은 않았다는 것이다. 채무 불이행을 선언하거나, 친미 성향이 적은 세력에 정부가 전복당하곤 했다. 그러면 이제 달러 외교는 물러나고 '해군 출동!'을 기치로 내건 포함砲艦 외교가 등장했다.

전 세계 사람들이 다방면에서 기능을 잃은 채 혼돈에 빠진 국가를 가리킬 때 경멸하며 사용하는 용어로 '바나나 공화국banana republic'이 있다. 이 말의 기원을 아는 사람은 많지 않을 듯하다. 유나이티드프루트컴퍼니United Fruit Company(치키타바나나Chiquita Banana로도 알려져 있다)라는 미국에 본사를 둔 바나나 재배 회사가 라틴아메리카의 숱한 나라에서 권좌에 오를 독재자를―이들은 재임 기간 내내 미군 주둔 혹은 미국 침공 위협의 방식으로 지속적인 지원을 받았다―미리 정한 관례에서 생겨난 말이다.[13] 바나나 공화국은 이 세상엔 독재가 '자연스러운' 곳도 있다는 세간의 통념을 대변하는 말이지만, 알고 보면 그 나라들도 결국 역사적 조건의 산물이고, 그 조건들은 외세의 강제에 의해 형성될 때가 많다. 굳이 따지자면 독재는 라틴아메리카에 파나마운하가 건설된 현상만큼이나 '자연스럽다'고 하겠는데, 미국이 국제무역과 자국의 경제적 이익을 위해 이 운하를 건설할 수 있었던 것은 콜롬비아에서 일어난 분리주의자 봉기를 지원해 1904년(루스벨트 계론이 발표된 그해이다) 파나마공화국 건립을 도움으로써 가능했다. 새로이 탄생한 권위주의적 정부는 미국이 운하 건설 작업에 착수할 수 있도록 편의를 봐주었다. 이 시절 라틴아메리카의 나라들은 공식적으로는 리더가 있었지만, 나라의 중대사를 결정하고 영향력을 행사하는 실질적 근원은 미국이었다.

• • •

이제야 트루히요의 독재에 대해 이야기할 대목에 이르렀다. 미국이 도미니카공화국을 비롯한 나라들을 점령하는 동안 한 일들은 주로 법과 질서, 안정을 명목으로 현지의 군대나 준군사 조직을 양성하는 것이었다. 이 반혁명주의 집단이 미국과 유산계급의 이익을 내내 철통같이 지켰다. 이렇게 하면 대부분의 경우 군사 점령을 지속할 필요가 사라졌다. 미군이 도미니카공화국에 들어왔다 8년 뒤 떠났을 때 그 자리엔 누가 봐도 전형적인 미국의 작품이 탄생해 있었으니 바로 트루히요였다. 한때 길거리 범죄자로 사회에서 아무 존재감도 없던 그는 미국 해병대에 들어가 훈련을 받았다. 여기서 승승장구해 유명 인사로 부상한 그는 남은 평생 동안 자신을 미국 해병대와 동일시했다. 군대에 자신의 권력 기반을 마련하고 군대 수장 자리에 오르는 동안에도(그가 나라를 자기 뜻대로 움직일 수 있는 최고의 자리였다) 그는 미국 군대를 자신의 모델로 삼았다. 트루히요가 독재를 시작하고 최소한 처음 15년 동안은 미국도 그를 강력하게 지지했고, 그가 학정과 전횡을 일삼아도 눈감아주었다.[14] 하지만 나중에 트루히요가 미국 정부로서는 도저히 용납할 수 없는 범죄와 일탈 행위를 벌임으로써 그와 미국의 관계는 악화됐다. 그중엔 미국 시민을 겨냥한 행위들도 있었다. 트루히요가 극렬한 반공산주의자로서 미국이 선도하는 질서를 유지한다는 명분으로 자국 시민을 공포에 떨게 하는 것은 얼마든 괜찮았지만 미국 시민에게 손을 대는 것은 미국 정부가 허락한 선을 넘는 일이었다. 트루히요는 1961년 암살당하는데, CIA의 지원 속에서 벌어진 일임이 뻔했다. 보도에 의하면 당시 트루히요 암살범들에게 무기를 제공해준 것이 CIA였고, 트루히요의 측근이었던 암살범들은 하나같이 갖가지의 개인적 혹은 정치적 이유로 그가 죽어 없어지길 바라던 사람들이었다. 트루히요는 살아 있을 때는 물론이고 죽을 때까지도 폭군이었다고 미국 측 문서는 전한다.

워싱턴 DC에 도착해 미국 해병대를 사열하는 라파엘 트루히요, 1957년 7월 6일.
(ⓒ Harris & Ewing/Library of Congress)

　물론 독재자로서는 단순히 외세의 지지를 받는 일이 다가 아닐 때
도 있다. 실제로 독재자 아래서 살아가는 사람들에게 독재는 광범위
한 지정학적 현상이 아니라 일상에 직접적으로 영향을 미치는 구체
적인 무언가로 다가오기 마련이다. 그저 밖에서 얼핏 바라볼 때보다
독재의 양상이 더 복잡해지는 게 바로 이 대목이다. 트루히요가 사
망한 직후 촬영된 뉴스 릴news reel*들을 보면 다소 충격적이다. 산토
도밍고(생전 트루히요가 치우다드트루히요라고 이름붙였던 곳) 거리에서 흥
에 겨운 듯 춤추는 사람들이 있는가 하면, 똑같은 거리에서 통곡하

---

*　당대에 일어나는 주요 사건들을 필름에 담는 기록 영화. '뉴스 필름'이라고도 한다.

　　　　　　　　　　　　　　　　　　　다시, 리더란 무엇인가

며 서럽게 눈물 흘리는 사람들도 있다. 몇십 년 동안 자신들 삶을 지배하며 힘을 남용했지만 나라의 아버지 같던 사람이 죽었으니 그렇게 만감이 교차하는 것도 당연한 일이다. 하지만 이를 통해 누군가에게는 독재가 순전히 압제적인 체제로만 보이겠지만, 다른 누군가는 거기에 마음이 끌리기도 한다는 걸 알 수 있다. 그 이유는 많은 사람의 생각과는 달리, 특정한 사람이나 문화가 왠지 전제정치와 잘 맞아서가 아니라, 그 정권이 사람들이 진정 필요로 하거나 원하던 기본적인 것들 혹은 다른 정권이라면 해주지 않았을 것들을 해주었기 때문이다.

역사가 리처드 리 튜리츠Richard Lee Turits는 트루히요가 남긴 유산을 연구해《폭정의 토대Foundations of Despotism》라는 제목의 계몽적인 저서를 써냈다. 여기서 그는 트루히요 정권 같은 압제적인 체제조차도 어떻게, 그리고 왜 대중의 지지를 받을 수 있는지를 밝혔다. 트루히요의 통치가 종식되고 제법 세월이 흐른 뒤에도 도미니카공화국의 농부들은 그의 시대를 질서 잡히고, 범죄율이 낮고, 기본적인 공공 서비스가 제공된 것은 물론, 자신들이 이후 겪은 정권에 비해 확실히 목적의식이 강했던 때로 기억했다.[15] 물론 개인에 대한 숭배가 강제되는 것이나 다름없는 사회에 산다는 것은 각 가정의 벽에 트루히요 사진을 반드시 걸어두어야 하고, 누구도 '엘 헤페El Jefe'*에 대해 험담해서는 안 되며, 까딱 잘못했다간 가혹한 형벌을 면하지 못한다

---

* '우두머리'를 뜻하는 스페인어로, 트루히요 생전에 도미니카공화국 국민이 그를 일컫던 말이다.

는 뜻이었지만, 많은 이에게는 기본적 안전을 보장받기 위해 치러야 하는 작은 대가일 뿐이었다. 어떻게 보면 1930년대 루이지애나에서 군림했던 휴이 롱의 '치세' 때 볼 수 있던 것과 비슷한 역학이다. 만약 교육받은 엘리트가 도미니카공화국의 시골에 가서 한 빈민을 만나 트루히요가 재임 시절 얼마나 권위주의적이고 반대 의견을 용납하지 않았는지 말한다면 그 사람은 곧바로 근처 도로를 가리키며 이렇게 말하지 않을까. "저 도로를 깔아준 게 트루히요예요." 그 빈민이 독재자를 리더로 두고 싶어 한다거나 독재자를 좋아한다는 이야기가 아니다. 그 독재자가 빈민이 필요로 하는 기본적인 혹은 근본적인 일을 해주고 지지를 얻었다는 이야기다. 바로 이것이 독재하는 리더의 또 다른 이면이다. 이들의 통치가 누군가에게는 안전과 안정을 가져줄 수도 있다.

　그렇다면 그걸 위해 무슨 대가를 치러야 하나? 라는 질문이 남는다. 트루히요 정권 말기를 소재로 한 마리오 바르가스 요사Mario Vargas Llosa의 2001년 역사소설《염소의 축제La Fiesta del Chivo》를 보면 이 질문에 대한 분명하고도 섬뜩한 답을 얻을 수 있다. 권력의 중심에서 멀리 떨어진 이른바 '서민'들 사이에서는 선택이 간단하다. 그냥 머리를 조아리고 독재자를 숭배하며 살아남으려 애쓰거나, 고개를 쳐들고 독재자에게 도전하며 그에 따른 결과를 감내하는 것이다. 하지만 권력에 가까이 있는 사람들일수록—향후 정부 관료 자리에 앉거나, 국가기관을 경영하거나, 나라를 대표하리라고 여겨지는 사람들—더욱 복잡한 선택에 직면할 수밖에 없었다. 바르가스 요사의 소설은 폭정 체제 안에 존재할 수 있는 다양한 인간 군상인 하인, 아첨꾼, 기회주의자, 사디스트, 군인, 피해자, 반역자 등을 폭넓게 보여준다. 하지만 소설의 백미는 그런 상황에서 사회를 이끌어갈 수 있는 방식에 어떤 제약이 생기고, 그럼에도 시도할 때 어떤 결과들을 맞는지를 보여준 데 있다.[16]

독재정치에서 득을 보길 바라는 사람은 단지 시골의 가난한 농부만은 아닐 것이다. 나치의 프로젝트를 신봉한 이들이 많았던 비시 정권 치하 프랑스의 경우와 마찬가지로 도미니카공화국에도 트루히요에겐 리더로서 전횡을 일삼고 비판자들을 죽이고 어떤 여자든 강간할 권리가 있다고 믿은 사람들이 있었다. 의구심을 품는 자들도 있었지만, 그땐 철저한 선전 기계를 동원해 쓸데없는 부정적인 생각들을 지웠다. 역사가 튜리츠가 기록한 도미니카공화국 사람들과의 대화를 보면, 트루히요를 자신의 주인으로 여기며 그가 없는 삶은 상상하지도 못한다. 트루히요는 신 혹은 태양에 맞먹는 존재였다. 한편 트루히요의 곁을 맴돌았던 사람들, 그가 시키는 대로 했던 사람들, 비위를 맞췄던 사람들, 종노릇을 하며 출세한 사람들, 그의 부패로 한몫 챙긴 사람들, 그를 등에 업고 남들을 누를 힘을 얻은 사람들에게는 그를 믿고 안 믿고는 핵심적인 문제가 아니었다. 세상에는 권력에 봉사하는 것을 자기 삶의 역할이라 보는 사람들이 있기 마련이고, 이들은 그런 방식으로 권력을 휘두른다. 이들은 자신이 민주주의에 살고 있으면 민주적인 리더에게 봉사하고, 독재국가에 살고 있으면 독재자에게 봉사한다. 이들도 리더에 대한 호불호는 있을 수 있으나, 자신이 당대 권력에 봉사만 할 수 있다면 누구에게 봉사하는가는 실질적으로 중요한 문제가 아니다. 이런 사람들은 어느 나라에든 반드시 있기 마련이다.

하지만 세상에는 훨씬 양심적이고 흥미로운 사람들도 존재한다. 이 부류 역시 독재 정권 치하뿐 아니라 어느 사회에나 있다. 이 집단은 지식, 야망, 공직에 대한 의식을 갖춘 이들로 이루어진다. 리더가 성장할 수 있는 비옥한 토양이 돼주는 곳이 바로 이 집단이다. 여기 속한 사람들은 좋은 일을 하고, 다른 이의 삶을 한결 나아지게 하고, 공동체를 위해 봉사하는 데서 보람을 느낀다. 정치적 맥락에서 보면 이런 일을 할 수 있는 통로는 다양하게 존재할 것이다. 하지만 트루히요 치하의 도미니카공화국 같은 사회에서 살아가는 사람들에게는 어떤 통로가 열려 있을까? 우리가 어쩌다 독재 정권하에 태어났는데 교육, 보건 혹은 공공 인프라 분야에서 일하길 원한다고—공공정책을 이끄는 리더가 되거나 사람들 삶을 향상시키는 일을 하고 싶다고—해보자. 취지가 아무리 좋더라도 결국 그 속에서는 반대 의견을 벌하고, 항의를 범죄로 몰고, 사람들을 교도소에 가두거나 고문하고, 지독하게 부패하고, 독재자가 강간과 살인을 저질러도 처벌할 수 없는 정권의 공모자가 되고 만다. 직접 누군가를 죽이는 일까지는 없더라도, 그런 일을 벌이는 정권의 일부가 되면 우리 자신이나 그 살인자들이나 결국 피차일반이다.

모든 사회에는 학문적, 재정적, 문화적 엘리트층이 존재한다. 독재 정권 속에서 살아가는 엘리트층은 자신들이 향후 사회를 이끌고 힘을 미치는 방법의 측면에서 독특한 선택을 할 수밖에 없다. 도미니카공화국에서는 트루히요 정권의 마지막 꼭두각시 대통령 호아킨 발라게르Joaquín Balaguer가 그랬다. 그는 일찍부터 자기 길을 선택했다. 트루히요가 도미니카공화국을 거머쥐고 있던 내내 발라게르는 그를 위해 노예처럼 일한 충직한 종이었다. 바르가스 요사의 소설만 봐서는 발라게르가 왜 처음부터 트루히요와 운명을 함께하기로 결심하고 충성스러운 측근이 되어, 정권이 막을 내릴 때까지 트루히요 곁에 남았는지 그 동기를 짐작하기 어렵다. 발라게르가 진정한 트루히요 신봉자였건, 그저 기회주의자였건, 국민에게 봉사할 최선의 길을 원했을 뿐이건, 결국 중요한 것은 동기보다는 결과 아니겠는가. 바르가스 요사는 소설에서 내내 트루히요에게 아첨 떠는 이류 시인이자 전직 학자였던 발라게르를 전략의 대가로 묘사한다. 소설에서 발라게르는 트루히요 주변의 누구보다 영민하고 차분하게 행동하며, 자신을 트루히요에게 꼭 필요한 존재로 만드는 한편 독재에서도 (발라게르가 없었다면 결코 생겨날 수 없었을) 훌륭한 면모들이 풍기게 했다. 비록 직접 말하지는 않지만 소설에서 바르가스 요사는 트루히요 암살 음모를 발라게르가 사전에 알았다는 뉘앙스를 은근히 풍기고 있다. 또한 트루히요 일가와 그의 심복들이 트루히요를 죽인 자들과 그 조력자들, 가족들, 친구들에게 살벌한 복수를 가하는 동안 발라게르가 독재자의 종말 이후의 혼란 속에서 조용하지만 치밀하게 수장 자리를 향해 유유히 나아가는 것으로 그린다.

바르가스 요사는 도미니카공화국을 더 문명화한 새 시대로 이끈 발라게르에 대한 동경을 숨기지 못한다. 심지어 발라게르는 관계 복원을 위해 미국까지 찾아가는가 하면(관계 회복에 성공했다) UN에서는 민주주의 확립과 인권 존중의 중요성을 주제로 역사에 남을 명연설을 했다. 트루히요가 죽이고자 했던 무고한 이들에 대한 사형 집행

영장에 거침없이 서명하던 사람이 하리라고는 도무지 생각되지 않는 일이었다. 바르가스 요사의 세계에서는 이런 것이 대단한 리더십의 모델이다. 즉, 엘리트층으로서 잔혹한 독재자의 비위를 맞추고 30년에 달하는 시대를 버티며 장기전을 벌인 끝에 권력 최상부에 올라 자신이 항상 내면에 품어왔던, 이제는 올바른 통치에 활용할 수 있는 합리적 원칙과 갖가지 가치들을 실행하는 것 말이다.

하지만 발라게르를 이런 식으로 바라보는 것이 과연 설득력 있을까? 이보다는 가장 잔혹하고 무자비한 독재 정권조차도—비시 시절의 프랑스처럼 복잡한 정권이든 트루히요의 도미니카공화국 같은 후진국의 독재 정권이든—제대로 기능하려면 발라게르 같은 사람들이 필요하다고 보는 것이 현실적인 얘기일 것이다. 이런 사람들은 이중적 역할을 한다. 기본적인 통치 기능이 갖춰지게 하는 동시에 악을 전파하는 역할도 한다. 두 역할은 동시에 이뤄지게 마련이고, 실제로도 이어져 있다.《염소의 축제》에서 트루히요가 경멸하듯 내뱉은 말마따나 시인이자 관료였던 발라게르는 "자기 손은 절대 더럽히지 않는" 사람이었지만, 국민을 죽음으로 내몰고, 압제 장치를 더 효율적으로 만들고, 정부가 나름의 명망을 갖도록 한 장본인으로서 합리적 절차에 따라 일을 처리하며, 독재자에게는 절대 목소리를 높이지 않고, 무엇에도 반대하지 않았으며, 버젓이 벌어질 게 뻔한 모든 비도덕적인 일에는 눈을 감았다. 그렇기는 트루히요 정권에 몸담은 다른 모든 이도 마찬가지였으니, 이들은 정당한 근거도 없이 그것만이 사람들 삶이 조금이나마 나아지게 하는 길이라고 믿었다. 세상을 떠난 트루히요를 그리워했던 농부들은 그들의 생각이 그리 어긋나지 않았다는 방증일 수도 있다.

하지만 트루히요의 우주에서도 발라게르식의 선택만이 가능한 것은 아니었다. 바르가스 요사는 발라게르가 조국을 트루히요의 독재에서 벗어나게 했다고 보고 그에게 너무도 많은 공로를 돌리지만, 알고 보면 하지 않은 이야기도 있다. 발라게르 자신도 독재자가 되어가는 과정을 한시도 멈춘 적이 없다는 것이다. 발라게르는 트루히요 생전에는 그에게 헌신하더니 그가 세상을 떠나자 자신이 독재자가 되었다. 발라게르가 꼭두각시 대통령에서 명실상부한 대통령으로 거듭나는 과정은 순탄하거나 손쉽지 않았다. 트루히요가 살해당한 뒤 트루히요의 아들과 형제가 계속 권력을 틀어쥐려고 하면서 민주주의로 이행하기를 거부했기 때문이다. 이들은 끝내 발라게르의 노회함에 밀려 강제로 나라 밖으로 떠나야 했다. 1962년 12월 트루히요가 암살당하고 19개월 뒤, 도미니카공화국에서 처음으로 자유롭고 공정한 선거가 치러졌다. 하지만 선거에서 승리한 것은 발라게르가 아니라 그와는 다른 리더십을 선택한 정치인 후안 보쉬Juan Bosch였다. 발라게르가 트루히요 밑에서 평생 종노릇을 해야겠다고 결심한 1930년대에, 발라게르와 마찬가지로 작가이자 엘리트층의 일원이었던 보쉬는 트루히요에 반대했다가 교도소에 수감되었다. 이후 그는 조국을 떠나 23년 동안 망명 생활을 하며 트루히요에 항거하는 운동을 벌이다 독재자가 죽은 뒤 대통령 선거에 출마했다.

물론 조국을 떠나 해외에서 독재자에게 항거하겠다는 선택은 도미니카공화국 사람들 누구나 할 수 있는 일이 아니었다. 망명 생활을 한다는 것은 트루히요 정권이 권력을 잡은 동안에는 국내에서 사

백악관에서 미국 대통령 존 F. 케네디를 만난 대통령 당선인 후안 보쉬, 1963년 1월 10일. 7개월 후 보쉬는 군사 쿠데타로 실각했다. (© Abbie Rowe/John F. Kennedy Presidential Library and Museum)

도미니카공화국의 대통령 호아킨 발라게르가 라파엘 트루히요의 초상 아래 서 있는 모습, 1960년.
(© Bernard Diederich Collection/Centro Léon)

람들을 도울 일을 딱히 할 수 없다는 의미이기도 했다. 하지만 이런 식의 리더십에 대한 선택은 원칙에 따른 결과이기도 했다. 비도덕적이고 악한 정권에 몸담기를 거부하고, 정권을 종식시키는 데 열의를 다한 것이었으니까. 이와 비슷한 상황에 놓이면 사람들은 각자의 기질, 가치관, 그리고 국민을 위해 일할 수 있는 최선의 방식에 대한 판단에 따라 발라게르의 선택을 하기도 하고, 보쉬의 선택을 하기도 할 것이다. 답은 하나로 딱 떨어지지 않는다.

이후 도미니카공화국에서 전개된 일도 현실 세계의 역사적 제약 안에서 리더십이 어떤 식으로 나타날 수 있는가에 대해 가르쳐주는 바가 있다. 보쉬는 조국으로 돌아온 뒤 총선에서 승리하고 1963년 2월 대통령 취임 선서를 했다. 하지만 그가 대통령직에 머문 기간은 7개월뿐이었다. 보쉬는 대통령직에 오르고서 일각도 시간을 허비하지 않았을 뿐만 아니라 대중 사이의 인기도 사그라지지 않았다. 노동자, 농부, 여성, 아동을 법적으로 보호하는 조치를 비롯해, 자유를 맛본 적 없는 나라에 민주주의의 자유가 굳건히 뿌리내릴 수 있는 새로운 헌법 제정을 밀어붙였다. 이와 함께 소규모 자작농들에게 유리한 토지개혁을 대대적으로 시행해 대규모 지주들로부터 격렬한 원성을 사는가 하면, 군대의 권력을 대폭 축소해 장성들로부터도 질시를 받았다. 하지만 무엇보다도 가장 중요했던 것은 도미니카공화국에서 가장 취약한 계층 사람들에게 유리한 이 정책들이 단박에 미국의 의구심을 샀다는 것이다. 냉전 동안 미국의 정책 입안자들은 이 일대에서—실제로는 전 세계에서—일어나는 모든 일을 공산주의에 대한 투쟁이라는 렌즈로 바라봤고, 1963년에는 모든 관심을 쿠바에 쏟고 있었다. 불과 몇 년 전 피델 카스트로Fidel Castro가 미국의 지원을 받던 부패한 독재자 폴헨시오 바티스타Fulgencio Batista에 항거하는 봉기에 성공해, 수십 년간 이어진 미국의 쿠바 지배를 종식시켰기 때문이었다. 미국과의 관계가 파국을 맞은 후 카스트로가 쿠바를 공산주의 진영으로 편입시키면서 쿠바는 사상 최초로 서반구에 자리한 공산주의 국가가 됐다. 보쉬는 자신을 마르크스주의자라 일컫긴 했으나, 사실 카스트로와 같은 일면은 전혀 없었다. 보쉬는 민주적 절차에 따라 선출된 데다 일당 국가를 건설하려 하지도 않았다. 하지만 당시는 냉전이 한창이던 시기였던 만큼, 온건하게 진보적인 정책들만으로도 그에겐 공산주의자라는 딱지가 붙기에 충분했다. 그 결과 민주적으로 선출된 지도자가 미국의 개입으로 실각하는 사태가 벌어졌다.

1963년 9월 쿠데타가 일어나자 보쉬는 어쩔 수 없이 (다시) 망명길에 올랐고 도미니카공화국은 군부의 손아귀에 떨어졌다. 그로부터 2년 뒤인 1965년에 또다시 봉기가 일어나 이번에는 군부를 권좌에서 몰아내고 보쉬의 대통령직 복귀를 요구했다. 린든 B. 존슨 대통령은 미군의 베트남 군사 개입을 확대하던 와중에도 굳이 시간과 방편을 마련해 이 작은 섬나라에 4만 명이 넘는 병사를 보냈다. 사회질서를 유지하고 민주주의를 수호하겠다는 명목이었지만 진짜 목적은 보쉬의 대통령직 복귀를 확실히 차단하는 것이었다. 하지만 보쉬는 끝내 조국으로 돌아와 1966년 7월로 예정된 선거에 출마할 수 있게 됐다. 이로써 발라게르와 다시 맞붙은 셈인데, 도미니카공화국 군부는 물론 미국까지 발라게르를 지지하는 상황이었다. 보쉬는 자

다시, 리더란 무엇인가

신이 설령 선거에서 이긴다 해도, 이들이 자신이 대통령직에 오르는 걸 두고 보지 않을 것임을, 나아가 자신의 지지자 중 많은 사람이 교도소에 가거나 목숨을 잃으리란 걸 알았다. 보쉬는 선거 유세에 거의 나서지 않았고, 그 결과 승리는 발라게르에게 돌아갔다. 지금 와서 하는 얘기지만, 결국 그것이 도미니카공화국 국민에게 주어진 유일한 선택이었다. 존슨은 '올바른' 선거 결과가 손에 쥐어졌다 싶었는지 바로 도미니카공화국에서 미군을 철수시켰다.

국가 지도자로서 발라게르는 괴팍하고 성미도 고약했던 트루히요와는 스타일이나 기질이 정반대였다. 늘 안경을 쓴 모습에 금욕주의적이고, 박식하고, 조곤조곤 말하고, 외교에 능하고, 진지하고, 더 넓은 세상에 우호적이었다. 경제적 및 사회적 자유주의자였던 그는 군복 대신 정장을 입고 넥타이를 맸으며, 트루히요처럼 외국 지도자를 암살하라고 명령한다거나, 뉴욕시 길거리 한가운데서 사람들을 납치해 도미니카공화국으로 데려와서 죽이거나, 사제들을 공격하거나, 미성년 소녀들을 강간하는 등의 미친 짓들을 하지 않았다. 하지만 발라게르도 어쩔 수 없는 독재자였다. 그도 반대를 억누르고, 운동가들을 교도소에 집어넣고, 95세의 나이로 세상을 떠날 때까지 권력자의 자리나 그 근처를 떠나지 않았다. 뿐만 아니라 트루히요와 마찬가지로 인종차별주의자여서, 수많은 저서 중 하나에 "흑인은 자기 본능에만 매몰돼 삶의 비교적 고상한 수준에 제어되지 않는 자들이다. 이들은 식물을 방불케 하는 속도로 그 수를 늘려가며 세계 모든 나라의 생식 활동에 영향을 미치고 있다"라고 쓰기도 했다.[17] 독재자(심지어 인종차별주의자에 독재자)도 그 모습은 천차만별이다. 이들이라고 늘 입에 거품을 물고 청중을 향해 한껏 목소리를 높이거나 음모론을 퍼뜨리지는 않는다. 때론 점잖은 사무원 같은 언동을 보이며, 국제 공동체는 물론 조국의 교육받은 엘리트층으로부터 지지를 받을 때도 많다. 심지어 이런 이들이 때로는 민주적 절차에 따라 공직에 선출되기도 한다.

• • •

발라게르를 통해 알게 되는 슬프고도 냉혹한 아이러니는, 그가 독재 종식의 주된 수혜자이긴 하지만 만일 당시에 모든 이가 그처럼 행동했다면 트루히요의 독재는 결코 끝나지 않았을 것이라는 점이다. 《염소의 축제》가 막바지로 접어드는 대목에서 바르가스 요사는 발라게르를 책임감 있는 정치인으로, 즉 해외에 나가서도 얼마든 세련된 사람으로 보일 수 있는 국가 지도자이자, 국제 콘퍼런스의 정장 만찬에 초대돼 기조연설도 충분히 할 수 있는 정치인으로 그려낸다. 하지만 발라게르 같은 사람이 어떻게 그 위치에까지 오를 수 있었을까? 어떻게 트루히요가 권좌에서 쫓겨나고, 그의 그림자로만 머물던 발라게르가 전면에 등장해 도미니카공화국을 사람들이 생각하던 새 시대로 진입시킬 수 있었을까? 이런 일이 일어나기 위해서는 발라게르보다 더 용감하고, 덜 회의적이고, 더 원칙주의적인 이들이 발 벗고 나서서 반란을 일으켜야 했다. 비시 프랑스 시대의 레지스탕스 대원들과 마찬가지로, 트루히요에 맞선 반란자들은 그렇게 반란을 일으키면 하나같이 참혹한 죽음을 맞으리란 걸 잘 알았다. 한마디로 목숨을 건 반란이었다.

그 반란자들 셋이 바로 일명 라스 마리포사스las Mariposas('나비들')이라고도 알려진 미라발 자매—파트리아 미라발Patria Mirabal, 미네르바 미라발Minerva Mirabal, 마리아 테레사 미라발Maria Teresa Mirabal—다. 이들세 자매는 트루히요 개인 숭배에 동참하지 않았던 시골 가문 출신으로, 10대 시절에 트루히요의 성적 '접근'(다시 말해 강간 시도)을 거부했다가 원한을 샀다. 이들 자매는 트루히요 정권과 열의를 다해 맞서싸웠고, 사회운동을 한다는 이유로 이들은 물론 이들의 남편과 다른가족까지 갖가지로 괴롭힘을 당했다. 결국 1960년 겨울에 트루히요의 심복들이 세 자매를 살해한 뒤 함께 자살한 것처럼 위장해 사건을 어설프게 덮으려 했다.[18] 이들 자매마저 살해되자 도미니카공화국 국민들의 인내도 한계에 다다랐다. 남성 우위 의식과 함께 여자들을 지키는 것이 남자들의 책임이라는 신념이 더해져, 국민들 사이에는 남자를 고문하고 죽이는 것과 젊은 여자들을 이런 식으로 살해하는 것은 차원이 다른 일이므로 도저히 용납할 수 없다는 인식이 퍼졌다.

비시 정권에서 일어난 프랑스 저항운동 사례와 마찬가지로 미라발 자매를 비롯한 도미니카공화국의 저항운동가들 손에 트루히요정권이 무너진 것은 아니었다. 하지만 이들은 그런 일이 어딘가에서는, 그리고 누군가에 의해서든 반드시 시작돼야 한다는 걸 알았다.누군가가 그 일을 맡아주기를 모두가 마냥 기다리기만 하면 결과적으로 나설 사람은 아무도 없으리라는 것도. 저항운동의 핵심은 때로무척 단순하다. 그저 행동으로 저항하는 것. 미라발 자매는 단순히

파트리아 미라발, 미네르바 미라발, 마리아 테레사 미라발 자매.

자신들의 생존을 위해 애쓴 것이 아니었다. 그들은 정권이 전복되길 원했다. 비록 '성공'하지는 못했을지언정, 이들은 실제 행동에 나섬으로써 다른 이들에게 영감을 불어넣는 한편(설령 정신 나간 짓일 수 있어도), 자신들의 희생에 동기를 부여받고 다른 이들까지 행동에 나서게 했다. 트루히요 암살범들도 스스로는 미라발 자매의 복수 차원에서 암살을 감행했다. 자매의 죽음이 일으킨 여파는 오래도록 사라질 줄 몰랐다. 이 사건은 트루히요의 사망 이후 내내 발라게르를 따라다녔고, 1996년 그가 대통령직에서 물러나야 했을 때도 자매를 죽인 정권과 결탁했었다는 사실이 한몫했으니, 시간이 갈수록 이들 자매를 둘러싼 영웅담은 더욱 대단한 이야기가 되었다. 그로부터 3년 뒤인 1999년 열린 UN 총회에서 이들 자매가 세상을 떠난 11월 25일을 세계 여성 폭력 추방의 날로 정했다. 물론 명예로운 일이지만, 일

다시, 리더란 무엇인가

면에서는 미라발 자매의 죽음이 가진 의미의 핵심을 놓친 일이었다. 이들이 여성인 것도 맞고 폭력에 희생당한 것도 맞지만, 이들의 죽음이 높은 가치를 부여받는 이유는 생전에 이들이 리더로서 독재자에게 항거했기 때문이었다. 이들을 죽음으로 내몬 것은 젠더 폭력과 함께 정치 폭력이었다.

제2차 세계대전 이후 프랑스 레지스탕스와 마찬가지로, 미라발 자매를 비롯해 크게 유명하지 않았던 인물들도 도미니카공화국 국민에게 정체성을 심어준 것은 물론 트루히요 사후 어떤 리더십이 자리 잡아야 하는지 모델을 제시해준 셈이었다. 그 후로 몇십 년간 이들은 도미니카공화국 사람 모두가 독재자에게 무릎 꿇거나, 그의 명령에 따라 사람을 죽이거나, 소녀들을 데려다 성 상납을 하지는 않았음을 입증하는 본보기가 될 수 있었다. 개중에는 자신의 특권을 자신들 배를 불리거나 기존 질서를 지키거나 압제 체제에 편입되기보다는, 더 나은 세상을 만들기 위한 싸움에 쓴 사람들이 있었다. 이 반란자들은 목숨 건 희생을 통해 세상이 실제로 변화하는 데 힘을 보탠다. 설령 그들 자신은 생전에 변화를 보지 못하더라도.

우리 중 미라발 자매처럼 살아갈 수 있는 이들은 과연 얼마나 될까? 아마도 그 숫자는 저항운동 초창기 희망이라곤 도무지 없는 것 같던 때 저항에 참여한 프랑스 사람들의 지극히 미미한 수와 같을 것이다. 그렇다면 기회가 주어진다고 했을 때 직접 트루히요 같은 독재자를 암살하겠다고 나설 수 있는 사람은 과연 얼마나 될까? 인간은 얼마간은 공격적인 성향을 타고난 종족이지만, 누군가를(트루히요처럼 악독한 자라 해도) 죽이는 일은 아무나 하지 못한다. 그렇다면 그런 행동은 도덕적으로 가치 있는 일일까? 이들 사건도 역시 사후에 판단할 수밖에 없다. 프랑스에서 전쟁이 끝난 후 반비시 정부 저항운동이 칭송받았던 것도 나치가 패전했기 때문이었다. 트루히요를 죽인 이들은, 자신들의 행위야말로 군사 쿠데타의 시작이고 자신들은 영웅으로 추앙받을 줄 알았지만 결국 감방에 갇혀 고문당하고 목숨을 잃었다. 법, 엄밀히 말하면 트루히요의 법에 따르면 그들은 범죄자들이었다. 오늘날의 국제 기준으로 봐도 이들은 정치적 살인자들이다. 하지만 이들의 행위는 이후 뒤따른 모든 일이 일어나기 위한 필수 조건이었고, 오늘날 이들이 도미니카공화국에 끝내 자유를 안겨준 숨은 영웅으로 칭송받는 이유도 바로 여기에 있다.

비시 정권 치하 프랑스에서 행해졌던 독재, 협력, 저항과 마찬가지로 트루히요의 도미니카공화국에서 행해진 독재, 협력, 저항을 보면 우리가 과연 누구를 리더라고 생각하고, 무엇을 리더십이라고 여기는지 다시 생각해보지 않을 수 없다. 여기서 얻을 수 있는 가르침은, 권력의 최정상에 선 이가 항상 사람들에게 가장 의미 있는 리더나 사회에 가장 중요한 변화를 이끌어낸 인물인 것은 아니라는 사실이다. 때로는 반란자에 해당하는 이들이 우리가 누구보다 동경해 마지않는 리더, 우리가 기꺼이 따르고자 하는 리더십 모델로 밝혀질 때도 있다. 하지만 프랑스의 비시 정권과 나치, 그리고 도미니카공화국의 트루히요에 맞섰던 이들은 단순히 반란자들만은 아니었다. 자유를 쟁취하기 위해 온 힘을 다해 싸운 투사이기도 했고, 그 투쟁에서 때로는 목숨까지 걸어야 하는 개인적 희생이 요구될 때는 묵묵히 받아들인 성자이기도 했다. 때론 공적도 이름도 잘 드러나

다시, 리더란 무엇인가

지 않는 이 리더들이 오늘날 우리가 당연하게 여기는 상황을 만들기 위해 한 일들을 결코 잊어서는 안 될 것이다. 물론 이들과 더불어 리더 자리에 있는 걸 우리가 그저 순리처럼 받아들이게 되는 사람들도 있다.

5장

체제

죽음의 기계를 막아설 의지가 있는가

◆

제2차 세계대전을 부른
보이지 않는 손

지금까지 리더가 권력이 있을 때 무엇을 할 수 있고 무엇을 해야 하는지, 권력이 거의 또는 전혀 없을 때 무엇을 할 수 있고 어떤 선택을 할 수 있는지, 또 리더가 권력이 가하는 위험에 처할 때 무엇을 할 수 있고 무엇을 할 수 없는지 살펴보았다. 그런데 리더가 갖기도 하고 때로는 맞서기도 해야 하는 그 권력은 역사적 상황에 따라서 크게 달라진다. 아울러 리더와 권력의 관계에서 반드시 탐구해야 할 부분이 하나 더 있다. 리더의 권력이 엄청나서 근본적으로 통제되지 않을 때는 어떨까? 한마디로 권력이—권력의 지배를 받는 사람만이 아니라 그것이 관할하는 모든 것에—너무 큰 힘을 발휘한다면 어떨까?

권력이라고 해서 항상 하나의 개인(이를테면 대통령)이나 하나의 기관(이를테면 정부나 기업) 혹은 하나의 대의(이를테면 지하 저항운동이나 사회운동)와 연관 있는 건 아니다. 때로 권력의 여파는 정해진 틀을 넘어선다. 어떤 권력은 리더가 등장하기 전에 오랫동안 쌓인 결과물이기도 한데, 이때는 리더가 권력을 승계받기만 하면 그만이다. 이와 함께 권력을 누가 어떻게 사용하기로 했는지 선택의 주체가 불분명한 경우도 있다. 하지만 이러한 권력은 추상적이지 않으며 오히려 구체적이고 파괴적일 수 있다. 그것은 체제, 다시 말해 기계machine의 형태를 띨 수 있는데, 규모가 너무 크고 막강하고 폭력적이어서 리더 한 사람의 힘으로는 좀처럼 통제되지 않는다. 아니, 그 힘을 통제할 사람이 과연 있을지조차도 분명치 않다. 오히려 '리더'라는 이가 체제 혹은 기계 속에서 주어진 역할만 수행하고 있을 뿐 힘의 경로를 바꿀 수 없고 그 힘이 어디로 나아갈지도 모른 채 속수무책으로 당하는 것처럼 보일 수도 있다. 또 리더가 힘의 목표물만이 아니라 그 힘을 발산하는 주체까지도 파멸로 몰아넣는 방향으로 힘을 사용하는 수도 있다. 이 상황에서는 리더의 힘이 막강할 수 있지만, 역설적이게도 그 힘이 미약할 수도 있으니, 그렇게 해서 벌어지는 사태는 때마침 권력을 쥔 특정 개인과는 거의 상관이 없다. 이는 리더십에 관한 양극단의 관점이라 할 마키아벨리주의와 마르크스주의가 결합된 것에 가깝다. 리더가 극강의 힘을 지니고 있되, 그 어떤 개별 리더의 힘을 능가하는 상황 속에서 사람들을 이끌어가야 하니 말이다.

리더들이 이처럼 압도적인 상황들을 운영해야 했던 사례는 꽤 많다. 이때는 리더가 아무리 많은 권위를 가졌어도 뚜렷한 변화를 이뤄낼 수 없다. 자본주의야말로 지배적인 체제 중 하나라 하겠는데, 정치 지도자 입장에서는 어떤 식으로든 성공하거나 영향력을 가지려면 이 체제를 적극 선전하든 한판 맞붙든 해야 한다. 현재 자본주의의 힘은 어떤 리더도 혼자서는 당해낼 수 없을 만큼 막강한 위력을 갖고 있다. 이러한 종류의 힘과 체제, 기계의 실례로 들기에 미국의 군사력보다 좋은 것도 없다. 제2차 세계대전 동안 쌓인 미국의 힘은 이후 줄곧 커지고 발전해왔다. 미국의 전 지구적 패권 속에서 미국과 전 세계의 리더들이 다양하게 활동한 양상은 여러 면에서 지난 80년간 세상이 어떻게 돌아갔는지를 이야기해주기도 한다. 따라서 한 나라가 군비 지출 및 군사 발전 분야를 홀로 주름잡고 있는 상황에서 리더들이 어떤 식으로 결정을 내렸고 어떤 결과를 맞았는지를 면밀하게 살펴볼 필요가 있다. 제2차 세계대전 이후로는 리더들이 훌륭한 판단보다는 역사의 막대한 힘에 떠밀리고, 장기적인 숙고보다는 단기적인 생각에 매몰돼 결정하는 모습들을 볼 수 있다. 그 힘이 너무 강력해 그들조차 어쩔 방도가 없어 보이는 죽음의 기계 속에서 한자리를 차지하고 협착한 정신세계에 갇힌 채 빠져나오지 못하는 모습을.

• • •

역사가 이런 것이라고 설명하기 어려워지는 대목에 다다르면, 역사를 가르치는 사람은 이미지의 힘을 많이 빌리곤 한다. 나는 수업에서 현대사를 담은 대표적 이미지들을 학생들에게 보여주되, 당시 일들을 고정된 시간 속의 스냅사진이 아니라 역사라는 물줄기의 일부로 볼 것을 당부한다. 어떤 일이 우리가 사진에서 보는 모습의 결과로 이어졌을까? 또 사진에 나타난 일들은 어떻게 다른 사건들로 이어졌을까? 물론 우리는 사진 속 이야기를 훤히 안다고 자신하는 경우도 있다. 이를테면 일본과 미국이 충돌한 태평양전쟁은 사진

일본의 진주만공격, 1941년 12월 7일. (© Franklin D. Roosevelt Library)

일본 나가사키 상공으로 치솟는 원자구름, 1945년 8월 8일.
(© Charles Levy, Office for Emergency Management/NARA)

다시, 리더란 무엇인가

가들이 카메라에 담은 두 사건으로 시작과 끝을 구획 지을 수 있다. 1941년 12월 일본의 진주만공격, 그리고 1945년 8월 미국의 히로시마와 나가사키 원폭 투하다.

다른 데는 몰라도 미국 안에서만큼은 제2차 세계대전이 신화의 입지를 굳혔다. 그런데 이 신화의 종류가 또 특별하다. 제2차 세계대전에서 승전국 편에 섰건 패전국 편에 섰건 막중한 역할을 맡았던 다른 나라들은 하나같이 만만찮은 트라우마를 겪어야 했다. 침략, 점령, 대량 학살, 인종 학살, 내전, 폭격, 국토 황폐화 같은 식으로 말이다. 미국은 이런 일들을 면할 수 있었으나, 그 대신 전쟁 동안 미국 안에서 벌어진 께름칙한 일들은 전부 미국 리더들의 손에 의해 벌어졌다.

미국에서 제2차 세계대전은 '선한 전쟁'으로, 당시 전쟁에 나가 싸웠던 병사들은 '가장 위대한 세대'로 통하는 게 중론이다. 제2차 세계대전은 선과 악이 분명 갈리는 전쟁이었고, 미국은 당연히 '선한' 편이었다. 아울러 이 전쟁은 미국이 결정적 승리를 거둔 마지막 대규모 전쟁이기도 했다. 이데올로기의 관점에서 봤을 때 제2차 세계대전은 해방이 압제를, 자유가 파시즘을, 민주주의가 전체주의를 누르고 거둔 승리였다. 과거 막강한 힘을 자랑했던 수많은 다른 나라는 이 전쟁으로 처참하게 파괴당했지만, 미국은 대체로 전쟁 덕을 톡톡히 볼 수 있었다. 이 전쟁 덕에 미국은 대공황의 질곡에서 마침내 빠져나올 수 있었을 뿐만 아니라 경제, 군사, 문화적 역량이 어디에도 비할 수 없이 막강해졌다. 좋든 싫든 제2차 세계대전은 미국을 지구라는 행성에서 가장 중요하고 막강한 국가로 탈바꿈시켰다. 이후로 미국의 힘은 세계 구석구석까지 뻗쳐 영향을 미치지 않은 곳이 없다.

제2차 세계대전은 인간 역사를 통틀어 가장 끔찍한 전쟁이기도 했다. 얼마나 끔찍했는지 아직 그 진상조차 제대로 파악 못 했을 정도다. 이 말은 대부분 미국인에게 더욱 해당하는데, 이들에게 제2차 세계대전은 저 멀리서 일어난 일이었기 때문이다. 미국의 군사력은 본토에 있는데 정작 세계대전의 전장은 미국에서 멀리 떨어져 있었다는 사실이야말로 남북전쟁 이후 미국이 벌인 전쟁들의 가장 중요한 특징이다. 전쟁 당시 얼마나 많은 사람이 죽고 세상이 얼마나 많이 파괴됐는지는 아직도 온전히 파악되지 않았다. 동아시아와 태평양에서 벌이진 일본 대 중국, 그리고 일본 대 미국을 비롯한 동맹국들 사이의 전쟁에서는 인간으로서 차마 할 수 없는 잔혹한 일이 수없이 벌어졌다. 유럽 동부 전선에서 주로 독일과 소련이 벌인 전쟁 역시 당시의 참상을 제대로 표현할 수 있는 말이 없다. "아우슈비츠 이후 시를 쓰는 일은 야만적인 일이 돼버렸다"라던 테오도어 아도르노Theodor Adorno의 말은 어떤 식이든 아우슈비츠에서 일어난 일을 언어로 담아내려 한 시도에 적용할 수 있을 것이다.[1] 그곳들에서 벌어진 일들을 언어로 표현하는 것은 인간 능력 밖의 일이다.

제2차 세계대전 때 사망한 미국인 병사는 40만 7000명인데, 당시 미국인 전체 인구가 약 1억 3100만 명이었다. 전시의 군 병력 사망자로는 남북전쟁에 이어 가장 높은 수치다. 남북전쟁에서는 62만 명의 병사가 목숨을 잃었고, 전쟁이 발발한 1861년 당시 미국 인구는 약 3100만 명이었다. 이 엄청난 수치도 제2차 세계대전이 치러진 수많은 나라의 전장과 소련, 일본, 독일, 유고슬라비아, 폴란드, 중국 등에서 자행된 인종 학살에서 목숨을 잃은 군인과 민간인 수천만 명과 비교하면 절대적인 면에서나 인구 비율 면에서나 턱없이 적게 느껴진다. 하지만 죽음의 참상은 단지 수량과 규모에만 있지 않다. 아무 잘못 없이 목숨을 잃은 이의 삶 하나하나가 모두 비극이기 때문이다. 유대교 율법에서는 인간 하나가 죽을 때 온 세상이 죽임을 당한다고 가르친다. 전쟁을 겪지 않은 젊은 세대들의 경우엔 당시 희생당한 개인의 이야기 — 예를 들면 안네 프랑크Anne Frank — 를 통해 집단 인종 학살을 당한 이들의 심경을 헤아릴 줄 알게 됐다(부디 그러길 바란다). 아닌 게 아니라 이런 식의 집단 사망을 단순히 숫자로만 헤아리다 보면 정작 그 죽음의 의미에는 둔감해지는 우를 범하게 된다. 물론 그럼에도 전쟁이 자행한 폭력의 규모를 온전히 파악하는 일은 여전히 중대한 문제지만.

제2차 세계대전이 대중의 인식에서 엄청난 비중을 차지하는 현상은, 그것이 종종 잘못된 역사에 근거하고 있을지라도 충분히 이해되는 일이다. 지금도 우리는 제2차 세계대전이 만들어낸 세상에 살고 있으니까. 전쟁 직후 세상에 가해진 파괴와 고통을 제하더라도 이 전쟁은 끔찍한 유산을 남겼으니, 그중엔 단기적인 것들도 있고 장기적인 것들도 있다. 우선 이 전쟁으로 갖가지 문화, 사회, 삶의 방식이 송두리째 영영 파괴당했다. 이 전쟁을 계기로 세상에는 전례 없이 새로운 규모와 차원, 그리고 산업적 효율성을 갖춘 인종 학살이 등장했다. 또한 이 전쟁은 미국과 공산주의 진영 사이의 냉전으로 이어져 전 세계에 막대한 고통을 안겼으니, 오랜 세월을 소련의 지배나 통제 속에서 살거나 멀리서부터 가해지는 미국의 위력을 경험해야 했던 이들은 특히 더 그랬다. 당시 세상의 헤아릴 수 없이 많은 사람에게 냉전은 전혀 차갑지 않았다. 오히려 지극히 뜨거웠고 치명적이었다.[2]

마지막으로, 제2차 세계대전을 계기로 오늘날에도 풀리지 않은 문제인 핵무장 체제가 자리 잡았다. 지금도 우리는 핵무장 경쟁의 그림자가 짙게 드리운 가운데 살고 있고, 이런 상황에서는 그야말로 눈 깜짝할 새에 모두가 한꺼번에 비명에 가버릴 수 있다. 자기네 잇속을 차리기에 바쁜 강대국의 지도자들도 그렇지만, 국제관계 분야의 학자 중엔 핵무기를 일종의 '억제력', 즉 국제 정세를 안정화하는 힘으로 보는 이가 많다. 이 힘이 국가들 사이에 서열과 질서를 세우고, 깡패 국가들을 단속할 힘을 부여하고, 핵무기를 보유한 정부들이 성숙한 태도를 갖추고 국제 공동체의 책임감 있는 어른으로 행동하게 만든다는 것이다. 하지만 이 관점은 사회를 지극히 비관적으로 본다고 할 수밖에 없으니, 서로에게 살상 무기를 겨누는 것만이 전쟁을 막는 유일한 길이리라 가정하고 있기 때문이다. 핵무기는 이미 죽음의 기계에서 빠질 수도 없고 건드릴 수도 없는 핵심으로 자리 잡았다. 리더들이 이 사실을 우리에게 늘 말해주진 않겠지만, 자칫 잘못했다간 모두가 끝장날 거라는 전망이 아니라도 우리가 폭력 충돌을 피해야 하는 다른 좋은 이유들은 얼마든 있다.

그런데 제2차 세계대전 같은 엄청난 규모의 사건들과 대재앙 속에서는 어떻게 리더십을 찾아내 논의해볼 수 있을까? 제2차 세계대전 하면 떠오르는 상징적인 이미지들 속에서 어떤 리더십을 볼 수

다시, 리더란 무엇인가

있을까? 물론 루스벨트, 스탈린, 처칠, 드골, 아니면 그 정도의 높은 지위에 있던 누군가의 사진들에서 리더십을 곧바로 발견할 수도 있다. 이들이 당대에 중대한 결정을 내린 주요 인물들이었던 것은 분명하고, 이들을 주제로 책을 쓴 사람도 많으니까. 하지만 이들의 이야기를 개별적으로나 통합적으로 들여다본다고 해서 제2차 세계대전의 리더십을 오롯이 이해할 수 있는 건 아니다. 제2차 세계대전은 이 소수 정예 집단의 행위만이 아니라 훨씬 더 많은 것이 쌓여 일어난 일이기 때문이다. 일본의 진주만공격 사진들 속 어디서 리더십을 찾아볼 수 있는가? 1945년 8월 미국의 핵 공격으로 폐허가 된 나가사키와 히로시마의 충격적인 사진들은 또 어떤가? 이 경우 리더는 과연 누구일까? 이 사건들에서는, 거대한 조류에 휩쓸릴 때처럼 어떤 막강한 동력에 떠밀려 리더가 이렇다 할 역할을 못 하기도 한다.

윈스턴 처칠, 조지 S. 패튼 등 제2차 세계대전을 이끈 리더들에 관한 책들이 엄청난 규모의 시장을 형성하고 날개 돋친 듯 팔려나가는 이유는 위대한 인물들은 이런 재앙까지도 너끈히 통제하고 극복할 수 있다는 환상이 그 안에 담겨 있기 때문이다. 하지만 세계적으로 명성을 떨친 인물들 외에 직접 전쟁을 치르며 특출한 능력을 보인 리더들도 있었다. 이들의 이름은 대체로 잘 알려지지 않았지만 말이다. 정치인들과 장군들도 각기 맡은 역할을 했다. 이들 중 상당수는 자기 손으로 직접 죽이거나 명령을 통해 죽인 사람들 숫자로 이름을 떨쳤고, 그들을 우러르는 전설들도 대체로 이 숫자들을 바탕으로 생겨났다. 하지만 제2차 세계대전의 가장 중요한 유산은 아마도 인간이 만든 갖가지 무기, 첨단 기술, 군사적 힘일 텐데, 우리의 리더들은 혼자서는 이것들을 통솔하거나 통제하기는커녕 제대로 이해할 수조차 없다. 우리가 리더들에게 너무 많은 힘을 줘버린 것이다.

이기적이고 나르시시즘에 빠진 대통령이 지구를 몇 번이고 파괴할 수 있는 무기를 손에 쥐고 있다고 생각하면 걱정이 앞서는 건 당연한 일이다. 하지만 그렇다고 애초 이런 체제를 만들고, 유지 관리하고, 갖가지 결정을 내린 장본인이 누구인지 따져보려는 시도까지 관둘 수는 없다. 물론 그 안에는 '관성'도 작용했겠지만, 애초 관성이 작용하려면 움직임을 일으켜 그것들을 특정 방향으로 밀어붙인 누군가가, 무언가가 반드시 있어야 한다. 원자폭탄이 투하된 이후의 히로시마 사진을 보며 우리는 어떻게 리더들이 저런 괴력을 지닌 무기들을 마음대로 사용하는 지경까지 갔는지, 어떻게 저런 무기들을 사용할지 말지를 결정해야 하는 상황에 처했는지, 어떻게 무고한 시민들을 저 무기들을 사용해도 좋은 목표물이라고 여기게 됐는지 생각해볼 수 있다. 마지막으로, 그 결정들을 통해 리더십에 관해, 나아가 우리 자신에 관해 무엇을 배울 수 있는지 물어볼 필요가 있다.

• • •

제2차 세계대전이 일어난 원인은 심오하고 복잡하나, 당시 제국이었던 일본이 동아시아와 태평양에서 일으킨 전쟁이 직접적 도화선이었던 것만은 분명하다. 이즈음 일본은, 혼란에 빠져 갈수록 쇠락하는 중이었으나 엄연한 주권국이었던 중국을 침략해 정복하고는 끔찍하고 악랄한 방법으로 중국 국민을 복속시켰다. 1941년 말

진주만의 미국 해군기지를 공격한 일본이 진작부터 나치 독일과 파시스트 정권 이탈리아와 동맹을 맺어온 것은 루스벨트 정부가 세계대전에 발 들이는 완벽한 구실이 돼주었다. 물론 훌륭한 역사가라면 하와이에 왜 미군이 있어야 했는지, 미국이 무슨 용무로 태평양 한가운데에 해군기지를 건설해야 했는지부터 물어야 할 테지만. 히틀러가 미국에 전쟁을 선포한 것은 일본의 진주만공격 이후였고, 이를 계기로 미국인도 세계대전이 치러지던 유럽 전역에 발을 들였다. 그때까지는, 즉 독일 국방군이 1939년 폴란드를 침공하고 2년도 더 지날 때까지는 미국도 베를린에 미국 영사를 주재시키는 등 나치 독일과 외교 관계를 유지하던 터였다.

앞에서 언급한 존 루이스 개디스의 '관련성 소멸 원칙'을 다시 적용하면, 일본이 이웃 나라와 미국을 상대로 벌인 전쟁은 일본의 갑작스러운 공격으로 별안간 일어난 일이 아니었음을 알 수 있다. 역사가 마이클 베스Michael Bess는 제2차 세계대전의 의사 결정 윤리를 다룬 흥미로운 저서에서 비슷한 방법으로 1853년까지 거슬러 올라가는데, 그때만 해도 외국인이 함부로 발 들이지 못하던 섬나라 일본을 이해에 서양 세력이 (굳이 표현하자면) '발견했기' 때문이다.[3]

유럽의 제국들이 세계 곳곳을 약탈하며 자기네 영토를 넓히며 지구 구석구석의 땅은 모조리 식민 지배를 받아야 한다고 주장하던 그때, 일본은 섬나라의 반봉건주의에 갇혀 있던 상태였다. 미국 장군 매슈 페리Matthew Perry가 일명 '검은 군함'을 몰고 에도만에 상륙해 정중하지만 위협적으로 무역을 개방하라고 요구한 것을 계기로 일본의 고립은 강제로 종막을 맞았고, 결국 일본 엘리트층은 1860년대의 이른바 메이지유신에 돌입했다. 공식 명분은 천황의 권위와 신토神道의 우위성 같은 일본의 전통을 회복한다는 것이었지만, 메이지유신은 사실상 일본에 개방을 강요한 서양의 제국들—프로이센, 프랑스, 영국, 미국—을 공짜로 베껴 대대적으로 나라를 건설하고 사회를 개조한 작업이었다.[4]

일본의 엘리트층은 산업, 관료제, 경제적 근대화까지 서양 국가들부터 배워 올 게 많았다. 일본 젊은이들은 서양까지 건너가 그곳을 둘러보고 엄청난 양의 기록을 남겼다. 심지어 이들은 서양의 복식은 물론이고—서양인들이 주름잡고 있는 세계에서 버티기엔 자신들의 체구가 너무 왜소하다고 결론 내리고는—영양까지도 서양 것을 따라 했다. 하지만 차림새, 의복, 요리법 말고도 다양한 나라가 공통으로 갖고 있던 것, 나아가 일본이 이들로부터 제일 많이 배운 것은 무자비한 제국 건설이었다.

서구 열강과 이들 나라의 리더들을 모방하는 작업이 본격적으로 궤도에 오르자 일본인들도 재빠르게 움직였다. 일본인은 산업 및 경제적 면에서 동아시아의 패자로 부상했다. 먼저 일본은 한반도에 대한 패권을 둘러싸고 벌어진 청일전쟁(1894~1895)에서 중국을 물리치며 동아시아의 패자로 군림했다. 아울러 프로이센과 프랑스 군대를 본보기로 수년간 배운 노력이 결실을 맺어 1904~1905년에 치른 러일전쟁에서도 막강한 러시아제국 군대를 물리쳐 전 세계를 경악하게 했다. 오늘날엔 거의 까맣게 잊힌 이 충돌은 사실 세계사의 결정적 순간 중 하나인데, 이때를 전환점으로 일본의 기세와 자신감이 부쩍 커졌기 때문이다. 아시아 국가가 봉건 시대의 막강한 제국을

에도아르도 키오소네Edoardo Chiossone가 콩테로 그린 메이지 천황 초상화, 1888년.

상대로 승전한 건 이때가 처음이라 할 수 있다. 결국에 러시아에서
차르가 몰락하고 1917년 볼셰비키 혁명이 일어난 것도 이 전쟁이 시
작점이었을 것이다. 일본의 승리에 수많은 아시아인이 커다란 자극
을 받았다. 하지만 한편으로 불길한 순간이었다. 일전에 중국을 물
리친 것을 시작으로, 일본의 리더들은 이제 자신들은 단순히 서구
열강처럼 강해지는 것에 그치지 않고 그들과 같은 방식으로 행동하
겠다고 작정한 터였다. 미국인도 1823년의 먼로 독트린, 나중에는
1904년의 루스벨트 계론을 내세워 유럽의 제국들로부터 서반구를
지킨다며 다른 나라를 침공해 점령하고는 탐욕스럽고 악독한 식민

주의로부터 구해주겠다고 안심시켰는데, 일본이라고 동아시아에서 왜 그런 역할을 못하겠는가.

1910년 수십 년에 걸친 식민지 구축 작업 끝에 한반도를 공식 합병한 일본은 이후 20년에 걸쳐 이웃 나라 복속에 박차를 가했다. 아시아의 패권을 확립하고 유럽의 제국주의로부터 아시아를 보호한다는 게 이 모든 일의 명분이었다. 일본인들 생각이 완전히 틀린 것만은 아니었다. 일본이 아시아와 태평양에 대한 공격을 늘린 것은 과거 이 일대에 행해진(아울러 당시에도 진행 중이던) 유럽의 제국주의를 그대로 따라 한 것뿐이었으니까. 하지만 일본인은 단순히 서양 제국주의와 군국주의의 형태와 기법만 베낀 게 아니었다. 이들은 그 기저에 깔린 이데올로기까지 따라 했다. 메이지유신 이후 경제와 산업이 발전하자 이 나라에는 아시아의 다른 민족들은 열등하므로 일본이 보호해야 한다는 생각이 지배적 관점으로 자리 잡았다. 이 사고관에 따르면, 아시아의 다른 민족들은 순전히 힘이 지배하는 세상에서 자신을 지킬 능력이 없는 만큼 일본이 아니어도 어떤 식으로든 식민 지배를 당할 것이었다. 그럴 바엔 우월한 아시아인에게 식민 지배를 당하는 편이 차라리 나을 것이었다. 일본이 비열한 서양인들로부터 아시아인들을 지켜줄 것이기 때문이었다. 19세기 초에 미국 지도자들이 라틴아메리카 지배를 정당화하며 내걸었던 것과 유사한 논리다.

1930년대에 접어들면서 일본 제국의 크기와 맞물려 점차 커져가던 군국주의와 제국주의의 동력이 애초 본보기였던 유럽 제국에서 일어난 것과 비슷한 방향으로 전개되기에 이른다. 독일과 마찬가지로 일본도 엄청난 규모의 군비 증강 및 대비를 통해, 전 세계를 휩쓴 경제공황의 여파를 이기고 경제력을 회복할 수 있었다. 일본 한구석에서 고개를 들고 있던 민주주의 세력은 일본판 파시즘과 군국주의 앞에서 힘을 잃더니 끝내 몰락했다. 일본에서는 천황이 신성함을 상징하는 인물이었지만, 나라를 실질적으로 통치한 것은 전쟁에 안달난 군관들과 그들과 손잡은 강경파 문관들이었다. 이들이 가장 공격적으로 달려든 곳은 중국이었다. 일본은 1931년 만주를 공격해 괴뢰정부를 세우고 만주국이라 이름 짓더니 이후 중국의 다른 지역에도 일본군을 주둔시킨 뒤 1937년에는 급기야 전면전에 돌입해 중일전쟁을 벌인다. 이때 일본은 난징 대학살을 비롯해 사상 유례없이 악독한 만행을 저지른다.[5]

일본의 중국 침략 논리는 그로부터 4년 후 히틀러가 소련을 침공한 동기와 닮은 데가 있었다. 일본도 영토를 확장하고픈 열망이 있었고, 점점 덩치가 커져가는 제국을 굴러가게 할 원자재와 연료가 필요했다. 게다가 아시아의 다른 주요 강국에 지배권을 확립하려는 충동을 감추지 못했고, 아시아의 다른 민족과 마찬가지로 중국 역시―서양의 제국주의, 나아가 그즈음 들어서는 공산주의의 악으로부터―일본이 보호할 필요가 있다고 생각했다. 중국의 주권 같은 건 중요하지 않았다. 어차피 중국은 서양 열강 손에 사분오열된 지 오래였다. 열강들이 이른바 '세력권sphere of influence'을 만들어 중국인들에게 수모를 주고 나라를 무력함, 혼란, 부패에서 헤어나지 못하게 만들었으니 말이다. 제국 일본과 나치 독일은 단순히 전략적 동맹만이 아니었다. 이들은 똑같이 인종, 원한, 팽창, 전쟁, 자원, 지배욕에 강하게 사로잡혀 있었다. 일본군이 도저히 입에 담을 수 없는 만행을 저지르고 다니는 와중에도 일본의 선전 포스터에는 중국인 농부와 아이들이 다정한 일본인 군주들과 함께 웃는 모습이 그려져 있었다. 일본인들이 일명 '대동아공영권Greater East Asia Co-Prosperity Sphere' 이라 부른(지정학 역사상 이보다 더 거창한 완곡어법도 없을 것이다) 당대 동아시아의 행복한 협력 관계를 표현한 그림이었다.

만일 이 사건들이 끝내 일본이 진주만을 공격하게 된 사태의 서막이었다면—물론 그러기까지는 많은 일이 먼저 일어나야 했지만—그렇게 치닫기까지 일본을 이끌었던 리더십에 대해서는 뭐라고 할 수 있을까? 이른바 진주만으로 향하는 이 길에서는 어느 한 사람의 리더십을 특정하기가 무척 어렵다. 히로히토 천황이 최고 권력자였지만 나라의 대사를 결정하는 것은 그의 일이 아니었다. 강경파 주전론자 총리대신 도조 히데키東條英機 같은 인물들이 있었지만 그는 독재자까지는 아니었다. 일본 정부는 파시스트 색채가 가장 농후했을 때조차도 한 사람의 카리스마나 권위를 중심으로 운영된 적이 없었다. 오히려 일본의 경우에서는 '리더 여럿이서' 엄청난 무게와 이데올로기적 부담이 가해지는 역사적 맥락 안에서 이런저런 결정을 내리는 일종의 기제를 보게 된다. 그런데 일본 지도층 내부의 강경파와 온건파가 갈등할 때 어김없이 승리를 거둔 쪽은 강경파였다. 일본 역사의 동력은 이후 내내 그들의 편인 듯했다. 이 경우를 보면 역사는 단지 리더를 만들기만 하는 게 아니라 그들에게 어떻게 하라고 일일이 명령하는 것 같다.

다시, 리더란 무엇인가

• • •

　오늘날 진주만공격을 들여다보면 일본의 지도층이 끔찍한 결정을 내린 것처럼 보일 수 있다. 이 공격을 계기로 그전까지 참전을 망설이던 미국이 전쟁에 발을 들였고, 그로 인해 일본 제국이 몰락했으며, 일본 곳곳의 도시들은 처참히 파괴당하고, 헤아릴 수 없이 많은 무고한 일본 시민들이 참혹한 죽음을 맞았다. 하지만 이는 현재에서 과거를 소급할 때나 나올 수 있는 평가다. 당시만 해도 일본 지도층의 결정은 대단한 성공으로 비쳤다. 진주만공격으로 일본군이 미 해군력과 공군력에 상당한 타격을 입혔기 때문이다. 오히려 미해군으로서는 일본군의 공격 당시 항공모함 몇 척이 폭격 장소에서 얼마간 떨어진 외해에 나가 있던 것이 천만다행이었다. 아울러 진주만공격은 미국 측이 첩보전에서 완패한 영향도 있었다. 루스벨트의 미국 참전 연설처럼 1941년 12월 7일은 단순히 "미국 역사에 치욕으로 남을 날"만은 아니었던 셈이다. 공습 직전까지도 미국은 인종차별주의와 오만에 빠져 일본이 그런 대담한 공격을 감행하리라곤 생각하지 못했다.

　1960년대 노부타카 이케池信孝(일본 출신으로, 젊은 시절 제2차 세계대전 중 강제수용소에 수감된 전력이 있다)라는 스탠퍼드대학교의 한 정치학자가 1941년 당시 일본 지도층이 40세였던 히로히토 천황 앞에서 어전회의를 열어 국사를 논의했던 기록을 영어로 번역했다. 이 회의록은 내가 학생들에게 내주는 읽기 자료 중 가장 섬뜩한 과제로 꼽히는데, 사람들이 흔히 생각하는 이유에서는 아니다. 진주만공격 이후 벌어진 일들—즉 미국이 광분해 세계대전에 참전하고, 서둘러 전쟁 기계를 만들고, 결국 일본이 패전하고, 그토록 수많은 이가 종말을 맞은 일들—을 감안하면 다들 회의록에 일본의 위대함, 일본 민족의 운명, 미국인의 열등함, 천황의 영광 등을 잔뜩 들뜬 채로 논의하고 찬양하는 내용이 있으려니 생각한다. 하지만 막상 들여다보면 뜻밖의 내용이 우리를 더욱 심란하게 한다. 무척 합리적이고, 전문적이고, 세세한 사항을 요목조목 따지는 모습이 오늘날의 여느 정책 전문 집단에서 벌어지는 대단한 논의와 별반 다르지 않은 것이다.[6]

일본의 리더들은 천황 앞에 앉아 자신들이 정한 방침을 기저 논리와 함께 설명하며 모든 측면을 살핀다. 대규모 충돌이 될 게 분명한 일에 대비해 본국에서 어떤 준비를 하는지에 대해서도 장황하게 발표한다. 아울러 미국인과의 협상이 실패한 데 대한 훈계조의 이야기와, 그럼에도 평화에 대한 열망을 한결같이 드러내는 대목과 함께 미국과의 외교를 지속해야 한다는 단호한 의지를 표현한 부분도 있다. 대신들은 천황 앞에서의 보고를 일본 군함을 출항시킨 뒤에도 몇 차례 더 진행했다. 그 군함에 실린 비행기들이 진주만을 폭격하고, 결국에는 다들 알다시피 일본과 일본 국민을 완전한 파탄으로 몰아넣었다.

일본 정책 입안자와 리더들은 몇몇 중대한 사항을 충분히 알고 있었다. 미국이 일본보다 훨씬 큰 나라고, 따라서 미국이 더욱 막강한 군사력을 동원할 수 있다는 사실도 충분히 알았다. 거기에다 미국과 맞붙으면 결과적으로는 영국과 소련을 비롯한 주요 강국을 총 셋이나 상대해야 한다는 것도 충분히 알았다. 세 개의 제국을 상대하는

다시, 리더란 무엇인가

전쟁이 길어졌다간 일본 국민을 먹여 살리는 데 한계가 있을 거라는 점도 잘 알았다. 이 모든 리스크를 이들은 염두에 두고 있었다. 심지어 논의를 들여다보면 차분하고 낙관적인 태도를 잃지 않고 사태를 내다보려 하는 와중에도 앞으로 닥칠 참담한 운명을 예견하는 듯해 소름이 끼치는 대목도 있다.

사태가 실제로 어떻게 전개됐는지 다 아는 우리가 봐도, 회의록의 정책 논의는 충분히 합리적이고 주도면밀하다. 일본의 리더들은 지금 자국민을 대재앙으로 몰아넣게 되는 국가의 대사, 즉 진주만공격을 두고 치밀하게 논의를 이어갔다. 그런데 이 점이 뭔가 섬뜩하다. 그렇다는 건 지금 이들이 조만간 지옥불에 떨어질 것임을 누구보다 확실히 알고서 그 자리에 앉아 있다는 뜻 아닌가. 회의록을 읽고 있으면 머릿속에 제임스 캐머런James Cameron 감독의 걸작 〈터미네이터 2: 심판의 날Terminator 2: Judgment Day〉(1991)의 대미를 장식한 무시무시한 결말이 떠오른다. 사라 코너Sarah Conor가 인류의 암울한 미래를 아는 상태에서 악몽을 꾸는 장면, 사라가 울타리에 서서 젊은 시절의 자신이 아무것도 모른 채 운동장에서 아들이 노는 모습을 지켜보는 장면 말이다. 사라는 젊은 시절의 자신에게 재앙이 닥쳐오고 있음을 알리려 필사적으로 몸부림치지만, 아무도 그녀의 비명을 듣지 못하고 핵폭발로 인한 종말이 닥쳐 모든 것이 깡그리 불탄다.

우리가 알기로 일본이 전쟁에 목을 맨 직접적 이유는 미국의 봉쇄 정책 때문에 자원을 비롯한 여타 필수품들이 바닥나고 있었기 때문이다. 루스벨트 정부가 봉쇄 정책을 편 것은 일본이 프랑스령 인도차이나를 침략한 데 대한 대응이었다. 아울러 우리가 알기로 두 나라 사이에 전운이 감돈 지는 한두 해가 아니었는데, 서양의 다른 열강들이 그랬듯 미국도 태평양과 동아시아에서의 일본의 패권 혹은 서양의 지배에 대한 일본의 도전을 받아들이려 하지 않았다. 당시 일본의 리더들은 다른 선택의 여지는 없다고 확신하고 있었다. 그들 생각에 지금 일본인들은 자신들의 목숨, 나아가 조국의 존망을 걸고 싸우는 중이었다. 그래서인지 이 정책 논의를 읽어나가다 보면 미국인은(나아가 미국의 동맹들은) 비합리적인 사람들이고 약자를 괴롭히며, 일본의 입장은 전혀 생각해주지 않는다는 식의 인식과 연거푸 마주치게 된다. 일본인의 생각도 어쩌면 틀린 것만은 아닐지 모른다. 미국이 동아시아에서의 패권을 주장할 권리가 없기는 일본이 그럴 권리가 없는 것과 마찬가지니까. 또 일본이 미국을 단숨에 제압해야 한다고 생각했던 것도 충분히 이해되는 지점이 있다. 미국과의 전쟁을 질질 끌어봐야 일본에 좋을 게 없었던 데다 일본이 진주만을 공격하면 미국인들이 깜짝 놀라 지레 겁을 먹고 물러설 것이라고, 일본이 이렇게 무섭게 달려들 줄은 몰랐다며 싸울 엄두조차 내지 못할 것이라고 일본인은 믿었다. 다들 알다시피 이런 생각은 완전한 그리고 비극적인 오산이었다.

하지만 이런 틀에서 보더라도 그 중대한 순간에 일본 리더들의 정신적 및 심리적 상태를 보여주는 뚜렷한 신호들을 발견할 수 있는데, 당시 이들은 확실히 양호한 상태가 아니었다. 예를 들어 미국인들이 일본에 중국 점령을 끝내라고 요구했을 때 일본인은 이를 치욕적인 요구이자 가망성 자체가 없는 생각이자 미국이 참전하기로 결심했다는 뜻으로 받아들였다. 하지만 여기서 잠시 멈춰 이렇게 물어

다시, 리더란 무엇인가

보자, 당시 미국의 요구는 정말로 불합리했을까? 반드시 그렇지만은 않았다. 왜냐하면 중국은 주권국이었고 일본은 엄연히 외세 침략자였기 때문이다. 하지만 일본의 리더들은 이런 가능성은 추호도 생각해보려 하지 않았다. 그들은 일본군의 중국 주둔을 일본 본토 주둔과 진배없는 일로 생각했다. 일종의 자기방어이자, 동아시아 최고 패권국의 당연한 권리라고 여긴 것이다. 물론 한 나라가 다른 주권국을 침공하거나 점령하는 일은 피해야 한다는 주장과 관련해서 미국은 입이 열 개라도 할 말이 없다. 그런 행동을 창안했다고 해야 할 나라가 바로 미국이니까. 하지만 이런 식의 '그쪽이야말로주의whataboutism'*는 일본이 중국에서 벌인 전쟁을 정당화하는 근거가 전혀 못 되는데, 그 이유는 미국인이 다른 데서 똑같이 그런 짓을 한 것과는 상관없이 부당한 일이기 때문이다.

이 회의록에는 더 커다란 맥락, 즉 이들 리더가 이런 식으로 국정을 운영하고 여러 결정을 내리게 된 배경인 당시 세상의 모습은 드러나 있지 않다. 우리가 뒤로 물러나 시야를 더 넓혀야 하는 이유가 바로 여기에 있다. 당시 일본이 애초부터 특정 입장을 굳혔던 것은 자기네 민족이 옳다는 믿음, 나아가 국제 문제는 제로섬 게임이라는 믿음에 추호의 의심도 없었기 때문이었다. 서양이 일본에 수모를 주고 아시아인들에게 인종차별을 일삼은 역사는 한두 해가 아니었고, 그 추세가 약해질 기미도 절대 없었다. 한마디로 수십 년 동안 일

---

*   상대가 잘못을 지적할 때 입증을 통해 반박하는 대신 상대야말로 똑같은 잘못을 저질러왔다는 점을 지적해 상대의 신임을 떨어뜨리는 논법.

본 리더들이 세상과 조국에 대해 품어온 특정한 사고방식이 그 모든 일을 결정한 것이었고, 이 생각이 진주만공격으로까지 이어지는 건 거의 피할 수 없는 일이었다. 당시 일본인들은 이 이상한 논리에 사로잡혀, 자신들을 가두고 있는 패러다임 밖으로는 시선을 돌리지 못했다. 한마디로 자신들의 위치나 힘의 한계를 비현실적으로 인식한 셈이다. 어떻게 보면 이들은 순전히 역사의 산물처럼 보이기도 하는데, 전임자들의 전철을 그대로 밟아 죽음과 멸망의 길을 따르는 것 말고는 사태를 달리 전개하려는 노력은 하지 않았다. 마치 자유의지가 전혀 없는 사람들 같다는 생각마저 든다. 이들을 옭아매고 있던 것은 물리적 족쇄가 아니라 정신적, 이데올로기적 족쇄였다. 여기서 우리가 던져야 할 질문은 이것이다. '어떻게 해야 리더들이 이런 정신의 감옥을 벗어날 수 있을까?' 그러려면 리더층이 처한 특정 상황에서 시선을 넓혀 우리가 어디에 있고 어떻게 여기까지 오게 됐는지를 더 큰 그림에서 바라보는 게 무엇보다 관건일 것이다.

이 대목에 오면 그때의 일본인들은, 일본 역사로 미루어보건대 그저 미국과 전쟁을 할 '운명'이었고, 그들의 조국도 파괴당할 '운명'이었다고 말하고 싶은 생각이 들기도 한다. 하지만 역사학자로서 나는 운명을 믿지 않는다. 이 세상에는 전쟁에 나갈 운명을 걸머진 사람은 아무도 없다. 예를 들어 국제관계 분야에도 세상에서 각 나라가 '행하는' 일들을 결정론의 관점에서 바라보는 학파들이 있다. 하지만 안타깝게도 현실 세상은 학계 이론대로 돌아가는 곳이 아니지 않던가. 뭔가를 행하는 것은 나라들이 아니고, 이 세상에서 실제로 작동하는 메타 역사 원칙 같은 것도 없다. 뭔가를 행하는 것은 결국

다시, 리더란 무엇인가

사람들이다. 설령 어떤 결정을 내렸다가 궁지에 몰릴 수 있어도, 어쨌거나 이런저런 결정을 내리는 것은 사람들이다. 진주만공격을 결정한 것도 1941년 천황 앞에서 어전 회의를 열었던 일본의 그 리더들이다. 역사가 그들에게 결정을 내려준 것이 아니라, 수십 년간 자신들 주변의 현실을 형성해온 역사를 곡해한 최종 결과로 그들 자신이 그런 결정을 내린 것이다. 당시 논의가 문서상으로는 조리 있는 듯 보이지만, 전혀 말도 안 되는 틀에 갇혀 있었던 것도 그래서였다.

우리 모두는 시간과 공간이 만들어낸 산물이다. 마르크스도 말했듯, 우리는 우리가 살아가고 있는 상황들을 그대로 이어받을 수밖에 없다. 그래도 애써 특정한 식으로 사고하는 법을 배우면 이따금 미래 세대에나 눈에 띌 어리석음과 비윤리적인 일들이 보이기도 한다. 1941년 일본은, 나라의 정치적 상황과 함께 수십 년 동안 전쟁 제국을 건설해내며 서양 열강의(이후 모두가 따라 하게 된 규칙을 만든 장본인이다) 본보기를 따른 탓에, 가령 협상의 한 조건으로서 중국을 떠나자는 식의 발상을 할 만한 리더들이 없었다. 오히려 이런 발상은 일고의 가치조차 없었다. 이 경우에서 미국인도 모범이 됐는지는 따질 것 없이, 훌륭한 리더라면 반드시 가장 기본적인 가정부터—즉 가장 당연시하는 것들부터—면밀하게 살필 준비가 돼 있어야 한다. 이 역사를 살펴보면, 오늘날 우리가 세상을 살아가는 방식을 좌우하는 리더들이 겉으로는 합리적인 논의를 벌이지만 알고 보면 비합리적인 틀에 갇혀 있다는, 그래서 결국 사람들을 재앙으로 몰아가고 있다는 느낌을 지울 수가 없다.

•••

일본이 진주만공격으로 향하는 길의 끝에는 또 다른 암울한 길이 나타난다. 바로 히로시마와 나가사키 원자폭탄 투하다. 이 지점에서 조심할 필요가 있다. 한 사건이 다른 사건의 뒤를 저절로 따르는 일은 없기 때문이다. 진주만과 히로시마 사이를 단번에 연결해서는 안 된다는 이야기다. 일본이 군사적 목표물인 진주만을 공격했다고 해서, 그것이 민간인을 겨냥한 히로시마와 나가사키 원자폭탄 투하의 최종적 원인은 아니었다. 일본이 자국민을 핵으로 살상한 것은 아니었다는 뜻이다. 당연한 얘기지만, 미국인도 히로시마와 나가사키에서 화염에 불탄 죄 없는 어린아이들을 염두에 두고 핵폭탄을 사용한 건 아니었다. 두 나라 모두 끔찍한 만행을 저지르며 몇 년 동안 잔혹한 전쟁을 벌인 끝에, 결국 히로시마와 나가사키에 원자폭탄을 떨어뜨리기로 결정한 것은 일본의 리더층이 아니라 미국의 리더층이었다. 1941년 12월 진주만을 공격하라며 비행기를 띄운 일본인 리더와, 1945년 8월의 핵폭발 속에서 무고하게 목숨을 잃은 사람들은, 어쩌다 같은 나라에 태어났다는 것 말고는 아무런 관련이 없었다. 이러한 사실들이 전시에는, 특히 제2차 세계대전처럼 인종차별과 반인륜적 행위가 난무했던 상황에서는 까맣게 잊히곤 한다.

히로시마와 나가사키의 원자폭탄 투하를 더듬어보면 그 역사가 무척 길어서, 단순히 제2차 세계대전의 일부나 미국과 일본 사이의 전쟁에 그치지 않는다. 이 사건 말고도 인류사엔 군대가 무방비의 시민들을 공격한 암울한 사례가 한둘이 아니다. 그리고 슬프게도 이

다시, 리더란 무엇인가

역사는 히로시마와 나가사키를 끝으로 막을 내리지도 않았다. 초기에는 이런 공격들은 대포를 이용해 육상에서 전개되다가, 인간의 살상 기술과 능력이 한층 발전하면서 공중에서 펼쳐지기에 이르렀다. 인간은 원래 전쟁을 벌여 다른 인간을 죽여온 종족이지만—전쟁 중에는 다른 인간을 죽이는 일이 법적으로 흔히 용인된다—첨단 기술이 발달하며 파괴 규모와 사상자 숫자가 대폭 늘어났다.

당연한 얘기지만, 사상 최초의 민간인 공중 포격 사례들은 유럽의 식민주의와 관련 있다. 1911년 이탈리아인이 리비아와 튀니지를 정복하기 위한 일환으로 트리폴리를 폭격했는데, 이것이 사상 최초의 민간인에 대한 공중 포격이었다는 게 역사가들의 중론이다. 유럽 전체를 피바다로 만들었던 제1차 세계대전을 사상 최초로 민간인을 상대로 전시 포격이 이루어진 시기로 보기도 한다. 이 시기에는 독일군과 영국군만이 아니라 프랑스, 오스트리아-헝가리, 이탈리아, 러시아까지 다들 곳곳의 도시와 민간인들을 폭격했다. 전쟁이 끝난 후에도, 유럽 제국들이 반식민주의 투쟁의 불씨를 초장에 잡으려는 과정에서 폭격이 외려 더욱 빈번해졌다. 예를 들면 1920년에 영국 왕립공군이 바그다드를 폭격했는데, 이를 시작으로 20세기 내내 이 불운한 도시는 외세로부터 숱한 폭격을 당하게 된다. 1924년에는 리프 전쟁 중에 스페인군이 모로코의 촌락들을 폭격했는가 하면, 1926년에는 대시리아 반란 중에 프랑스가 시리아의 드루즈국 촌락들과 도시 다마스쿠스를 폭격했다. 하나같이 강자가 약자를 공격한 사례로, 강자 쪽에서는 이 공격이 자기방어 차원이었다고 주장했다. 그리고 이 모든 경우에서 결과는 항상 똑같았으니, 결국엔 민간

인들만 목숨을 잃었다는 것이다.[7]

　제2차 세계대전의 끔찍한 공습 이전에 벌어진 주요 사건 중 하나가 스페인내전이 발발하고 1년이 흐른 1937년 게르니카에서 벌어진 공습이다. 이 분쟁은 프란시스코 프랑코Francisco Franco 장군이 우파인 군부, 성직자, 지주 세력을 이끌고 스페인공화국 및 민주적 선거 절차로 구성된 인민전선Popular Front 정부에 맞서면서 시작되었다. 당시 프랑코가 이끄는 세력들은 (이데올로기는 물론 모든 면에서 전적으로) 나치 독일 및 파시스트 이탈리아의 지원을 받았고 스페인공화국은 (부분적으로 적당히 기회가 있을 때만) 소련의 지원을 받았다. 아름다운 풍광을 간직한 자그만 고대 도시 게르니카는 바스크 지방의 영적 중심지로 꼽히는 곳이었다. 바스크인들은 대체로 공화국을 지지했지만, 스페인 북쪽 끝자락에 자리한 게르니카는 당시 내전과는 아무런 상관도 없던 곳이었다. 하지만 이런 사실에도 아랑곳없이 1937년 4월 26일 독일 공군은 총사령관 헤르만 괴링Hermann Goering 의 (괴링이 프랑코 진영의 요구를 들어준 것이었다) 명을 받아 곳곳에 소이탄을 퍼부어 도시를 쑥대밭으로 만들었다. 이 소도시에 살고 있던 주민 수백 명이 당일에 산 채로 불에 타 죽었다. 그때의 광경이 얼마나 참혹했는지 ― 소이燒夷 무기라는 신기술의 도입으로 공습을 통해 아이들 목숨까지 노리는 길이 열린 셈이었다 ― 스페인 화가 파블로 피카소Pablo Picasso 는 상징적 표현 말고는 당시의 참상을 전할 방법이 달리 없다는 것을 알았고, 그래서 탄생한 것이 1937년의 걸작 〈게르니카Guernica〉였다.

　제2차 세계대전에 접어들면서 공습은 전례 없는 수준으로 발전하게 된다. 이제 공습은 모든 면에서 전쟁의 핵심 양상으로 자리 잡았다. 일본도 1937년 중국을 제압할 때 상하이나 충칭 같은 도시에 대한 폭격을 전략의 일부로 활용했다. 독일군도 영국군을 무찌르려 했을 때 폭격을 주된 방식으로 이용했다(영국은 이런 공습에도 1940년 이후까지 독일에 항복하지 않고 끝까지 버틴 몇 안 되는 지역이었다). 사실 영국 같은 섬나라를 침공하는 것 자체가 녹록지 않은 일이었기 때문에 독일군은 영국 도시들을 폭격하는 전략을 주로 구사하며, 군수품 생산이 가장 활발한 도시들과 폭격으로 인한 타격이 가장 클 지역들을 골라 끊임없이 공략했다. 독일군의 공습으로 산업도시였던 코번트리는 폐허가 되다시피 했다. 리버풀, 버밍엄, 맨체스터, 셰필드, 사우샘프턴 등 각종 산업과 노동층 인구가 몰려 있던 대도시들도 대대적인 폭격을 당해야 했다. 역사에 관심 있는 이라면 당시 영국 총리였던 윈스턴 처칠을 찍은 사진을 본 적이 있을 것이다. 역사상 전무후무한 대공습을 당하고 쑥대밭이 된 런던을 시찰하다 쏟아지는 눈물을 참지 못하는 사진 말이다. 물론 영국군도(아울러 미군도) 민간인을 폭격한 적이 있었고, 나중에는 소이탄 폭격이 연합국 측의—즉 파시즘과 인종차별에 맞서 싸우는 '좋은 편'의—주요 전략으로 자리 잡았다. 이때 형성된 끔찍한 유산은 사라지지 않고 남아 20년 후 베트남에서 그 모습을 다시 드러낸다.[8]

이렇듯 제2차 세계대전 참전국들이 산업화를 통해 민간인 대량학살이라는 폭격의 선을 한번 넘고 나자 히로시마와 나가사키의 원폭 투하도 수순으로 굳어졌다. 그전에도 미국의 비행기들이 일본 도시들에 소이탄 공격을 퍼부어 수만, 심지어 수십만의 사람들을 산채로 불태운 바 있었다. 역사가 혹은 도덕철학자 중에는 꼭 원자폭탄이 아니라도 소이탄을 사용한 것 자체가 이미 인간으로서 지켜야 할 윤리적 선을 넘은 것이라고 보는 이들이 있다. 물론 당시의 미국 리더들이나 이후의 수많은 이들이 그랬던 것처럼 원자폭탄이 더 많은 사상자가 발생하지 않게 막을 최선책이었다는 합리화도 가능하고, 만일 원자폭탄을 떨어뜨리지 않고 미국이 그냥 일본을 침공했다면 더 많은 일본인이(아울러 미국 병사들도) 목숨을 잃었을 거라고 이야기할 수도 있다. 하지만 리더가 핵 공격으로 당장 민간인 12만 명을 죽이고 그 외 수천 명을 극심한 괴로움에 몸부림치며 서서히 죽게 할지, 아니면 장기전을 벌여 민간인 80만 명의 목숨을 앗을지 두 가지 안을 놓고 고심할 정도에 이르렀다면 이미 돌아올 수 없는 한 계선을 오래전에 넘었다고 할 수 있다. 리더 자신은 민주주의나 자유를 위해 싸우는 것이겠지만, 이미 그는 다른 편 사람들은 안중에 없고 오로지 이 세상에서 사라져야 할 적들만 보이니, 그 '적'은 설령 갓난아기라도 필요하다면 가차 없이 없애야 하는 존재다.

· · ·

제2차 세계대전 당시 참전국들이 사람들에게 가한 모진 고통은 이루 말할 수 없지만, 원자폭탄이라는 무기는 확실히 근본적으로 차원이 달랐다. 단순히 얼마나 많은 사람이 죽었느냐가 문제가 아니었다. 오히려 사망자 수는 소이탄 폭격 때가 더 많았다. 문제는 원자폭탄은 단순히 사람을 죽이거나 도시를 불태우는 데 그치지 않는다는 것이다. 원자폭탄은 사회 전체를 말살한다. 원자폭탄으로 인한 파괴는 장기간 지속된다. 원자폭탄은 주변 환경을 독으로 오염시키는 것은 물론, 누대에 걸쳐 이어지는 고통을 초래한다. '재래식' 폭탄은 땅에 떨어져 폭발하면 건물을 무너뜨리고 사람들을 죽인다. 그나마 이런 경우에는 사람들이 당장은 슬픔과 분노에 차더라도 다음 날이면 털고 일어나 모든 걸 다시 일으켜 세우려는 마음을 가질 수 있다(추가 폭격만 없다면 말이다). 하지만 원자폭탄은 하나만 떨어져도 사람들이 더는 예전으로 돌아갈 수 없고, 땅과 물은 황폐해지고, 생존자들은 끔찍한 병에 걸리고, 아이들은 자라나도 사람들의 두려움 때문에 사회에서 매장당한 채 가족을 갖지 못한다. 역사에서 원자폭탄은 민간인을 상대로는 두 번 사용되었고, 이후로는 한 번도 사용된 적이 없다. 아직까지는 그렇다. 이것이야말로 우리가 가슴에 새겨야 할 의미심장한 사실이다. 누차 말하지만, 이 세상에는 핵무기가 가득한 만큼, 핵무기의 위협은 언제나 우리 머리 위에 도사리고 있다.

리더십을 연구하는 역사가로서 안고 있는 난제가 있다면, 우리는 단순히 편하고 더 나아진 오늘날 세상에서 과거를 돌아보는 데 그치지 말고 옛날 힘겨운 결정을 내렸던 사람들의 실제 입장을 직접 느끼려 노력해야 한다는 것이다. 지금은 그때 원자폭탄을 사용한 것은 상황이 어쨌건 분명 인간의 도리를 저버린 일이었다고 주장하기가 너무나도 쉽다. 혹은 개인은 결부시키지 않고 그저 전쟁을 끝내기 위한 전략적 결정이었다고 주장하기도 너무 쉽다. 이것이 내가 평소 자주 접하는 상반되는 두 가지 주장이다. 그런데 내가 그 사건들이 실제 일어나는 중에 살고 있다고 하면 상황이 전혀 다르게 보인다. 과거 사람들은 지금 우리가 아는 것을 모르고 있었다. 지금 우리도 미래 사람들이 알고 있을 것을 모르듯이.

1945년 여름 무렵 유럽은 전쟁이 끝난 상태였다. 소련군이 육박해오자 히틀러는 베를린의 벙커 안에서 총으로 스스로 목숨을 끊었고 나치의 군대는 항복한 뒤였으며, 미국, 영국, 소련은 전후 유럽에서 자기들 몫을 챙겨 가고 있었고, 냉전은 이미 시작된 참이었다. 하지만 태평양에서만은 일본과의 꼴사나운 전쟁이 차일피일 이어지고 있었다. 일본군은 미국의 전쟁 기계에 압도당해 완전히 수세에 몰린 듯하면서도 어딘가에 잠복했다 가미카제 조종사들로 미국 군함을 공격하길 멈추지 않았고, 이들 자살 특공대는 최후의 1인까지 목숨을 걸고 싸울 태세였다. 미군 쪽이나 일본군 쪽이나 잔혹 행위를 멈추지 않았다. 미국의 군사 및 정치 리더들은 전쟁을 벌이고픈 마음과 일본에 대한 개인적 원한이 뒤섞여, 이 전쟁에서 어떻게든 승리하고 일본을 무릎 꿇리고 말겠다는 생각이었다. 하지만 섬나라 일본을 섣불리 공격했다간 헤아릴 수 없이 많은 사상자를 낼 것이었다. 전쟁에 들어가면 끝나기까지 몇 년이 걸릴 수도 있었고, 그렇게 되면 사체 더미만 높이 쌓여갈 것이었다.

미국이 히로시마와 나가사키에 원자폭탄을 사용하기로 한 결정을 두고, 나아가 전쟁에 이기기 위해 정말 원자폭탄이 필요했느냐는 문제를 두고 그간 광범위한 논쟁이 이어졌다.[9] 원자폭탄을 왜 한 기가 아니라 두 기를 사용했나? 일본 패퇴가 주목적이었을까, 아니면 소련(당시 소련은 일본을 침략해 공산권으로 편입시킬 태세였다) 위협이 주목적이었을까? 미국의 리더들과 정책 입안자들은 이 문제들을 붙들고 씨름하는 동안에도 사람이 살지 않는 지역에 폭탄을 떨어뜨려 무

다시, 리더란 무엇인가

시무시한 힘만 과시하는 것 등의 대안도 고려했지만, 일본 도시들에 원자폭탄을 쓰기로 한 암울한 결정은 어느덧 돌이킬 수 없는 결론으로 굳어져 어쩔 도리가 없었다. 그도 그럴 것이 미국은 많은 세월과 지독하게 많은 돈을 이 신무기 생산에 쏟아부은 터라, 미국 관료 중에는 신무기가 실제 작동하는 모습을 두 눈으로 확인하길 열망하는ㅡ그토록 완강하게 버티는 일본을 마침내 굴복시키는 것뿐만 아니라, 당대든 향후든 미국에 맞서려는 자들 모두에게 미국의 군사적 및 기술적 절대 우위를 똑똑히 보여주고 싶어 하는ㅡ이가 많았다. 여기서 한 가지만큼은 분명하게 알 수 있다. 이 대목에서 역사가 어떻게 쓰일지는, 나아가 누구는 반인륜적 행위를 저지른 범죄자로 평가받고 누구는 모든 책무를 면제받고 외려 초강대국으로 부상할지는 결국 전쟁 승리자들 손에 결정된다는 사실이다.

그런데 역사와 리더를 논하려면 이보다 훨씬 어려운 질문들에 답해야 한다. 이 모든 상황에서 리더십은 과연 어디에 있을까? 당시 리더는 누구였는가? 이에 대해서는 대답하기 곤란하다고 말해야 맞을 것이다. 이런 경우를 만나면 우리는 당혹스러울 수밖에 없는데, 마키아벨리의 접근법으로도 마르크스의 접근법으로도 설명이 안 되기 때문이다. 물론 엄청난 무기들과 죽음의 기계를 만들어낸 역사의 동력이 확실히 존재하고, 이것들을 사용하겠다고 결정함으로써 역사의 흐름을 바꾼 리더들도 분명 존재한다. 하지만 아이들을 소이탄으로 공격하고 핵폭탄을 떨어뜨리라고 결정한 책임이 누구에게 있는가는 사실 명확하지 않다. 원자폭탄에 '리틀 보이Little Boy'라는 앙증맞은 이름을 붙여 히로시마에 투하한 리더십이 과연 어디 있었는

원자폭탄 투하 이후의 히로시마, '에놀라 게이'기의 조종사 폴 티비츠 주니어의 서명이 쓰인 사진.
(ⓒ PJF Military Collection/Alamy Stock Photo)

지 찾으려면, 앞서 도쿄에 소이탄 폭격을 명해 하룻밤 새에 10만 명 이상의 민간인을 죽인 커티스 르메이Curtis LeMay 미 공군 장성 같은 사람을 눈여겨봐야 할까? 하지만 제2차 세계대전 당시엔 그런 사령관이 한둘이 아니었다. 그렇다면 원자폭탄 개발을 주도한 J. 로버트 오펜하이머J. Robert Oppenheimer 같이 맨해튼 프로젝트를 이끌었던 과학자들을 눈여겨봐야 할까? 하지만 원자폭탄을 만들려고 애썼던 최고 과학자들은 나치에도 있었다. 이들은 그저 제때 원자폭탄을 만들어내지 못했을 뿐이다. 아니면 B-29 폭격기에서 폭탄을 떨어뜨린 조종사 폴 티비츠 주니어Paul Tibbets Jr. (그는 폭격기에 어머니의 이름을 딴 '에놀라 게이Enola Gay'라는 애정 어린 별칭을 붙였다)에게서 리더십을 찾아야 할까? 하지만 이 전쟁에는 공군에 소속되어 민간인을 폭격해 목숨을

다시, 리더란 무엇인가

앗은 조종사가 헤아릴 수 없이 많았고, 이들이라면 누구라도 폭탄 투하 명령을 따랐을 것이다.

그렇다면 당시 대통령이었던 해리 S. 트루먼Harry S. Truman을 살펴봐야 할까? 그야말로 미국의 국가원수로서─처음에는 히로시마에 나중에는 나가사키에─폭탄 투하 명령을 내려야 했던 지위에 있었고, 실제로도 명령을 내린 장본인이었으니 말이다. 하지만 명령을 내릴 당시 트루먼은 루스벨트가 죽고 대통령직에 앉은 지 불과 3개월이었고, 이 무기는 한참 전에 개발되기 시작했다. 전쟁이 발발한 지는 이제 수년이 흘러 있었으며, 동아시아에 긴장이 고조된 지는 이미 수십 년이 지나 있었고, 미국의 검은 군함이 일본의 문호를 강제로 개방해 그 뒤에 이어진 모든 일의 빌미를 만든 지는 거의 100년이 돼가고 있었다. 트루먼은 미주리주 출신의 영민한 정치인으로서 민주당에 입당해 출세 가도를 달리다가 루스벨트 정권의 마지막 부통령을 지낸 인물이다. 하지만 그가 진정한 리더로서의 면모를 갖췄다고 보는 이는 거의 없었다. 실제로도 세상에 대한 지식이 일반 서민 수준에 그쳤던(한마디로 지식이 지극히 한정적이었다) 그는 갑작스레 수십만 명을 한꺼번에 몰살할 권력을 넘겨받았고, 주변에서는 그것만이 수십만 미군 병사를 비롯해 이미 수백만의 목숨을 앗은 잔혹한 전쟁을 빨리 끝낼 길이라고 말하고 있었다. 대통령직에 오르기 전만 해도 트루먼은 진지하게 전쟁을 논의하는 자리에 낀 적이 없었고, 심지어 폭탄의 존재에 대해서도 전해 들은 바가 없었기 때문에 당장 그의 앞에 놓인 엄청난 결정들을 내릴 준비가 전혀 돼 있지 않았다. 아니, 준비가 안 되기는 당시 누구나 마찬가지였다. 이런 면에서 보면 트루먼에게도 딱히 특별한 점은 없었다. 그가 승인 신호를 보냈고 그의 결정이 중대한 결과를 불러온 것은 맞지만, 일종의 형식적 절차로 봐야 하지 않을까. 트루먼 자신은 그러한 권력의 참뜻을 제대로 헤아리지 못했다. 그는 국민을 위해 일하려 정계에 발 들였지, (오펜하이머가 산스크리트어 힌두교 경전을 빌려서 말했듯) "나는 이제 죽음, 세상의 파괴자"가 되기 위해 정계에 들어온 건 아니었다. 따지고 보면 애초 핵무기 개발을 명했던 건 루스벨트였는데, 만일 그가 계속 살아 있었다면 핵무기 사용을 과연 거부했을까? 일본이나 독일 혹은 영국의 리더들도 그 시절에 핵무기를 가졌다면 과연 그것을 쓰지 않았을까? 핵폭탄 사용을 결정한 자의 책임을 면해주기 위해 하는 말은 아니다. 단지 트루먼이 다른 결정을 내리는 시나리오를 상상하기는 힘들다는 이야기일 뿐이다. 당시 일들은 오래전에, 그러니까 트루먼이 대통령이 되기 한참 전, 그가 정계에 발 들이기 한참 전, 심지어는 그가 세상에 태어나기도 한참 전에 방향이 결정되었다. 대통령으로서 그는 죽음의 기계를 인계받았을 뿐이고, 당시는 어떤 리더도 그 기계를 어떻게 통제해야 할지 감을 잡을 수 없었다.

여기서 우리는 이 끔찍한 이야기의 가장 난처하고도 고통스러운 대목에 이르게 된다. 바로 인종차별이다. 강의 중에 학생들에게 만일 나치가 아직 항복하지 않은 상황이라면 미국이 독일에 핵폭탄을 사용했을지 물으면 학생들의 답은 늘 둘로 갈린다. 제2차 세계대전에는 시작부터 끝까지 인종차별주의가 배어 있었음은 다들 아는 사실이다. 히틀러가 애초 전쟁을 벌인 것도 인종차별 이데올로기 때문이었고, 그의 미래 구상의 핵심은 유대인을 멸절시키고 슬라브 민족

다시, 리더란 무엇인가

을 노예화한다는 것이었다. 동아시아의 전쟁도 이웃 나라들에 대한 일본의 인종차별적 생각에서 시작되었다. 전쟁이 길어질수록 독일과 일본의 정권이 보인 인종차별적 이데올로기의 밑바탕들도 광란의 색채를 띠어갔다. 한편 1940년대 미국은 노예제를 벗어던지고 아직 3세대밖에 지나지 않은 터라 짐 크로법의 위세와 흑인 시민들에 대한 잔학 행위가 여전히 만연해 있었다. 이민자들에게는 문을 단단히 걸어 잠근(유럽 땅을 벗어나고픈 열망이 간절했던 유대인 난민들에게도 그랬다) 미국은 민주주의와 자유의 기치를 내걸고 나치의 인종차별주의에 맞서 전쟁을 치르고 있었지만 정작 군대에서는 인종 분리가 이뤄지고 있었다. 아프리카계 미국인이 복무하는 군대의 사령관은 흑인일 수도 백인일 수도 있었지만, 백인 군대에는 오로지 백인 사령관들만 있었다. 독일과 일본을 상대한 이 전쟁은 인종을 차별하는 군대를 동원해 반인종차별주의를 외친 전쟁인 셈이었다.

그렇다면 미국의 리더들은 독일의 도시에도 과연 핵폭탄을 쓸 의향이 있었을까? 이 질문으로 교실에서 투표를 해보면 답은 그렇다와 아니다가 거의 절반씩으로 갈린다(전체 수강생에서 미국 학생 비율이 낮을 때의 얘기다). 그런데 다른 한편에서 보면, 독일인을 상대로 전쟁을 치를 때도 미국이 가차 없기는 일본인을 상대할 때와 마찬가지였고, 독일인에 대한 반감도 일본인 못지않게 높았다. 루스벨트가 핵무기 개발을 밀어붙이게 된 것도 히틀러가 독일 과학자들에게(적어도 유대인이라는 명목으로 죽이지는 않았던 이들에게) 그와 비슷한 핵무기 개발을 명했다는 소식을 듣고서였고, 맨해튼 프로젝트가 탄생한 것도 마찬가지 맥락에서였다. 함부르크와 드레스덴에 행해진 소이탄 폭격은 미군이(아울러 영국군도) 마음만 먹으면 독일 아이들도 얼마든 일본 아이들처럼 산 채로 불태울 수 있음을 똑똑히 보여주었다. 하지만 핵폭탄을 어느 정도나 사용할지는 핵폭탄을 맞을 사람들을 근본적으로 어떻게 인식하느냐에 따라 달라질 수밖에 없다.

역사가 존 다우어John Dower가 고전적 저서《자비 없는 전쟁War Without Mercy》에서 입증한 바에 따르면, 미국이 일본과의 전쟁에서 일본의 지도층은 물론 일반 시민들까지 싹쓸이하듯 몰살했을 때 그가 말한 '인종 혐오'가 무엇보다 중요한 요소였을 뿐 아니라, 당시 미국의 전쟁 선전에도 일본인의 모습은 독일인과는 전혀 다른 방식으로 그려져 있었다. 미국은 독일이라는 적을 나치즘과 동일시해 독일과의 싸움을 이데올로기의 충돌로 여겼지 반드시 독일 민족과의 싸움인 것은 아니라고 여겼다. 반면 일본의 잔혹성과 전쟁의 방식은 일본의 문화에 그 뿌리가 있다고 여겼다. 이런 사고방식에서(미국 경제와 국민이 총동원돼 미국이 어마어마한 전쟁 기계로 일어섰을 때 이런 사고관이 미국 사회를 지배했다) 보면 일본 사람들 전부, 그러니까 일본이라는 '인종' 자체가 적이 될 수밖에 없다. 일본과의 전쟁에는 전부터 미국에 건재하던 인종차별주의와 외국인 혐오가 모두 녹아들어 있었다. 이 사실은 당시 미국 정부가 독일계 미국인은 놔두고 일본계 미국 시민만 국가 안보에 위협이 된다며 강제수용소로 보낸 것만 봐도 명확히 알 수 있다. 그렇게 보면 제1차 세계대전 때와는 분위기가 사뭇 달라진 셈인데, 그때는 독일계 미국인이 폭력을 당하기 일쑤였는가 하면 독일어 사용을 금한 곳도 많았다.[10]

내가 수업을 진행하면서 유독 불편한 순간은 당시 미국 당국자들(군대를 포함해서)이 제작한 전시 선전 포스터 같은 각종 자료를 학생들 앞에서 줄줄이 보여줄 때다. 적군 일본인을 온통 벌레, 뱀, 생쥐 따위의 혐오스러운 이미지로 그리고 있는 데다 인종차별적 비유와 언어까지 난무하기 때문이다. 그 수식어들은 일본인은 원래 변태적 성적 성향, 폭력성, 잔혹성을 타고났다는 뉘앙스를 풍기며, 이 악독하고 위험한 종족을 멸절해야 할 당위성을 강조한다. 이러한 전시 캠페인들은 무슨 수를 써서라도 일반 시민들까지 전시 상황에 동참하게 만들겠다는 뜻이 담겨 있었다. 이런 이미지들을 보고 유난히 불편한 기색을 감추지 못하는 학생들도 있는데, 이들이 봐온 전시 포스터는 리벳공 로지 Rosie the Riveter (전장으로 떠난 남자들을 대신해 공장의 생산 라인을 채웠던 여성의 상징이었다) 같은 가공의 인물이 "우린 할 수 있어!"라며 애국심과 힘을 불어넣는 식이 전부였다. 그게 바로 총력전이었다. 적을 무찌르고 궤멸하기 위해 남녀노소 할 것 없이 나라의 모든 것, 모든 사람이 총동원되어 각자의 자리에서 모든 노력을 쏟아붓는 것. 그러려면 자투리 고철을 모으고 차 사고나 업무 중 사고를 안 당하려 노력하는 등 일상적인 노력을 기울여야 했지만, 전시 중의 국민이 벌이는 노력에는 악독한 인종차별주의도 티 나지 않게 녹아들어 있어야 했다. 인종차별주의는 제2차 세계대전에서 핵심적인 요소였고, 그 점에서는 미국도 예외가 아니었다. 이것이 죽음의 기계를 이룬 한 부분이었다.

그 시절 미국의 리더들이 전쟁 기계를 만들어낸 이야기를 보면(오늘날 미국은 그때보다 훨씬 큰 전쟁 기계를 보유하고 있다) 그 과정이 일본이라는 적을 차츰 인간 이하의 존재로 규정해나간 작업과 맞닿아 있음을 알 수 있다. 나는 아무리 냉정하게 따져봐도, 당시 리더들이 일본 민간인을 먼저 (말 그대로) 인간의 존재로 규정하지 않고는 그들 머리 위로 원자폭탄을 떨어뜨리겠다고 결정할 수 있었을 것 같지 않다. 제아무리 리더라도 자신과 똑같은 사람이라 여겨지는 이들에게 원자폭탄을 떨어뜨리는 일이 과연 가능할까. 그런 점에서 덧붙이면, 미국인이나 그들의 리더들이 군사적 승리를 위해 자신을 그렇게 끝까지 몰아붙였던 것이 그렇게 특별한 일이었나 싶다. 사람들이나 그들의 리더를 평가할 때는 함부로 문화적 관점, 다시 말해 본질주의적 관점을 취하지 않도록 조심해야 한다. 당시 미국의 리더들이 독보적인 위치에 섰던 이유는(지금도 여전히 그런 이유는) 자기들 뜻대로 사용할 수 있는 파괴력을 손에 쥐고 있었고, 그 엄청난 힘이 정치적 동력을 만들어냈기 때문이다.

우리는 이 점을 머릿속에 새기고 있다가, 패튼이나 맥아더 같은 제2차 세계대전 참전 장군들을 칭송하는 말을 듣거나, 제2차 세계대전이 개개인의 뛰어난 역량에 승부가 좌우되는 스포츠 경기라도 되는 것처럼 전략적 혹은 전술적인 면에서 승패를 설명하는 책을 접할 때마다 다시금 떠올려야 할 것이다. 아울러 특정 정치체제나 이데올로기가 우월해서 어떤 전쟁에서 이기고 졌다는 식의 역사의식을 결여한 발언들도 삼가야 할 것이다. 싸움이 끝나면 승리자들은 늘 자신들에겐 상대편의 옳고 그름을 평가할 특권이 있다고 여기곤 한다. 이오시프 스탈린 Josef Stalin은 역사상 그 누구보다 많은 사람의 목숨을 앗은 통치자로 유명하지만, 그의 독재 치하의 소련, 나아가 수백만의 붉은 군대가 없었으면 연합국이 나치를 상대로 승리하는 일도 없었을 것이다. 미국과 소련은 이데올로기 때문이 아니라 지정학적 이유로 함께 세계대전에 참전해 싸웠다. 따라서 이들의 동맹은 필요에 따라 일시적으로 맺어졌을 뿐이었다. 수많은 할리우드 블록버스터를 탄생시킨 영웅들로서 미군에서도 '가장 위대한 세대'로 손꼽히는 당시 참전용사들이 실제로도 훌륭한 병사들이었던 것은 맞다. 하지만 용감하기는 당시 독일군과 일본군 병사들도 마찬가지였고, 이들도 자신의 조국에 누구보다 헌신적이었다. 미국과 소련의 장군들도 훌륭했지만, 독일과 일본군에도 탁월한 장군들이 있었다. 제2차 세계대전에서 미국과 일본 사이의 승패를 가른 것은 우월한 전력도 아니었고 우월한 도덕성도 아니었고 개개인의 뛰어난 자질도 아니었다. 승패를 결정한 것은 미국이 지정학적 우위에 서 있었고, 일본은 감히 상대할 엄두도 못 낸 전쟁 기계, 죽음의 기계를 갖고 있었기 때문이다. 결국 제2차 세계대전에서는 리더들이 역사를 만든 게 아니라 역사가 리더들을 만들었던 셈이다.

・・・

미국이 히로시마와 나가사키에 원자폭탄을 떨어뜨릴 때 그 밑바탕엔 '이 전쟁은 반드시 이겨야만 한다'라는 가정이 깔려 있었고, 어떤 결정을 내리든 미국의 리더들은 이 지상과제를 고심하지 않을 수 없었다. 하지만 이런 순간에야말로 리더들은 자신이 처한 상황에서 한 발 밖으로 나와 가장 기본적인 가정들에 의문을 품고, 역사의 동력에서 생겨난 정신적 족쇄에서 풀려날 수 있어야 한다. 그 이유는 어떤 대가를 치르고라도 '이 전쟁에서는 이겨야만 했다'라는 것은, 리더들이 승리를 위해 무슨 짓이든 할 수 있었다는 뜻이기 때문이다. 전쟁에서 이기는 것이 가장 중요하다고 한다면 리더들이 헤아릴 수 없이 많은 사람을, 아마도 상대편의 사람은 모조리 죽여도 된다는 논리가 성립한다. 이는 곧 절대로 넘지 말아야 할 선이 없어진다는 의미이기도 하다.

이런 점에서 1945년 여름 일본의 도시들에 원자폭탄을 떨어뜨리자고 결정한 미국 리더들의 모습은 그로부터 4년 전 일본 리더들의 모습과 겹치는 부분이 많다. 그때 일본의 리더들도 묵묵히 앉아 있는 천황 앞에서 황당무계한 계획들을 논한 끝에 진주만공격을 결정했다. 그 자리에선 잠자코 있던 천황이 1945년 8월에는 마침내 침묵을 깨고 각료들에게 미국에 항복할 것을 명한다. 미국의 원자폭탄이 떨어지면 조국에 어떤 참상이 벌어질지 알게 됐기 때문이었다. 미국과 일본의 상황 모두에서 리더들은 역사의 동력에 압도될 수밖에 없었다. 그 기계는 스스로 결정을 내리며 움직이는 것처럼 보였다. 이런 상황에서 트루먼 같은 리더들은 뒷북을 치는 것이나 다름없어 보였다. 1945년의 미국과 1941년의 일본에 차이가 있다면 일본의 결정은 자국민에게 재앙을 몰고 온 반면 미국의 결정은 타국민을 재앙으로 몰아넣었다는 것뿐이다.

히로시마와 나가사키에 떨어진 원자폭탄을 지금까지 내가 설명한 것보다 낙관적으로 바라보는 시각도 있다. 원자폭탄 투하는 선제적 사건이자 참담한 비극이었지만, 한편으로는 역사상 최악의 전쟁을 빨리 종결하고 이런 무기들을 다시 사용할 가능성을 사전에 차단

할 수 있었다는 것이다. 핵무기를 사용하면 어떤 일들이 빚어질 수 있는지를 똑똑히 알게 된 뒤로 국제사회가 핵무기 사용 억제를 위해 함께 노력해왔다고 말이다. 이 모든 이야기도 어쩌면 맞을지 모르나 나는 회의적이다. 핵무기가 일부를 차지하고 있는 이른바 죽음의 기계는 제2차 세계대전 이후 단 한 번도 해체된 적이 없다. 오늘날 리더들이 언제든 동원할 수 있는 무기들에 비하면 히로시마와 나가사키를 흔적 없이 사라지게 했던 리틀 보이나 팻 맨fat man 같은 원자폭탄은 다이너마이트 다발 정도로 보일 뿐이다. 이 세상이 핵 멸망에 얼마나 가까이 있는지를 우리는 냉전을 거치며 누차 경험했고, 그런 일들을 앞으로도 계속 보게 될 것이다.

수많은 전후 엘리트층의 생각과는 달리 제2차 세계대전은 한 시대의 끝이 아니라 오히려 오늘날 우리가 살고 있는 시대의 서막이었다. 우리는 제2차 세계대전의 유산에서 진정으로 벗어나지도, 제대로 가르침을 얻지도 못했다. 오늘날 죽음의 기계는 그 어느 때보다 더 커지고 더 강력해졌다. 하지만 죽음의 기계가 계속 스스로 굴러가는 건 아니다. 민족주의 정치인부터 무기상, 그리고 기계가 덩치를 키우며 성장할수록 이문을 남기고 재산을 불리는 이들에 이르기까지, 기계가 작동해야 이익을 얻는 권력자들이 기계를 계속 유지하고 떠받치기 때문이다. 오늘날의 완전무장한 세상에서 이는 단순히 미국에만 한정되지 않은 전 지구적 현상이지만 그래도 미국의 한 해 국방 예산을 들으면 누구라도 입이 떡 벌어지지 않을 수 없다. 2023년에는 자그마치 8167억 달러로, 아름다운 초당적 협력 속에서 이 금액은 갈수록 늘어만 간다(논평가들은 미국 정치에서 초당적 협력은 이제 명을 다했다고 개탄하지만, 이 기계의 자금을 대는 문제에서만큼은 여전히 초당적 협력이 잘 작동하고 있다). 세계의 다른 이들도 마찬가지지만 미국인들은 이 기계에 통달하거나, 맞서거나, 힘을 제한하거나, 해체하려고 노력하거나, 심지어 의문을 던지는 리더를 아직 만나지 못했다. 이 기계가 만들어내는 폭력성도 문제지만, 우리가 제2차 세계대전 당시 일본과 미국의 리더층을 통해 배울 게 있다면, 때로는 살인마나 다름없는 역사의 엄청난 추진력에 맞서겠다는 훌륭한 결정을 리더들이 하지 못하면 단순히 그 나라 국민만이 아니라 리더 자신도 비극을 맞을 수 있다는 것이다. 리더들이 투사이기는 하되—말 그대로 온갖 수단을 동원해 실제 전쟁에 나서되—자신들을 만들어낸 역사와 체제에 맞서는 반란자가 되지 못하면 역사를 만들기는커녕 그 추진력에 맥없이 휩쓸리고 만다. 다음 장에서는 그러한 참극을 다룰 것이다. 겉보기엔 누구보다 능수능란했던 리더가 죽음의 기계에 굴복해 다른 이들의 파멸에 그 힘을 사용하다 결국 자신마저 파멸하게 되는 과정을 함께 지켜보자.

6장

오판

권력자의 실수는 어떻게 실패가 되는가

◆

베트남전쟁의 일그러진 얼굴들,
린든 존슨과 로버트 맥나마라

여기 국가나 제도 혹은 다른 것을 이끄는 리더가 있는데, 이 사람은 처음 리더가 된 순간부터 거머쥔 막강한 이점이 한둘이 아니었다고 해보자. 그는 재능, 추진력, 지성, 동기, 능력, 지원, 자금까지 모두 갖추고 있다. 리더를 주제로 다루는 책들을 보면(공항 서적 가판대의 베스트셀러를 비롯해) 대체로 이런 사람들이 표지를 장식하고 있다. 그런데 이들에게서 우리는 뭘 배울 수 있을까? 엄청나게 유리한 조건 속에서 살아가는 사람들이 재정적으로나 전문가로서 성공을 거두는 건 어떻게 보면 엄청나게 놀라운 일은 아닐 것이다. 별 능력이 없이 열악한 상황에 놓인 이들이 비참하게 실패하는 게 그리 놀랍지 않은 일이듯. 그런데 이런저런 능력을 꽤 갖추었고 겉보기엔 충분히 괜찮은 상황에 있는 리더가 처참하게 실패하는 경우는 어떨까? 그 리더십의 실패가—다른 이들에게만이 아니라 리더 자신에게까지—재앙으로 이어진다면 어떨까? 어쩌면 이 사례들이 리더십과 관련해서 우리에게 가장 많은 것을 알려줄 수 있을 것이다. 감동을 느끼기는 힘들더라도 말이다. 언제나 그렇지만 가르침을 얻으려면 리더 개인을 떠나 그가 활동했던 역사의 틀을 살펴봐야 한다. 마르크스가 말한 "이미 존재하는, 과거로부터 주어지고 전달받은 상황"들을 살펴봐야 하는 것이다.

지금 와서 얘기하면, 미국의 베트남전쟁은 지독한 재앙이었다. 이 전쟁은 실행 과정부터 범법투성이였을 뿐만 아니라 구상도 형편없었고, 심리적으로 비비 꼬인 세계관과 섬뜩한 역사 인식(혹은 역사에 대한 무지)으로 점철돼 있었다. 베트남전쟁을 본격적으로 이야기하기 전에 이 점부터 짚고 넘어가는 게 중요한 이유는, 공직 세계를 보면 과거에 일어난 재앙은 애써 잊고, 그 재앙들을 일으킨 권력자들에게는 책임을 묻지 못하고 역사를 눈가림하는 것은 물론 당시의 참상을 시간의 흐름 속에 묻어버리려는 안타깝고도 음흉한 경향이 퍼져 있기 때문이다. 반대로 역사 속에서 벌어진 암울한 일들을 밝게 윤색하려는 시도도 생겨나곤 한다. 우리가 이런 경향에 마냥 따르는 일은 결단코 없어야 한다.

그런데 감화받을 점이 거의 없는 최악의 리더십에 왜 초점을 맞춰야 할까? 우리가 역사로부터 진정으로 무언가를 배우길 원하기 때문이다. 배움은 보통 혹독한 일들에서 오기 마련인데, 베트남전쟁이야말로 무엇보다 혹독한 사례로 꼽을 만하다. 리더십 실패 사례에서 뭔가를 배울 수 있는 이유는, 성공보다는 실패에 배울 점이 더 많기 때문이다. 세간에서는 흔히 성공에는 아버지가 많지만, 실패는 고아라고들 한다. 하지만 베트남전쟁이라는 실패작에는 아버지가 많았고, 그중 몇몇은 막판에 가서야 자신이 아버지임을 고백했다.

이 책에서 논의하는 다른 굵직한 사건들과 마찬가지로 베트남전쟁도 막강한 역사적 힘들이 맞물린 결과로 발생했다. 1960년대에 미국의 죽음의 기계를 동남아시아로 가져간 리더들은 운명은 스스로 만들어나간다고 믿은 마키아벨리 사상과 역사적 상황의 막강한 힘을 강조한 마르크스 사상의 중간에 붙잡혀 있었다. 이들은 탈식민지화와 제3세계 혁명이라는 역풍을 잠재우지 못했을 뿐 아니라 외교 및 군사 정책에서는 냉전의 패러다임을 답습했다. 하지만 나름 개인적 힘을 발휘할 방편이 없지는 않았다. 어쩌면 이들은 재앙을 피했을 수도 있었다. 이들은 무능하지도 않았다. 다들 나름의 영민함, 재능, 비전을 갖추고 있었다. 하지만 상황이 뜻대로 전개되지 않았다. 이들은 당연히 성공했어야 하는 사람들이었다. 하지만 이들의 삶은 성공은커녕 가슴에 새겨야 할 실패담을 우리에게 들려준다. 이들도 우리가 위기 속에서 만나길 바라는 리더가 될 수 있었지만 역사의 추진력에 좌절하거나 그 힘에 밀려버리고 말았다. 그리고 이들이 실패한 원인은 그들 자신이 내린 결정에 있었다.

베트남에서 미군의 군사작전이 한창 전개되고 있을 때, 미국의 반전시위자들은 분에 차서 이렇게 물었다. '대체 우리가 왜 베트남에 있어야 하는가?' 현재와 관련해서 뭔가를 이해하고 싶을 때는 늘 그렇듯이 그 답은 역사에서 찾을 수 있고, (베트남이 아닌) 미국의 관점에서 봤을 때 가장 좋은 출발점은 제2차 세계대전 막바지이다. 이번 장에서 이 역사적 대목을 펼쳐놓는 이유는 단순히 배경을 제시하기 위해서가 아니다. 당시 세상이 어떠했기에 훗날 베트남에서 전쟁을 일으키는 리더들이 탄생했는지를 이해하고, 그 리더들의 눈으로 당시 세상을 바라봤으면 한다. 이러한 리더십의 재앙은 단순한 비판에 그칠 것이 아니라 제대로 이해해볼 필요가 있으니까.

• • •

미국이 베트남에서 터뜨린 재앙의 전후 맥락을 파악하려면 적어도 제2차 세계대전 막바지까지 거슬러 올라가야 한다. 이즈음 미국은 제2차 세계대전을 거치며 군사 및 경제적 면에서 초강대국으로 부상했지만, 문제는 그 반열에 혼자만 덩그러니 오른 건 아니라는 것이었다. 이내 미국은 제2차 세계대전의 또 다른 주요 승전국 소련과 지정학적 투쟁에 돌입해 한동안 빠져나오지 못하게 된다. 한편 유럽의 두 거대 제국이었던 영국과 프랑스는 탈식민지 시대가 눈앞에 있다는 세간의 예측을 전혀 받아들이지 못한 채 식민지에 '보유하고 있는 것들'을 최대한 (폭력을 불사하며) 지키려 할 때가 많았다. 하지만 제2차 세계대전이 끝나고 20년 동안 탈식민지화의 거대한 역사의 물결이 아시아, 아프리카, 중동을 쓸고 지나갔다. 불과 몇 년 전만 해도 경제 위기에서 빠져나오지 못하고 허덕이던 미국은 이제 핵무기를 손에 쥐고 경제적 호황을 누리며, 중요한 국제 문제들을 처리하고, 이데올로기를 신봉하고, 세상을 더욱 바람직한 모습으로 만들기 위해 앞장서고 있다는 끝없는 자기 확신에 빠져 있었다.

그런데 제2차 세계대전이 끝난 순간부터 동아시아, 특히 유럽의 전후 질서를 두고 '승전국들' 사이에서 협상이 난항을 겪었다. 1945년 2월 얄타회담에서 이른바 '빅 3'(루스벨트, 처칠, 스탈린)를 찍은 그 유명한 사진들은 많은 사실을 드러내는 동시에 많은 오해를 불러일으킨다. 전쟁은 아직 끝나지 않은 상태였지만 독일과 일본의 패배라는 최종 결과는 확정된 것처럼 보였다. 세 사람이 카메라를 보며 몇 차례 웃어 보이긴 했으나 이 회담은 호의적인 자리가 아니었고 분위기도 좋지 않았다. 세 리더는 UN 창설에는 찬성했지만 그 외의 문제에서는 거의 의견 합치를 이루지 못했다.[1] 우선 루스벨트는 건강이 나빠져 있었다. 12년 동안 조국을 이끌며 대공황과 뒤이어 전쟁까지 겪었으니 타격이 없을 리 없었다. 당시의 사진들을 보면 한때 거침없이 정치적 힘을 분출하던 그는 아직 63세인데도 초췌하고 완전히 녹초가 된 것처럼 보인다. 죽음을 얼마 안 남긴 사람처럼 보이기도 하는데, 실제로도 그랬다. 루스벨트는 회담에 참석하고 9주 후 세상을 떠났다. 한편 얄타에 도착했을 당시 71세였던 처칠은 엄청난 추진력과 에너지를 가진 정치인으로 유명했지만, 그 역시 지난 5년 동안 조국이 끊임없이 폭격에 시달리는 광경을 지켜봐온 터였다. 영국은 표면적으로는 승리감에 들떠 있었지만, 전쟁으로 국력이 쇠약해진 데다 제국도 하루하루 그 세가 기울고 있었다. 쇠약해지기는 처칠도 마찬가지였으나, 그는 최선을 다해 현실을 피해 다니며 결국 10년 더 정계에 남아 있었다. 한편 소련은 독일의 침공을 당한 초기에 힘겹게 싸움을 벌였는데, 여기에는 스탈린의 책임이 컸다. 그가 1930년대 초반의 대숙청에서 휘하 장군들을 상당수 죽이거나 투옥한 데다, 히틀러가 소련과의 불가침조약을 어기고 1941년 6월에 이른바 바르바로사 작전을 개시해 허를 찔린 탓이었다. 얄타에 도착한 스탈린은 그 어느 때보다 굳어 있고 적의에 차 있었다.

얄타회담에 참석한 윈스턴 처칠, 프랭클린 D. 루스벨트, 이오시프 스탈린, 크림반도, 1945년 2월.
(© Library of Congress)

여기서 잠시 이 이미지, 그리고 이 순간에 잠시 집중할 필요가 있
다. 이 모습에 우리가 은연중 당연시하는 것들이 있기 때문이다. 그
간 우리는 좋건 싫건 간에 이런 리더들이 어마어마한 거인들인 것처
럼 배워왔다. 그런데 우리가 이따금 잊거나 깨닫지 못하는 사실은
이들도 나름의 강점과 약점을 지닌 인간이라는 것, 그리고 1945년
초에는 이들도 깊은 심리적 트라우마와 감정의 상처를 안고 있었다
는 점이다. 끔찍하고 말로 표현할 수 없는 일들을 그들은 전부 행하
고 보고 들은 데다, 상상하기도 힘든 압박까지 겪어야 했다. 그리고
셋 모두 히틀러라는 악독한 적을 상대로 승리를 거두려(히틀러는 수백
만 명을 죽인 뒤 총으로 자기 머리를 쏴서 목숨을 끊은 뒤였다) 수많은 사람을 죽

다시, 리더란 무엇인가

음으로 몰아넣은 책임이 있었다. 셋은 인간성의 가장 어두운 본성과 마주하고, 그것에 둘러싸여 지내고, 나아가 그 본성에 일조한 면도 있었다. 이 상처 입은 세 남자가 전쟁 후 세상이 어떤 모습이 돼야 할지 결정하려 하고 있었다.[2]

1947년 무렵 유럽은 이른바 철의 장막으로 사실상 동서로 양분돼 있었다. 독일은 상극인 두 나라로 쪼개졌고, 동독에 자리 잡고 있던 베를린 역시 마찬가지 신세가 됐다. 1961년에 세워진 악명 높은 베를린 장벽은 1989년이나 돼서야 허물어졌다. 미국의 관점에서 봤을 때 소련 진영과의 골이 더욱 깊어진 중대한 계기는 이른바 트루먼 독트린 때문이었다. 1947년 즈음 그리스와 튀르키예에서 공산주의가 다시 득세하자 트루먼 대통령이 미국 의회에서 앞으로 (미국의 리더들이 보기에) 소련 세력이나 내부 공산주의자들에게 위협을 받는 나라나 민족이 있으면 미국이 도울 것이라고 발표했다. 이 원칙은 이렇다 할 내용이 없음에도 이후 40년 남짓 미국 외교와 군사정책의 토대로 자리 잡았다. 그에 따라 미국은 전 세계의 거의 모든 '반공산주의' 정부나 운동을 지원했는데 이들 세력이 아무리 권위주의적이거나 폭력적이어도 상관이 없었다. 오히려 이런 경향이 심할수록 더 열렬히 지원에 나서기도 했다.

냉전을 거치는 동안 '공산주의자'와 '반공산주의자'라는 말 모두 원뜻이 무색하게 외연이 넓어졌다. 아울러 냉전을 계기로 일종의 장기적인 정치술로 미국의 외교정책과 국제적 영향력을 미국의 경제 및 사업적 이해와 연관시키는 관행도 굳건히 자리 잡았다. 1948년에는 미국 정부가 전쟁으로 폐허가 된 전후 유럽에 130억 달러를 쏟아붓는 역사상 전무후무한 프로젝트를 진행한다는(2023년의 가치로 환산하면 1610억 달러에 달한다) 이른바 마셜플랜을 승인했다. 이로써 유럽 사회들이 적어도 원칙적으로는 자유주의와 민주주의 노선에 따라 재건될 수 있도록 돕는 한편, 서구 진영에 새로 수립된 정부들을 안정시키고(동구 진영의 정부들에도 원조를 제안했으나 거절당했다), 자유무역과 기업 친화적 정책들을 확대하고, 나아가—이것이 가장 중요한 부분일 텐데—공산주의 세력을 완전히 몰아내고자 했다.

이후 세상은 다시 폭력이 횡행하고 상호 불신이 커지는 분위기가 뚜렷했다. 미국 입장에서는 그중에서도 1949년이 가장 무시무시한 순간이었는데, 이해에 마오쩌둥이 이끄는 공산주의자들이 장기간의 내전 끝에 그때까지만 해도 미국과 오랜 세월 동맹 관계였던 중국에서 권력을 잡았기 때문이었다. 그런데 (미국인들의 표현대로) '중국을 잃은' 것으로도 모자라 이해에 소련이 미국 정책 입안자들의 예상을 훨씬 앞지른 핵폭탄 실험으로 세상을 깜짝 놀라게 하면서 세상은 이른바 '상호확증파괴Mutually Assured Destruction, MAD'* 시대에 접어들었고, 미국의 리더들은 미국 내 소련의 간첩 활동에 더욱 촉각을 곤두세우게 된다. 1951년에는 뉴욕시에서 어린 자식들을 둔 줄리어스 로젠버그Julius I Rosenberg와 에텔 로젠버그Ethel Rosenberg라는 유대인 부부가 소련에 원자폭탄 관련 기밀을 넘겼다는 이유로 연방 법원으로부터 유죄를 선고받고, 1953년 싱싱 교도소에서 사형당했다. 이 사건은 당시

---

*   적대 관계에 있는 쌍방이 상대의 핵 공격을 저지하기 위해 핵무장을 강화함으로써 전면전이 일어날 경우 쌍방 모두의 파멸이 불가피한 상태. 이른바 '공포의 균형'을 통해 핵무기 사용을 억제하는 전략.

미국을 휩쓴 반공산주의의 광풍을 가장 여실히 보여주는 사례로, 이 같은 흐름의 선봉에 섰던 것이 바로 위스콘신주 상원의원 조지프 매카시Joseph McCarthy였다(매카시즘이란 용어도 그의 이름을 따서 만들어졌다).

물론 미국도 국가의 안보를 걱정하는 게 당연했고 실제로 미국에 간첩이 활동하는 것도 사실이었지만, 매카시즘은 대체로 냉전에 대한 미국인들의 내적 신경증이 표출된 결과라 할 수 있었다. 매카시즘이 휩쓰는 동안 미국에는 회의주의와 기회주의가 득세해, 거대 정당들에서는 반공산주의를 서로 내세우며 경쟁을 벌이는 한편 온 나라를 이 잡듯 뒤져 교육자, 할리우드 배우, 공직자 가운데 한때 공산주의자 전력이 있을 법하거나 공산주의자 같은 기미가 보이기만 해도 가차 없이 사회에서 매장했다. 이 기간에 생계 수단과 평판을 잃은 미국인이 수두룩했으며, 더러는 실제로나 혹은 정황상 '공산주의'와 모종의 연관이 있다는 이유로 그보다 더한 형벌을 받았다.[3] 매카시즘이 한번 불기 시작한 이후로는, 심지어는 알코올 의존증이 있었던 매카시 상원의원이 신망을 잃고 공직을 떠난 이후에도 공산주의에 대한 두려움이 미국 정계에서 큰 역할을 담당해, 국제 정세뿐 아니라 국내 정치 및 사회운동에(특히 사회적 및 경제적 부조리와 인종차별에 맞서 운동하는 이들에게) 대응할 때도 큰 영향을 미치게 된다. 아울러 조만간 미국 정계의 거물로 등장하는 수많은 정치인도(나중에 대통령이 되는 공화당의 리처드 M. 닉슨Richard M. Nixon이나, 대통령을 꿈꿨던 민주당의 로버트 F. 케네디Robert F. Kennedy를 비롯해) 이 시기에 실제 공산주의자였거나 공산주의자로 추정되는 이들을 색출하는 작업을 통해 초반의 입지를 다졌다.

이처럼 점점 살벌해지는 냉전의 다른 쪽에서는 사태가 훨씬 무시무시하게 치닫는 것처럼 보였다. 1949년 4월, 북대서양조약기구North Atlantic Treaty Organization, NATO가 창설돼 미국을 포함한 12개국이 뭉쳐 군사 및 전략적 측면에서 소련에 맞서기로 했고, 미국 정부는 국제적으로 훨씬 공격적인 반공산주의 태세에 돌입했다. 1950년 4월에는 트루먼이 국가안전보장회의 제68호라는 문서를 만들어 서명했다. 미국 국무부와 국방부의 공동 작업으로 마련된 이 정책 문서는 미국이 앞으로 세계의 공산주의 세력 '견제'에서 '롤백roll-back'*으로 전환할 것이라는 신호였다. 구체적으로는 미국의 군사력을 대거 확장하고, 수소폭탄을 개발하고(히로시마와 나가사키를 파괴한 핵폭탄은 파괴력이 충분치 않은 걸로 보였기 때문이다), 동맹에 대한 군사적 지원을 늘린다는 것이었다. 이렇게 해서 폭발적으로 증가한 국방 예산과 그에 따른 무기 산업의 발전은 냉전 시기는 물론 이후까지 미국 정치권의 핵심 특징으로 자리 잡는다.[4]

암울했던 1950년을 장식한 굵직한 사건이자, 베트남전쟁에 돌입하기까지의 기나긴 준비 기간 중 가장 중요한 사건은 한국전쟁 발발이었다. 연대상으로는 제2차 세계대전과 베트남전쟁의 중간에 끼인 이 피비린내 나는 충돌은 20세기 역사의 큰 맥 안에서 다소 간과되는 경향이 있다. 이 전쟁도 그 뿌리는 제2차 세계대전인데, 당시 미국과 소련이 한반도를 전장 삼아 일본과 싸움을 벌였기 때문이다. 일본이 항복한 뒤 소련과 미국은 한반도를 남북으로 나누기로 합의

---

* 한 나라의 주요 정책을 강제로 변화시키는 전략.

하고, 지배자에게 복종하는 권위주의적인 정권을 남북에 각기 하나씩 세웠다.

양쪽 모두가 서로의 정당성을 인정하지 않는 가운데 남과 북 사이의 긴장은 몇 년이 지나도 갈수록 높아졌고, 결국 공산주의의 보루로 훨씬 막강한 힘을 보유하고 있던 북한이 지금이야말로 북의 통치하에 조국을 통일시킬 때라고 여기고 남한 침공을 감행했다. 그러자 미 정부도(공식적으로는 UN이 나섰지만) 군대를 소집해 반격에 들어갔다. UN군은 북을 향해 밀고 올라가 중국과의 접경 지역까지 다다랐으나, 마오쩌둥의 새 정부가 들어선 중국이 자신의 힘을 과시하고 지역 패권 야욕을 보이며 북한에 군대를 보내 지원에 나섰다. 그렇게 해서 미군이 이끄는 UN군을 중국군이 38선까지 밀어내 싸움이 교착상태에 빠졌고(공식적으로는 휴전이 됐다), 이 선을 기준으로 둘로 나뉜 한반도는 아직까지 남북이 서로 만나지 못한 채 지내고 있다.[5]

이 싸움은 3년이나 참혹하게 이어졌다. 사람들은 한국전쟁을 미국과 소련 사이에서 벌어진 대규모 지정학적 충돌이라는 틀로 바라보거나, 혹은 세계적으로 더 널리 알려진 전쟁인 베트남전쟁의 전조로 여길 때가 많다. 하지만 무엇보다 중요한 사실은 이 전쟁이 한국인에게는 비극이었다는 것, 아직도 끝나지 않은 이 전쟁이 한국인에게 결코 지워질 수 없는 상처를 남겼다는 것이다. 이 전쟁으로 약 300만 명에 달하는 엄청난 수의 민간인이 목숨을 잃었다. 미국은 제2차 세계대전에 사용했던 끔찍한 무기들을(소이탄 폭격은 물론 도시 무차별 공격 등) 종류를 막론하고 몇 번이나 총동원했고, 미 공군의 폭격으로 북한은 거의 초토화됐다. 여기서 나중에 베트남전쟁에서 벌어질 일들의 전조를 꽤 엿볼 수 있다. 이런 미국의 행태를 빌미 삼아 향후 북한에는 비정하고 배타적이기로 전 세계적 악명을 떨치게 되는 독재 정권이 더욱 공고히 자리 잡게 된다. 지금도 한반도는 언제 터질지 모르는 화약고나 다름없어서, 우크라이나를 제외하면 아마도 지구상에서 한반도만큼 핵전쟁이 일어날 가능성이 높은 곳도 없을 것이다. 한반도는 지금도 군사분계선으로 남북이 가로막혀 있다. 이 같은 적의와 대리전의 여파, 그리고 냉전 중 양쪽 모두에서 핵무기를 개발한 결과로 나타난 것이 바로 상호확증파괴였다. 이제 전 세계 사람들, 특히 어느 쪽이든 냉전의 경계선 언저리에 사는 사람들은 언제 핵무기에 파멸당할지 모른다는 실질적 두려움을 안고 살아가야 했다.

· · ·

한국전쟁에서 미국 리더들이 주로 깨달은 것은 이제 세상에는 공산주의가 될 만한 나라, 심지어 공산주의가 될 것처럼 보이는 나라가 더는 나오지 말아야 한다는 것이었던 듯하다. 하지만 이 정책의 대상이 실제 공산주의자들이었던 적은 거의 없었다. 이 정책은 민족자결주의 기조 아래 정책을 추진했던 제3세계 지도자들을 겨냥했다. 냉전이 진행 중이었던 만큼 미국 정부는 제3세계의 이런 정책들에 완강히 반대하는 입장이었다. 1950년대에서 1980년대 사이, 미국과 그 동맹국들이 공산주의와 싸운다는 명목을 내걸고 이런저런 식으로 갖가지 개입을 했던 나라들은 한두 군데가 아니다.[6]

베트남전쟁으로 가는 길에서 미국에 가장 중요했던 정거장은 미국 본토에서 엎어지면 코 닿을 데 있는 쿠바였다. 1959년 게릴라 부대를 이끌며 수년간 산악지대에서 싸워오던 좌파 애국주의자 피델 카스트로가 도심 아바나로 내려와 미국의 지원을 등에 업은 독재자 풀헨시오 바티스타 정권을 전복했다. 이 사건으로 당시 미국 정계가 얼마나 큰 충격에 빠졌는지는, 아울러 이 사건이 이후 역사에서 얼마나 중요한지는 아무리 강조해도 지나치지 않다. 단언컨대 미국 플로리다 해안에서 약 165킬로미터 떨어진 이 나라만큼 미국이 제 것이라도 되는 양 손길을 뻗친 나라도 없을 것이다.[7] 미국 정부는 오랜 세월 쿠바를 자국의 영역으로 여겨왔고, 그런 만큼 이 나라의 일들에 늘 개입했다. 미국은 지금도 갖가지 제재, 여행 규제, 통상 금지 등을 통해 이런 행태를 보인다. 이런 조치는 미국인 리더들이 그렇게 위한다고 주장하는 쿠바 국민에게 대체로 피해만 입힐 뿐이었다.

카스트로 혁명 이전에 쿠바는 경제적으로 돈벌이가 되는 시장이었고, 이곳의 풍부한 천연자원들은(특히 이문이 많이 남는 당료 작물은) 미국 기업들이 거의 전적으로 틀어쥐고 있었다. 하지만 이 넉넉한 자원의 혜택을 받을 수 있었던 건 엘리트층, 즉 극소수의 부유한 쿠바인들뿐이었다. 1950년대에 아바나는 미국의 조직화한 범죄 집단이 장악한 것으로 악명이 높았는데, 이들은 아바나 해변의 유명 카지노와 나이트클럽을 소유하고는 뇌물을 써서 법 집행을 요리조리 피하며 아바나를 전용 매음굴처럼 만들었다. 그러는 사이 쿠바 국민 대부분은 먹고살기 위해 이를 악물어야 했다. 1974년, 미국 영화감독 프랜시스 포드 코폴라Francis Ford Coppola는 걸작 〈대부 2Godfather Part II〉의 핵심 무대를 부패한 바티스타 통치 말기의 아바나로 잡아 당시 상황을 기막히게 담아냈다.

냉전의 비정한 동력 때문에 쿠바가 미국과 소련 사이의 주된 각축장으로 전락해 한때는 이곳에서 세상을 종말로 몰아갈 화염이 일어날 뻔도 했지만—1962년 쿠바 미사일 위기—애초 카스트로 혁명의 뿌리는 외국 정부와 부자 기업들이 자기네 것이라 여기는 자원을 원래 주인 손에 돌려주려는 애국주의 충정에 있었다. 미국의 리더들도 카스트로에게 당장 적의를 품지는 않았는데, 처음에는 그도 공산주의자처럼 굴지 않았기 때문이었다. 초반에만 해도 미국의 눈에 카스트로는 쿠바를 통치하는 차기 독재자로 비쳤을 뿐이었다. 하지만 카스트로는 머지않아 냉전 시대에 중대 범죄로 통할 만한 일을 저지른다. 바로 미국이 통제하던 기업들과 사업들을 국영화한 것이다. 양국의 관계가 급속도로 악화하자, 카스트로는 한 발 더 나아가 궁극의 냉전 범죄를 저지른다. 소련 쪽으로 돌아서서 경제 지원을 받으며 무역 관계를 튼 것인데, 이에 미국이 1961년 쿠바와의 외교 관계를 단절했고 이후 카스트로는 소련과의 동맹 관계를 더욱 굳건히 다져나갔다.

이것이 냉전이라는 역학이 작동한 방식이다. 이 방식을 오늘날에도 잘 이해할 필요가 있는데 사실 이후로도 정책 면에서는 크게 달라지지 않았기 때문이다. 그렇다면 카스트로가 리더로서 원래 품었던 목표는 무엇이었을까? 그의 목표는 쿠바를 소련 진영으로 만들려는 것이 아니었다. 아마도 사상 최초로 사회주의 노선을 따라 쿠바를 진정한 독립국으로 만들겠다는 것이었을 것이다. 카스트로가 결과적으로 소련의 지원을 받는 리더가 된 계기는 다름 아닌 냉전의

　　　　　　　　　다시, 리더란 무엇인가

동력 때문이었다. 이번에도 미국과 쿠바의 개별 지도자들은 하나같이 역사의 막강한 동력에 휩쓸린 셈이었다. 시간이 갈수록 카스트로가 갖게 된(스스로 만들기도 한) 이미지와는 달리, 아울러 그가 전 세계 급진파와 사회운동가들에게 호소했던 것과는 달리(특히 아프리카에서는 카스트로를 독립운동의 위대한 동반자로 여기는 이들이 많았다), 그도 처음엔 조국에서의 정치 외에 다른 것은 염두에 두지 않았다. 하지만 쿠바가 더 광범위하고 살벌한 투쟁의 각축장이 되자 그럴 수만은 없게 됐다. 쿠바는 작은 섬나라다. 원래는 이곳도 힘이 없지 않았지만 미국과 소련이 쥐고 있는 힘이 훨씬 더 컸고, 이 두 나라에게 쿠바는 (카스트로의 동의를 얻어) 자신들이 실랑이를 벌이는 지정학 체스판의 일부였다.

이제 쿠바에서 베트남으로 넘어가보자. 1877년 프랑스가 식민지로 삼은 이래 인도차이나라고 불렀던 베트남 땅은 그때까지만 해도 프랑스가 가장 애지중지하는 '영지'였다(알제리와 함께 자국 영토로 공식 합병할 정도로). 베트남의 독립운동은 식민지 세계의 독립운동 상당수가 흔히 그랬듯 민족주의와 마르크스주의가 접목돼 있었다. 1945년 패전국 일본이 이곳을 떠났을 때도 프랑스는 베트남의 독립선언을 받아들이지 않고 다시 식민지처럼 관할하려는 움직임을 보였다. 그러자 호찌민Ho Chi Minh이 이끄는 베트남군이 혁명을 일으켰고 1954년 5월 디엔비엔푸 전투에서 기어이 프랑스 지배자들을 패퇴시켰다. 프랑스군이 물러가자, 한국처럼 베트남도 공산 진영인 북과 비공산 진영인 남으로 나뉘었다. 1955년부터는 전체 인구 중 불교도가 80%인 남베트남에서 상류층 가톨릭교도였던 응오딘지엠Ngo Dinh Diem이 실권을 잡고 독재자로 군림했다. 그러자 게릴라 무장 운동 단체인 베트콩Vietcong이 결성돼 북베트남과 손을 잡고 응오딘지엠을 상대로 치열하게 전투를 벌여나갔다.

이 모든 일이 하필 냉전이 한창일 때 벌어지면서, 탈식민지 세계에서 갓 독립한 국가들은 미국과 공산주의 진영이 치열하게 맞붙는 각축장이 되고 말았다. 베트남이 독립한 뒤 벌어질 일이 자못 걱정됐던 미국의 리더들은 처음에는 프랑스가 계속 인도차이나를 관할케 하려고 애썼다. 수많은 베트남인의 눈에 이는 미국이 스스로를 식민주의 압제와 결부시키는 것이나 다름없었다. 프랑스군이 패퇴하자 미국은 베트남을, 나아가 이 나라가 공산주의에 넘어가지 않도록 막는 것을 최우선으로 삼았다.[8]

미국의 움직임 뒤에 숨어 있던 사상은 일명 도미노 이론이다. 한 나라가 공산주의로 넘어가면 도미노가 차례로 쓰러지듯 다른 국가들도 공산주의로 넘어가리란 이론이었다. 이 이론을 창안한 지극히 영민하고 누구보다 학식 깊었던 이들은—하지만 이들은 국민들로 이뤄진 사회는 현실에서 도미노처럼 움직이지 않음을 깨닫지 못했다—이내 베트남을 초미의 관심사로 삼았다. 1956년 공산주의자가 손쉽게 정권을 장악하지 않을까 우려한 아이젠하워 정부는 베트남에서 총선을 치르지 않겠다는 응오딘지엠의 입장을 지지했다. 이런 맥락—냉전, 도미노 이론, 베트남 국민의 민심과 성향, 반식민주의 민족주의의 동력, 미국의 전쟁 기계에 내재한 본성과 막강한 힘—에서 봤을 때 베트남이 끔찍한 전쟁으로 고통받는 것은 근본적으로 피할 수 없는 숙명처럼 보였다. 물론 그 결정을 일단 리더들이 내려야 했지만.

다시, 리더란 무엇인가

· · ·

　1961년 1월, 갓 선출된 존 F. 케네디John F. Kennedy 대통령이 그 유명한 취임 연설을 통해 미국 국민에게(나아가 전 세계인에게) 앞으로도 미국의 지원과 우정은 변치 않을 것임을 약속했다. 그러면서 한편으로는 미국이 소중히 여기는 가치들과 평화에 대한 열망을 강조하며 동료 시민들에게 '조국이 여러분을 위해 무얼 해줄 수 있는지 묻기보다, 여러분이 조국을 위해 무얼 할 수 있는지 물어달라'라고 부탁했다. 당시 미국의 자유주의자들은 케네디야말로 미국이 이 세상과 맞물리는 방식을 변화시킬 잠재력이 있다고 믿었다. 그러면 미국을 덜 공격적이고, 덜 호전적이고, 덜 해악을 끼치는 곳으로 만들 수 있다고.

　그러나 케네디의 대통령 등극으로 이상적인 새 시대가 개막했다고 느끼는 사람들도 있었던 동시에, 세계 나머지 지역 사람들은(아울러 대부분의 미국인도) 당분간은 변화보단 현상 유지의 기조가 이어지리라 생각하는 것도 무리는 아니었다. 대통령직에 머문 잠깐의 시간 동안(3년이 채 되지 않았다) 케네디는 여러 차례 외교정책 위기를 해결해야만 했고, 그때마다 소프트 파워soft power*와 하드 파워hard power**를 뒤섞어 대응했다(물론 소프트 파워는 하드 파워의 가능성이 반드시 전제되어야 효과를 발휘한다). 일례로 케네디는 대통령으로서 미국 평화봉사단

---

* 　정보 과학이나 문화, 예술 등을 앞세워 상대방의 행동을 바꾸거나 저지하는 힘.

** 　군사력, 경제력 등을 앞세워 상대방의 행동을 바꾸거나 저지하는 힘.

평화봉사단의 자원봉사자들을 만나고 있는 존 F. 케네디, 1961년 8월 28일. (© Abbie Rowe/ NARA)

노스캐롤라이나주 포트브래그의 미국 육군 특전 부대 기지를 방문한 존 F. 케네디, 1961년 10월 12일. (© Cecil Stoughton, White House Photographs, John F. Kennedy Presidential Library and Museum, Boston)

다시, 리더란 무엇인가

Peace Corps을 발족시킨 공로가 있는데, 포부와 지식을 갖춘 잘 배운 미국 젊은이들을 세계 각지에 자원봉사자로 보내 경제 발전, 교육 등의 여러 분야에 도움을 주도록 했다. 하지만 이와 함께 대통령은 일명 그린베레Green Berets로 불리던 미 육군 특전 부대도 적극 활용했다. 평화봉사단이 친절한 얼굴로 웃으며 호의를 전파하던 곳들에서 반란이 일어나면 바로 달려가 소요를 진압하는 것이 이 특전 부대의 임무였다.

케네디가 시간이 갈수록 승승장구하면서 그를 둘러싸고 온갖 신화와 공상들이 자라났지만, 분명한 사실은 그는 메시아가 아니었고 냉전의 논리에 단단히 발목이 잡혀 있기는 마찬가지였다는 것이다. 상원의원 시절 케네디는 베트남 문제를 합리적으로 결론 내린 바 있다. 프랑스군이 인도차이나에서 실패하는 건 당연할 뿐만 아니라 베트남 국민이 베트민Vietminh*의 지휘 아래 독립을 이루겠다고 결정해도 미국으로서는 부정할 도리가 없다는 것이었다. 케네디는 미국이 베트남 내정에 관여하는 것에도 반대했다. 주변의 동료 대부분이나 수많은 리더와는 달리 그는 역사에 대해 날카로운 인식을 가진 것은 물론 역사를 통해 배우고자 노력했다. 심지어 오래도록 절친했던 하버드대학교의 아서 슐레진저 주니어Arthur Schlesinger Jr. 등의 전문 역사가를 독선생으로 두고 조언을 구할 정도였다. 하지만 슐레진저는—케네디가 그 저서를 읽고 좋아하기도 했던 수많은 다른 학자들이 그랬듯—자신의 세계관은 공유했을지언정 케네디가 안전지대 밖으

---

*   호찌민이 설립한 1941년 민족통일전선 조직인 베트남독립동맹회의 약자.

로 나서게 하지는 못했다. 냉전 시대의 대통령으로서 케네디는 베트남의 비공산화에 열성을 다했던 미국의 기조를 그대로 계승해 받아들였고 그 틀에서 흔들린 일도 없었다. 자유주의의 에너지가 넘치고 역사서를 누구보다 탐독했지만 그는 그 시대의 사람이었다. 이미 존재하는 냉전의 사고관 안에서만 움직이며 거기서 벗어날 기미는 전혀 보이지 않았다.

케네디가 죽지 않고 살아남아 대통령 임기를 채웠더라면 과연 베트남에 대한 미국의 군사적 개입도 극한으로 치닫기 전에 막을 내렸을지를 두고 그간 역사가들이 열띤 논쟁을 벌였다. 이런 논쟁을 밑거름 삼아 케네디 암살을 둘러싸고 온갖 음모론이 제기되기도 했다. 이를테면 일명 안보 국가를 내세우는 내부의 불특정 세력들이 전쟁, 정권 교체, 무기 생산으로 재미를 보고 있는 호시절을 케네디가 조만간 끝내리라는 걱정에 그를 죽였다는 설도 있다.

베트남의 응오딘지엠이 얼마나 부패하고 무능하고 잔혹한 자였는지 케네디가 똑똑히 알았던 것만은 분명하다. 1963년에 일어난 응오딘지엠의 불교도 탄압은 베트남 승려 틱꽝득Thích Quang Duc이 정권에 항거하다 사이공 거리에서 분신자살하는 끔찍한 사태로 이어졌다(이 참혹한 광경은 방송을 타고 전 세계에 전해졌다). 응오딘지엠이 정당성과 국민의 지지를 함께 잃은 와중에 베트콩과 북베트남의 세력이 점점 그를 옥죄고 있었다. 그나마 1963년 가을의 케네디가 1961년 4월보다 현명해져서 다행이었다. 1961년만 해도 케네디는 아이젠하워 대통령 시절 급조된 어이없는 계획이자, 카스트로와 그의 정권을 무너뜨리려 한 가장 어설픈 시도였던 피그스만 침공을 승인했다. 이 계획에 깔린 생각은 망상이나 다름없었다. 미국은 미군과 쿠바 망명자들이 쿠바섬에 상륙하기만 하면 쿠바의 대중이 들고일어나 카스트로에 반란을 일으킬 줄로만 알았다. 정신이 똑바로 박힌 사람들이라면 다들 사회주의에 반대하고 미국의 지배를 환영하지 않겠냐면서 말이다. 하지만 당연히 이런 일은 일어나지 않았다. 침략자들은 순식간에 포로가 되었고 망명객은 대부분 국민의 경멸을 샀을 뿐이었다. 외려 쿠바 국민은 미국이 조국에서 손을 떼고 카스트로가 권좌에 앉아 있길 바랐다.

그래도 이 계획이 낭패로 돌아가고 1년이 지난 1962년 10월의 쿠바 미사일 위기 때는 케네디의 행보가 훨씬 나아져 있었다. 13일 동안 긴박하게 전개된 이 사태를 소재로 세간에서는 수없이 많은 글이 쏟아져 나왔는데(영화도 숱하게 제작되었다), 현대사에서 리더십에 관해 가르쳐주는 바가 가장 풍성하다고 손꼽히는 대목이기도 하다. 그러니 우리도 이 사건을 한번 들여다보자. 미국의 리더들은 쿠바인들이 소련의 핵미사일을 자국 영토에 배치하려 한다는 사실을 알고 겁에 질렸는데, 미국으로서는 그렇게 가까이에 핵이 있다는 건 절대 용납할 수 없는 일이었다. 미국도 불과 얼마 전에 소련과 국경을 맞댄 튀르키예에 미사일을 배치했다는 것은 극수소만 알던(혹은 오늘날도 극소수만 아는) 사실이었다. 미군 장성과 고문들은 자칫 핵전쟁으로 번질 위험이 있더라도 당장 쿠바 공격에 나설 것을 대통령에게 촉구했고(당시 양국 사이에 조성된 일촉즉발 분위기는 대부분 사람이 지켜봤던 것보다 훨씬 심각했다), 언론과 정치권 상당수도 전쟁을 벌이라며 목청을 높였지만, 케네디는 냉정함을 잃지 않고 소련의 리더 니키타 흐루쇼프

Nikita Khrushchev와 힘을 합쳐 사태를 진정시켰다.[9]

그러자 학자와 언론인들이 우후죽순 일어나 케네디와 흐루쇼프가 대단한 책임감과 기민함을 보여주며 세계를 상호 파멸의 위기에서 구해냈다며 경외에 찬 시선으로 바라봤고, 이후로도 둘에 대한 찬사는 끊이지 않고 계속됐다. 나도 이 생각이 어느 정도는 맞다고 보지만, 이 리더들 자신부터가 그런 섬뜩하고 위험한 상황에 몰렸을 때 어떤 기분이었을지 생각해보는 게 더 쓸모 있고 더 중요하다고 생각한다. 쿠바 미사일 위기에서 간파할 수 있는 주된 사실은 당시 미국, 소련, 쿠바의 힘 있는 이들이 광분, 어리석음, 맹목적 민족주의, 편집증, 마초주의에 빠져 수백만의 목숨을 담보로 핵전쟁을 벌일 용의가 있었다는 것, 하지만 천만다행으로 그들 가운데 가장 막강한 힘을 가졌던 케네디가 그럴 용의가 없었다는 것이었다. 물론 애초 케네디가 카스트로를 제거하려던 시도가 이 사태의 빌미가 된 면도 있어서, 미국 리더가 걸핏하면 자길 죽이려 드는 것을 쿠바 리더가 못마땅하게 느낀 것도 어쩌면 당연한 일이었다. 하지만 적어도 케네디는 이 위기가 핵무기를 통한 대량 살상 없이 무사히 막을 내리도록 노력함으로써, 역사의 막강한 동력을 마주한 것은 물론 무력을 써야 한다는 엄청난 압박이 가해지는 상황에서도 리더가 얼마든 합리적인 결정으로 사람 목숨을 구하는 일을 1순위에 놓을 수 있다는 사실을 보여주었다. 나중에 베트남에서 벌어지는 일들과는 확연히 대조되는 모습이다.

케네디는 지금도 수많은 사람의(특히 특정 연령대의 자유주의자들) 공상 속에서 스타로 추앙받지만, 분명한 사실은 암살당하지 않고 살았

다시, 리더란 무엇인가

다 한들 그가 베트남에서 뭘 했을지 모른다는 것이다. 케네디가 살아 있었으면 어땠을까 상상해보는 게 재밌을 수는 있지만(베트남전쟁에 어떤 식이든 재미난 부분이 있을 수 있다면 말이다), 당시 어떤 일이 일어났는지를 이해하려면 일어나지 않은 일이나 우리가 일어나길 바랐던 일이 아니라 실제로 일어난 일을 탐구해야 한다. 리더십에 관한 가르침을 얻으려면 대안 세계로 도피할 게 아니라 실제 일어난 현실을 다뤄야 한다. 케네디는 주전파 고문들에게 휘둘려 베트남에 주재하던 군사고문단의 숫자를 900명에서 약 1만 6000명까지 증원했다. 그뿐인가. 1963년 가을 무렵 케네디는 응오딘지엠에게 질릴 대로 질려 있었다. 그해 11월 초 CIA 주도로 응오딘지엠에 항거하는 쿠데타가 일어난 것은 케네디 행정부의 승인하에 이뤄진 일이었다. 물론 케네디는 군사고문단을 베트남에서 완전히 철수하는 것도 염두에 두고 있었다. 그렇다 해도 케네디가 그 방안을 끝까지 밀어붙였을지는 알 수 없지만.

응오딘지엠에 항거하는 쿠데타가 벌어지고 불과 몇 주 후인 1963년 11월 22일, 케네디가 마흔여섯의 아까운 나이에 댈러스에서 암살당했다. 케네디 정부의 부통령이었던 린든 B. 존슨은 마치 영화의 한 장면처럼 하늘을 날고 있는 대통령 전용기 에어포스원Air Force One 안에서 충격에 빠진 미국 국민에게 이렇게 말해 심금을 울렸다. "최선을 다하겠습니다. 제가 할 수 있는 건 그게 전부입니다. 국민 여러분께서, 그리고 신께서 절 도와주셔야 합니다." 바야흐로 미국 사회에 역사적인 변화가 일어나려 하고 있었다. 동시에 베트남에는 시시각각 재앙이 닥쳐오고 있었다.

• • •

　백악관에 입성할 당시 백발이 성성한 50대였던 린든 존슨은 미국 및 민주당 정계의 백전노장으로, 텍사스주 시골의 빈곤한 집안에서 자라나 강인하고 거칠고 영민한 정치인의 면모가 있었다. 케네디가 워낙 대중적으로 많은 인기를 누리고 젊었던 까닭에 존슨은 아무리 높이 올라가야 부통령이 다일 거라고 미국인 대부분은 생각했다. 많은 면에서 존슨은 케네디와는 정반대였다. 특권을 누리는 부유층 집안 출신도 아니었고, 연줄 많은 아버지 덕에 대기업과 안면을 터서 자금 지원을 받을 수도 없었으며, 하버드대학교 학위도 사람을 홀리는 미소도 매릴린 먼로Marilyn Monroe와의 염문도 지식층과의 친교도 없었다. 사석에서나 때로는 공석에서도 존슨은 상스럽고 촌스러운 편이었다. 그는 말보다는 행동으로 보여주는 사람이기도 해서, 그의 연설을 듣고 커다란 감동을 받았다는 사람은 딱히 없었다. 하지만 그는 체제와 그 작동 방식을 속속들이 꿰고 있었다. 의회 의원들 하나하나를 빠짐없이 알았을 뿐만 아니라 그들의 가족, 그들의 장기, 약점까지 알았다. 린든 존슨의 전기를 쓴 로버트 A. 카로Robert A. Caro는 그를 '상원의 지배자'라고 일컫곤 했다.[10] 케네디가를 비롯한 엘리트층에서는 린든 존슨을 별로 달가워하지 않았다. 그런데도 존슨은 대통령직에 오르자 케네디가 영입했던 인물들을 대부분 유임했고, 거기엔 앞으로 자세히 살펴볼 인물도 끼어 있었다. 바로 국방부 장관 로버트 S. 맥나마라Robert S. McNamara다.

　대통령 직무에 돌입할 당시 존슨이 대단히 유리했던 부분은 국내

　　　　　　　　　　　　　　다시, 리더란 무엇인가

정치와 관련한 전문성이 누구보다 풍부했다는 것이다. 순교자로 떠받들어지는 리더의 행보를 그대로 따르며 세간의 인기와 호의를 한 몸에 받은 그는 대통령 취임 첫해에 중대한 의미를 지닌 법령이었던 민권법Civil Rights Act을 의회에서 강행 처리하는 데 성공한다. 이듬해에는 투표권까지 통과시켰다. 케네디가 다져놓은 기반 위에서 이뤄진 이들 법령 통과는 여러 면에서 미국 역사의 쾌거였다. 마틴 루서 킹 주니어 같은 인권 운동가들—정의와 평등의 문제에서는 타협이라고는 일절 모르던 이들—과는 힘을 합치고, 인종차별 분리 정책을 여전히 시행하던 남부 주들의 하원의원들은 잘 구슬리며 존슨은 미국 역사 최초로 명실상부한 민주주의를 이룩해가기 시작했다. 자신이 통과시킨 인권 법안들이 미국 남부의 민주당 지지 기반에 타격을 줄 것임을 훤히 알고 있었음에도(그전까지 미국 남부는 민주당 텃밭이었다) 존슨은—그도 개인적으로는 삼촌을 비롯한 텍사스주 인종 분리주의자들을 오랜 세월 스승으로 여겨왔고, 사석에서는 인종차별적 언어를 쓰기도 했다—공익을 위한 실질적인 행동에 나섰고, 자신에게 부여된 막강한 힘을 과감히 선한 일을 하는 데 썼다.

이내 존슨은 그가 말한 일명 '위대한 사회Great Society'—대규모 자금을 투입한 일련의 프로그램으로 교육, 도시 개발, 지방 빈곤, 기반 시설, 교통, 의료 같은 난제를 해결해 미국을 모든 국민이 잘살 수 있는 진보적이고 공평하고 선진적인 나라로 만들겠다는 구상—의 일환으로 '빈곤과의 전쟁'을 선언하며 리더로서의 야망을 명확히 드러냈다. 루스벨트의 뉴딜 정책 이래 미국 국내에서 대통령이 취한 조치 중 가장 중요하다고 손꼽힌 이 방안에 깔린 생각은, 세계에서

린든 B. 존슨이 대통령 집무실에서 인권 운동 리더였던 마틴 루서 킹 주니어, 휘트니 영Whitney Young, 제임스 파머James Farmer를 만나고 있는 모습, 1964년 1월 18일.
(© Yoichi Okamoto/Lyndon B. Johnson Presidential Library and Museum)

가장 부유한 국가로서 경제적 호황을 구가하는 것은 물론 세계 어디보다 훌륭한 윤리와 이데올로기를 가졌다고 자부하는 나라에서 19%의 빈곤율은 용납할 수 없다는 것이었다. 여전히 갖은 수모와 차별을 당하는 흑인들에 대한 대우도 마찬가지고 말이다. 1964년 11월 선거에서 린든 존슨이 맞붙은 상대는 공포 조장에 능하고 늘 안경을 쓰고 다녔던 공화당 출신의 애리조나주 상원의원 배리 골드워터 Barry Goldwater였다. 그는 존슨과 민주당원을 온건한 공산주의자로 그리는 한편, 존슨이 소련과 핵전쟁을 벌이지 못해 안달 난 사람이라는 인상을 유권자들에게 심었다. 하지만 존슨은 몇십 년 전 루스벨트의 전성기 시절 이후 대선에서 가장 큰 표 차로 골드워터를 제치고 대통령에 당선된다. 멋들어진 외양에 야심만만하고, 인기 많고,

두루 신임을 받고, 똑똑한 고문들을 측근으로 둔 데다 진보와 변화의 바람까지 일고 있던 터라, 1964년 말 당시만 해도 존슨은 미국 역사에서 가장 중요한 리더의 반열에 올라 어쩌면 루스벨트, 심지어는 링컨 이래 가장 위대한 대통령으로 남게 될 것처럼 보였다.

하지만 그로부터 39개월 뒤인 1968년 3월(보통 초선 대통령이 재선 출마를 발표하는 시기이다) 존슨은 텔레비전 방송에서 처량한 모습으로 국민에게 연설했다. 분명 똑같은 사람이었지만 존슨은 모든 면에서 달라져 있었다. 방송에 나와서 침울하게 연설하는 대통령은 3년은커녕 13년은 더 늙어 보였다. "미국의 아들들은 저 멀리 전장에 보내놓고, 이곳 본국에서 미국의 미래도 난관에 처해 있고, 우리 미국인 나아가 세계인이 아무리 평화를 바라도 매일 한 치 앞도 내다볼 수 없는 상황에서, 여러분 조국의 대통령이라는 이 직분에 주어진 의무가 아닌 제 개인적 명분이나 의무에 쏟을 수 있는 시간은 단 하루, 아니 단 한 시간도 없어야 할 것입니다. 그래서 다시 여러분의 대통령이 돼달라는 민주당의 후보 지명을 저는 원하지 않을 뿐 아니라, 그런 요구가 있더라도 받아들이지 않을 것입니다."

존슨은 이후 10개월간 대통령 자리에 머물렀지만 그의 경력과 리더십은 이 연설을 마친 순간 끝났다고 봐야 했다. 1969년 1월 대통령 임기가 종료되자마자 그는 텍사스주 스톤월의 자기 농장으로 은퇴했다. 여기서 그를 만난 사람들은 그의 수척한 몰골에 흐트러진 매무새, 장발도 모자라 거동마저 불안한 모습을 보고 적잖이 충격을 받을 때가 많았다. 그는 다시 골초가 돼 있었다. 존슨은 대통령직을 떠나고 4년밖에 살지 못하고 1973년 1월 64세의 나이로 세상을 떠났다. 공식 사인은 심장마비였지만 사실상 그의 죽음은 자연사가 아니었다. 그는 죽임을 당한 것이었다. 그도 미국의 베트남전쟁이—나아가 리더로서 그 자신이 내린 결정이—낳은 수많은 희생자 가운데 하나였다. 그렇다면 우리는 이렇게 묻지 않을 수 없다. 그 대단했던 정치적 힘, 다시 말해 그렇게나 유리한 고지에 서 있던 리더가 어떻게 그토록 나락으로 떨어진 것일까?

. . .

반공산주의가 정치적 성공의 필수 자격증으로 통하던 냉전 시절 대통령 자리에 올라선 존슨은 진정한 '냉전 투사' 이미지를 굳히기에 여념이 없었다. 아울러 그에게도 미국의 위력이 얼마나 대단한지를 전 세계에 보여줄 기회가 여러 차례 있었다. 그중 한 사례를 이 책에서 함께 살펴보지 않았던가. 도미니카공화국 말이다. 라파엘 트루히요가 암살당한 뒤 일어난 분란을 중재하기 위해, 구체적으로 말하면 후안 보쉬가 다시 대통령직에 오르지 못하게 하고 호아킨 발라게르를 대통령으로 선출시키기 위해 미군 수만 명을 파견한 인물이 바로 존슨이었다. 이 임무는 무사히 완수되었지만, 대통령직에 오른 순간부터 그의 최대 관심사는 사실 동남아시아였다. 얼마 지나지 않아 존슨은 싸움이라면 자신도 케네디 못지않게 좋아한다는 걸 보여주게 되는데, 베트남에서 어떤 일들이 벌어지고 있는지 자신이 잘 모르는 것쯤은(정확히 말하면 알고 싶어 하지 않는 것쯤은) 별문제가 아니었다.

다시, 리더란 무엇인가

존슨이 민권법에 서명해 해당 내용을 법제화한 지 딱 한 달 뒤인 1964년 8월 첫째 주 그에게 마침 좋은 기회가 생겼다. 미국 구축함 'USS 매덕스'가 베트남 연안을 지나다 북베트남의 어뢰정에 공격당했다는 소식이 전해졌다. 이 소식은 미국이 강력한 군사적 대응에 나설 구실이 돼주었다. 충만한 자신감, 공산주의에 본때를 보여주겠다는 결의, 그리고 리더로서 제구실을 하려는 조바심에 찬 존슨은 미국의 군사력을 보호하고 동남아시아에서 일어날 '추가 공격을 막기 위해 필요한 모든 방책을 강구할' 권리를 자신에게 달라고 의회에 요구했다. 통킹만 결의는 미국 하원은 물론 상원까지 손쉽게 통과했다. 존슨으로서는 베트남 분쟁이 얼마든 격화해도 좋다는 무제한의 법적 승인을 얻은 셈이었다. 아울러 이 결의 덕에 대통령이 전쟁을 수행하는 방식에 하나의 선례가 마련되었는데, 이때 의회가 선전포고에 대한 법적 책임을 존슨에게 넘기고 그의 뜻대로 전쟁을 벌이게 해주었기 때문이다. 다시 말해 대통령이 공식적으로 미국 국민이나 국민의 대표들 앞에 나서서 전쟁의 필요성을 설명하지 않고도 베트남 혹은 세계 어디서든 전쟁을 치를 수 있게 해줬다. 베트남전쟁은 이렇듯 처음부터 비밀주의와 범법의 소지가 다분했고 시간이 갈수록 그런 경향은 심해져만 갔다.

여기서 잠깐 의회 표결 순간을 면밀하게 들여다보자. 리더십에 관해 뭔가 알려주는 바가 있을지도 모르기 때문이다. 미국의 정치 하면 '당파성'이 속수무책으로 심각해서 양 정당이 어떤 일에서도 의견 합치를 못 한다는 게 통념으로 굳어져 있지만 실상은 그렇지 않다. 무엇보다 중차대한 몇 가지 문제에 대해서는 양당이 완벽하게

오리건주 민주당 상원의원 웨인 모스(오른쪽)가 아칸소주 상원의원 J. 윌리엄 풀브라이트J. William Fulbright와 함께 국방부 장관 로버트 S. 맥나마라의 상원 청문회에 참석한 모습, 1966년 5월 11일. (ⓒ Warren K. Leffler/Library of Congress)

알래스카주 민주당 상원의원 어니스트 그루닝, 1959년. (ⓒ Warren K. Leffler/Library of Congress)

다시, 리더란 무엇인가

한목소리를 내온 것이 역사 속에서 확인된다. 그 중차대한 문제 가운데 하나가 바로 군비(혹은 '국방비') 지출이다. 오늘날 국방부가 보유한 자금이 천문학적 수준에 다다르게 된 것은 이 때문이다.

통킹만 결의는 명실상부한, 심지어 감동적이기까지 한 양당 합의를 보여준 사례였다. 당시 대통령에게 무력 사용 권한을 부여하자는 안은 하원에서 416 대 0으로 가결되었다. 국민의 대표자 가운데 그것이 문제 될 수도 있다고 생각했던 사람이 아무도 없었다는 이야기다. 그래도 상원에는 반대자가 두 명 있었다. 그중 하나는 오리건주의 민주당원 웨인 모스Wayne Morse였다. 동료들과의 친목 술자리를 한사코 거부하는 통에 심기 상한 동료들 사이에서 '장티푸스 메리Typhoid Mary'*로 통한 그는 당시 이렇게 말했다. "이 결의는 역사에 길이 남을 실수가 될 것입니다." 다른 한 사람은 알래스카주의 민주당원 어니스트 그루닝Ernest Gruening이었다. 그는 이 결의가 "우리와 아무 상관없고, 우리가 벌이지도 않은 전쟁의 한복판에 우리의 젊은이들을 보내는 것"이라면서, "어쩌다 잘못 끌려 들어온 이 전쟁은 시간이 갈수록 차츰 격해지고 있다"라고 했다.[11] 나중에 77세의 이 상원의원은 (의회에서 존슨 정부의 국가안보 보좌관 맥조지 번디McGeorge Bundy와 논의하는 자리에서) 자신의 동료들은 물론 다른 리더들도 마땅히 상식으로 알고 있어야 했으나 모르는 듯했던 사실까지 함께 지적했다. "베트남의 마을 주민들에게 네이팜 폭탄**을 그렇게 떨어뜨려놓고 우리

---

* 1940년대 미국에 장티푸스가 창궐했을 때 최초의 무증상 보균자로 알려져 30년 동안 격리당한 것으로 유명하다.

가 당신들 친구라고 설득할 수 있겠습니까."[12]

결국 아무것도 바꾸지 못하고 숫자에 밀려 무시당한 별 존재감 없던 두 의원의 외로운 목소리를 지금 여기서 곱씹어봐야 하는 이유는 무엇일까? 이미 일이 벌어져버린 뒤거나 사태가 돌이킬 수 없게 되기 전에 바로 그 자리에서 상황을 바로잡으려 했던 이들이 누구인지 알 책임이 우리에게 있기 때문이다. 그들이 인정받아야 할 공로를 역사에 분명히 기록해두기 위해서다. 역사는 보통 이런 사람들을 잊곤 하며, 미래 세대에게도 이들의 이름은 잘 전해지지 않는다. 웨인 모스와 어니스트 그루닝은 미국 역사 연표에서 존재감이 두드러지는 인물들은 아니다. 두 사람이 존재감이 없어서라기보다는 우리의 성향, 그리고 리더십에 대한 대중적 인식 때문이다. 하지만 선견지명을 보여주고, 대중의 정서와 정치적 압박을 견뎌내고, 자신이 지금 얼마나 중요한 사안에 표를 던지고 있는지를 잘 알고, 대세에 맞서느라 조롱당하고, 나아가 주변의 모두가 터무니없이 잘못된 판단을 내린 와중에 이 둘은 더없이 옳았던 것으로 밝혀진 만큼, 이들이 보여준 리더십이야말로 하찮게 치부하거나 역사 기록에서 뺄 게 아니라 본보기로 삼고 칭송해야 한다. 이들은 나름대로 반란자들의 면모를 보여준 것이었다. 지금 우리가 아는 사실로 비추어볼 때 이들이야말로 학교 교과서에 들어가야 할 리더들이다. 이들이야말로 미국인이라면 누구나 알아야 할 이름들이다.

** 네이팜에 휘발유 등을 섞어 만든 유지 소이탄. 투하하면 공중에서 터지면서 네이팜에 불이 붙어 땅에 흩어지는데, 섭씨 3000도의 고온을 내며 지름 30미터의 불바다를 이룬다.

더구나 애초 통킹만 결의를 통과시킨—그 우연찮게 일어났다는—근거가 무엇이었던가? 베트남전쟁을 이른바 미국의 전쟁으로 만들어 이후 10년에 걸친 끔찍한 파괴와 재앙과 환멸의 계기가 된 그 대사건은 정확히 어떤 것이었던가? 이 사건은 실체가 없었다. 적어도 언론에 보도된 식의 일은 없었다. 한마디로 북베트남의 어뢰정 공격은 일어난 적이 없었다. 물론 전혀 없던 일을 꾸며낸 것은 아니었다. 뭔가가 일어나기는 했다. 뭔가가 있었다는 이야기를 듣고는, 사람들은 나름대로 그것이 어뢰정이라고 확신해버렸다. 아마도 나라의 최고 리더층부터 USS 매덕스호 선원들까지 전쟁 열망이 강했던 탓에, 확인하지도 않고 가짜 공격을 100퍼센트 현실이라고 머릿속에서 믿어버린 것이리라. (그로부터 이틀 전에도 별개의 공격이 벌어졌을 수 있으나, 이 부분도 여전히 확실치 않다.) 우리가 현재 아는 바로 미루어볼 때 당시 맥나마라는 존슨이 이 공격을 오해하게끔 했고, 존슨은 이 공격이 현실이길 간절히 바란 데다 자신도 위기를 헤쳐나가는 리더가 될 수 있음을 보여주고 싶었기 때문에 그런 식의 오해를 품어도 괜찮다고 느꼈던 것 같다. 514 대 2라는 상원 의회 표결 결과는 대통령에겐 거짓 정보에 근거해 세상 반대편에서 일어나는 전쟁에 더불을 지펴도 좋다는 녹색신호나 다름없었다. 미국이 거짓 정보와 속임수만 믿고 타지에서의 전쟁에 나선 건 이것이 마지막이 아니었다. 하지만 그것만으로는 충분치 않았다. 아직도 존슨에게는 베트남전쟁을 자신의 전쟁으로 만들어야 하는 일이 남아 있었다.

．．．

　존 프랭컨하이머John Frankenheimer의 2002년 영화〈전쟁으로 가는 길 Path to War〉을 보면 존슨이 대통령 별장인 캠프데이비드에서 고문들 을 만나는 장면이 생생하게 그려져 있다. 때는 1965년 초여름, 민권 법 통과와 함께 선거권법 통과도 눈앞에 둔 상황이라 존슨은 아직 한껏 호시절을 누리고 있었다. 국내 정세와 관련해 그의 대통령직 수행은 순풍에 돛 단 듯 순조로웠다. 국민 사이의 인기도 대단했다. 하지만 베트남에서 들려오는 뉴스가 심상치 않았다. 해당 지역의 미 군 병력을 이미 늘리기 시작한 참이었지만, 이제는 향후 나아갈 방 향을 결정해야 했다. 지금 그가 남몰래 불러 함께 앉아 있는 남자는 둘이었다. 변호사이자 민주당의 내부 실세로 전쟁 격화에 반대하는 클라크 클리퍼드Clark Clifford와 존슨 정부의 국방부 장관으로 확전에 찬성하는 로버트 S. 맥나마라였다. 클리퍼드(도널드 서덜랜드Donald Suth- erland 분)가 먼저 말문을 연다. 이 자리를 위해 최선을 다해 준비한 그 는 몇 분에 걸쳐 왜 베트남 확전 문제에서 손을 떼야 하는지를 납득 시키려 하면서 전쟁 대신 국내에서 추진 중인 중요 현안들에 주안점 을 두어야 한다고 강조한다. 일찍이 프랑스도 디엔비엔푸에서 실패 했음을 상기시키는 한편, 부디 사람을 죽이는 일이 아닌 그들을 돕 는 일에 주력해달라고 당부하며 불길한 경고로 말을 맺는다. 베트남 전쟁이 격화하면 그땐 존슨의 대통령직도 끝이라는 것이었다. 아울 러 존슨 자신도. 이 대사를 들으면 소름이 끼칠 수밖에 없는데 결국 클리퍼드의 말 한마디 한마디가 전부 현실이 된다는 걸 우리는 알기

다시, 리더란 무엇인가

때문이다. 심지어 이 조언자의 말에 잔뜩 주눅이 든 듯한 존슨의 표정까지 클로즈업된다.

클리퍼드가 이야기하는 사이사이 카메라는 맥나마라(앨릭 볼드윈 Alec Baldwin 분)로 넘어가, 그가 경멸을 담은 듯한 표정으로 클리퍼드의 말을 회의에 차서 듣고 있는 모습을 비춘다. 클리퍼드가 말을 마치고 긴장감이 감도는 적막 속에서 존슨(마이클 갬본 Michael Gambon 분)은 뭔지 모를 말을 중얼거리며 술만 한 잔 들이켠 채 아무 말도 하지 않다가 이윽고 맥나마라에게도 한마디 해보라고 한다. 영화는 맥나마라가 존슨에게 한 말을 일부만 잘라서 보여주는데, 그가 누누이 강조하는 핵심은 우리도 너무 잘 아는 내용이다. 공산주의를 상대로 한 일전의 중요성, 도미노 이론, 데이터에 근거한 합리적인 군사력 배치 같은 것들 말이다. 이와 함께 맥나마라는 지금 존슨 대통령은 리더로서의 개인적 신뢰도 아슬아슬한 상황이라며 경고를 잊지 않는다. 맥나마라에게서 압도적인 자신감이 물씬 느껴진다. 그의 이야기를 듣고 있으면 대통령이 어느 길로 가야 할지는 너무도 뻔히 정해져 있는 것만 같다.

이어 영화는 맥나마라와 클리퍼드가 대통령과 논의를 끝내고 밖에 나와 있는 모습을 보여준다. 두 남자 모두 이 자리에서는 맥나마라가 이겼다는 걸 잘 안다. 그런 맥나마라에게 클리퍼드가 다그치듯 묻는다. 존슨 대통령에 한 말들을 정말 진심으로 다 믿는지, 미국이 정말 베트남에서 승리할 수 있을 것인지, 그게 정말 대통령이 걸어야 할 최선의 길인지. 그러자 맥나마라가 답한다. "다 수치를 계산해보고 차트를 살펴보고 나온 결과들이야. 그 외 다른 것들은 전부 물령해, 공론일 뿐이라고." 그러고는 기분 좋다는 듯 "이따 저녁에 보자고, 클라크"라고 말하며 자리를 뜬다. 페이드아웃되기 전, 이 신의 마지막에는 을씨년스러운 사운드를 배경으로 클리퍼드의 수심 어린 얼굴이 클로즈업으로 등장한다. 우리가 아는 앞으로 닥칠 그 모든 일의 전조처럼.

극적으로 연출된 장면이긴 하지만 클리퍼드와 맥나마라는 실존 인물이고, 실제로도 둘은 대통령 앞에 놓인 선택지를 이런 식으로 제시했다. 이 장면을 보면 이즈음 존슨이 주변에서 완전히 상반되는 두 주장을 접하고 있었음을 명확히 알 수 있다. 물론 그가 결국 맥나마라의 충고를 따르고 말리라는 것도 분명하다. 당시 미국 국방부 장관은 대통령이 듣고 싶어 하는 말을 시종일관 해주고 있었다. 존슨은 냉전에서 매파이기도 했지만, 베트남에서 그쯤 물러나 손실을 줄이면 자신이 나약하고 남자답지 못한 사람으로 비칠 거라 생각했던 것 같다. 한 국가의 리더가 이런 중대사, 더구나 사람들의 존망이 걸린 문제를 이런 식으로 생각한 것은 전혀 합리적이지 못한 일이다. 물론 살면서 남자다움을 보이는 것이 반드시 나쁜 일이라고 할수는 없지만, 이 대목의 존슨처럼 리더의 위치에서는 남자다움을 강인함과 혼동해서는 안 된다.

이 점 외에도 눈여겨볼 것이 또 있는데, 그 문제에 대해 두 남자가 사뭇 다른 접근 방식을 보여준다는 것이다. 클리퍼드는 대통령에게 역사를 들여다볼 것을 권하는 반면, 맥나마라는 대통령에게 '데이터'를 들여다볼 것을 요구한다. 전자의 방식에서는 리더에게 해당 이슈들을 전체적 관점에서 바라보고, 그 원인을 이해하고, 해당 상

다시, 리더란 무엇인가

황에 어떤 한계들이 있는지 숙고해볼 것을 요구한다. 어쩌면 당연한 얘기지만, 리더들 가운데에는 결정을 내릴 때 전자보다 후자의 방식을 선호하는 이가 많다. 세계의 리더들이 경제학자 자문단에게 둘러싸여 있는 일은 어렵잖게 보지만, 역사학자 자문단을 보기란 도통 쉽지 않다. 앞으로의 이야기에도 나오겠지만, '데이터'야말로 맥나마라가 쥔 결정적인 패이자, 그가 특권을 누리는 이유였다. 하지만 그래봐야 무슨 소용인가. 데이터가 틀렸는데. 그 자료는 베트남, 해당 지역권은 물론 세계에 대해서까지 잘못된 가정에서 출발하고 있었다. 하지만 그건 중요한 문제가 아니었다. 맥나마라의 주장이야말로 존슨이 그 자신, 대통령직, 그리고 세계에 대해 가진 생각과 딱 맞는 것은 물론 더욱 강하게 뒷받침해주었다. 〈전쟁으로 가는 길〉에서 존슨은 두 참모와 그들의 엇갈리는 관점 사이에서 갈팡질팡하는 척한다. 하지만 사실 그가 내려야 할 결정 같은 것은 없었다. 존슨은 베트남을 '공산주의자'들에게 뺏기지 않겠다는 것을 진작에 자신의 개인적 임무로 삼고 있었고, 이것이야말로 다른 무엇보다 중요한 일이었다.

확전 결심을 굳힌 존슨은 베트남에 파견하는 병사들의 수부터 늘리기 시작했다. 죽음은 정해진 일이었다. 1965년 봄 무렵 베트남에서 복무 중인 미군은 10만 명이었다. 1965년 12월에는 18만이었다. 1966년 7월 그 수는 36만 명까지 늘어났고, 1967년 말에는 숫자가 무려 55만 명에 달하며 베트남에 주둔하는 미군 병사의 수가 사상 최고치를 찍었다.

전쟁은 점점 더 살벌해졌다. 시간이 갈수록 남베트남은 자력으로 싸워서는 생존이 불가능하다는 사실이 분명해졌다. 그 와중에 미군의 사상자 수는 늘어갈 뿐이었다. 물론 군인과 민간인 양측 모두의—베트남의 경우에는 두 항목이 잘 분리되지 않는다—베트남인 사망자 수와 비교하면 그 수치가 무색해지지만. 미군의 관점에서 베트남전쟁은 이제 더없이 지독한 재앙으로 변한 터였다. 일찍이 프랑스군이 그랬듯, 존슨과 그의 참모들은 미군 주둔에 반대하는 베트남 내 국민의 저항이 얼마나 거센지 미처 몰랐다. 미국은 제2차 세계대전에서처럼 전쟁 기계를 총동원해서 이 전쟁에서 이길 수는 없었다. 비록 명목상이지만 그들은 베트남을 구하기 위해 전쟁을 벌이는 것이지, 쳐부수려고 전쟁을 벌이는 게 아니었기 때문이다. 겉으로는 폭정에 항거하는 국제전의 일환으로 미군이 베트남에 머무는 것이라고 주장했지만, 사실상 미군은 베트남 내전에서 점점 패망해가는 쪽에 선 것일 뿐이었다. 미국은 이런 전쟁에서 이기겠다고 사력을 다하지는 않았지만, 사력을 다하지 않은 것만으로도 베트남은 끔찍하게 파괴됐다. 어떻게 보면 미국은 베트남 국민을 죽이고 그들의 조국을 파괴하면서, 어이없게도 존슨의 말마따나 베트남 국민의 '마음과 정신'을 얻겠다는 불가능한 임무에 발을 들인 셈이었다. 이 모든 내용을 일목요연하게 정리해보면 이렇다. 미군이 베트남전쟁 동안 떨어뜨린 폭탄의 양은 미군이 제2차 세계대전 동안 떨어뜨린 폭탄의 양보다 세 배 이상 많았다. 동남아시아에서는 총 766만 2000톤의 폭발물이 사용된 데 반해 제2차 세계대전에서는 총 215만 톤이 사용됐다.

전쟁은 미국 내에도 엄청난 여파를 몰고 왔고, 존슨의 확전을 지

다시, 리더란 무엇인가

지하던 민심도 불과 몇 달 뒤 시들해졌다. 전쟁으로 미국인의 삶과 경제가 멈추는 일을 막으면서 동시에 베트남에서 싸울 병사들을 충분히 충원하기 위해 존슨 정부는 징병에 의존했다. 하지만 오히려 존슨이 취임 초반 타파에 나섰던 미국 내 불평등 문제가 징병으로 더욱 크게 불거졌다. 경제적으로 유복해서 대학에 갈 수 있었던 이들은(대부분이 백인이었다) 군 복무를 면제받은 반면, 베트남 정글로 보내져 남을 죽이거나 자신이 죽든가, 혹은 불구가 되거나 평생 지워지지 않을 트라우마를 안고 살아야 하는 이들 중에는 가난한 흑인이(또는 가난한 사람이나 흑인이) 압도적 다수를 차지했다.

존슨이 대대적 전쟁을 선포했던 국내 사회문제들은 그가 해외에서 벌이는 싸움 탓에 그 병폐만 더 심해진 꼴이었다. 이에 수많은 인권 운동가가(특히 마틴 루서 킹 주니어) 전쟁이 진행될수록 격렬하게 반대했고, 존슨 행정부가 인권 운동의 정신을 저버린 데 대해 격분했다. 1967년 권투 챔피언 무하마드 알리Muhammad Ali가 징집되었지만 자신이 믿는 신앙과 함께 "그 어떤 베트콩도 나를 깜둥이라고 부른 적이 없다"라는 단도직입적인 이유를 근거로 미군 입대를 거부했다. 자유를 명목으로 세상 반대편으로 흑인들을 보내 제국주의 압제의 희생양인 유색인종을 죽이게 해놓고, 정작 본국의 흑인 형제자매들은 빈곤, 인종차별, 폭력을 당하는 현실을 알리는 도저히 참을 수 없었다. 알리는 원칙을 고수했다는 이유로 5년의 징역형을 받은 한편, 운동선수로서 절정의 기량을 보이던 때에 프로 복서 활동도 3년간 금지당했다.

이와 함께 미국의 평범한 시민들도 텔레비전 화면을 통해 조국이

무하마드 알리가 미군 입대를 거부한 죄목으로 (전원 백인이었던 배심원단에게) 유죄를 선고받은 뒤 연방 법원을 나서는 모습, 1967년 6월 20일. (ⓒ UPI/Alamy Stock Photo)

해외에서 벌이는 전쟁의 모습을 두 눈으로 똑똑이 확인할 수 있었다. 양심적인 기자들 덕에 베트남전쟁의 참상이 거실까지 전해져 그전엔 한 번도 볼 수 없던 끔찍한 모습들이 화면에 비쳤다(이후로는 언론에서 미국이 벌이는 전쟁의 폭력적인 결과들을 국민에게 보여주지 않으려 조심하면서 이런 일들이 사라졌다).

군사적 성과도 거두지 못한 데다 전장의 참상까지 전해지자, 이제 미국에서는 거대한 반전운동이 다방면으로 전개되기에 이른다. 사실 전쟁에 반대하는 움직임은, 전쟁이 시작될 때부터 종종 평화주의를 내걸고 나타나고 있었다. 1965년 11월 펜실베이니아주 출신의 33세 침례교도로 세 아이의 아빠였던 노먼 모리슨Norman Morrison이라

다시, 리더란 무엇인가

는 남성이 사이공의 길거리에서 승려들이 소신공양한 사건을 계기로 미 국방부 건물 밖에서 자기 몸에 불을 붙이고 숨졌다. 그가 분신한 위치는 맥나마라의 집무실 창문 아래였다. 베트남의 어린아이들을 더는 죽이지 말라는 항거의 뜻이었다. 1967년에는 미국 전역에서 대규모 시위가 벌어졌는데, 평화 시위가 주류를 이루었지만 더러 충돌이 빚어지기도 했다. 시위대 대부분은 젊은 여성일 때가 많았고, 따라서 내부 실세나 권력자들은 으레 이들 시위대를 세상이 어떻게 돌아가는지 모르는 철없는 장발 히피족쯤으로 치부했다. 물론 시위대 중 간혹 사람들을 성가시게 하고 어른들에게 대놓고 반감을 보이거나, 베트콩과 미국에 맞서는 모든 폭력을 지나치게 이상화한 이들이 많았던 건 사실이다. 하지만 거의 아무런 힘도 없던 이 장발의 히피족들이 하는 말이 대체로 옳고, 정장을 빼입은 채 무척 심각한 얼굴을 한 남자들 말은 어처구니없이 틀렸다는 사실을 사람들은 점점 더 깨닫지 않을 수 없었다. 1967년에 시작된 여론조사 결과 대부분의 미국인이 미국의 베트남전쟁 개입을 실수로 여기는 것으로 나타났다. 전 세계적으로도 반미 감정이 어느 때보다 치솟아, 런던과 파리를 비롯한 수많은 도시에서 폭력 시위가 벌어졌다. 프랑스와 영국 정부 모두 지지를 거부하면서 이제 베트남전쟁을 지지하는 미국의 주요 동맹국은 하나도 없었고, 국제적으로 베트남전쟁은 법에도 어긋나고 근거도 없이 전적으로 미국 혼자서 벌인 일로 비쳤다.[13]

존슨의 상황이 진정 악화일로를 걷기 시작한 건 전쟁으로 인해 그의 든든한 지지 기반이었던 경제마저 휘청거리면서부터였다. 그때까지만 해도 제2차 세계대전 이후의 장기간 호황을 경험하고 있었던 만큼 경제 위기는 미국 국민에게 더욱 고역으로 다가왔다. 전쟁 자금을 대기 위해 존슨은 결국 의회에 증세를 요청할 수밖에 없었다. 여전히 전쟁 자금을 예산 밖에서 충당하던 그 시절에는 신용대출이나 중국에서 받아 온 대부금으로 전쟁을 치르지 않았다. 미국의 선대 의원들이 루스벨트의 뉴딜 정책을 싫어했던 것과 마찬가지로, 존슨의 '위대한 사회'를 결코 달갑게 여기지 않았던 의회 보수파는 지금이야말로 존슨의 위대한 사회 구상에 타격을 줄 절호의 기회라고 여기며 대통령이 가장 공들여 추진하던 사회 프로그램에 대한 자금 지원을 약 8조 원 줄일 것을 요구했고, 존슨도 이를 승낙했다. 존슨으로서는 가장 자존심이 구겨지는 서글픈 순간이었다. 패배할 게 뻔한 베트남에서의 전쟁에 너무 진력한 나머지 일생의 역작을— 아울러 미국에서 가장 도움이 절실한 이들의 기본적인 삶을—자기 손으로 희생시킬 참이었으니까.

클라크 클리퍼드가 점쳤던 대로 미군에게나 베트남 국민에게나, 그리고 존슨 자신에게나 상황이 더 안 좋게 돌아가기 시작한 것도 이때부터였다. 존슨의 인기는 곤두박질쳤다. 한때 상원의 지배자로 군림하던 그가 지금은 자신의 대통령직조차 제대로 수행하지 못하고 있었다. 1968년 초에 일어난 북베트남의 구정대공세는 미군의 승리를 꿈꾸던 존슨의 염원에 종지부를 찍은 격이었다. 완전히 의기소침해져 대통령 재선 선거 유세에 나설 힘조차 남아 있지 않던 존슨은 얼마 안 가 대중 앞에서 그 충격적인 발표를 했다. 남은 1968년 한 해 동안 존슨은 나락으로 떨어졌다. 그는 전쟁에 자기 시간을 거의 허비해버린 꼴이었다. 미국 사회는 차츰 와해하는 것처럼 보였다.

다시, 리더란 무엇인가

하지만 주변에서 어떤 일이 벌어져도 존슨은 베트남에 대한 뜻을 굽힐 수도, 굽힐 의향도 없었다.

어느덧 미국에서는 인권 운동의 이상주의가 사라지고 그 자리엔 분노와 반발만 일고 있었으니, 주된 이유는 베트남전쟁이었다. 미국이 동남아시아에 가하는 과한 폭력이 결국 미국 본토까지 넘쳐드는 형국이었다. 존슨은 범죄에 대한 전쟁과 함께 빈곤에 대한 전쟁도 계속 벌여나갔는데, 이때 주된 공략 대상이 된 것은 흑인 공동체였다. 반전시위(인권 운동과 맞물려 있었다)에 대한 존슨 정부의 과잉 진압은 시위의 규모와 사람들의 분노만 더욱 키울 뿐이었다. 베트남전쟁에서 주로 희생당한 것은 분명 동남아시아 사람들이었지만, 미국 사회를 올올이 짜고 있던 밑바탕도 허물어지기는 마찬가지였다.

1968년 4월 백인 인종차별주의자가 멤피스에서 킹 목사를 살해했을 때, 그간 정부가 자신들을 도우려 어느 때보다 노력 중이라는 말만 믿었던 아프리카계 미국인들이 끝내 슬픔과 분노에 차 거리로 몰려나왔다. 1968년 6월 존 F. 케네디의 동생이자 민주당 차기 대선 후보였던 로버트 케네디가 로스앤젤레스에서 살해당했을 때는 수많은 젊은이가 평화를 꿈꾸는 자신들의 이상과 염원까지 함께 살해당한 것 같은 심정이었다. 존슨이 대통령 재임을 포기하면서 이제 무대는 존슨의 부통령 휴버트 험프리Hubert Humphrey가 넘겨받는데, 워낙 소극적이고 리더십이 부족해 힘든 나날을 보내게 되는 그도 역사의 이 대목에서 또 한 명의 가련한 인물로 꼽힌다.

험프리는 원래 인권 운동 지지자였던 것은 물론, 베트남전쟁이 시작될 때만 해도 전쟁 반대를 외친 진보주의자로, 심지어 존슨을 만류하기도 했는데 허사였다. 존슨은 결국 험프리를 측근 자리에서 내쳤지만, 충직한 험프리는 대중 앞에서는 힘을 다해 마지막까지 계속 전쟁을 지지했다. 심지어 1967년에는 유럽의 동맹들에 베트남전쟁의 정당성을 납득시키려 (결국 무위에 그쳤다) 결코 잘될 리 없는 순방길에 올랐다. 당시 유럽의 동맹국들은 냉전이 한창일 때 미국이 유럽에서 손을 떼고 아시아에 역점을 둔 데 화가 나 있었다. 험프리는 엉뚱한 데 충직했던 셈이었다. 그는 대통령이 아니라 자신이 알고 있던 진실, 그리고 미국 국민에게 충직했어야 했다. 험프리는 유럽에서 방문한 거의 모든 도시에서 시위대를 만나 달걀과 토마토 세례를 당했다. 그러고는 1968년 11월 (대혼전이었던 시카고 전당대회에서 후보로 지명된 끝에) 대통령 선거에 민주당 후보로 나섰다가 공화당 후보로 나선 리처드 닉슨에게 패배했다. 영민하지만 파렴치했던 닉슨은 유세에선 베트남에서 '명예로운 평화'를 이뤄내겠다고 다짐했지만, 실제로는 자신의 대선 승리 확률을 높이려 존슨 정부와 북베트남의 협상을 남몰래 교묘히 방해하는 공작을 편 인물이었다.[14]

• • •

1969년 1월, 존슨이 세상을 떠났다. 하지만 닉슨이 국가 안보 자문 헨리 키신저의 섬뜩한 충고를 듣고 베트남과 인접한 캄보디아와 라오스까지 (이곳의 정글에 베트콩들이 숨어 지냈다) 미군의 화력을 확대했기 때문에 베트남전쟁은 오히려 갈수록 험악해지는 추세였다. 그럴수록 미국 내 반전운동도 극단으로 치달았고 (지하조직에 가담하는 젊은이

다시, 리더란 무엇인가

들도 점차 늘어났다), 이쯤 되자 '명예로운 평화peace with honor'라는 공약이 결국 서로 죽고 죽이는 일이 계속돼도 닉슨은 자신이 만족할 만한 결말을 얻지 못하는 한 전쟁을 끝낼 의향이 없다는 뜻임이 분명해졌다. 반전시위에 대한 정부의 대응도 더욱 폭력적인 양상을 띠었다. 개중 가장 충격적인 사건을 꼽자면 1970년 5월 4일 오하이오 주방위군이 켄트주립대학교에 모인 시위대에 발포해 학생 네 명이 목숨을 잃고 아홉 명이(한 명은 반신불수가 됐다) 부상을 당한 일이다.

하지만 그때까지 일반 대중은 잘 모르던 미국인 몇몇이, 당시 미국의 실제 리더들과는 상반되는 모습을 연출하며 감동적인 리더십을 보여준 게 또 이 암흑기이기도 했다. 여러 가지 면에서 이들은 반란자였다. 1971년 랜드연구소RAND Corporation의 분석가 대니얼 엘즈버그Daniel Ellsberg가 이른바 펜타곤 문서Pentagon Papers(1945년부터 1967년까지 미국이 베트남전쟁에 어떻게 개입했는지를 다룬 미국 국방부의 기밀 문서)를 〈뉴욕 타임스New York Times〉 기자 닐 시핸Neil Sheehan에게 유출해, 미국 정부가 베트남전쟁 중 버젓이 저지르고도 국민과 의회에 감쪽같이 숨겼던 불법 행위를 세상에 드러냈다. 이 영웅적인 내부 고발 행위의 대가로, 닉슨 정부는 엘즈버그를 파멸시키기 위해 그야말로 온갖 짓을 서슴지 않았다. 엘즈버그를 치료해주던 정신과 의사의 진료실에 무단 침입하기도 했는데, 이것이 후일 닉슨이 대통령직에서 물러나게 되는 일명 워터게이트 사건의 시초이기도 하다. 하지만 현재 엘즈버그의 이름은 공익을 위해 헌신한 이들의 연보에서 한자리를 굳건하게 차지하고 있다.

이와 함께 더 용기 있는 리더십도 모습을 드러내는데, 베트남에서 용케 살아 돌아온 참전용사들이(몸과 마음에 상당한 상처를 입은 채 돌아온 이들이 많았다) 반전운동에서 더 커다란 역할을 하기 시작한 것이다. 1971년 4월 수천 명의 참전용사가 워싱턴DC에 집결했고 상당수가 국회의사당 계단에 올라서서 자신이 받은 표창과 훈장을 내던지며 베트남에서 자신들이 무얼 보고 어떤 짓을 저질렀는지 증언했다. 젊은이를 전장으로 보내는 리더들은 보통 (혹시나 정말로 돌아온다 해도) 본국에 와서 잠자코 지내거나, 갖가지 행사에 참가하거나, 그들이 필요한 곳에서 정치적 소품 역할을 하길 바라지, 전쟁을 비판하며 정치적으로 훼방 놓는 일은 분명 바라지 않는다. 하지만 이들 참전용사들은 그런 가식에 맞춰줄 뜻이 없었다.

가장 두각을 나타낸 참전용사 중 하나는 27세의 전직 해군 사관 존 케리John Kerry였다. 베트남에서 스위프트 보트Swift Boat의 지휘관으로 복무한 그는 두 개의 퍼플하트훈장을 받았다(케리는 자원입대했다). 1971년 4월과 5월에 걸쳐 아칸소주 상원의원 J. 윌리엄 풀브라이트의 주도로 베트남전쟁을 다루는 청문회가 열렸다. 4월 22일, 케리는 베트남전쟁 참전용사 최초로 의회에 나가 전쟁에 반대하는 취지의 증언을 했다. 케리는 미군의 전 병력이 당장 독자적으로 베트남에서 철수해야 한다고 주장하면서, 전장에서 직접 목격하거나 다른 병사들을 통해 알게 된 전쟁의 참상과 범법 행위들을 이야기했다. 그야말로 암울하기 짝이 없던 시절에 윤리적 명확성과 리더십이 빛을 발하는 순간이었고, 케리도 이후 50년의 공직 생활 이력에서 기득권층 인물로서 이렇게 존경받았던 때는 두 번 다시 맞이하지 못한다. 젊은 시절 그가 보여준 정직함은 2004년 그가 대선에 민주당 후보로

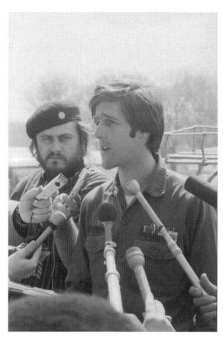

워싱턴 DC의 참전용사 시위에 참석해 발언하는 존 케리, 1971년 4월 21일.
(ⓒ Warren K. Leffler/Library of Congress)

출마해 애국심 충만한 참전용사의 선거운동을 벌일 때도 다시 한번 엿보였지만, 공화당 정보원들은(케리가 베트남전쟁반대참전용사회 Vietnam Veterans Against the War 리더였을 때 척을 진 이들이 끼어 있었다) 케리를 '허울뿐인 정치인으로 몰아가는'(케리의 병적兵籍에 대한 거짓을 흘리는) 한편 1971년 그의 의회 증언도 미군의 명예에 먹칠한 일이라며 공격했다.

　미국의 베트남전쟁은 마지막으로 주둔해 있던 미군 병사들이 1973년에 철수하면서 망신스럽게 끝을 맺었다. 미국 정부는 조지 오웰 George Orwell풍의 '명예로운 평화' 같은 말로 베트남전쟁의 성과를 긍정적으로 포장하려 했지만, 결국에는 미국이 굴욕적인 패배를 안

왔고 그에 따르는 끔찍한 대가는 대체로 동남아시아 사람들이 떠안 았다는(이들의 상처는 아직도 아물지 않았다) 사실을 모르는 사람은 없었 다. 전쟁이 끝나고 베트남은 하나로 통일된 공산주의 국가가 되었으 니, 미국이 어떻게든 막으려 했던 일이 도리어 실현된 꼴이었다. 수 십만 베트남인이 도망치듯 조국을 떠나면서 역사상 최악의 난민 사 태가 벌어졌다. 이후에도 20년이 지나도록 재정착을 위해 애써야 했 던 베트남인들은 수백만이 넘었다. 전쟁으로 목숨을 잃은 베트남인 만 300만 명 이상이었다.

그토록 많은 이가 죽고 끊이지 않은 고통을 겪었어도 결국 얻은 건 하나도 없었다. 베트남전쟁에서 목숨을 잃은 미군 병사는 총 5만 8000명이었다. 미국에서는 베트남전쟁을 계기로—베트남 분쟁을 발단으로 일이 커져 결국 닉슨이 거짓말을 일삼는 범죄자라는 사실 을 미국 국민에게 일깨워준 워터게이트 스캔들까지 겹치면서—정 부에 대한 국민의 신뢰가 바닥에 떨어졌고, 한번 떨어진 신뢰는 다 시 회복되지 못했다.[15] 닉슨 정부의 부통령으로 닉슨의 뒤를 이어 대 통령직에 오른 제럴드 포드Gerald Ford는, 닉슨도 다른 범죄자들처럼 (아울러 워터게이트에 연루돼 유죄를 선고받은 다른 관료들과 마찬가지로) 감옥 에 갔어야 옳았음에도 그의 모든 죄를 사면해 사태를 더욱 악화시켰 다. 취임 연설에서 포드는 "이 나라에 닥친 기나긴 악몽을 끝내겠습 니다"라고 미국 국민에게 약속했다. 하지만 포드 덕에 악몽은 막 시 작된 참이었다. 포드가 엉뚱하게 자신의 사면이 미국 국민의 아픈 마음을 '치료해줄' 것이라고 믿은 게 문제였다. 이 사면이 끔찍한 전 례가 되어 미국에서는 죄를 저질러도 최고 권력자는 실질적 책임은 지지 않아도 된다는 위험한 규칙이 굳건히 자리 잡았고, 이 인식이 이후의 대통령들과 일반 시민 모두의 머릿속에 명확하고 강력하게 각인됐다. 장기적 차원에서 봤을 때 정부에 대한 미국 국민의 불신이(원칙적으로는 건전한 충동이다) 크게 문제가 되는 이유는 그른 신념을 가진 자들이 이 불신을 제멋대로 악용할 소지가 있기 때문이다. 이런 자들은 부패하고 부정적 분위기가 팽배한 정치체제에서 활개를 치고, 국민에게 최선인 일들을 하지 않는 특징이 있으니, 국민에게 그들 삶에서 정부는 거의 혹은 전혀 필요 없다는 인식을 심어주려고 하는 자들도 이런 부류에 해당한다. 하지만 국민에게는 좋은 정부가 꼭 필요하며, 마땅히 진실된 정부를 가질 권리가 있다.

・・・

역사 자료를 살피다 보면 미국이 베트남전쟁을 치르는 시기의 대통령 존슨과 국방부 장관 맥나마라를 촬영한 놀라운 사진들을 발견할 수 있다. 그 사진들은 영락없이 고뇌에 빠진 두 남자 리더의 모습을 보여준다. 전쟁이 진행될수록 사진도 점점 침울한 분위기가 돼간다. 그중에서도 가장 심란한 분위기의 사진에서는, 존슨이 더 높은 곳의 권력에 간청이라도 드리듯 고개를 뒤로 젖힌 채 하늘을 바라보고 있다. 맥나마라는 지독한 편두통을 달래는 중인 것처럼 보인다. 이런 이미지를 보고 있으면 첫째로 당시 전황이 얼마나 안 좋게 돌아가고 있었는지 짐작이 간다. 하지만 이 사진에서는 요즘의 우리는 통 보지 못하는, 내 강의를 듣는 학생들로서는 무척 생경하기만 한

백악관 내각 회의에 참석한 대통령 린든 존슨과 국방부 장관 로버트 맥나마라, 1968년 2월 7일.
(© Yoichi Okamoto/NARA)

뭔가도 보인다. 바로 리더들이 자책감을 느끼는 것처럼 보인다는 것이다. 자신들의 결정과 행동으로 수많은 이가 희생당했다는 사실까지는 아니더라도, 적어도 자신이 자초한 실패에 관해서는 진정 뉘우치는 기색이 보인다. 지금 우리가 사는 세상에서는 가장 막강한 힘을 가진 리더들이 도무지 부끄러움도 뉘우침도 보일 줄 모르는 경우가 숱한데 말이다. 그런 맥락에서, 나라의 재앙을 논의하며 수심에 가득 차 있는 대통령과 국방부 장관의 사진들을 보고 있노라면 이들은 다른 시대만이 아니라 아예 다른 세상 사람들 같다는 생각마저든다.

1990년대에 접어들어 맥나마라가 베트남전쟁에서 자신이 행한역할에 공공연히 후회를 내비치기 시작한 것은 많은 이에게 큰 충격

다시, 리더란 무엇인가

이 아닐 수 없었다. 그만큼이나 높은 직책에 올랐던 고위 공직자가 과거 자신이 저지른 끔찍한 실수들에 대해 공적으로 자기 탓을 언명하는 일은 지극히 드물다. 오로지 그간의 오해를 바로잡고 실수들에서 가르침을 얻겠다는 뜻으로 그런 고백을 하는 경우는 더더욱 그렇다. 물론 맥나마라가 얻으려던 것이 용서였는지 동정이었는지 혹은 둘 다였는지는 분명치 않다. 수많은 맥나마라 비판자는 그가 1968년 국방부 장관직을 떠날 때 개인적으로 이미 베트남전쟁은 실패했으며 존슨이 확전을 원하는 건 잘못임을 확신했었다는 점을 지적한다. 그럼에도 그는 임기가 끝나는 날까지 계속 공적으로는 전쟁을 정당화했고, 전혀 그렇지 않다는 사실을 잘 알면서도 전황이 순조롭다는 식으로 국민에게 말했으니 임기 내내 끊임없이 거짓말을 해온 셈이라는 것이다. 그러고 나서 맥나마라는 슬며시 정계를 빠져나와 세계은행 총재로 부임해 13년 동안 이 한직에 머물렀는데, 그동안 전쟁에 대해서는 공적으로 단 한마디도 언급하지 않아 이후 몇 년간 더 세간의 부아를 돋우었다.

하지만 이 대목에서 맥나마라와 당시 일에 대한 그의 해명에 초점을 맞추는 것은 물론 이를 단박에 무시하지 않는 것도 중요하다. 1995년 그의 회고록 《회상In Retrospect》과 에롤 모리스Errol Morris의 2003년 다큐멘터리 〈전쟁의 안개Fog of War〉를 보면 맥나마라가 자신이 어떻게 해서 이른바 베트남전쟁 설계자가 됐는지 술회하는 대목이 나온다. 종종 감정에 북받치기도 하고 말을 아끼기도 하는 이 내용이 다 믿을 만한 것은 아니지만.[16] 맥나마라의 이야기에서 가장 섬뜩한 대목은 그런 일들이 벌어지도록 그가 어떻게 일조했는가와 함께, 그가 국방부 장관 자리에 어떻게 올랐는가 하는 것이다. 어쩌면 더 발전한 세상에서는, 즉 합리만으로 돌아가는 세계에서는 우리도 맥나마라를 응원하고 우러를지 모른다. 하지만 정작 현실에서 그의 재임은 우리 눈엔 참상으로밖에는 비치지 않는 끔찍한 일화로 남았을 뿐이다.

1960년 12월 케네디가 맥나마라에게 국방부 장관직을 제안했을 때 이 일은 아주 과감하고 혁신적인 인재 영입으로 비쳤다. 여기엔 현대적인 정부는 나라에서 가장 똑똑한 남자들이(그때 정부 관료들은 전부 남자였다) 끌고 가야 한다는 진보파 대통령의 의중이 일부 반영되었고, 저널리스트 데이비드 핼버스탬David Halberstam은 이들 집단을 일명 '최고의 인재들'이라 불렀다.[17] 아일랜드에서 건너와 캘리포니아에 자리 잡은 중산층 가문에서 자란 맥나마라는 전형적인 백인 남성의 인맥을 가졌다고는 할 수 없었다. 물론 사회적으로 많은 이점을 안고 있었고, 다른 수많은 이들과는 달리 그의 인종과 재능은 출세에 전혀 걸림돌이 되지 않았으나 시대의 맥락에서 봤을 때 그의 출세는 '실력 지상주의'에 따른 결과였다. 그는 열심히 노력하고, 공립학교에서 우수한 성적을 냈으며, 스탠퍼드대학교에 진학할 형편이 되지 않아 캘리포니아대학교 버클리에 입학해 1년에 53달러를 내고(오늘날 기준으로는 말도 안 되는 금액이다) 양질의 공립 고등교육과정을 수료했다.

〈전쟁의 안개〉 초반부를 보면 신동으로 불리던 시절 맥나마라의 모습이 매력적으로 그려지는데, 조숙한 천재였던 그는 어릴 때부터 주변의 모든 이를 깜짝 놀라게 했고, 그가 젊은 시절 창안한 한 분야

(시스템 분석systems anylisys)는 지금도 미국의 초일류 대학들에서 공공정책 및 사업의 기초로 가르치고 있다. 제2차 세계대전 때는 미국의 전쟁 기계 제작에 맥나마라의 수치 분석 능력과 재능이 단단히 결부되었다. 그도 첨단 데이터 분석을 공군력에 응용한 엘리트 그룹의 일원이었고, 이 기술의 접목으로 탄생한 끔찍한 결과들은 일본 도시들이 폭격당하고 불타버리는 모습들에서 똑똑히 확인할 수 있다. 이 참상을 두고 맥나마라는 〈전쟁의 안개〉에서 (전쟁 중 자신의 지휘관이었던 피도 눈물도 없던 커티스 르메이의 말을 빌려) 만일 미국이 그 전쟁에서 졌다면 자신들은 모두 전범 재판을 받았을 거라고 허심탄회하게 말한다.

이 같은 일을 겪은 뒤 맥나마라는 한 가족을 책임지는 젊은 가장이 되어 득의양양하게 전장에서 돌아온다. 그는 하버드대학교 경영대 교수라는 안정된 직위를 가질 수도 있었으나, 결국 그 자리를 사양하고 포드 자동차 회사Ford Motor Company에 들어가 승승장구한다. 포드사를 장기간의 부진에서 구해낸 그는 모든 차량에 안전띠를 장착하는 등의 과감하고 혁신적인 조처를 시행해 훗날 사장직에까지 임명되었다. 그도 〈전쟁의 안개〉에서 자랑스레 말하듯, 포드 가문의 일원이 아니면서 사장직에 오른 사람은 그가 처음이었다. 얼마 후 맥나마라가 44세일 때 케네디가 (43세였다) 그에게 신임 내각에 들어올 것을 청한다. 〈전쟁의 안개〉에서 맥나마라는 그때 로버트 케네디가 형을 대신해 처음에는 자신에게 재무부 장관직을 제의했던 이야기며, 그에 맥나마라가 자신은 자격이 안 되는 것 같다고 하자 (맥나마라가 거짓 겸손을 떤 것이었으리라) 케네디가 국방부 장관직을 제안했다는 이야기를 즐겁다는 듯 풀어놓는다. 사실 맥나마라가 어떤 각료직을 수락하든 그리 중요한 문제가 아니었다. 당시 케네디에게는 이 남자를 자기 각료로 앉히는 게 중요했으니까.

맥나마라는 이때 뜻밖의 결정을 했다. 그는 부유층 출신이 아니었던 만큼 여생 동안 대기업에서 일했다면 상상하지 못한 부를 거머쥐고 안락하게 살 수 있었을 테지만 그건 그가 추구한 바가 아니었던 것 같다. 대신 그는 막강한 권력과 실질적 영향력에 바짝 다가갈 수 있는 일을 택했다. 가족이 굶어 죽기까지야 하지는 않겠지만, 민간부문에 머물며 벌어들일 수 있는 돈에 비하면 보수가 턱없이 적었는데도 말이다.

맥나마라도 이 책 곳곳에서 심심찮게 만나게 되는 사람들, 즉 공직에 일종의 소명을 느끼고 권력자 밑에서 일하고픈 뜻을 가진 사람 가운데 하나였다. 이런 사람들은 돈벌이가 되는 재계와의 연줄을 반드시 끊지 않을뿐더러, 연줄을 이용해 돈을 버는 것도 절대 부끄럽게 여기지 않는다. 이는 미국만이 아니라 세계의 다른 수많은 나라의 엘리트층 정계에서 뚜렷이 나타나지만 충분히 논의되지 못하는 특징이기도 하다. 맥나마라의 경우에는 분명 다른 동기가 있어 보이지 않는다. 그는 수백만 명을 죽이는 데 힘을 보태거나, 혹은 더 부자가 되려고 장관직을 수락한 것이 아니었다. 분명 권력과 거기에 따라오는 영향력도 지나치게 좋아했겠지만, 그가 장관직을 수락한 이유는 세계 최고의 권력자, 더구나 자기 연배의 누가 봐도 특출한 인물 곁에서 자기 뜻을 관철할 기회를 도무지 뿌리칠 수 없었기 때문이다. 내 경험으로 미루어 보건대 오늘날 수많은 똑똑한 젊은이가

다시, 리더란 무엇인가

베트남전쟁 관련 기자회견을 하는 로버트 맥나마라, 1965년 4월 26일.
(ⓒ Marion S. Trikosko/Library of Congress)

공직에 뜻을 품는 이유도 이와 다르지 않다. 그것이 가장 중요한 기관들의 실세 권력자들 밑에서 일해볼 방법이니까.

원론적으로 보면 맥나마라의 삶은 그런 의미의 공직에 딱 맞는다. 많이 배우고 근면하게 일하는 데다 자기 능력에 자신감도 있었으니, 그러면 국방부를 합리적이고 효율적이며 편견 없는 조직으로 만들어나갈 것이었다. 직감, 연줄, 감정 따위로 국방부가 굴러가는 일은 없을 것이었다. 모든 건 통계적인 분석에 따를 것이었고, 정책도 합리적으로 결정될 것이었다. 전쟁도 적의나 두려움에 사로잡혀 감정적이거나 비합리적으로 치를 일이 없을 것이었다. 걸핏하면 버럭버럭하는 군관이 아니라 누구보다 꼼꼼한 문관이 미국의 전쟁을 감독하게 될 테니까. 그런 사람에게 나라의 전쟁 기계를 움직일 열쇠를 맡기는데 어떻게 일이 잘못될 수 있겠는가?

하지만 사실은 많은 게 잘못될 수 있었고, 실제로도 많은 일이 잘못됐다. 케네디가 세상을 떠난 후 맥나마라는 시기, 사람, 자기 자리를 모두 잘못 만난 사람이 돼버렸다. 맥나마라와 존슨은 훌륭한 조합이 못 됐다. 맥나마라는 존슨이 어떤 말을 듣고 싶어 하는지 직관적으로 알고 시종 그런 말들을 해주었다. 개인적으로는 의구심을 품고 있었고(그런 것처럼 보였다), 그 의심은 점차 커졌지만 공공연하게 드러낸 적은 한 번도 없었다. 맥나마라는 재능만큼은 누구보다 뛰어났지만, 공직이란 무엇인가에 대해 근본적으로 잘못된(세간에는 아주 흔한) 인식을 갖고 있었다. 로버트 맥나마라가 세계에 대해 가졌던 믿음과는 정반대로, 훌륭한 공직자란 권력자에게 봉사하는 사람, 혹은 권력자의 변덕에 쉽게 휘둘리는 사람이 아니다. 훌륭한 공직자는 언제나 국민을 위해 봉사하는 사람이다. 훌륭한 공직자는 그 자신이 세간에 영향력을 행사하려 하지 않는다. 공직자는 그게 국민을 위하는 길일 때만 영향력을 행사하며, 그러지 않을 바엔 공직자의 힘은 아무 가치가 없다. 이것이 바로 공직자가 훌륭한 리더가 되는 길이다. 진정으로 공직에 임하는 것이 곧 리더십이다. 훌륭한 리더십이란 곧 제대로 공직을 수행하는 것이다.

맥나마라는 국민을 위해 일하기는커녕 재임 기간 내내 국민을 상대로 거짓말을 했다. 그런데 아이러니한 사실은 결국은 그것이 존슨을 위하는 길도 아니었다는 것이다. 아무리 이 세상에 대한 첨단 전문 기술을 갖추고 있다 한들 정치와 역사적 현실에 대한 진정한 이해가 없는 한, 자신이 행사하는 힘에 희생당하는 사람에 대한 진정 어린 공감이 없는 한, 그게 무슨 소용일까. 맥나마라는 회고록과 〈전

다시, 리더란 무엇인가

쟁의 안개〉에서 베트남전쟁이라는 재앙에 관한 문제가 나오자 시종 무지에만 호소하는 모습을 보였다. 자신을 비롯해 당시의 리더층이 냉전이라는 상황에 너무 매몰된 나머지 베트남에서 중요한 것은 절대 미국도, 소련도, 중국도, 심지어는 공산주의도 아니었다는 사실을 미처 깨닫지 못했다는 것이다. 베트남전쟁에서 정작 중요했던 것은 서구의 제국주의와 통제에서 베트남을 해방시키는 것이었다고 그는 말한다.

하지만 이 해명은 형편없었던 리더십에 대한 구차한 변명에 지나지 않아 보인다. 당시 맥나마라는 역사 전반을, 특히 베트남사를 상당히 자세히 꿰고 있었다. 하지만 맥나마라는 그런 역사는 한편에 밀어두며 별것 아닌 것으로, 즉 자신이 군사작전에 대입하던 딱딱한 데이터와는 감히 비교할 수도 없는 '물렁한' 것으로 취급했다. 그러다가 그 '데이터'가 애초에 방향을 완전히 잘못 잡았음이 밝혀지자 이번에는 데이터를 밀쳐두고 그래도 우리는 승리를 일궈낼 거라는 근거 없는 믿음을 계속 선전하기 바빴다. 〈전쟁의 안개〉를 보면 아주 심란한 대목이 있는데, 바로 국방부 장관 시절의 맥나마라가 언론에 나와 자신이(아울러 우리가) 베트남전쟁에 관련해 알고 있는 것들이 잘못됐다고 말하는 부분이다. 맥나마라가 이런 식으로 거짓말을 한 동기는 분명치 않다. 애초 그도 국민에게 거짓말을 하겠다고 공직 생활에 발을 들였겠는가. 그의 입장에선 사람들이 품고 있던 생각을 그렇게 단번에 날려버리는 것도 결코 쉬운 일은 아니었을 것이다. 맥나마라처럼 그야말로 뭔가를 틀려본 적 없는 천재라는 소리를 일평생 들어온 자신감 충만한 사람으로서는 더더욱 그랬을 것이다. 그는 일을 잘못 다룰 수 있는 사람이 아니었다. 더욱이 공직자의 위치에 있으면서 국민에게 자신이 틀렸다고 인정할 수도 없었다. 아마도 그가 거짓말을 한 것은 자기 체면을 세우기 위해, 대통령과 자신의 명성을 지키기 위해, 그리고 자신을 낳은 것은 물론 그렇게까지 막강한 권세를 누릴 위치에까지 올려준 체제의 특권을 지키기 위해서였을 것이다. 외려 그는 국민에게 거짓말을 하는 것이 자기 의무라고 생각하지 않았을까. 하지만 정말로 그랬다면, 그는 단단히 잘못 생각한 것이다. 결국 가장 파렴치한 부분은 그가 이길 수 없음을 뻔히 알고도 전쟁을 계속했다는 것이다. 그 말은 곧 더 많은 미국인, 특히 베트남인들이 헛된 죽음을 맞을 거라는 뜻이었다. 하지만 베트남전쟁의 밑바탕엔 거짓과 기만이 깔려 있었고, 따라서 설령 미국이 전쟁에서 '승리'하는 일이 일어났다고 해도 그건 범죄와 다름없는 일이었을 것이다.

하지만 이러니저러니 해도 결국 이 사태에 대한 책임을 참모들이나 부하들에게 물을 수는 없다. 우리가 눈여겨봐야 할 사람은 가장 높은 자리에 있던 리더, 더없이 숙명적인 결정을 실제로 내린 당사자다. 베트남에서 실패할 확률이 크다는 주변의 경고뿐 아니라 전쟁에 대한 그 자신의 비관적인 생각을 무시한 것은 바로 존슨 대통령이었다. 자신이 미국 안에서 이룬 성취와 전 세계에서 '공산주의'와 싸워야 할 의무 중 무엇이 더 중요한지 가늠한 것도 그였고, '진실의 순간moment of truth'*에 ─ 애초 그가 대통령직에 올라 발 벗고 나서서 도왔던 이들을 버리고 ─ 후자를 택한 것도 그였다. 자신도 이길 수 없음을 아는 망한 전쟁에 대통령직을 기꺼이 희생시킨 것도 존슨이었다. 그전까지는 자신들의 삶이 나아지리란 희망을 전혀 갖지 못하다, 그가 대통령으로서 해낸 일들을 보고 나름의 희망을 품었던 이들이 당시 미국엔 정말 많았다. 베트남전쟁에서 가장 염두에 두어야할 것은 베트남 국민이었음에도, 그 사실은 까맣게 잊고 베트남전쟁을 자기 위주로 만든 것도 존슨 대통령이었다. 〈전쟁으로 가는 길〉말미에 이르러 상황이 파국으로 치닫는 장면에서 (존슨이 격노해 맥나마라를 비롯한 측근에게 사태를 어떻게 이 지경까지 만들었느냐며 노발대발한 것을 본 뒤) 클라크 클리퍼드가 말한 것처럼, "저 사람들은 대통령께 조언만 했을 뿐입니다. 결정은 당신이 하시지 않았습니까."

역사가 프레드리크 로예발Fredrik Logevall이 베트남전쟁 확전, 다시말하면 '미국화' 결정을 다룬 고전적 연구에서 보여주었듯 전쟁이진행될수록 존슨은 자신의 '신뢰성'에 점점 더 집착했다. 존슨은 이모호한 개념을 의사 결정에서 가장 중요한 요소로 삼았다.[18] 리더들이 주변 세상의 감정적 영향에서 완전히 자유로워지기란 지극히 어려운 일일 뿐만 아니라, 그 감정적 영향들이 리더들에게 한층 깊은공감과 공공선에 대한 의식, 나아가 올바른 선택을 할 수 있는 능력을 키워줄 수 있다면 감정도 좋은 요소가 될 수 있고, 좋은 것으로 여겨야 할 것이다. 하지만 존슨과 베트남은 그 경우에 해당하지 않았다. 리더로서 그 스스로 자신 있었던(교만하거나 자기중심적이지 않고) 부분, 다시 말해 국내 정책 영역에서 존슨은 그야말로 역사에 길이 남

---

* 스페인 투우 경기에서 쓰이던 말로, 투우사가 검으로 투우의 정수리를 찌르는 결정적인 순간을 뜻한다.

을 일들을 했다. 물질적 및 사회적 면에서 미국 국민의 기본적인 삶을 상당히 개선한 미국 대통령은 아마도 그가 마지막일 것이다. 하지만 존슨은 리더로서 자신 없었던(따라서 교만하고 자기중심적이었던) 부분, 즉 외교정책 영역에서는 미국에 엄청난 타격을 입혔다. 베트남전쟁에 자신만의 개인적 틀로 접근하고 부통령을 비롯한 회의적인 사람들의 목소리를 배격하면서 오로지 한 가지밖에 모르는 집단사고의 막膜을 탄생시켰다. 이것들이 타의 추종을 불허하는 군사력 그리고 그 힘을 사용할 무제한적 권한과 결합하면 결국 재앙이 터지고야 만다.

물론 당시의 리더들이 1968년 이후 등장해 전쟁을 더욱 막다른 길로 내몬 그들의 후임자들처럼 냉혈한에 부정직했다면 우리도 이 모든 사태에 대한 관심이 훨씬 적었을 것이다. 아주 부패하고 무능한 자들이었더라도 그랬을 것이다. 이로부터 60년 뒤에 거짓, 잘못된 신념, 탐욕, 수익만 좇는 귀 얇은 언론, 무책임한 야당, 거기에 민주주의, 여성의 권리, 인권에 대한 수많은 사람의 진심 어린 믿음을 악용한 행위들을 근거로 미국을 중동 전쟁에 나서게 한 장본인들처럼 말이다. 이런 부류는 사실 두 번 생각할 일이 없는 아주 단순한 사례들이다. 반면 리더십이라는 관점에서 보면 베트남전쟁은 더 복잡하고, 더 불편하고 배울 게 더 많은 주제다. 이 재앙과도 같은 대목에서도 우러를 만한 리더의 면모를 보여준 이들을 찾아볼 수 있다. 방식은 저마다 달랐지만 무하마드 알리, 존 케리, 대니얼 엘즈버그, 어니스트 그루닝, 웨인 모스가 그랬고, 이들과 함께 때로는 용감하게 큰 희생을 감수하며 조국이 더 잘하길 요구했던 사람들, 몸소 투사, 반란자, 심지어 성자의 면모를 주저 없이 보여준 미국의 남녀 시민들이 그랬다. 하지만 베트남에서 미국이 전쟁을 치렀을 때는 아쉽게도 투사, 반란자, 성자의 면모를 보여주었던 이들 리더는 결정적인 권력을 쥔 이들이 아니었고, 반면 결정적인 권력을 쥔 이들은 투사, 반란자, 성자 어느 하나의 면모도 전혀 보여주지 못했다. 언젠가는 이 둘이 일치하는 날이 부디 왔으면 한다.

7장

대적

무엇을 적으로 규정하고 싸울 것인가

◆

해방의 동상이몽,
마하트마 간디와 B.R. 암베드카르

넬슨 만델라부터 마오쩌둥, 아웅 산 수 치에 이르기까지 오늘날 세상이 가장 잘 아는 상징적인 세계적 리더 몇몇은 비교적 최근의 특정 시점을 배경으로 출현했다. 식민주의가 점차 물러가고 민족의 독립 물결이 거세게 일어나던 시점 말이다. 이 대목에서 가장 훌륭한 실례, 즉 전 세계의 가장 유명한 인물 가운데서도 우리가 쉽사리 손에 꼽는 인물은 마하트마 간디Mahatma Gandhi일 것이다. 물론 인도에 살지 않는 한 간디가 무엇 때문에 그렇게 유명한 인물이 됐는지 정확히 짚어낼 수 있는 사람은 거의 없겠지만. 역사적으로 중요한 리더들에 대해 가르칠 때의 어려움이 있다면, 사람들이 지금껏 칭송하지 않은, 심지어 이름조차 모르는 인물들이 얼마나 큰 중요성을 지녔는지 강조해야 한다는 것이다. 예를 들면 제2차 세계대전 때 프랑스에서 일었던 저항운동 사례가 그렇다. 그런가 하면 해당 사건을 이끈 리더가 누구라고 특정할 수 없어 보이는 상황에서 리더십을 논의해야 할 때도 어렵기는 마찬가지인데, 이를테면 일본의 진주만공격이나 미국의 히로시마 및 나가사키 원폭 사례가 그렇다. 하지만 뭐니 뭐니 해도 리더십을 가르치기 가장 어려운 때는 유명한 리더에 대해 가르쳐야 할 때가 아닐까 한다. 구체적으로 말하면 그 리더가 왜 중요하고, 우리가 누구보다 유명하다는 그 리더에 대해 배운 내용들이 왜 조작돼 있고, 선별적이거나 잘못된 경우가 많은지 그 이유를 말해주기가 여간 어려운 일이 아니다. 간디의 경우 전 세계 사람 대부분은 간디 하면 '비폭력'을 떠올릴 것이다. 왜 전 세계의 교육 체계는 하나같이 간디의 리더십 가운데서도 유독 이 측면을 가르치는 데 열성인지 그 이유를 짐작해보는 것도 더없이 흥미로운 일이다. 여기서 중요하게 짚고 넘어가야 할 점은 당시 간디의 목표는 '비폭력'이 아니었다는 것이다. 비폭력은(심지어 그 의미도 오늘날 대부분 사람이 학교에서 배우는 내용이 아니다) 하나의 방법이었지, 어떤 소명은 아니었다. 비폭력은 간디의 삶에서 중요한 핵심이 아니었다. 그는 공공연한 폭력을 적으로 규정한 바 없었다. 그의 적은 식민주의였다. 구체적으로 말하면 인도에서 영국이 행한 식민주의였다. 간디의 일차적 대의는 비폭력이 아니라 인도라는 민족국가의 독립이었다.

우리는 리더십을 으레 긍정적인 무언가로 생각하길 좋아한다. 리더십은 하나의 대의를 상징하고 '사람들을 하나로 단결시켜' 변화와 변혁을 이뤄내기를 추구하는 것이라고. 하지만 이는 판에 박힌 생각일 뿐이다. 이러한 리더십의 번지르르한 이면에는 살벌하고 변치 않는 현실이 자리 잡고 있다. 사람들이 원하는 바람직한 대의가 현실에서 이뤄지길 바라는 이유, 변모를 갈망하는 이유, 세상이 더나은 곳이 되길 바라는 이유는 다름 아닌 지금의 현실이 비루하거나, 점점 더 비루해지고 있어서다. 우리가 겪고 있는 가장 큰 문제들은 인간 자신, 더 정확히 말하면 권력자들이 행한 선택의 결과로 빚어진 경우가 대부분이다. 이 말은 결국 막강한 힘을 가진 이들 세력이 ―사람, 제도, 이해관계― 더 나은 세상으로 가는 길목을 막고 있는 장애물이기도 하다는 뜻이다. 그런데 더 나은 세상을 만들기 위해 리더가 맞서 싸워야만 하는 건 정확히 무엇일까? 가령 내가 사람들을 이끌고 싶은데 지금 현실이 더없이 좋다고 생각한다면, 세상이 무엇 때문에 내 리더십을 필요로 하겠는가? 세상이 근사하게 자리 잡혀 있다면 이 세상이 나를 리더로 필요로 할 일은 없을 테고, 설령 그렇지 않다 해도 나는 세상이 필요로 하는 종류의 리더가 아닐 수도 있다. 아닌 게 아니라 만일 내가 현 상태가 괜찮다고 느끼고 있다면, 변혁을 바라는 리더들은 더 나은 세상을 만들기 위해 뛰어넘어야 할 장애물이 바로 나라고 생각할 수도 있다.

한마디로 역사에서 나름의 의미를 지닌 리더들에게는 저마다 막강한 적이 있기 ―혹은 그런 적을 규정하기― 마련이다. 그런 적이 없으면, 다시 말해 리더십을 발휘하는 중에 만만찮은 반발을 전혀 만나지 못하면 리더들은 중요한 존재가 될 하등의 이유를 갖지 못한다. 이겨낼 상대가 없이는 '사람들을 하나로 뭉치게 하는 것'도 의미 없는 공론일 뿐이다. 그래서 극단적으로 최악의 경우에는 리더가 되고자 하는 자들이 가공의 적을 만들고는 그들을 색출해 파멸시키기도 한다. 예를 들면 히틀러가 유대인을 상대로 벌인 일들이 바로 그랬다. 하지만 나는 현실 속에서 적들을 찾아낸 리더들에게 초점을 맞추고자 한다. 민족의 영광이나 영토 혹은 인종 학살 따위가 아니라,

국민을 위하는 일을 중시했던 이들 말이다. 히틀러가 살인을 불사하며 매달린 허튼 강박관념인 '인종'과는 달리 식민주의는 실제로 존재한 막강한 실체였다. 알베르 멤미Albert Memmi부터 프란츠 파농Frantz Fanon에 이르는 여러 사회운동가와 이론가도 설명했듯, 어떤 민족이 식민 지배를 당하면 단지 그들의 땅이 점거당하고, 그들의 자원이 수탈당하고, 그들의 인신만 예속당하는 게 아니다. 그 민족의 정신까지 잔혹하게 말살당한다.[1] 자기 민족의 자결을 원했던 반식민주의 운동 리더들은 자유로워진다는 것이 단순히 군사적, 정신적, 경제적 차원만이 아니라 심리적 차원에서도 일어난다는 사실을 하나같이 잘 알고 있었다. 따라서 반식민주의 운동의 리더로서 가장 중요한 이들은 정치적 행로에 대한 선택만이 아니라, 주된 적이 누구이고, 그 적을 쳐부수려면 무엇을 할 필요가 있는지를 간파하는 데 남다른 면모를 보였다. 자신이 마주한 적, 다시 말해 자신이 이끄는 사람들의 적이 누구인지를 알아내는 것은 역사에 남는 리더십에서 결코 빠질 수 없는 요소이다. "이제까지 내가 만든 적이 누구인가를 보고 나를 판단해주길 바랍니다"라고 프랭클린 루스벨트는 말한 바 있다. 적을 아는 것이 왜 중요한지 그는 잘 알았다.

최근 식민주의라는 주제와 관련해 터무니없는 수정주의적 이론이 숱하게 쏟아져 나오는 만큼, 다음의 한 가지 점만큼은 재차 분명히 짚고 넘어가는 것이 중요하다. 즉, 식민주의는 악독한 제도로서, 노예무역이나 노예 기반 경제처럼 오늘날에는 거의 옹호하기 힘든 폐습과도 긴밀히 얽혀 있다. 식민주의는 폭력적이고 압제적인 성격을 본래부터 갖고 있다. 식민 지배를 당한 민족들은(수백만 명으로 추산

　　　　　　　　　　　다시, 리더란 무엇인가

되는 비명에 사라진 이들을 포함해) 식민 지배를 선택할 기회나 제국주의가 과연 정당한 것인지 생각해볼 겨를조차 없었다. 식민 지배에 저항하거나 맞서 싸우려고 할 때는—그렇게 한 이들도 많았다—처참하게 짓밟히고 집단으로 학살당했다. 식민지에서 일어난 정복 전쟁에서, 혹은 식민주의 시대 동안 식민 지배가 이뤄지는 과정에서 정확히 얼마나 많은 사람이 목숨을 잃었는지는 현재로선 알 길이 없다. 20세기를 규정하는 가장 악독한 특징이 인종 학살이라고 할 때, 우리는 그것이 바로 식민주의 시대의 기본적 특징이었음을 잊어서는 안 된다. 미국만 해도 아메리카 원주민에 대한 대량 학살과 인종 청소를 통해 탄생한 나라나 다름없고, 이 사실은 서반구에 자리한 다른 수많은 나라를 봐도 마찬가지이다.

영국과 프랑스 같은 유럽의 주요 제국들은 제2차 세계대전을 겪으면서 역사의 뒤안길로 사라졌다. 미국과 영국은 제2차 세계대전 초반에 일찌감치, 일본의 진주만공격과 미국의 참전이 있기 전부터 이른바 대서양헌장Atlantic Charter을 만들어 연합국이 전쟁에서 승리한 후 세계의 질서를 어떻게 짜면 좋을지 논의했고 루스벨트와 처칠 사이에서 8개 조로 합의를 이루었다. 대서양헌장의 제3조에 따라 미국과 영국은 "모든 민족에 대해 향후 통치받을 정부 형태를 그들 자신이 선택할 권리를 존중하고, 나아가 주권과 자치권을 무력으로 빼앗긴 민족들이 그 권리를 다시 찾을 수 있기를 희망한다"라고 다짐했다.[2] 한마디로 이제 모든 민족은 자결권을 가진다는 뜻이었다.

열성적인 제국주의자였던 처칠은 영국이 아프리카와 아시아에 갖고 있던 식민지 영토를 포기할 의사가 전혀 없었던 만큼, 이 헌장에서 말하는 민족이란 전쟁 기간에 독일군, 일본군, 소련군이 점령했던 지역(주로 유럽 지역) 사람들을 가리켰다. 영국은 자유와 자유민주주의를 명목으로 히틀러 및 나치와 싸움을 벌이는 중에도 인도에서 케냐에 이르는 식민지에 대한 제국주의 지배는 단단히 옥쥐나갔다.[3] 처칠이 보기에 영국은 자연스럽고 선한 제국으로서 그 자신이 천명한 민족자결 원칙에서 제외되는 곳이었다. 하지만 세계대전 동안 연합국에 큰 도움을 주었던 나라들을 비롯한(예를 들면 식민지 인도는 아시아와 아프리카의 전쟁에 총 250만 명을 파병했고, 이 중 8만 7000명이 목숨을 잃었다) 식민지 세계 사람들은 대서양헌장의 내용을 진지하게 받아들이며 그것이 탈식민지 세계의 초석이 되리라 여겼다.

이 믿음은 1945년 나치 독일과 제국주의 일본이 패망하고 세계가 본격적으로 냉전 시대로 돌입하자 극적이고 폭력적인 양상으로 표출되기 시작한다. 그러는 사이 과도기의 식민 세계에서는, 역사학자 오드 아르네 베스타Odd Arne Westad가 '혁명가들Revolutionaries'이라 불렀고 우리가 따로 주목할 수밖에 없는 일단의 리더 세대가 등장한다. 일반적으로 해당 식민지의 엘리트였던 이들 리더는 최상류층을 이루던 극소수 젊은이들로, 하나같이 메트로폴(그들 모국을 식민지로 삼았던 제국의 수도)에서 공부하고 일했다는 특징이 있었다. 아프리카, 중동, 동남아시아에 이르기까지 두루 나타난 이들은 조국에서 살아가는 민족의 자유라는 이상을 위해 열의를 바쳤다. 그 이상에 다다르기 위해 이들은 각기 다른 길을 걸었으나, 민족주의에 당시 유행하던 두 주류 이데올로기(마르크스주의나 자본주의) 중 하나를 접목한 점은 대체로 비슷했다. 확실하게 갈리는 두 이데올로기 중 어느 쪽

다시, 리더란 무엇인가

을 택했건, 원래는 제국의 종복이었던 이들이 어느덧 전략적으로 더러는 싸움도 불사하며 제국의 적이 되었다. 미래에 조국의 리더로 자리매김하는 이들 젊은이 상당수는 유럽에 머무른 경험 덕에 조국에 돌아오면 자신들이 얼마나 뒤처져 있는지를 새삼 인식할 수 있었다. 이들은 유럽인이 식민지를 착취하고 수탈해서 부를 쌓았다는 사실을 깨닫고는, 식민지 개척자들이 내걸었던 고전적인 정당화의 구실은—식민 지배를 받는 세상을 부유하게 만들고 발전시켜주겠다는 약속—전혀 사실이 아니었다고 결론 내렸다. 이 점은 진작부터 눈치채고 있었을 것이다. 그들은 너무나도 큰 이상과 현실의 괴리를 도저히 받아들일 수 없었다.[4]

이들 식민지의 젊은 신민들은 메트로폴 사람들이 당연시하는 것들을 똑같이 하고 싶었다. 이들도 현대적인 세상으로 진입하고 싶었다. 하지만 그 염원을 이뤄주겠다는 제국의 말에는 매수당할 생각이 없었고, 식민지 통치자들에게는 애초부터 그럴 뜻이 없었다는 생각마저 들었다. 이제 그들은 독립을 위해 싸우겠다고 결심을 굳혔다. 하지만 무슨 수로 그런단 말인가? 더욱이 식민지 통치자들이 그러지 못하겠다고 하면 어떻게 할 것인가? 아프리카에서 아시아, 중동에 이르는 당시 식민지 세계의 젊은 리더들은 바로 이 질문들에 답하지 않으면 안 됐다. 그리고 질문들에 답하며 자신들이 맞서 싸워야 하는 적이 누구인지 찾아내야만 했다.

···

    질로 폰테코르보Gillo Pontecorvo의 1966년 영화 〈알제리 전투La Battaglia di Algeri〉는 당대의 정치 영화 중 단연 압권일 뿐만 아니라 영화 역사 상 가장 위대한 작품으로 손꼽아도 손색없는 걸작이다. 이 영화는 장르만이 아니라 제작 방식까지 논픽션의 특징을 띤다. 알제리 독립 전쟁(1957~1962)의 초반을 그린 이 영화는 핵심 역할을 하는 전문 배우 한 사람을 빼면 화면에 등장하는 이들 대부분이 실존 인물이고, 영화에 나오는 사건들을 불과 몇 년 전 겪은 알제리 주민들도 찾아 볼 수 있다. 지중해에 면한 알제리의 수도 알제의 풍광도 이 영화의 근사한 볼거리이다.

    〈알제리 전투〉는 낭만적인 영화가 아니라 사실주의 영화다. 영화 는 전투를 벌이는 양편인 알제리 반군(국민해방전선Front de Libération Nationale, FLN)과 프랑스군의 모습을 보여준다. 영화가 절반쯤 접어들면 이 야기의 초점은 프랑스 낙하산부대로 옮겨지는데, 무자비하면서도 동시에 사려 깊은 마티외Mathieu 대령의 지휘 아래 도착한 이 부대의 목표는 알제리 반란군 섬멸이다. 뉴스 릴 형식의 흑백필름 촬영 기 법, 작곡의 거장 엔니오 모리코네Ennio Morricone의 절묘한 사운드트랙, 당시 사태의 잔혹한 광경을 여과 없이 적나라하게 보여주는 연출, 도덕적 판단이 어려운 딜레마 상황들, 실제 인물들이 주인공을 맡은 데서 나오는 자연스러운 연기 등 이 영화에는 한바탕 논의가 벌어 질 만한 요소가 곳곳에 가득하다. 사실 세상에는 양쪽의 경험을 다 해본 나라들이 적지 않다. 한때는 민족의 자유를 위해 싸웠다가 나

다시, 리더란 무엇인가

중에는 다른 민족의 자유를 억압하는 싸움을 벌이기도 한다. 그런 나라의 국민은(미국, 중국, 인도, 이스라엘 모두 여기 해당하나, 이들 나라 외에도 많다) 〈알제리 전투〉를 보면 처음에는 자부심을 느끼다가 후반부에 들어서는 왠지 주눅이 들게(아니면 거부감을 느끼게) 된다. 거울 속 자기 모습은 영 거슬리는 법이다.

이 영화를 보면 리더십 기술에서 핵심은 과연 무엇인가 하는 질문이 고개를 든다. 다시 말해 리더가 남에 대한 폭력을 승인하거나 그 자신이 폭력을 행사해도 정당한 때는 과연 언제일까? 사건의 규모가 크건 작건 정계의 리더들이 언제나 마주하는 질문이다. 이런 면에서 〈알제리 전투〉는 리더십의 의미와 관련해 가장 눈여겨봐야 할 다큐멘터리이기도 하다. 우리의 도덕적 가치들을 갖가지 목표와 저울질하는 것은 어디서나 리더십에서 중요한 부분이다(도덕성이 우리의 의사 결정에서 일정 역할을 한다고 가정할 때의 이야기지만). 그런데 폭력이 정당하다고 하면, 폭력을 행사해도 정당한 목표물은 누구 혹은 무엇일까? 이 영화에 등장하는 폭력의 희생양은 다종다양하다. 반군, 범죄자, 죄수, 경찰, 민간인, 심지어 아이들까지. 영화 속에서는 인간의 생명과 가치에 서열을 매기는 것이 지극히 어려운 일로 그려진다. 폭력성이 나타나는 모든 상황에서 도덕적 판단을 내리기가 얼마나 불확실한지를 실감 나게 보여준다. 헛된 죽음은 하나도 없다. 사람 목숨을 앗는 것은 결코 가벼운 일이 될 수 없다.

이 영화는 그 자체만 감상할 수도 있지만 역사적 배경을 알면 내용이 더욱 생생히 다가온다. 굳이 말하자면 알제리는 프랑스가 초반부터 애지중지한 식민지였다. 프랑스가 무력으로 이 땅을 처음 차지

질로 폰테코르보의 영화 〈알제리 전투〉(1966)의 한 장면.
(ⓒ Moviestore Collection Ltd./Alamy Stock Photo)

한 것은 1830년이었다. 이후 이곳에 수십만의 프랑스 정착민(콜론 co-lons)이 들어와 프랑스 시민 자격을 내세워 안락한 삶을 꾸려나갔다. 프랑스 시민이 그곳의 압도적 대다수였던 원주민보다 경제적 및 정치적으로 우위에 있었기 때문이다. 당시 알제리에서의 삶이 이렇듯 프랑스 쪽으로 쏠려 있었던 것을 알면 영화 〈알제리 전투〉의 수많은 장면이 더욱 의미심장하게 다가온다. 알제리는 모든 프랑스 식민지 가운데서도 입지가 각별해서 1848년 프랑스가 데파르트망 department* 으로 편입할 정도였다. 이는 알제리가 정식으로 프랑스의 일부가 되었다는 뜻이었다. 물론 알제리에서는 프랑스 정착민만이 프랑스 시

---

* 프랑스의 행정구역 단위.

다시, 리더란 무엇인가

민의 혜택을 누릴 수 있었지만 말이다. 알제리인은 프랑스의 신민이었고, 프랑스 법에 따라 알제리인이 프랑스 시민이 되려면 개개인이 각자 신청해야 하는 것은 물론 공식적으로는 이슬람교와 그 율법도 버려야 했다. 설령 프랑스 시민이 된다 해도 알제리인은 계속 제2계급에 머물러야 했다.[5]

영화 초반 장면들을 보면 알제리 식민지 사람들의 관계, 특히 위계 서열이(콜론들이 위세를 부리며 일상에서 공공연하게 인종차별을 일삼는 모습이) 생생히 드러난다. 알제에서 바다와 면한 유럽인 거주 지역은 온통 하얗고 우아하고 빛이 난다. 반면 무슬림 거주 구역인 카스바casbah는 많은 사람이 몰려 사는 데다 가난하다. 영화 〈알제리 전투〉는 식민 지배가 120년 넘게 이어진 땅에서 일어난 사건들을 그린다. 애초 이 땅을 점령할 당시 프랑스 군대는 알제리인에게 갖은 만행을 저지른 끝에 자신들 밑에 예속시켰다. 나중에 식민지 선전에서 프랑스는 행복에 겨운 알제리인들이 자기들 땅에 프랑스인이 발 들인 것을 고마워하는 것으로 그린 한편, 프랑스인들은 그들의 정치가들이 교만하게 말하는 이른바 '문명화의 사명' 완수에 여념 없는 모습으로 보여준다. 불결하고, 야만적이고, 비기독교적인 대중에게 발전, 계몽, 문화를 전파한다는 것이 프랑스가 자처한 역할이었다. 이 제국주의적 자만심의 영국 버전이 러디어드 키플링Rudyard Kipling의 1899년 작품 〈백인의 짐White Man's Burden〉으로, 이 시는 미국에게 어서 필리핀-미국 전쟁에서 승리해 필리핀을 병합하라고 외친다.[6]

하지만 정작 알제리인들은 외국인들이 자기네 땅을 강탈하거나 식민지로 삼는 것을 추호도 바라지 않았을 뿐만 아니라, 유럽인들의 생각과는 반대로 식민화가 우주의 자연스러운 질서라고 생각하지도 않았다. 프랑스 군대가 민간인을 동굴로 몰아넣고는 일명 '연기 뿜기'를 통해 불을 피워 질식시켜 죽인 알제리인만 수천 명에 달했다. 프랑스가 알제리를 완전히 정복하기까지는 수십 년이 걸렸다. 1875년 무렵에는 그 과정에서 프랑스군이 죽인 알제리인이 수십만 명에 이르렀다. 프랑스가 알제리를 식민화한 기간 동안 목숨을 잃은 사람들의 수는 어쩌면 영영 알 길이 없을지도 모른다.

이 시대는 1962년 알제리가 독립하면서 막을 내렸다. 알제리인은 자유를 얻기 위해 프랑스군에 맞서 피비린내 나는 싸움을 오래도록 벌여야만 했다.[7] 독립 전쟁 기간에 얼마나 많은 알제리인이 죽었는지는 헤아리기 어렵다. 약 50만 명부터(프랑스 측의 자료에 따르면) 150만 명에 이르기까지(알제리 측의 몇몇 자료에 따르면) 천차만별이다. 이 어마어마한 폭력은 알제리에서만 끝나지 않고 프랑스까지 여파가 들이닥쳤다. 프랑스에서도 알제리 이민자들이(이들과 함께 알제리 태생의 프랑스 시민들도) 국가 폭력의 희생자가 되기 일쑤였는데, 1961년 10월 17일 프랑스의 국가 경찰이 친FLN 시위대를 공격해 사람들을 구타하거나 센강에 던져 넣어 수백 명을 죽인 일명 '파리 대학살' 같은 경우가 그랬다. 당시 경찰국 국장 모리스 파퐁Maurice Papon은 제2차 세계대전 때 나치에 부역하며 1600명의 프랑스 유대인을 나치의 강제수용소로 추방하는 데 동참한 인물이었다. 프랑스는 수십 년 동안 1961년의 파리 대학살을 부인하다 1998년에야 비로소 자신들의 만행을 인정했다. 아울러 바로 이해에 파퐁도, 그때껏 파리의 상류층에서 오랜 세월 승승장구하다가 드골에게 레지옹도뇌르

다시, 리더란 무엇인가

훈장을 받은 지(파퐁이 알제리 시위대에 공격을 명한 바로 그해였다) 37년이 지나서야 마침내 비시 정권 시절의 전쟁범죄에 대한 재판을 받고 유죄를 선고받았다.[8]

우리가 전 세계 사람들의 식민지 시절 경험이 각기 어땠는지를 요목조목 들여다볼 수는 없다. 그런 의미에서 〈알제리 전투〉는 더 넓은 역사적 현상과 그 속에서 탄생한 리더십을 한눈에 정리해 보여주는 역할을 한다. 이 영화에서 우리는 식민주의가 현실에서 어떤 식으로 작동하고, 어떤 난관들을 만났으며, 나아가 어떻게 끝을 맞았는지 알 수 있다. 아울러 사람들이 자유를 위해 어떤 대가를 치르고, 얼마나 많은 희생을 하고, 식민 지배자들에게 어떤 식으로 맞서 싸웠는지도 알 수 있다. 이와 함께 식민지 지배자들이 자신의 권력과 우위를 지키기 위해 어떤 일들을 불사했는지, 아울러 어떤 식으로 자신들을 혐오스러운 테러리스트들의 희생자로 여겼는지도 알 수 있다. 이 영화는 사람들이 끔찍한 폭력을 합리화하는 과정을 탁월하게 보여준다. 내 수업을 듣는 학생들은 이 영화에서 유혈의 강도가 도를 넘어서는 걸 보면, 그러니까 FLN과 프랑스 군대가 살벌하게 복수전을 전개하는 것을 보면 왜 양쪽이 '협상'에 나서지 않는지, 왜 알제리인은 '비폭력'을 택하지 않는지, 왜 프랑스군은 그들이 응당 보호해주어야 할 FLN 대원들을 고문하고 심지어 죽이기까지 하는지 도무지 모르겠다며 분통을 터뜨릴 때가 많다.

이러한 반응은 우리가 이런 유의 영화를 보거나 역사를 공부할 때 으레 나온다. 하지만 앞에서도 이미 봤지만, 자유는 심지어 가장 기본적인 것조차도 우리 손에 그냥 주어지지 않는다. 엄밀히 말하면 그런 일은 거의 없다. 사람들은 자유를 위해 싸워야만 했고, 그럴 때면 보통 폭력이 동반될 수밖에 없었다. 나아가 자유를 위해 목숨을 던져야 할 때도 많았다. 몇몇 반식민주의 운동에서는 비폭력이 통하기도 했지만, 비폭력이 통하지 않는(혹은 비폭력을 선택지로 고려할 수 없는) 상황들도 있었다. 그리고 그들이 목숨 걸고 싸운 건, 인간으로서 뛰어난 덕업을 이뤄서 미래의 배운 서양인 세대를 흡족하게 해주기 위해서가 아니라 식민 지배에서 해방되기 위해서였다.

알제리 전쟁을 비롯해 그간의 반식민지 운동 전쟁들에서 권력자들이 항상 테러리즘이라고 몰아붙인 방법 및 전술들, 즉 불법적이고 불필요한 폭력이 동원됐다는 사실을 우리가 받아들여야 하는 이유는 그 때문이다. FLN이 알제리의 프랑스 경찰들을 암살하기 시작한 것은 1956년인데, 그로부터 불과 2년 뒤에 프랑스는 디엔비엔푸 전투에서 패하고 그들이 애지중지하던 다른 식민지 인도차이나를 '상실'하게 된다. 이후 프랑스는 알제리 식민 지배에 더욱 박차를 가하고 전의를 다지며, 여기서는 반드시 자신들이 이길 거라고 확신했다. 아닌 게 아니라 1950년대의 프랑스 리더들에게 알제리를 포기한다는 것은 마르세유나 리옹을 포기하는 것만큼 상상할 수도 없는 일이었다. 그들에게 알제리는 프랑스의 일부나 다름없었다. 비록 거기 사는 사람들을 전부 프랑스인으로 여긴 것은 아니었을지라도.

하지만 알제리의 독립 투쟁에서 단순히 폭력만 주효했던 건 아니었다. 국제 무대에서도, 특히 UN에서도(당시 UN은 지금보다 훨씬 흥미진진하고 존재감이 큰 기구였다) FLN은 냉전이 가하는 갖가지 압박을 효과적으로 활용해 당대의 반제국주의 조류가 자신들에게 유리하게 작용하도록 했다. 당시 알제리인들이 각고의 외교적 노력으로 (특히 미국 같은) 동맹들을 통해 프랑스를 어떻게 압박했는지, 또 알제리인의 투쟁으로 어떻게 전 세계에 반식민주의 운동과 정서가 불붙을 수 있었는지는 그간 수많은 학자의 연구를 통해 입증돼왔다.[9]

하지만 오늘날 일각에서 소프트 파워라고도 일컫는 이런 힘만으로 충분치 않다는 사실은 알제리인의 투쟁 초기부터 분명하게 드러났다. FLN은 국제사회에 호소하기만 해서는 절대 프랑스인을 물리칠 수 없을 것이었다. 그렇다고 군사적으로 프랑스를 패퇴시킬 수 있는 것도 아니었다. 그래서 그들은 어쩌면 (세가 이울고 있었지만 여전히 지배적으로 군림하는) 프랑스 제국의 힘과 위세도 꺾을 만큼 자신들이 독립이라는 대의에 얼마나 헌신적인지, 그것을 위해서라면 자기 목숨도 아깝지 않음을 반드시 보여줘야 했다. 압제자들보다 자신들이 더 오래 버텨야 했다. 그러기 위해 그들은 투사, 반란자, 그리고 (때로는) 성자가 되어야 했다. 하지만 이 대목에서 우리의 직관 혹은 바람에 반하는 또 다른 요인을 인정할 수밖에 없는데, 결국 역사에서 일어나는 일은 전부 리더와 그들의 선택에 달려 있다는 것이다. 당시는 온 세상이 탈식민지의 흐름을 겪고 있던 때였다. 알제리는 프랑스의 후방 전투지이자 고전적 식민주의가 마지막 명맥을 잇고 있던 곳인 만큼 FLN에 대한 프랑스의 전쟁도 막바지를 향해 다가가고 있었다. 결국 역사의 동력, 전 세계 곳곳에서 일어나던 변화의 압력을 감당하기엔 프랑스에게도 역부족이었다. 급기야 프랑스 국민 대다수가 알제리 식민지 군대 주둔 및 FLN과의 전쟁을 더는 지지하지 않게 되었다. 더러는 리더들도 이런 변화의 바람에 맥없이 휩쓸려 자기 목숨을 건지려 애쓰는 것 외엔 할 수 있는 일이 거의 없을 때도 있다.

하지만 〈알제리 전투〉의 인물들은, 영화를 지켜보는 우리와 마찬가지로 이야기가 어떤 결말을 맞을지 몰랐다. 따라서 영화에 등장하는 리더들은 생사가 걸린 살벌한 결정들을 내린다. 그처럼 어려운 질문들을 던지는 대목이 — 때로는 주인공들의 입을 통해서 직접 — 이 영화의 백미이기도 하다. FLN 리더 벤 미히디Ben M'hidi가 프랑스 당국에 붙잡힌 뒤 기자회견이 열렸을 때, 한 기자가 알제리의 프랑스 민간인을 죽이려 바구니에 임시 폭발물을 숨겨서 여자와 아이들에게 들려 보낸 것은 '비겁한' 짓 아니었느냐고 묻자, 체포당한 이 반란자는 이렇게 반박한다. "무방비의 촌락들에 네이팜 폭탄을 떨어뜨리는 것이 훨씬 비겁해 보이지 않습니까? 당연히 당신네처럼 비행기가 있었다면 우리도 훨씬 쉬웠을 겁니다. 당신네 폭격기를 우리에게 주시오. 우리 바구니는 당신네가 가져가고."[10]

미히디는 감옥에 있다가 프랑스군이 체포한 반란자에게서 정보를 빼내기 위해 동원하던 모진 고문을(반란자들이 완강히 버틸 때 그렇게 해서 가학적으로 벌을 주었을 것이다) 당하느니 감옥 안에서 목을 매는 편이 낫다고 생각한 것 같다. 한편 기자회견에서 고문 사용에 대해 질문을 받은 마티외 대령은 딱 잘라 이렇게 말한다. 자신은 군인이라고. 그리고 자신과 병사들은 어떤 대가를 치르더라도 알제리의 반란을 반드시 진압하라는 프랑스 문민 관료의 명을 받고 여기까지 온 것이라고. 그러면서 단도직입적으로 문제의 핵심을 찌른다. "FLN은 우리가 알제리를 떠나기를 원하고, 우리는 머물길 바랍니다. 우

다시, 리더란 무엇인가

리가 알제리에 머물러야 하겠습니까, 그러지 말아야 합니까? 그 대답이 '네'라면 거기 따르는 결과들은 그냥 받아들여야 합니다."[11] 여기에 함축된 뜻은 분명하다. 조국이 다른 나라를 점령하거나 다른 민족의 봉기(해당 안건을 어떻게 바라보느냐에 따라서 '테러리즘'이 되기도 한다)로부터 방어할 권리가 있다고 생각하든, 그런 일에는 관심 두지 않고 그저 평범한 일상을 영위하든 간에, 우리는 국가가 국민의 이름을 걸고 하는 모든 일에 항상 연루될 수밖에 없다.

멜빌의 〈그림자 군단〉과 마찬가지로 폰테코르보의 〈알제리 전투〉도 대부분 사람이 익히 아는 유명 인사 리더보다는 발로 뛰는 리더, 상상도 안 되는 어마어마한 압박을 받는 리더, 이기고자 이를 악문 리더, 죽음까지도 불사할 리더에게 더 많은 관심을 보인다. 그런데 〈알제리 전투〉에는 이중의 아이러니가 존재한다. 프랑스 레지스탕스와 알제리의 탈식민화 이야기 모두에서 프랑스 쪽의 가장 큰 걸물은 다름 아닌 샤를 드골이라는 것이다. 드골은 제2차 세계대전 동안 레지스탕스를 이끈 공식적 리더로 활동하다, 프랑스 제4공화국이 무너진 후(알제리 전쟁이 화근이었다) 1958~1959년에 극적으로 정계에 복귀했다. 결국 드골은 알제리의 프랑스군 식민지 주둔을 공식 종결한 프랑스 대통령으로서 패배를 인정한다. 이런 부류 영화들에서 드골은 스타로 비치지는 않지만, 드골의 모습을 통해 우리는 (영화 속에서 마티외 대령도 지적하듯) 한때는 나치와 비시 정권에 맞서 싸웠던 바로 그 사람들이 10년 뒤에는 민족 해방을 위해 싸우는 알제리인에 맞서 싸우게 된다는 아이러니한 사실을 실감하게 된다. 그러나 알제리 전쟁 당시의 프랑스 리더층 입장에서는 거기에 모순되는 점이 없다.

1944년이나 1957년이나, 그들 관점에서 보기엔 자신들 나라를 지키려고 싸운 것이었으니까. 프랑스 리더들에게 FLN이 적이었던 것은 제2차 세계대전에서 독일군이 그들의 적이었던 이유와 똑같았다. 그리고 알제리 전투 막바지에 그들은 자신들이 성공했다고 믿었다. 프랑스군의 반란군 진압 기술은 기막힌 효과를 발휘해서, 심지어 미국 국방부는 2003년 8월 이라크 점령이 가장 긴박하게 돌아가던 시기에 군사 참모들에게 이 영화를 일종의 교본처럼 보여줬다.[12]

하지만 이 영화를 반란군과 진압군의 갈등을 무미건조하게 그린 것으로만 보면 핵심을 놓치는 셈이다. 알제리 전투—이 한 차례의 대치가 더 커다란 전쟁의 서막이 됐다—에서의 승리는 프랑스군에는 '피로스의 승리Pyrrhic victory'*였다. 당시 프랑스군은 그 전투로 알제리인의 봉기는 숨통이 끊겼다고 생각했다. 하지만 오산이었다. 정치적 차원, 나아가 윤리적 차원의 문제들이 군사적인 방법으로 해결될 리 없었다. 이 영화에서 얻을 수 있는 주요 가르침을 하나만 꼽자면 리더들은 전투에서는 이겨도 전쟁에서는 질 수 있다는 것이다. 당시 가장 중요했던 것은 자신들의 적이 누군지를 파악하고 끝내 그적을 패퇴시킨 알제리 반군의 능력이었다. 물론 승리를 얻기까지 그들은 진정 커다란 대가를 치러야 했고, 알제리에서 프랑스의 권위주의적 통치가 종식된 후 그 자리에는 결국 FLN의 권위주의적 통치가 다시 들어섰지만 말이다. 하지만 이 이야기는 다른 책에서 따로 다루는 게 좋겠다.

---

* 희생이 너무 커 승리의 의미가 퇴색한 전쟁을 가리는 용어.

다시, 리더란 무엇인가

．．．

　1956년 알제리의 반군 리더들이 규정한 적은 프랑스의 식민 통치 당국자, 더 나아가 대대적인 식민 통치 자체였다. 하지만 그들을 적으로 규정하고 싸움을 벌일 때 알제리 반군들은 목표물부터 골라야 했다. 영화〈알제리 전투〉에서 이들은 프랑스에서 알제리인을 죽인 데 대한 보복으로 처음엔 프랑스 경찰들을 목표로 삼았다가 나중에는 민간인으로까지 범위를 확대한다. 힘차게 흐르는 모리코네의 음악을 배경으로 전개되는 한 충격적인 장면에서는 카페에 폭탄을 설치하는 임무를 맡은 한 젊은 알제리 여성이 카페에서 주변을 둘러보는 모습이 나온다. 아무것도 모르는 상태에서 곧 희생자가 될 사람들의 얼굴들을 그녀는 하나하나 자신의 눈에 담는다. 아이스크림을 먹고 있는 어린 아기, 음료를 마시고 있는 젊은 여성, 웃음을 터뜨리는 나이 지긋한 바텐더까지. 이 대목에서 우리는 굳게 뿌리내린 식민주의에 맞서 싸운다는 것이 과연 무슨 의미인지 생각해보지 않을 수 없다. 하지만 무고한 이 민간인들도 프랑스가 알제리를 식민 점령하고 있기에 알제에 살고 있는 것이고, 프랑스군의 주둔이야말로 알제리인이 자유와 독립을 누리지 못하는 이유였다. FLN의 관점에서 봤을 땐, 프랑스의 식민 사업에 가담한 사람 가운데 '무고한' 이는 하나도 없었다.

　그러나 역시 영화에 잘 나타나 있다시피, 반식민주의 알제리 반군들은 식민주의자들을 공공연하게 노리기 전부터도 더 근본적이고 잡기 어려운 적이 누군지 알고 있었다. 그 적은 알제리 내부에 도사리고 있었다. 식민주의 속에서 오랜 세월을 살아온 끝에 굳어진 사람들의 사고관 말이다. 거기 구속된 사람들은 그 상황을 불변하는 것으로 받아들이며 이제 누군가에게 예속당한 채 열등하게 살아가는 것을 해가 동쪽에서 떠서 서쪽으로 지는 것만큼이나 당연하게 여기고 있었다.

그중엔 기회주의적인 사람들도 있었다. 식민주의 속에서 살아가는 게 개인적으로 득이 되는 사람들 말이다. 그런가 하면 정치에는 일절 관심 없는 사람들도 있었다. 사람들은 대체로 먹고살려 애쓰기에 바빴다. 모든 주요 반식민지 투쟁에서는 그런 사람들을 찾아내는 것이 관건이었다. 현 상황이 유지되는 편이 자신들에게 좋기 때문에 변화를 바라지 않는 사람들, 혹은 식민 세력이 물러가버리고 난 뒤 벌어질 일들이 두려운 사람들, 혹은 이에도 저에도 아무 관심이 없는 사람들. 반군 리더들은 식민주의의 영향은 깊고 침투성이 강해서 식민주의자들이 떠난 뒤에도 좀처럼 사라지지 않을 것임을 알고 있었다. 알제리 반란의 리더들이 애초 맞닥뜨렸던 내부의 주된 문제도 바로 알제리인들 자신에게 배어 있는 무관심, 체념, 냉소, 우울이었다. 막강한 프랑스 제국과 맞붙기 전에 반군 리더들은 먼저 강압을 비롯한 모든 수단을 동원해 자신들의 공동체부터 일신하지 않으면 안 됐다.

〈알제리 전투〉 초반부를 보면 도박, 약물 사용, 알코올 의존증, 매춘 등 빈곤 및 인종차별과 관련된 갖가지 사회적 병폐가 등장하는데, 이것들 때문에 알제리 사람들이 계속 빈곤과 식민 지배에서 벗어나지 못하는 것이기도 했다. 영화에는 한 무리의 꼬마들이(이 영화를 보면 아이들도 알제리 봉기 때 핵심적 역할을 했음이 잘 드러난다. 당시 알제리의 아이들은 철없이 클 수 있는 호사를 누리지 못했다) 술에 취해 고주망태가 된 어른을 괴롭히고 때리는 장면도 등장한다. 눈살을 찌푸리게 하는 대목이지만, 여기에는 알제리인들이 프랑스의 식민 지배에서 벗어나 독립을 쟁취할 태세를 갖추려면 아이들을 비롯한 모든 알제리인이 먼저 알코올 의존증을 비롯한 갖가지 악덕부터 사회에서 몰아내야 한다는 인식이 은연중 깔려 있다. 이렇게 반식민주의 투쟁에서 땅은 물론이고 정신과 영혼도 함께 자유로워져야 한다고 외친 것은, 이즈음 잔혹하게든 평화롭게든 다양한 방식으로 독립을 쟁취한 수많은 지역들을 비롯해 세계 곳곳에서 공통적으로 나타난 현상이었다. 물론 이 길 역시 독재와 편협으로 이어질 수 있었다(실제로도 그랬다). 수많은 탈식민지 정권에서는 억압적인 식민 통치가 물러간 자리에 또 다른 종류의 억압을 통해 독재를 시행한 경우가 많았으니까. 이번에는 본국에서 생겨난 자국 '주권'으로 행해진 독재였다.

알제에서 남쪽으로 약 4023킬로미터 떨어진 나이지리아 라고스, 이곳에서 펠라 랜섬쿠티Fela Ransome-Kuti는 1970년대에 대중음악가로 명성을 떨쳤다. 그가 태어난 1938년에 나이지리아는 영국 식민지였고, 그가 22세가 되던 1960년은 알제리 전쟁이 한창이자 나이지리아가 독립을 쟁취한 해였다. 나이지리아가 독립한 과정은 알제리보다는 평화로웠다. 당시 펠라는 런던에서 공부 중인 학생이었는데, 사회적으로 명망 있는 직종으로 나아갈 생각이었던 것 같다. 집안에서도 그가 변호사 아니면 의사가 되기를 바랐다. 하지만 그는 이내 다른 길을 택하고, 이로 인해 훗날 나이지리아 정부 눈에 제1의 공공의

적으로 낙인찍힌다.

펠라 쿠티는 역사가 오드 아르네 베스타가 말한 유형의 식민지 엘리트층, 즉 제국 열강의 교양과 문화를 온전히 흡수하고 나중엔 정치적 반란을 일으켜 독립을 요구했던 계층 출신이었다. 펠라의 아버지는 영국국교회 목사였고, 어머니 푼밀라요 랜섬쿠티Funmilayo Ransome-Kuti는 정계 실세로서 나이지리아 독립운동을 이끈 주요 인물이자 나이지리아 페미니즘의 창시자로 손꼽힌다. 펠라는 자신에게, 가나인으로서 아프리카 대륙 전반을 이끌었던 콰메 은크루마Kwame Nkrumah와 함께 어머니가 주된 영감의 원천이었다고 했다. 그의 누이들과 마찬가지로 펠라도 원래는 전문직의 정계 엘리트로서 독립한 조국에서 기득권층의 일원으로 자리 잡을 예정이었다. 펠라의 누이들은 실제로 그 길을 걸었다. 물론 펠라도 여전히 기득권층이었지만 전혀 다른 길을 걸었는데 아프리카에서 가장 유명한 음악가로 자리매김한 것이다. 하지만 펠라가 막강한 영향력과 명성을 가졌던 건 단순히 그의 음악 때문만은 아니었다.

1969년 펠라는 자신의 밴드(당시 서아프리카에서 유행하던 대중음악이었던 하이라이프highlife가 주특기였다)를 이끌고 로스앤젤레스를 여행했다. 서던캘리포니아에 잠시 머문 이 기간에 그는 삶이 뒤바뀌는 역동적인 경험을 하는데, 아메리카 흑인들의 투쟁, 특히 맬컴 XMalcolm X의 유산과 흑표당Black Panthers의 활동을 알게 된 것이다. 이들은 자신들을 서구 제국주의에 맞서 싸우는 흑인 민족주의자로 봤다. 펠라는 이 관점을 (미국의 수많은 음악과 함께) 나이지리아로 고스란히 들여왔다. 그러고는 1970년대 초부터 자신의 선구적인 음악 비전을 반기득

권적 성향과 접목했고, 그 안에 아프리카 문화에 대한 그의 반식민
주의적인 관점을 잘 담았다. 펠라가 일명 '아프로비트Afrobeat'라고 이
름 붙인 이 음악은 애초엔 아프리카의 하이라이프, 재즈, 그리고 아
메리카 흑인인 제임스 브라운James Brown의 소울과 펑크를 기막히게
뒤섞은 형태였으나, 차차 사회적 및 정치적 함의가 뚜렷한 음악으로
발전해나갔다. 신나고 독창성 넘치는 음악, 색다른 라이프스타일,
조국의 리더들에 대한 촌철살인 비판으로 펠라는 대중의 인기를 한
몸에 받는 가수이자, 반식민주의 운동이 탄생시킨 가장 중요하고 색
다른 리더로 부상하게 된다.

　내 수업에서 펠라 쿠티를 만날 때쯤이면 학생들은 이미 각양각색
의 리더를 만나보고 논의한 뒤다. 권력을 쥔 리더들, 사회운동을 하
는 리더들, 재계의 리더들, 정장을 빼입은 리더들, 전통 복장을 걸친
리더들, 심지어 로인클로스loincloth*만 입은 리더들까지도 익히 살펴
봤다는 이야기다. 하지만 그런 학생들도 펠라처럼 악기 연주와 녹음
을 주된 활동으로 삼고 대마초를 줄담배로 피우는 리더는 처음이라
고 말한다. 더욱이 속옷 차림으로 있는 걸 좋아하고, 금방이라도 무
너질 듯한 난개발 지역에서 전통의 틀을 벗어난 가족 및 측근들과
모여 살고, 낮엔 온종일 잠만 자다 밤을 새서 일하는 사람이 아닌가.
일부 학생들 눈에 펠라는 광신도들을 거느린 사이비 종교 리더처럼
보이기도 하는데, 그가 여왕이라 일컫는 여러 여성과 '결혼'한 데다,
밀의 종교 제식을 여는가 하면, 섹스에서 자본주의에 이르는 다양한

---

*　고대 그리스 시대에 허리에 둘러서 입는 옷.

주제에 관한 의견을 피력했기 때문이다. 하지만 리더십을 단순히 잔재주나 직업이 아닌 하나의 예술로서 진지하게 받아들인다면, 많은 사람을 이끄는 리더도 예술가로 진지하게 바라볼 수 있어야 할 것이다. 펠라 쿠티의 이야기를 나이지리아 한 나라에만 한정하거나 혹은 아프리카라는 더 커다란 맥락에서 이해할 수도 있지만, 예기치 않은 데 묻혀 있던 새로운 사료들을 통해 드러난 파격적인 리더십이라는 맥락에서도 이해할 수 있다.

펠라의 이야기는 글로도 접할 수 있지만 그의 진의를 파악하는 유일한 방법은 그의 음악을 들으며 실물로 생생하게 보는(그리고 듣는) 것이다. 여기서 내가 어떤 내용의 글을 쓴다 한들 그의 전성기에 공연을 보고 들었던 사람들이 그에게서 받은 영향을 오롯이 전할 수는 없을 것이다. 그러니 사료를 함께 살펴보는 것이 더 좋겠다. 1982년 다큐멘터리 영화〈음악은 무기다Music Is the Weapon〉가 제작되었을 때 펠라는 40대 초반이었다. 그가 음악계의 스타로 부상한 지 10년도 넘은 데다 음반도 수십 장 발매한 뒤였다. 예술 방면에서 이미 절정기를 지난 시점이기도 했다. 하지만 이보다 더 놀라운 사실은―아울러 이것이야말로 그가 바깥세상으로부터 지대한 관심을 받은(이 다큐멘터리도 그 관심의 일환이었다) 주된 이유이기도 한데―당시 펠라는 이미 나이지리아의 당국자들을 상대로 싸움을 벌여온 지, 엄밀히 말하면 공격당해온 지 오래된 노장이라는 것이었다.[13]

펠라는 라고스에서 제일 가난한 사람들 사이에 끼어 수돗물도 나오지 않는 노동자층의 동네에서 살면서 일하고 공연했다. 심지어 인생에서 가장 커다란 성공을 구가할 때도 그랬다. 영화에서 펠라는 대통령이 되겠다거나 다음엔 대통령 선거에 출마하겠다는 당찬 정치적 포부를 다소 두서없긴 하나 거침없이 밝힌다(이 영화는 나이지리아에 잠시 선거 기회가 있었던 1979~1983년과 이후 군부 통치 시절 사이사이 촬영되었으니 아마도 펠라는 출마가 허용되지 않았을 것이다). 속옷만 입은 한 남자가 감옥에서 구타당해 온몸이 상처투성이인 채로 허름한 동네의 다 해진 의자에 걸터앉아 대마초를 피워 물고서 그런 거창한 말들을 하는 걸 듣노라면 다소 거북하고 황당한 것도 사실이다. 허구한 날 모진 수모를 당하고도 펠라가 그렇게 결의와 에너지를 보여주는 것도 대단하지만, 이 영화는 나이지리아가 독립 후 어떤 방향으로 나아갔고, 펠라가 걸은 길이 이 역사와 어떻게 맞물려 있는지를 알 때 비로소 의미를 온전히 이해할 수 있다. 펠라와 그의 추종자들 관점에서 독립 후 나이지리아에서 벌어진 일들은, 과거 식민 세계를 상당 부분 그대로 답습해 실망과 환멸만 안겼을 뿐이었다. 그래서는 반식민주의 반군들이 그토록 염원하며 투쟁했던 황금시대, 즉 민중이 힘을 갖고 아프리카가 하나로 연대하는 시대가 열릴 것 같지 않았다. 외려 내전이 일어나고, 국가가 폭력을 행사하고, 부패하고 전쟁을 일삼는 탐욕적인 정권이 들어섰으니, 이들 정권은 때로는 애국주의와 이상주의로 위장하다가도 때로는 성가시다는 듯 아예 그조차 하지 않았다.[14]

푼밀라요 랜섬쿠티(1900년생)나 콰메 은크루마(1909년생) 같은 과거 세대의 수많은 아프리카 반식민주의 리더들이 꿈꿨던 건 아프리카 전역이 하나로 연대해, 식민 지배를 받는 대륙을 해방하고 민족주의의 병폐를 피하고 아프리카 사람들의 잠재력을 오롯이 발산하는 것이었다. 아울러 지정학적 관점에서는 미국과 소련의 냉전 각축전을 피할 수 있길 바랐으니, 두 초강대국은 세계의 다른 상당수 지역처럼 아프리카 대륙을 세력 싸움의 각축장이자 자원 수탈의 본거지로 여길 뿐이었다. 하지만 전 세계에서 진행된 냉전에 아프리카도 쑥대밭이 되었고 새로 독립한 신생국들도 살벌한 국제분쟁—아울러 착취를 일삼는 경제체제—으로 휘말려 들어갈 수밖에 없었다. 이런 분쟁과 경제체제는 아프리카의 현실과는 상관도 없을뿐더러 비부유층의 아프리카 사람들에게는 거의 아무 도움도 되지 않았다. 펠라는 〈음악은 무기다〉에서 자신이 조국에 바라는 것은 "자본주의도 아니요, 마르크스주의도 아니요. 오로지 아프리카주의"라고 말한다.

• • •

막 독립한 신생국 나이지리아의 출발은 결코 순탄치 않았다. 남부와 북부의 개발 격차와 함께 종교적 및 인종 분열(둘 모두 영국 식민주의의 유산이었다)은 끝내 폭력 사태 및 내전으로 폭발했다. 개중 피해가 가장 막심했던 것이 비아프라전쟁(1967~1970)으로, 이 내전에서 200만 명의 민간인이 목숨을 잃었고 사망자 대부분을 차지한 아이들은 기아를 못 견디고 죽었다. 이 끔찍한 분쟁이 남긴 주된 유산은 권력을 위해서라면 자국민에게도 얼마든 인종 학살을 감행할 용의가 있는 군부였다. 1970년대에 들어서자 나이지리아는 나라의 규모와 국유화된 석유 산업 덕에 아프리카 대륙에서 정치적 및 경제적으로 가장 중요한 국가로 부상했다. 하지만 초부유층의 세력만 커졌을 뿐 이 나라는 여전히 전제를 일삼고 부패하고 군부에 지배당하고 심하게 폭력적이었으니 극빈층 시민들에게는 특히 더했다. 이들 수백만의 나이지리아인들은 너저분한 데서 살면서도 나라의 석유가 벌어들이는 외화의 혜택은 한 푼도 받지 못했다.

이 시절의 나이지리아 상황은(여러 면에서 오늘날 상황도) 전 세계 수많은 사람에게도 낯설지 않을 것이다. 이런 곳들에는 잔혹한 무력으로 통치하는 전제 정권들이 있기 마련이지만, 이들도 공식적 리더가 카리스마와 함께 국민과 어느 정도 유대를 맺고 그를 중심으로 국가 이데올로기를 내세울 수 있으면 권력을 잘 유지해나가기도 한다. 그리고 무엇이든, 나아가 누구든 리더의 특권을 위협하는 세력은 그들의 적이 된다. 또 나라에 석유를 비롯해 외화벌이가 되는 제품이 있고 수익의 분배를 관리할 수 있다면, 그 수익으로 친구들과 지지자들에게 보상을 지급하고 잇속을 차리는 집권층 일원을 비롯한 정권의 비호 세력을 형성하여 체제 유지를 공고히 할 수 있다. 나이지리아는 권위주의적 국가였던 데다 석유에서 나는 수익을 국가의 뜻에 따라 부패한 방식으로 나눠줄 수 있었다. 다만 이 나라에는 가나의 콰메 은크루마, 세네갈의 레오폴 세다르 상고르Léopold Sédar Senghor, 탄자니아의 줄리어스 니에레레Julius Nyerere, 케냐의 조모 케냐타Jomo Kenyatta, 코트디부아르의 펠릭스 우푸에부아니Félix Houphouët-Boigny, 기니의 아메드 세쿠 투레Ahmed Sékou Touré 같은 카리스마 넘치면서 권위적인 지도자가 등장한 적이 한 번도 없었다. 1970년대와 1980년대에 펠라는 나이지리아의 음침하고 인기 없는 폭군들보다 훨씬 많은 나이지리아인으로부터 훨씬 많은 사랑을 받았다. 그래서 펠라가 자신이 살던 난개발 지대를 나이지리아에서 독립한 '칼라쿠타공화국Republic of Kalakuta'으로 선포했을 때도 정부는 그를 두려움과 질시의 시선으로 지켜보았다. 하지만 펠라는 거기 그치지 않고 자신의 이름 펠라 랜섬쿠티(펠라의 말에 따르면 '랜섬'은 노예가 쓰던 이름이었다)를 펠라 아니쿨라포 쿠티(아니쿨라포Aníkúlápó는 '주머니에 죽음을 담고 다니는 투사'라는 의미다)로 바꾸는가 하면, 법 위에 서는 것이 아닌 법의 테두리 바깥에 머물면서 때로는 왕처럼 때로는 서민 친화적 정치인처럼 행동하며 자신을 '흑인 대통령Black President'이라 일컬었다. 펠라는 나이지리아의 젊은이들을 완전히 사로잡고 그들을 춤추게 하는 동시에 생각하게 만들었다. 그러자 나이지리아 당국자들은 더 이상 펠라를 봐줄 수 없었다. 1970년대와 1980년대에 펠라는 인기 스타로서 끊임없이 음반 작업을 하는 중에도 다양한 혐의를 쓰고 감옥을 들락날락했으니, 이때만 해도 나이지리아에서 금기였던(그리고 불법이었던) 대마초 흡연이 화근일 때가 많았다. 펠라의 거주지 및 공연 '신전Shrine'(펠라 자신이 그렇게 불렀다)도 공격당하고 파괴당하기 일쑤였으며, 그는 물론 가족과 친구들도 구타당하거나 교도소에 갇혔다.

1976년 펠라는 정부의 괴롭힘에 보란 듯 〈좀비Zombie〉라는 노래를 발매했다. 정부의 명령을 아무 생각 없이 따르는 나이지리아 병사들을 기계 폭력배들이라고 조롱하는 내용이었다. 그러자 이 거침없는 음반 발매에 대한 응징으로, 그리고 펠라가 정곡을 찔렀음을 증명이라도 하듯 1977년 2월 18일 군인 수천 명이 칼라쿠타공화국을 에워싸고 악랄하게 공격했다. 펠라의 어머니 푼밀라요도 이 공동체에 합류해 있던 참이었다. 당시 푼밀라요의 나이는 76세. 그녀는 아들과 뜻을 함께한다며 자신의 성도 랜섬쿠티에서 아니쿨라포 쿠티로 바꾼 터였다. 군인들은 나이지리아 독립을 이끈 이 위대한 여성을 끌어다가 2층의 창문 밖으로 내던졌다. 푼밀라요가 이때 입은 부상에서 회복하지 못한 채 그대로 세상을 떠나면서 많은 국민이 충격에 빠졌고, 펠라 역시 이 사건의 타격에서 회복하지 못했다. 펠라는 군인들이 당시 나이지리아의 군부독재자였던 올루세군 오바산조Oluse-gun Obasanjo의 명령을 받고 그런 짓을 벌였다고 믿었다. 1979년 4월 어머니의 1주년 추도식이 열린 날, 펠라와 그의 측근들은 관 하나를 들고 라고스의 나이지리아 군사령부를 찾아가 눈에 훤히 띄는 건물 출입구 자리에 관을 놔두었다. 또 1979년 〈나라의 수장을 위한 관Coffin for Head of State〉이라는 살벌한 노래에 군대의 공격, 어머니의 죽음, 관을 전달한 이야기들을 담아내 나이지리아 당국자들의 화를 한층 돋우었다.[15]

그런데 펠라의 명성이나 당시 나이지리아의 리더십을 생각해보면 왜 나이지리아 정부가 펠라를 그런 식으로 대했는지 다소 의아해진다. 도대체 무엇 때문에 펠라는 나이지리아 정부에 그렇게 큰 위협이 되었던 것일까? 인구만 놓고 봐도 나이지리아는 아프리카에서 커다란 나라다. 2022년 나이지리아의 인구는 2억 2100만 명으로, 아프리카 대륙 전체 인구의 약 18%를 차지했다. 아울러 당시 나이지리아에는 돈벌이가 되는 석유 산업과 아프리카 최강의 군대가 있었으며, 세계경제 안에서의 위상도 점차 높아지고 있었다. 반면 펠라는 무기 하나 없이 색소폰을 손에 쥔 채 옷가지도 잘 걸치지 않고 공연하고 음반을 만드는 남자일 뿐이었다. 그가 살던 공동체에도

공연 중인 펠라 쿠티, 1984년. (© Paul Curry/Alamy Stock Photo)

나이지리아 독립운동 리더이자 펠라 쿠티의 어머니, 푼밀라요 아니쿨라포 쿠티, 1950년대 말.
(© Everett Collection Historical/Alamy Stock Photo)

다시, 리더란 무엇인가

병영兵營 대신 무료 의료 시설과 음반 녹음 스튜디오가 자리 잡고 있을 뿐이었다. 펠라가 대통령이 되겠다는 포부를 밝히긴 했어도, 나이지리아의 체제를 생각해봤을 때 전혀 현실성 없는 구상일 뿐이었다. 그렇다면 왜 그런 남자에게 군 장성들과 독재자들이 벌벌 떨었던 것일까? 왜 펠라는 이들의 적이 되었을까?

나이지리아 당국자들이 펠라를 두려워했던 이유는 무기와 군인, 오일 머니, 그리고 폭력을 동원해서도 도저히 당해낼 수 없는 무기를 그가 가지고 있었기 때문이다. 아마 그들이 펠라 때문에 정말로 골치 아팠던 부분은 이것이었으리라. 펠라에게는 겁박이나 정치 선전이 아닌, 더 가치 있고 영속적인 것으로 추종자들을 끌어모으는 힘이 있었다는 사실 말이다. 펠라가 직설적으로 표현한 바에 의하면 '음악이 바로 무기'였다. 그것이 펠라가 반란을 수행한 방법이었다. 물론 독재자들은 펠라가 구사한 예술적 경지의 방법을 제대로 이해할 수 있는 사람들이 아니었다. 하지만 이 방법의 효과만큼은 그들도 알아볼 수 있었고, 제아무리 폭력을 쓰거나 석유를 뽑아내도 자신들은 절대 펠라처럼 사람들의 마음을 세차게 흔들 수 없다는 것도 알았다. 음악은 저 깊은 곳에서 사람들의 심금을 울리는 강력한 메시지와 결합될 때 도저히 저항할 수 없는 힘을 갖게 된다. 그렇게 되면 음악만큼 강력한 무기도 없다.

어느 곳의 독재자라도 단박에 알아차리고 무척 두려워했던 사실을 나이지리아 당국자들도 본능적으로 인식하고 있었다. 바로 펠라가 진실을 말하고 있고, 무기와 석유를 아무리 쏟아부어도 그 진실을 가릴 수는 없다는 것 말이다. 펠라가 자기 영역 안에서 싸우는 한 누구도 감히 펠라의 상대가 될 수 없었기에, 이들은 펠라의 영역부터 파괴하려 했다. 펠라가 인기를 누릴 수 있었던 핵심 비결 중 하나는 그가 단순히 기막힌 음악을 만들거나 자기만의 카리스마를 지니고 있어서만은 아니었다. 그가 적을 찾아냈기 때문이었다. 나이지리아 안팎에서 살아가는 수백만 사람들이 공감할 수 있는 방식으로. 펠라는 나이지리아를 비롯해 서아프리카 전역에서 널리 사용되는 크리올어인 피진영어로 노래하고 음반을 만들었다. 따라서 그의 노래는 종족과 언어권을 막론하고 수많은 사람의 귀에 가닿을 수 있었으며, 이 때문에 나이지리아 정부로서는 그의 영향력을 억누르기가 한층 곤란했다. 그의 메시지는 음악에 담겨 확실하게 와닿았다. 영국의 식민 통치는 물러갔지만 사람들의 사고관은 여전히 식민주의에서 헤어나지 못했고, 따라서 나이지리아인은(혹은 다른 아프리카인들 대부분도) 진정한 자유를 얻지 못하고 있었다. 펠라가 보기엔 아프리카 사람들은 여전히 속박되어 살고 있었다.

펠라의 인터뷰 영상들을 보면 튀는 겉모습과 구식 남성미에 눈길이 쏠려 그의 말들을 귀담아듣지 못할 수 있다. 하지만 그런 식의 자기 과시를 전부 털어내고 보면 그의 말들은 확실히 의미심장했다. 그렇지 않았다면 그토록 많은 이가 충직하게 그를 따르는 일도 없었을 것이다(펠라에겐 그에게 충성하기 위해 기꺼이 큰 대가를 감수하는 이들이 적지 않았다). 물론 나이지리아 엘리트층과의 연고에서 펠라가 덕을 보기도 했고, 그의 가족이 난관에 빠진 그를 구해준 적도 한두 번이 아니었다. 하지만 펠라는 말을 행동으로 보여주는 사람이었다. 펠라의 가장 도발적인 주장 중 하나는(당대에는 진의를 제대로 평가받기가 특히

다시, 리더란 무엇인가

힘들지 않았을까 한다) 자유주의 서양 세계가 (1982년 당시) 남아프리카공화국의 아파르트헤이트를 국가적 차원에서 행해지는 백인의 흑인 인종차별이라며 맹비난하지만, 상황이 안 좋기로 따지면 나이지리아가 더하다는 것이었다. 이곳에서는 아프리카 흑인들이 다른 아프리카 흑인들을 억압하고 있었고, 펠라에겐 그런 현실이 더 모욕적이고 비참했다.

나이지리아 당국자들에게 가장 위협적이었던 건 펠라의 비판에는 자본주의가 나이지리아 국민에게 어떤 피해를 입히는지가 어김없이 드러나 있다는 것이었다. 즉, 나이지리아 국민에게는 독재 정권이든 명분상의 선출제 민주주의든 정부가 있었지만 이 정부는 가난한 이들을 희생시켜 극소수 부유층과 다국적기업의 이익에 봉사할 뿐이었다. 펠라가 보기에 이런 행태는 영국의 공식적이고 직접적인 식민 통치보다 나을 게 없었는데―어쩌면 더 나쁠 수도 있었다―영국은 외국인으로서 아프리카인들을 예속시켰기 때문이다. 그런데 지금은 아프리카인들이 같은 아프리카인들을 예속시키며 아프리카 대륙을 착취해 결실을 쓸어 담는 서양 자본주의에 좋은 일만 하고 있었다.

나아가 펠라는 나이지리아는 물론 아프리카 대륙 문화로까지 비판의 폭을 넓혀나갔다. 그가 보기에 기독교와 이슬람교는 외세에 의해 강압적으로 믿게 된 종교이자 제국주의의 유산인 만큼 아프리카는 이제 두 종교를 거부하고 요루바 신앙에 바탕한 전통문화로 되돌아가야 했다. 일명 그의 '신전'에서 열린 펠라의 공연은―이 자리에는 수많은 젊은이와 함께 정부 공직자, 지식인, 정치인, 외교관도 참석했다—음악, 춤, 연설, 성적인 분위기가 물씬 나게끔 매만진 요루바 신앙 제의가 뒤섞여 있었다.

펠라는 색다른 리더십의 본보기이기도 하다. 물론 사회적 측면에서 색다르지는 않은데, 펠라는 사회적 자본이라 일컬을 만한 것들을 가졌던 사람이기 때문이다. 다시 말해 교육이나 집안 덕에 그는 사회의 위계 안에서 어느 정도 위치와 영향력을 가지고 있었다. 하지만 펠라가 흥미로운 인물로 비치는 이유는 그가 탈식민주의 세상에서 좀처럼 사라지지 않는 식민주의를 적으로 규정한 것과 함께, 예술가이자 음악가로서 꽤 중요한 대중 리더의 역할을 겸했기 때문이다. 비록 그의 리더십이 비공식적이고 제도권에서도 벗어나 있었더라도 말이다. 나이지리아 당국자들에게 펠라가 그토록 엄청난 적이 된 것도, 나아가 그들이 어떻게든 펠라를 파멸시키려 한 이유도 바로 그 때문이었다. 어떻게 보면 그들은 결국 성공했다고 할 수 있었지만, 완전하지도 직접적이지도 않았다. '흑인 대통령'을 자처한 펠라는 말년에 망명지나 길거리에서 생활하며 몸과 마음 모두가 피폐해졌고 1997년 에이즈 합병증으로 세상을 떠났다. 그의 전성기가 막을 내린 지는 이미 오래였지만, 장례식을 찾은 사람은 무려 100만 명에 달했다. 나이지리아는 결코 펠라가 염원했던 모습이 되지 못했고, 조국을 정치적으로 혁신하는 것이 그의 뜻이었다면 그는 실패한 셈이었다. 하지만 그의 음악과 영향은 사라지지 않았다. 펠라는 평생 자신의 명함에 정치적 직함을 써넣지는 못했지만, 그것은 그가 이루려던 바가 아니었을 수도 있다. 그는 또 다른, 더욱 의미 있는 방식으로 리더로서 발자취를 남겼으니까.

펠라는 리더로서 확실히 나름의 영향력과 호소력이 있었다. 하지만 무장 군대는 없었다. 이 때문에 그는 힘 앞에 무력할 수밖에 없었다. 펠라와 나이지리아 군대의 충돌과 비슷한 사건은 이뿐만이 아니어서(동시대에 벌어진 일만도 한둘이 아니다) 독재 정권이 예술가들, 특히 대중음악가들을 탄압한 경우는 수도 없이 많았다. 아우구스토 피노체트Augusto Pinochet가 군부와 함께 미국 정부의 도움을 받아, 칠레의 사회주의자로서 민주적 절차로 선출된 살바도르 아옌데Salvador Allende 대통령 정부를 쿠데타로 전복했을 때 가장 먼저 한 일도 포크송 가수 빅터 하라Victor Jara를 체포해 투옥한 것이었다. 이들은 하라가 더는 기타를 연주하지 못하게 손가락을 부러뜨리더니 나중에는 그가 고문 중에도 계속 애창곡들을 불렀다는 이유로 살해했다. 그러고는 총탄이 가득 박힌 하라의 시신을 길거리에 내팽개치는가 하면 나중에는 모든 사람이 시신을 보도록 산티아고의 칠레 체육관 입구에 전시했다.

태평양 맞은편에서는 베트남전쟁이 막바지로 치달으며 미국이 캄보디아를 폭격해 파괴하면서 크메르루주Khmer Rouge가 득세했다. 마오쩌둥 사상에 고취돼 살인도 불사했던 이 단체는 캄보디아 사회를 이른바 '영년Year Zero'으로 되돌리겠다며 결의를 다졌다. 이들이 수도 프놈펜에 입성했을 때 맨 처음 한 일도 작은 규모로나마 훌륭하게 형성돼 있던 1960년대의 대중음악계 스타들부터(신 시사무트Sinn Sisamouth와 로스 세레이 소티아Ros Serey Sothea 같은 이들) 죽인 것이었다. 1964년 브라질의 민주주의 정부를 전복하여 1985년까지 권좌에 머문 군부도 1960년대 말에 활동한 젊은 팝 스타들을(특히 트로피칼리아

Tropicália 음악파) 아주 질색했다. 근엄한 브라질의 군 장성들은 카에타누 벨로주Caetano Veloso, 가우 코스타Gal Costa, 지우베르투 지우Gilberto Gil 처럼 인종 및 성별 면에서 정체성이 분명하지 않은 이들의 재미난 가사와 창의적인 음악을 전혀 이해하지 못한 것은 물론 이들의 사이키델릭한 음악 스타일도 거슬려했다. 이들을 나라의 적으로 여긴 장성들은 지우와 벨로주를 투옥했다가 나중엔 강제로 망명까지 보냈다. 1976년 아르헨티나에서 권력을 잡은 악독한 군부가(이들은 1983년까지 명맥을 이었다) 대중 가수 메르세데스 소사Mercedes Sosa에게 한 짓도 비슷했으니, 소사를 적으로 낙인찍어 공연을 금하는가 하면 몇 년 동안 조국에 발도 못 붙이게 했다. 소사는 군부가 실각한 뒤에야 아르헨티나로 돌아올 수 있었다. 이들 예술가가 정권이 해치워야 할 적이 된 것은 단순히 이들의 정치적 견해 때문만은 아니었다. 이들이 독재 정권의 통치자들보다 훨씬 폭넓게 대중의 마음을 얻었기 때문이다.

• • •

영화 〈알제리 전투〉에서 반군의 리더들이 적으로 규정한 것은 알제리에 주둔한 프랑스군이었다. 펠라 쿠티는 영국의 나이지리아 식민 지배가 공식 종료된 후에도 여전했던 정치적, 문화적, 정신적 억압을 적으로 규정했다. 그런데 혹독한 식민 지배 혹은 탈식민 통치에 가려져 더 은밀한 형태의 억압이 보이지 않았다면 어떨까? 사실 탈식민 세계의 수많은 사람에게는 나라가 독립해봐야 달라질 것이

다시, 리더란 무엇인가

없었다. 오히려 상황이 더 나빠질 수도 있었다. 나는 지금 식민 지배 체제에서 갖가지 특권을 누리다 식민 통치가 끝난 후 많은 걸 잃었을 수도 있는 극소수 특권층 이야기를 하는 게 아니다. 식민 통치기에도 암울한 현실 속에 살던 이들은 식민 통치가 끝나도 여전히 삶이 암울했고, 어쩌면 더 그랬을 수도 있었다. 이때는 리더가 식민주의 반대에 목소리를 높이고 식민 지배자를 물러가게 하는 것만으로는 충분치 않을 수 있다. 민족자결주의를 취하는 것으로도 충분치 않다. 더 근본적인 차원의 문제를 해결하지 못하는 이상, 이러한 것들은 그다지 중요하지 않을 수 있다. 다시 말해, 엄격한 신분 질서의 토대 위에 건설돼서 맨 밑바닥 사람은 올라갈 수 없는 문명 말이다.

영국의 또 다른 식민지였던 인도가—실제로 인도는 영국이 왕관의 보석이라 부를 정도로 아끼던 식민지였다—독립하기 전에 인도의 두 리더가 이 문제를 두고 격한 논쟁을 벌였다. 두 리더 모두 억압받는 인도 국민을 대변하며 그들을 위해 싸우겠다는 대단한 결의를 가진 인물이었다.[16] 하지만 누가 억압당하고, 무엇에 억압받고 있는지에 대해서는 둘의 입장이 달랐다. 이 입장 차이는 두 사람의 유명세와도 직접적인 연관이 있다. 둘 중 한 사람인 마하트마 간디는 세계적 명사다. 안경을 쓰고 미소를 머금은 얼굴로 도티dhoti*를 걸친 그의 사진을 보여주면 어린아이도 이 사람은 간디라고 단번에 말한다. 다른 한 사람은 B. R. 암베드카르B. R. Ambedkar로, 인도 바깥에는 거

---

* 인도의 전통 하의의 일종. 꿰매지 않은 한 장의 긴 천을 허리에 두르고 앞에서 가랑이 사이로 통과시켜 허리춤 뒤에 넣어 입는다.

의 알려져 있지 않으나 인도 안에서는 내내 유명 인사로 통했다. 다만 그가 인기 있었던 이유와 계층은 간디와 달랐다. 둘의 설전은 단지 인도 역사에서만 중요한 게 아니다. 그 핵심에는 세월이 흘러도 리더들이 항상 던질 수밖에 없는 다음과 같은 질문들이 자리하고 있다. 해방이 진정 뜻하는 것은 무엇인가? 해방이란 무엇으로부터의 해방을 말하는가?

마하트마 간디는 종종 상충하기도 하는 다양한 관점에 따라 많은 이에게 많은 것을 상징한다. 물론 그를 성자로 여기는 이도 많다. 무엇보다 그는 인도의 반식민주의를 외친 민족주의 리더였다. 그는 인도아대륙의 모든 사람은 종교와 배경을 막론하고 한 나라의 일원이라는 이상을 굳게 믿었다. 그리고 이 이상에 자신의 생을 바쳤다. 간디는 민족의 삶은 어떠해야 하는지, 사회는 어떤 모습이어야 하는지, 경제는 무엇에 기반해야 하는지, 정치 투쟁은 어떤 식으로 해나가야 하는지 등 온갖 것들에 나름의 이상을 품은 비범한 인물이었지만, 앞서 말한 그 이상이 다른 모든 것의 밑바탕을 이루는 기본 원칙이었다.

카스트 바깥 존재였던 '불가촉천민' 출신의 문학 박사였던 B. R. 암베드카르는 자신은 물론 자신의 민족을 인도 국민이라고 생각하지 않았다. 심지어 그는 인도 국민이 존재한다고도 생각하지 않았다. 대신 암베드카르가 보기에 그의 민족, 즉 불가촉천민은 끔찍한 압제에 희생당했다는 고유한 특징을 가진 집단이었다. 그는 인도의 자치가 그의 민족을 해방시킬 거라고도 믿지 않았다. 그것으로는 충분치 않았다. 그는 자신의 민족이 해방되려면 힌두교의 카스트제도가 완

다시, 리더란 무엇인가

전히 '철폐되어야' 한다고 주장했다. 인도가 마침내 독립했을 때, 암베드카르는 모든 인도인이 민주주의 속에서 보호받고 카스트의 관습에 속박당하지 않아야 한다는 내용을 인도 헌법에 담아 불가촉천민을 보호하고자 최선을 다했다.* 하지만 카스트제도는 사라지지 않았다. 법률로는 근절되었으나 그 관습은 이어졌고(오늘날까지도 이어지고 있다), 환멸을 느낀 암베드카르는 결국 불교로 개종했다. 불교만큼은 카스트제도와 불가촉천민 차별 개념에 오염되지 않은 것 같아 보였기 때문이다.

식민주의라는 배경 속에서 벌어졌으나 지금도 곱씹어볼 가치가 있는 간디와 암베드카르의 설전을 제대로 이해하려면 먼저 카스트에 관해 제대로 알아야 한다. 그런데 이게 참 쉽지 않다. 카스트제도 안에서 직접 살아본 사람만이 카스트제도를 진정으로 이해할 수 있기 때문이다. 사회생활 속에서의 서열쯤은 모두가 안다. 또 직업적 및 재정적 성공은 출생 및 집안과 (우리가 흔히 듣는 선전과는 반대로) 관련 있다는 것도 경험을 통해 안다. 하지만 서열의 기본 개념만으로는 카스트제도를 직접 겪는 상황이 잘 전달되지 않는다. 많은 이가 '브라만'이라는 말은 들어봤을 테고, 그것이 카스트제도에서 가장 높은 계층인 사제를 가리킨다는 사실도 알 것이다. 엄격한 카스트제도의 나머지 세 개의 주요 계급은 그리 잘 알려지지 않은 것 같은데, 크샤트리아(무사 계급), 바이샤(상인 계급), 수드라(하인 계급)이다. 현실

---

* 암베드카르는 초대 네루 내각의 법무부 장관으로 임명되어 건국헌법초안작성위원회와 헌법기초위원회의 위원장으로 일했다.

에서는 이 넷의 커다란 분류 아래에 의미가 엄격하게 규정된 계급이 수천 개 존재하고 (적어도 명목상으로는) 사람들이 여기에 비공식적으로 속해 있다. 다섯 번째의 큰 분류에 속하는 집단인 불가촉천민은 4계급 체제의 바깥에(엄밀히 말하면 아래에) 존재한다. 말 그대로 계급 바깥의 사람들이다. 그런데 대대로 변함없이 물려받는 계급으로 (혹은 계급 바깥에) 태어난다는 것, 나아가 어느 법률에도 규정되지 않았는데도 그 계급이 내가 결혼할 사람, 내가 해야 하는 일, 내가 살고 죽는 방식을 결정하는 것은 물론 후손의 삶까지 제약한다는 것은 무슨 뜻일까?

수많은 사람에게 계급은 벗어날 수 없는 제약이다. 1970년대 이후 인도에서 불가촉천민을 이르는 달리트Dalit의 경우는 특히 그렇다. 지금도 수많은 달리트에게 삶은 암베드카르가 거의 100년도 더 전에 "진정한 공포의 밀실"이라 부른 것과 다르지 않다. 기억할 수도 없는 까마득한 옛날부터 그래왔다. 카스트제도를 옹호하는 이들에게 달리트는 인간 이하의 존재로, 말 그대로 달리트가 발 디디고 숨 쉬고 마시는 순간, 땅, 공기, 물이 더러워진다고 본다. 하지만 카스트제도 바깥의 사람이 가장 이해하기 어려운 건 카스트제도의 이런 측면이다. 카스트제도를 따르는 이들이 봤을 때 불가촉천민 차별은 물리적으로 반드시 실행해야 할 율법과 같다. 카스트제도의 기원은 고대 역사와 신화에 뿌리를 두지만, 오늘날 달리트에게 미치는 영향은 지극히 현실적이다. 달리트들은 카스트제도가 유지되는 데 특별한 일익을 담당하고 있다. 이들은 카스트제도의 일원은 아니지만, 어쩌면 바로 그 점 때문에 카스트인 이들에게 의미를 부여해준다.[17]

다시, 리더란 무엇인가

카스트 제도를 훨씬 긍정적으로 바라보는 사람들은 카스트 제도야말로 인도 사회에 유연성, 회복 탄력성, 연결성을 불어넣어주는 획기적인 체제라고 본다. 이 관점에 따르면(간디도 이런 관점을 표명한 바 있다), 카스트 제도의 원래 취지는 위계적이기는커녕 조화를 추구하며 어떻게 보면 아름답기까지 하다. 당연한 얘기지만, 다른 곳들과 마찬가지로 인도에서도 카스트 제도를 시행하고 유지하는 문명을 근사하다고 보는 사람들, 카스트 제도가 왜 차별의 온상이 되었는지 이해하지 못하는 사람들은 대체로 사회 위계의 최상층이다. 미국에서 한때 짐 크로법이야말로 사회 ― 위계, 분리, 차별을 밑바탕으로 하는 체제―에 질서와 조화를 깃들게 한다고 주장했던 백인들이 바로 이런 부류에 해당한다.

오늘날에는 인도의 달리트들도 어엿한 시민이다. 관료층에서는 완곡어법을 써서 이들을 '지정 카스트schedule caste'[*]라고 칭하기도 한다. 원칙적으로는 이들도 인도 헌법의 보호를 받는다. 이런 결실은 간디와 암베드카르가 함께 노력한 결과라 할 수 있다. 하지만 이건 애초 암베드카르가 원하던 바는 아니었다. 앞으로도 그는 인도라는 나라의 만신전에서 '인도 헌법의 아버지'로 한자리를 차지할 테고, 그것이 인도의 교육 체제가 그에게 부과한 역사적 역할이라고도 할 수 있을 것이다. 인도 헌법을 살펴보면 내용이 진보적이고 놀라운데, 이 헌법 덕에 힌두교(주류), 무슬림(제법 규모가 큰 비주류), 그 외 다른 종교 사이의 분열과 분쟁으로 점철된 역사를 가진 인도에도 민주

---

[*]   교육 및 고용 부문 특별 지원 대상으로 지정된 계급이라는 의미.

주의가 가치 있는 제도로 자리매김할 수 있었다. 민주주의는 지금까지도 인도에서 명맥을 잇고 있으나, 수많은 우여곡절 속에서 갖은 난관을 거쳤다.[18] 몇십 년 동안 인도에서는 국민회의(네루-간디 계열)가 왕조처럼 군림했고, 인디라 간디Indira Gandhi가 갖가지 인권의 자유를 제약한 이른바 1970년대의 비상시국에는 이 정당이 이따금 전제주의적으로 돌변하기도 했다.[19] 근래 인도의 민주주의는 세계의 다른 곳들과 마찬가지로 대대적인 민영화와 자유 시장경제의 득세로 점점 힘이 빠지는 추세다. 한쪽에서는 몇몇 대기업이 시장을 장악한 채 경이로운 기술 혁신과 경제 발전을 이루고 있지만, 다른 한편에선 극소수의 부유층과 대다수의 빈민 사이에 상상할 수도 없는 빈부 격차가 나타난다.[20]

인도는 (수많은 인도인이 정당한 근거를 갖고 자랑스레 이야기하듯) 세계에서 가장 커다란 민주국가이자, 파키스탄과 중국 같은 적대적인 핵무장 강국들과 인접한 핵무장 강국으로, 최근 힌두 민족주의가 갈수록 기승을 부리는 추세다. 힌두 민족주의는 인도의 입헌 민주주의라는 보편적 기반을 거부하면서, 힌두교가 역사적으로 봤을 때 제일 우위에 있고 이슬람을 비롯한 다른 종교는 인도 역사에서 외래 요소였다고 강조한다. 2014년부터 줄곧 인도 총리직을 맡고 있는 인도인민당Bharatiya Janata Party의 나렌드라 모디Narendra Modi도 이 우파가 배출한 인물이다. 일반적으로 힌두트바Hindutva라고도 하는 이 민족주의적 이데올로기 세계가 오늘날 인도 정계를 단단히 틀어쥐고 있다.[21] 게다가 인도에는 정말 민주주의 속에서 살아가고 있나 의구심이 들게 하는 지역들도 있다. 가령 파키스탄과 국경을 맞대고 있는 카슈미르에

다시, 리더란 무엇인가

서는 무슬림이 인구의 압도적 대다수를 차지하고 있으며, 인도 군대가 자기네 땅을 함부로 점령했다고 생각하는 사람들이 많다.

카스트는 공식적으로 인정하는 분류는 아니기 때문에 인도에서도 국민의 카스트 신분을 자료로 만들어 보관하고 있지는 않으나, 사람들은 자기는 물론 다른 사람들이 어느 신분에 속하는지 일일이 알고 있다. 달리트는 인도 전체 인구의 약 25%인 3억~4억 명으로 추산된다. 현재 인도 정부와 행정자치부에는 달리트의 이익과 복지 증진을 위한 부서가 마련돼 있다. 차별 철폐 프로그램도 만들어 달리트도 고등교육을 받을 수 있도록 해당 제도 안에 달리트의 인원을 미리 할당하는 등의 조치도 행하고 있다. 짐작하겠지만, 상층부 카스트에 속한 사람들은 이런 조치들 때문에 역차별을 당한다며 분노를 표출할 때가 많다. 달리트가 영향력 있는 자리나 심지어 권력의 중심에까지 오를 수 있도록 사회적, 제도적 통로들도 곳곳에 마련돼 있다. 공직과 군대에서 그런 사례들이 가장 두드러지게 나타난다. 달리트 출신의 대통령이 선출된 적도 있고(K. R. 나라야난K. R. Narayanan, 1997~2002년 재임) 달리트 출신 대법관이 배출된 적도 있지만(K. G. 발라크리쉬난K. G. Balakrishnan, 2007~2010년 재임) 여전히 사법부에서 달리트 출신을 찾기란 지극히 어려우며, 이 말은 달리트를 상대로 한 범죄에서는 정의가 구현되기 힘들다는 뜻이기도 하다. 한편 각계각층의 정치인들, 특히 이른바 포퓰리스트 정치인들은 표를 의식해 달리트의 환심을 사려 애쓰기도 한다.

하지만 개개인의 성공담이나 판세를 예측할 수 없는 정치계를 들여다보면, 여전히 인도에서는 카스트제도의 어디에 속하느냐가 직업, 교육, 그리고 무엇보다 중요한 경제적 지위와 직결된다. 전체 집단으로 봤을 때 달리트는 여전히 인도 인구 중 가장 빈곤하고 교육 수준이 가장 낮으며, 다른 사회 성원 누구도 하지 않으려 하는 천하고 욕된 일을 도맡아 하고, 걸핏하면 잔혹한 일들, 특히 성폭력을 당하기 일쑤다.[22] 인도 작가 아룬다티 로이Arundhati Roy가 인도의 국가범죄기록국 통계를 빌려 단도직입적으로 밝힌 바에 따르면 "매일 달리트인을 상대로 한 비달리트인의 범죄가 16분에 한 번꼴로 발생한다. 매일 가촉민에게 강간당하는 불가촉천민 여성만 네 명이 넘는다. 매주 13명의 달리트가 살해당한다. 2012년 한 해에만 1574명의 여성이 강간당했고 651명의 달리트가 살해당했다."[23]

로이도 지적하듯 인도의 '카스트주의'는 미국의 인종차별이나 과거 남아프리카공화국의 아파르트헤이트와 달리 피부색에 따라 사람을 구분 짓지는 않는다. 예를 들어 수많은 미국인은 '피부색'으로 사회적 차이와 다양성을 이해하는 경향이 있다. 인도인은 누가 어떤 카스트에 속하는지를 직관적으로 곧장 알아차리고 서로를 대하지만, 서양인들은 보통 이런 차이를 전혀 알아보지 못한다. 수많은 미국인이 보기에 인도인은 그들이 누구건, 어디 출신이건, 아울러 최상류층 브라만까지도 그저 '다양성'을 나타낼 뿐이다.

상류층 카스트의 인도인 학자 몇몇과 학계 엘리트인 그들의 서양인 친구들은 인도인이 오늘날 알고 있는 카스트는 사실 영국의 식민통치 시절에 만들어졌다고 주장하고 있다. 영국인들이 행정상 편의를 위해, 그리고 인도를 분열시켜 정복한다는 목표를 위해 고착화한 이 위계 서열은 영국의 식민 통치를 받기 전까지는 인도 사회에서 거의 찾아볼 수 없었다는 것이다.[24] 그 말은 오늘날 카스트의 가장 악독한 폐단들은 상류층 카스트 때문에 생겨난 게 아니라는 뜻이니 상류층 카스트를 비호하는 동시에 반식민주의 전통의 계승자를 자처하는 힌두트바 우파 사이에 이 견해가 널리 퍼져 있는 것도 당연한 일이다. 하지만 현실을 더 잘 꿰뚫고 있던 암베드카르에게 이런 이야기가 통할 리 없었다. 카스트제도와 불가촉천민 차별은 애초 인도가 만든 것임을 그는 백인이 배에 짐을 싣고 인도에 도착하기 전 인도에 존재하던 역사를 통해 잘 알고 있었다.

· · ·

리더 중에도 지난한 삶을 피할 수 없는 이들이 있다. 빔라오 람지 암베드카르는 1890년대의 어린 시절을 불가촉천민이 으레 겪어야 하는 암울함 속에서 보냈다. 이 아이는 상체에 옷을 걸칠 수 없었고, 허리춤에 늘 빗자루를 달고 다니며 학교를 오갈 때 자기가 밟았던 길이 '오염되지' 않도록 쓸어야 했으며, 학교에서는 교실 바깥의 포대 위에 앉아 공부해야 했고, 선생님들에게는 무시당했다. 다른 아이들처럼 제 손으로 물을 마실 수도 없었다. 반드시 일꾼이 아이 입에 물을 부어주어야 했고, 일꾼이 자리에 없을 때는 꼬마 빔라오 람지도 다른 불가촉천민 아이들처럼 별수 없이 물을 마시지 못했다. 5월에 기온이 섭씨 46도까지 오르기도 하는 인도 중부의 마디아프라데시에서 살면서 말이다. 그래도 암베드카르는 운이 좋았다. 한 선생님이 그의 특출함을 알아봐준 덕에 공부하고 리더가 될 수 있는 길이 열렸기 때문이다.

봄베이에서 고등학교와 대학교를 졸업한 암베드카르는 뉴욕시의 컬럼비아대학교에 입학했고 나중에는 런던정경대학원의 장학생으로 공부할 수 있었다. 이때만 해도 이 정도까지 공부하는 인도인은(불가촉천민은 말할 것도 없고) 소수에 불과했다. 암베드카르는 법학, 경제학, 철학을 공부하고(컬럼비아대학교에서는 위대한 공리주의 철학자 존 듀이의 지도를 받기도 했다), 총 세 개의 석사 학위와 두 개의 박사 학위를 땄다. 당시 전해진 바에 따르면 서양에서 경제학 박사 학위를 딴 인도인은 그가 최초였다. 이때 카스트제도를 깊이 파고든 것은 훗날 그가 1936년 저서《카스트의 철폐Annihilation of Caste》에서 신랄한 비판을 전개하는 밑바탕이 되었다.[25]

세계 어디를 가든 사회의 가장 구석진 곳에서 가장 많은 수모를 당하고도 끝내 개인적 성공을 이루는 사람들은 늘 있기 마련이다. 그런 이들 가운데 일부는 한 나라의 대법관에 임명되기도 하고 대통령으로 선출될 수도 있다. 그도 아니면 수익이 좋은 대기업 CEO 자리에 오르기도 한다. 이들은 자신들이야말로 출신이 어떻건 간에 자기 운명은 자기 손으로 만들어나갈 수 있다는 사실을 입증하는 산증인이라고 여긴다. 개중 일부는 몇몇 소수에게만 어렵사리 출셋길을 열어준 기득권 체제를 칭송하는가 하면, 출세 가도에서 처진 이들을 향해 자기 힘으로 뭔가를 이뤄내는 노력과 패기가 부족하다며 나무라기도 한다. 암베드카르는 그런 사람이 아니었다. 그는 공직에 머물며 자신을 엘리트층과 만나게 해준 각종 기관들을 위해서도 헌신했지만, 자신이 태어났고 그때도 여전히 핍박받던 공동체를 위해서

다시, 리더란 무엇인가

도 헌신했다. 인도에 카스트제도가 남아 있는 한 암베드카르는 제아무리 일류 학자나 법관이 되었어도 불가촉천민 신분을 벗어날 수 없었고, 상류층 동료로부터 계속 수모를 당해야 했다. 예를 들어 동료 교수 하나는 암베드카르가 쓰는 주전자의 물은 마시지 않았다. 암베드카르는 카스트제도의 극렬한 반대자였지만, 불가촉천민의 리더로서 목표를 한정하지 않고 여성, 노동자를 비롯한 사회적 소수에게까지 시선을 넓혔다. 한마디로 예속과 차별로부터의 해방이 그에겐 중요했다. 그러기 위해선 불가촉천민은 물론이고 서로 다른 집단의 사람들에 대한 불평등을 당연시하는 생각부터 절대 받아들이지 말아야 했다. 민족주의나 전통을 명목으로 내세우더라도 말이다.

한편 간디의 우선순위, 특권, 입장은—나아가 그가 적으로 규정한 존재도—암베드카르와는 달랐다. 간디는 반식민주의 리더로서 지독히 복잡한 상황 속에서 자치를 위해 투쟁하며 나름의 난제들을 안고 있었는데, 이게 암베드카르의 입장과 정면으로 충돌했다. 인도 땅에 영국의 식민 통치가 깊숙이 뿌리내린 것은 19세기 중반부터였다. 인도가 하나의 통일된 나라로 존재했는지조차 분명치 않은 시기였다. 간디의 목표는, 수백 년은 물론 수천 년간 수많은 카스트와 종교 집단으로 극명하게 분열되어 서로 아무 관련이 없다고 여기고 심지어는 서로를 경멸하며 싸우기까지 했던 수억 명의 사람들에게 우리는 모두 독립을 쟁취해야 할 하나의 민족이라는 인식을 심어주는 것이었다. 이런 상황에서 리더는 어떻게 해야 카스트나 종교 집단이 중요하고 국가 공동체는 훨씬 뒷전인 사람들에게 두루 국가 정체성을 부여할 수 있을까? 결국 애국심 발현의 핵심은 다른 충성심과 정체성까지 오롯이 국가 안에 녹아들도록(나아가 자신을 국가와 동일시하도록) 하는 데 있다고 할 수 있다. 바로 이것이 간디가 이루고자 했던 숙원이었다. 그리고 이 숙원을 이루기가 참으로 녹록지 않았다.

카스트제도의 바이샤인 상인 계급에 속했던 간디는 가장 높은 신분은 아니었지만 그래도 암베드카르가 만났던 갖가지 장애물을 마주치지는 않았다. 아룬다티 로이의 저작 《의사 그리고 성자The Doctor and the Saint》에서도 잘 나타나듯, 카스트제도에 대한 간디의 입장은 애매했다. 로이의 책을 읽다 보면 간디가 인도 사회를 하나로 끈끈히 이어 붙여준다며 카스트제도를 칭송하면서도 위계 서열을 거부하는 것처럼 말한 대목을 곳곳에서 발견할 수 있다. 인도에서는 이처럼 카스트제도야말로 삶에서 각자의 역할을 명확히 인식시키고 첨단 기술 사업체를 가진 억만장자나 하수구 청소부나 모두 평등하게 대하는 더없이 좋은 제도라는 생각이 여전히 인기를 누리고 있다. 심지어 간디는 불가촉천민을 뜻하는 말로 하리잔Harijan을 쓰자고 제안했으며, 불가촉천민 차별에 맞서 싸우는 그만의 방식으로 불가촉천민과 밥을 먹고, 그들을 껴안고 입을 맞추고, 그들의 결혼식에 참석하는 모습을 늘 보여주려 애썼다. 1921년 52세의 나이로 인도국민회의National Congress 리더가 된 후부터는 복장에 극적인 변화를 주어(남아프리카공화국에서 21년간 머물며 변호사로 일하던 시절부터 입어온) 코트와 바지와 모자를 벗고 몸을 감싸는 기다란 천 형태인 인도 전통 복장(도티)을 걸쳐 시골 빈민과 다를 바 없는 모습을 보였다. 당시 인도 사람들이 카스트제도를 얼마나 강력하게 신봉하며 그것에 집착했는

다시, 리더란 무엇인가

지를 생각하면 이런 행동은 무척 의미심장했는데, 그는 이런 행보들 덕에 나름의 정치적 목적을 달성할 수 있었다. 불가촉천민도 인도 사회에 꼭 필요한 일부라는 점을 모든 힌두교도에게 확실히 보여준 것이다. 한편 암베드카르는 일평생 영국 스타일의 스리피스 정장을 입었다. 도티를 몸에 걸칠 생각은 할 수 없었다(그보다 덜 서구화한 다른 불가촉천민 리더라면 모를까). 암베드카르는 그럴 만한 특권이 자기에게 는 없다고 느꼈다. 일부러 가난한 사람처럼 옷 입는 건 실제로는 가 난하지 않은 리더만 할 수 있는 일이다.

정치 차원에서 봤을 때 카스트제도에 관한 간디와 암베드카르의 논쟁은 단순히 이론적 내용을 따지는 것이 아니라, 인도 독립운동이 한창 추진력을 얻을 때 카스트제도의 문제를 구체적으로 어떻게 풀 어나가야 할 것인가에 대한 것이었다. 암베드카르는 이 '억압 계급 depressed class'(영국인들이 인도 불가촉천민에게 붙인 명칭)에게 일종의 정치적 자율성을 부여해줄 것을, 다시 말해 이들을 별개 유권자층으로 만 들어 독자적으로 선거를 치르게 해줄 것을 요구했다. 그에 따르면, 그래야만 불가촉천민이라는 집단이 정말로 원하는 사람을 통해 뭐 가 됐든 그들이 바라는 바가 대변될 수 있을 것이었다. 카스트제도 와 불가촉천민 차별이 존재하는 한 불가촉천민은 보통선거에 흡수 되면 안 된다는 것이 암베드카르의 주장이었다. 불가촉천민은 보통 선거 안에서는 항상 힘이 없고 분열되고 취약한 소수로 남을 수밖에 없으니까.

간디도 무슬림, 시크교도를 비롯한 다른 종교 집단들에 관해서는 비슷한 내용의 규정을 마지못해 받아들였다. 이들 세력을 하나로 통

불가촉천민들과의 모임에 앉아 있는 마하트마 간디, 1926년. (© Dinodia Photos/Alamy Stock Photo)

전인도 억압계층(불가촉천민) 여성 대회에 참석한 B. R. 암베드카르, 1942년 7월 8일.
(© Matteo Omied/Alamy Stock Photo)

다시, 리더란 무엇인가

합된 인도 독립운동에 계속 남아 있게 하려면 분리 선거 외에는 다른 도리가 없음을 그도 알았다(하지만 간디도 무력을 동반한 분리 독립을 막지 못해 1947년에는 결국 인도와 파키스탄이 쪼개졌고, 이 사태로 100만~200만 명이 목숨을 잃었다). 그러나 간디는 불가촉천민에 대해서는 완강한 반대 의견을 굽히지 않았다. 불가촉천민만 분리해 따로 선거를 치른다는 것을 그는 도저히 용납할 수 없었다. 내가 보기에 그 이유는 간디가 카스트제도의 성스러움을 신봉했거나, 그가 주장했던 것처럼 힌두교도가 스스로 개심해 불가촉천민 차별을 거부해야 한다고 강하게 믿었기 때문은 아닌 것 같다. 간디는 불가촉천민이 따로 선거를 치르게 한들 여전히 참혹하고 보호받지 못하고 고립된 상태에서 헤어나지 못할 것이라고 주장했다. 하지만 간디는 이 문제들을 독립 투쟁의 렌즈를 통해 바라봤고 아울러 그 투쟁이 성공하기 위해서는 인도 민족 전체가 민족자결의 원칙 안으로 들어와야만 했다. 그러려면 민족자결의 원칙에 힌두교와 힌두교의 여러 원칙도 포함되어야만 했다. 힌두교 없이는, 그리고 카스트제도 없이는 인도 민족은 간디가 해내길 바라고 해내야 한다고 믿었던 일은 끝내 해내지 못할 것이었다. 이 부분에서는 카스트제도가—아울러 카스트제도의 논리를 떠받쳐주는 불가촉천민의 존재도—무엇보다 핵심이라고 간디는 믿었다. 불가촉천민이 따로 선거를 치르면 결국 힌두교가 무너지는 꼴이 될 테고, 그러면 독립운동도 끝날 수밖에 없다는 게 당시 간디의 생각이었다.

1932년 간디가 인도 푸나의 예르와다 교도소에서 옥중 생활을 할 때(영국 당국자들은 비폭력 저항운동을 한 간디를 수차례 교도소에 보냈다), 당시 영국 총리이던 램지 맥도널드Ramsay MacDonald가 자신의 정부에서는, 암베드카르가 요구한 대로 인도의 불가촉천민에게 별개로 유권자의 지위를 부여할 예정이라고 발표했다. 그러자 간디는 그 안을 절대 받아들일 수 없다는 입장을 발표하고는 몇 주 뒤부터 단식 투쟁에 들어갔다. 훗날 간디의 편에서 보면 이 결단은 영웅적이고 대승적인 행보로 비쳤는데, 불가촉천민이 다른 모든 힌두교도, 나아가 다른 모든 인도인과 똑같다는 그의 굳은 신념이 반영돼 있었던 데다 그 원칙을 위해서라면 자신은 굶어 죽어도 상관없다는 뜻이었기 때문이다. 하지만 당시 수많은 인도인이 간디에게 품고 있던 존경심을 생각하면 간디의 단식은 암베드카르에 대한 모종의 협박과 다름없었고, 암베드카르는 더없이 커다란 압박을 받는 상황에 처했다. 그 순간 암베드카르는 인도에서 가장 핍박받는 이들을 이끄는 젊은 리더로서 엄혹한 결단을 내려야 했다. 그는 자신의 민족이 장기적으로 얻을 정치적 이익과 간디의 목숨을 저울질해야 했다. 간디가 죽는다면 자신뿐만 아니라 불가촉천민들까지 집단으로 책임 추궁을 당하며 보복성 폭력을 당할 것이 뻔했다. 결국 암베드카르는 자신의 요구를 철회하겠다는 숙명적으로 고통스러운 결정을 내리고, 분리 선거 구상을 포기한다는 데 마지못해 동의했다. 대신 인도의 영국 정부 입법부에 148석의 의석을 억압 계층의 몫으로 확보했다.

그때부터 지금까지 사이사이 많은 일이 있었지만, 이 푸나 협정은 오늘날 현실과 다각도로 맞닿아 있다. 두 남자가 리더로서 남긴 유산도 여전히 찾아볼 수 있다. 불가촉천민을 계속 인도의 보통선거제 안에 두어야 한다는 간디의 주장은 결국 그들을 카스트제도, 나아가 힌두교, 더 나아가서는 인도 민족주의 사업에 묶어두어야 한다는 말과 같았다. 간디는 불가촉천민들이 스스로 별개의 정치적 집단이 되고자 하는 시도를 (영원히) 거부했다. 물론 이후 간디가 불가촉천민 차별을 뿌리 뽑는 동시에 어떤 공식적 위계나 구별도 존재해선 안 된다는 것을 인도인들에게 납득시키려 많은 노력을 한 것은 사실이다. 간디는 불가촉천민도 인도 사회, 나아가 힌두교 세계에 머물게 해야 불가촉천민 차별을 힌두교도 자신의 손으로 뿌리 뽑을 수 있다는 데 도박을 건 셈이다.[26] 암베드카르는 이 도박을 한사코 거부하며 불가촉천민들이 자신들 운명을 스스로 결정하기를, 실질적으로는 힌두교 사회를 완전히 떠나기를 바랐다. 결국 암베드카르는 힌두교 사회를 떠났고, 이에 수많은 불가촉천민이 그의 뒤를 따랐다.

혹시 암베드카르가 1932년 간디에게 항복한 것을 두고 불가촉천민이 진정 해방될 마지막 기회를 놓친 거라고 말할 사람이 있을지 모르겠다. 이후로 암베드카르가 불가촉천민을 위해 한 모든 일, 그리고 그가 죽은 뒤 다른 이들이 불가촉천민들을 위해 한 일은 달리트를 인류의 최하층에 가두어두는 체제를 살짝 변경한 것에 지나지 않았으니까. 역사의 이 대목을 통해 우리는 가장 위대한 리더조차도 앞으로 나아가는 데에는 한계가 있을 수 있음을 깨달을 수 있다. 암베드카르가 한 말들은 진실이었다. 하지만 그는 간디가 굶어 죽도록 내버려둘 만큼 무자비한 사람은 못 되었다.

· · ·

　카스트제도를 둘러싼 논쟁—구체적으로 말하면 푸나 협정으로
이어진 달리트 선거구 문제를 둘러싼 충돌—을 들여다보면 간디와
암베드카르가 반식민주의 맥락에서 어떤 식의 정쟁을 벌였는지를
넘어서서, 리더들은 어떻게 적을 찾아내는가에 관한 질문이 고개를
든다. 우리가 간디를 그렇게까지 '부정적으로' 바라보지 않는 이유
는 간디 하면 비폭력, 채식주의, 겸손이 떠오를 만큼 그의 이미지가
너무도 생생하고 강력하게 와닿기 때문이다. 하지만 사실 그가 역사
에서 중요한 리더로 자리매김한 건 그가 지극히 벅찬 것들을 적으로
삼아 싸움을 벌였기 때문이다. 간디의 관점에서 봤을 때 그는 영국
과 함께 인도 내부의 분열, 충돌, 위계와도 치열하게 싸움을 벌였다.
간디의 반식민주의 투쟁에 더 나은 사회 건설을 위한 제언들이 광범
위하게 포함된 것도, 나아가 간디가 전 세계의 수많은 사상가와 활
발하게 교류하게 된 것도 바로 이 때문이었다.[27] 간디가 그를 롤 모
델로 여기는 전 세계의 수많은 리더로부터 그토록 존경받는 이유도
여기에 있다.

　하지만 인도 독립을 이루고자 하는 과정에서 간디는 카스트 위계
의 최하층 사람들에게 자신의 처지를 그냥 받아들이라고, 심지어는
그들이야말로 문명의 기둥들을(간디가 보기엔 인도 독립운동 전체를) 아
래에서 든든하게 떠받쳐준다며 칭송한 것이나 다름없었다. 간디는
카스트의 위계 같은 것은 존재하지 않는다고 주장했지만, 그도 사회
적 피라미드 최상층이 자신의 지위를 내려놓으려 한 적이 없었음을

모를 리 없었다. 간디가 달리트는 인도 애국 사업에 반드시 필요한 요소로서, 불가촉천민 차별을 뿌리 뽑기 전에 먼저 인도의 독립운동에 힘을 모아야 한다고 주장했을 때 암베드카르는 "터무니없는 소리"라고 일축했다. 암베드카르는 더 커다란 집단의 국가 해방을 명목으로 사람들이 압제를 삶의 조건으로 받아들이는 일은 절대 없어야 한다고 강하게 믿었다. '먼저 우리를 당신들과 똑같은 인간, 나아가 인도인으로 받아들여달라. 그다음에야 영국의 식민주의에 항거하는 당신들의 투쟁에 동참해달라고 우리에게 부탁할 수 있는 것 아닌가.'

암베드카르는 식민지 인구의 상당수를 구성하고 있던 집단의 리더였던 만큼 자연스레 인도 독립 투쟁의 일부가 되었지만, 그가 이끈 집단은 인도에서 가장 끔찍한 억압을 당하는 이들이라는 독특한 특징이 있었다. 불가촉천민들의 리더로서 암베드카르는 인도가 독립하기 위해선 먼저 어떤 조건들이 갖춰져야 하는지부터 협상하고자 애썼다. 카스트제도가 철폐되지 않는 한, 불가촉천민에게 절대 해방은 있을 수 없다는 것이 암베드카르의 결론이었다. 암베드카르에게 반식민주의 민족주의는 구세주가 아니었고, 나라가 독립한다고 해서 그의 민족이 당하는 억압이 해결되는 것도 아니었다. 외려 불가촉천민은 민족자결을 명목으로 평등에 대한 염원을 희생하라는 요구를, 사실상은 압박을 받고 있었다. 하지만 암베드카르의 주된 적은 식민 통치가 아니었다. 주된 적은 억압 그 자체였다.

이 책에서 다룬 다른 리더들도 마찬가지지만, 간디와 암베드카르를 함께 들여다볼 때 마주치는 사안 하나는 명예 및 평판과 관련 있다. 간디의 이름은 (겉모습과 마찬가지로) 세간에 널리 알려져 있고, 그는 살해당한 뒤에도 75년 동안 계속 세계적 명사로 명성을 누리고 있다. 한편 암베드카르는 인도 바깥에서는 그 이름을 아는 사람이 거의 없다. 이유는 여러 가지겠지만, 그동안은 (탈식민주의 시대에는 특히) 과거 식민 통치 세계의 리더십과 자유를 오로지 국가의 틀에서만 생각해왔기 때문일 것이다. 간디는 궁극적으로 국가의 입장을 대변한 반면 암베드카르는 국가의 맥락 안에 있는 한 사회 집단의 리더였다. 그 때문에 암베드카르는 인도라는 국가 바깥의 사람들 대부분에게는(이들은 암베드카르가 문제시한 억압이 있는지조차도 모를 수 있다) 계속 존재감이 미미할 수밖에 없다. 역사를 되돌려 간디와 암베드카르의 리더십이 어땠는지, 둘의 논쟁은 과연 무엇이었는지 살피며 우리가 얻는 가르침 하나는 역사 속의 리더를 반드시 우상처럼 떠받들지는 말아야 한다는 게 아니라, 그들을 왜 존경하는지, 우리가 그들을 존경하는 것이 맞는지, 아울러 합당한 이유들을 갖고 그들을 존경하고 있는지 면밀하게 따져봐야 한다는 것이다. 이와 함께 왜 어떤 리더는 명예와 영광을 얻는데 다른 리더는 그렇지 못한지도 항상 물어야 한다. 간디와 암베드카르는 서로 다른 적을 맞아서 서로 다른 방식으로 싸웠으나 모두 투사였다. 최종 목표는 달랐어도 둘 모두 반란자였다. 또한 이들은 일면에서는 자신들이 더 위대하다고 생각하는 선을 위해 엄청난 자기희생을 기꺼이 감내할 만큼 성자였다. 비록 똑같이 유명하지는 않아도 두 사람은 분명 엄청나게 중요한 인물이다. 이어지는 8장에서는 리더의 명예, 유산, 그리고 리더가 적으로 규정하고 싸움을 벌인 대상이 서로 어떤 관련이 있는지 살펴보자.

다시, 리더란 무엇인가

| 유산 |

리더의 이상은 세상을 어떻게 바꾸는가

◆

확신과 원칙의 리더십,
마거릿 대처, 마틴 루서 킹, 맬컴 X

우리는 역사에서 중요한 리더들은 유산을 남기기 마련이라고 생각한다. 그리고 그 유산은 으레 긍정적이겠거니 한다. 투사는 자기 민족이 해방되는 데 힘을 보탰고, 반란자는 부패한 정권에 맞서 싸웠고, 성자는 이타적 선행을 몸소 보인 사람이니까. 수두룩하게 볼 수 있는 그 사례들은 때로는 서두에서 언급한 영웅 숭배식 전기의 소재가 되기도 한다. 그런데 이 유산이란 것에 대해 잘 생각해야 한다. 유산을 남긴다는 것은 리더가 사람들에게 영향을 미치고, 세상을 변화시키고, 지금까지도 의미심장한 존재로 기억되며, 7장에서 살펴봤듯이 중요한 적을 찾아내 맞붙어 싸웠다는 뜻이다. 하지만 유산이 과연 긍정적인지 부정적인 것인지를 두고는 의견이 갈릴 수도 있다. 좋다 나쁘다 분명히 답하는 이들이 있는가 하면, 좋은 면과 나쁜 면이 섞여 있다고 생각하는 이들도 있을 것이다. 내 수업을 듣는 학생들의 경우엔, 이 세상을 오늘날 모습으로 만든 리더들에 대해 함께 생각할 때, 이 세상을 더 나은 곳으로 만들 방법을 고심하며 어떤 리더를 롤 모델로 삼을지 결정할 때 이 질문을 특히 중요하게 여기는 것 같다.

생각해보면 우리는 항상 혁신적인 리더를 원하는 듯하다. 세간에서 '혁신적인'이라는 말은 대개 좋은 뜻으로 쓰인다. 우리가 누군가를 '혁신적인 리더'라고 말할 때는 대체로 근본적인 차원에서 긍정적인 변화를 이뤄냈다는 의미니까. 하지만 사실 알고 보면 혁신적이라는 말은 중립적이다. 혁신은 좋은 것을 뜻할 수도 있고 나쁜 것을 뜻할 수도 있다. 혁신에 대한 정의는 단순히 리더가 어떤 일을 했느냐만이 아니라, 리더가 한 일을 우리가 어떻게 생각하느냐에 따라서도 달라진다. 이 점을 입증하고자 할 때는 마거릿 대처Margaret Thatcher보다 좋은 본보기도 없다.

전성기에 이른바 '철의 여인Iron Lady'(그녀가 좋아했던 별명이다)으로 통했던 마거릿 대처는 그녀 세대의 정치계 리더 가운데 가장 큰 영향력을 발휘한 인물 아닐까. 단순히 영국만이 아니라 전 세계적으로 말이다. 이와 함께 대처는 가장 논쟁적인 동시에 가장 호불호가 갈리는 인물이기도 했다. 서양의 리더 중 수많은 적을 만들고 그걸 그녀만큼 자랑스러워한 이는 아마도 프랭클린 루스벨트 이후로는 없었다. 그녀가 총리였던 시절 영국에 살았던 이들을 보면 그녀를 숭배하거나 질색하거나 둘 중 하나지 그 중간은 거의 없는 것 같다. 대처는 영국의 총리 선거에서 세 차례 당선됐으며, 그녀가 총리직을 떠날 때는 그녀의 조국만이 아니라 세상이 그녀가 총리직을 시작할 때와 완전히 달라져 있었다. 그녀가 만들어낸 변화들은 이후 여러 면에서 항구적으로 굳어졌다. 영국의 경우 그녀의 가장 직접적인 유

다시, 리더란 무엇인가

산으로는 노동당조차 대처파Thatcherite가 된 것을 꼽을 수 있다. 노동당 당수로 선택된 토니 블레어는(그는 노동당 이름을 '신노동당New Labour'으로 바꾸었다) 1997년 영국 총리로 선출된 후 특히 공공 기업 및 서비스를 민영화하는 문제에서 대처가 만든 수많은 정책을 밑바탕으로 정국을 운영했다. 하지만 대처의 영향력은 단순히 영국에만 그치지 않고 더 먼 데까지 더 깊숙이 뻗어나갔다. 지금 우리도 대처를 통해 만들어진 세상에서 살고 있고, 이 모습은 그녀가 품었던 비전에서 나왔다. 혁신을 빼면 그녀에게는 남는 게 하나도 없었다.

'대처주의Thatcherism'는 단순히 어떤 이데올로기나 정치 노선이 아니라 하나의 오롯한 세계관이다. 대처주의에서 중요한 것은 경제, 사회 혹은 정치를 바라보는 관점뿐만이 아니라, 무엇이 인간을 기능하게 하는가에 관한 시각이다. 오늘날까지도 우리는, 우리가 그 사실을 알건 모르건, 우리가 어떤 식으로 통치하고, 어떤 식으로 경제를 경영하고, 어떤 식으로 기업과 정부, 경제와 사회, 시민과 국가, 나아가 국민들 사이의 관계를 바라보는지와 같은 질문에 답할 때 대처가 지향했던 바를 옹호하거나 반대하거나 둘 중 하나의 입장을 택한다.

미국에서는 대처가 영국에서 총리직을 시작한 직후인 1980년 대통령으로 선출된 로널드 레이건을 논하며 '레이건 혁명Reagan Revolution'이란 말을 곧잘 꺼내곤 한다. 레이건이 미국을 통치할 당시 중시했던 이슈나 표방했던 정치적 기질은 대처와 거의 다르지 않았고, 그역시 미국 사회를 비롯한 더 넓은 세상에 압도적인 변화를 일으키는 데 일조했다. 둘이 추진한 정치 및 경제 프로젝트에서 서로 겹치는 부분을 가리키는 말은 여러 가지인데, 그중 하나가(비록 그 영향력을 온전히 담아내지는 못하나) '신자유주의neoliberalism'이다. 개략적으로 말하면 공공서비스 민영화(과거 국가가 담당하던 역할을 민간 부문에 이관하는 것), 노조 무력화, (영국의 경우에는) 사회주의 잔재 청산, (미국의 경우에는) 뉴딜 정책 잔재 청산 등이 신자유주의의 행보에 포함된다. 신자유주의에서는 부유층을 '일자리 창출자'로서 호의적으로 대하며, (신자유주의자들의 주장에 의하면) 이들의 부가 이른바 '낙수 효과'를 통해 대중에게 혜택을 준다고 주장하는 경향이 있다. 경제에 대한 이 공상적인 사상이 당시 더욱 높아가던 민족주의 및 냉전의 격화와 맞물리면서 사람들은 소련 진영을 무너뜨리고 '공산주의를 격파'하겠다는 결의를 새로이 다지는 중이었다. 이 말은 군비를 증강하고 '방어비' 지출을 늘려 더 많은 대리전을, 때로는 직접 전쟁을 벌이는 것까지 불사하겠다는 뜻이었다.

몇몇 학자들은 대처주의를 경제적 자유주의와 국가 통제주의 권력의 결합체로 본다. 대처주의에서는 국민의(특히 노동자, 빈민 및 실업자의) 물질적 필요와 관련해서는 정부가 나서는 것을 좀처럼 볼 수 없었고, 사람들은 자신이 처한 난관은 자기 손으로 헤치고 나오는 게 옳다고 여겼다. 한편 치안, 사찰, 정치적 의사 결정 측면에서 국가는 어느 때보다 권위주의적이고 막강한 모습이 돼갔다.

대처주의의(그리고 레이건주의의) 특징을 더 꼽자면 사회적 보수주의, 이른바 전통적인 가정관으로의 복귀, 1960~1970년대의 투쟁을 통해 얻은 각종 인권 및 여성권의 퇴행을 들 수 있다. 대처는 남자들이 절대 못해내는 일을 해내는 여자들 이야기를 많이 했지만, 사실

다시, 리더란 무엇인가

이것들은 얍삽한 슬로건에 불과했다. 대처는 자신 말고는 여자도 얼마든 권력자나 책임자 자리에 오를 수 있다고 생각지 않은 것 같다. 1979년부터 임기를 시작한 대처 정부 첫 내각의 공식 단체 사진을 보면 아주 인상적이다. 파란 정장에 정성스레 머리를 올리고 진주 목걸이를 차서 누가 봐도 상관처럼 보이는 그녀가 한가운데에 자리 잡고 있고, 그 주변을 하나같이 비슷한 외관의 남자들이 에워싸고 있다. 이들은 안색, 머리색, 정장 색깔, 교육 배경까지 별 특징 없이 희끄무레하고, 고분고분한 기질을 갖고 있었다. 하지만 이 사진보다 훨씬 인상적인 것은 그로부터 9년 뒤인 1988년에 임기를 시작한 대처의 마지막 내각을 찍은 사진일 것이다. 대처의 정장은 이제 금색으로 바뀌었지만, 그녀 주변에서는 여전히 전처럼 희끄무레하고 어느 자리에 끼워놔도 똑같을 것 같은 남자들밖에는 찾아볼 수 없다. 대처는 임기 내내 여자는 요직에 앉히지 않는 방침을 일관되게 고수한 한편, 전통적인 가정 내 성 역할에 충실한 이미지를 연출하는 데 열심이어서 평소 빨래와 요리를 하는 것은 물론 남편의 여행 가방을 정리하는 모습까지 보였다.

지금은 고인이 된 역사가 토니 주트Tony Judt의 평에 따르면 대처는 보수당원 중 한 사람이었지만 사실 보수주의자는 아니었다.[1] 영국을 비롯한 유럽에서 보수주의자는 제2차 세계대전이 끝난 뒤에 복지국가, 전 국민 의료 보건 서비스, 인프라에 대한 공공 지출, 사회 안전망 등을 확보하기 위해 애쓴 리더들 사이에서 찾아볼 수 있었다. 오늘날 미국의 일부 엘리트층은 이러한 것들을 요구하는 이들을 '당나귀'를 바라는 사람에 비유하는가 하면, 이것들을 행하겠다는

영국 총리 마거릿 대처가 자신의 초대 내각과 자리한 모습, 1979년 6월 21일. (© Keystone Press)

자신의 내각과 함께 있는 총리 마거릿 대처, 1988년 1월 26일. (© PA Images)

다시, 리더란 무엇인가

이들에게는 극좌파라는 수식어를 붙이기도 한다. 하지만 진정한 의미의 이들 보수주의자가 전쟁으로 만신창이가 된 유럽 곳곳의 자신들 조국에서 이런 정책들을 시행한 이유는 사회주의를 원하거나 평등을 무엇보다 사랑해서가 아니라, 사회질서를 지키고 싶었기 때문이다. 이들은 자신들의 혹독한 경험을 통해―1930년대의 루스벨트가 잘 이해했던 것처럼―사람들이 기본적인 물질적 필요를 충족하지 못하고, 대접받을 자격이 없는 극소수 사람들을 위하느라 자신들 삶만 피폐해진다고 느끼면 사회는 순식간에 폭력, 증오, 심지어 전쟁의 아비규환 속으로 빠질 수 있음을 알았다. 사회의 연결망이 약해지고 사회적 연대가 사라질 때 득세하는 것은 파시즘이었다. 그런데 진정한 보수주의자에게 훨씬 무시무시하게 다가왔던 건 자칫 잘못하다간 공산주의 혁명이 일어날 수 있다는 것이었다. 이 시절 유럽 국가 리더들이 나중에 유럽공동체European Community, EC로 발전하는 유럽공동시장European Common Market을 탄생시킨 것도 바로 이 점을 우려해서였다.

대처도 영국 정계에 진출한 초반에는 이런 사업을 지지했다. 그러다 이른바 '유럽 회의론자Euroskeptic'로 전향하는데, 나중에 그녀를 계승한 정계 지도자들의 무능 속에 영국 보수당이 끝내 브렉시트Brexit를 택하게 되는 건 어쩌면 이때 예견된 일이었다. 하지만 주트도 지적했듯, 여러 중요한 점에서 봤을 때 대처는 보수주의자라기보다는 오히려 급진파였다. 진정한 보수파였던 선대 정치인들이 고투 끝에 실행한 갖가지 정책들을 철폐하는 데 여념이 없었으니까. 대처의 정치적 성향은 일찍부터 그 징후가 엿보였다. 가령 1970년대 초반에

드워드 히스Edward Heath의 보수당 정부에서 교육부 장관으로 일하던 시절, 대처는 국가의 지원을 받는 초등학교의 7~11세 아동들에게 제공되던 무상 우유 공급을 중단하자고 제안했다. 이에 대처의 비판자들이 '매기 대처, 우유 강탈자Maggie Thatcher, Milk Snatcher'라는 별칭을 붙였지만, 우스꽝스럽고 다소 잔혹한 이 근검절약 정책이 대처의 정치 이력에 해가 되지는 않았다. 이 구체적인 방안을 대처는 이내 철회했지만, 이것으로 사람들은 앞으로 자신들에게 닥칠 일들을 조금이나마 미리 맛볼 수 있었다.[2]

• • •

2013년 대처가 87세의 나이로 세상을 떠났을 때, 영국에서는 긍정적인 동시에 부정적이기도 한 격한 감정들이 함께 쏟아져 나왔다. 앞에서 살펴봤듯 1961년 라파엘 트루히요가 암살당한 후 영화 제작자들이 산토도밍고 거리에서(당시만 해도 치우다드트루히요 거리라고 불렸다) 찍은 영상에도 두 가지 반응이 동시에 담겨 있다. 즉, 춤까지 추며 기뻐하는 이들이 있는가 하면 슬픔에 차서 서럽게 눈물을 흘리는 이들도 있었다(더러는 두 반응을 함께 보이는 사람들도 있다). 하지만 사람들이 권좌를 떠난 지 이미 23년이나 지난 리더에게 그런 반응을 보이는 것은 흔한 일이 아니다. 대처 없이는 이 세상에 대한 전망조차 못 하는〈이코노미스트Economist〉는 표지에서 "자유의 전사Freedom Fighter"가 세상을 떠났다며 그녀의 죽음을 애도했다. 여기서 편집자들이 사용한 말의 뜻은 대처가 사회주의의 위협, 국가 주도 경제라는 폭정, 고삐 풀린 금융시장이 이 세상을 지배해선 안 된다는 음험한 생각에 맞서 사람들의 자유를 지키기 위해 싸웠다는 것이었다. 대처는 다른 면에서도 '자유의 전사'였는데, 〈이코노미스트〉와 아울러 비슷한 논조의 다른 언론들에 따르면 '냉전의 투사'로서 소련을 무너뜨리는 것은 물론 동유럽에 대한 소련의 지배가 종식되도록 도왔다.[3] 이와 함께 대처 숭배자들은 대처가 1982년 포클랜드전쟁에서 군부를 몰아내며 아르헨티나의 간악한 군부독재를 종식시킨 공로가 있다고 봤으며, 이를 통해 영국의 해외 영토를 끝까지 지키겠다는 결연한 의지까지 함께 보였다고 평했다. 덕분에 대처는 미적지근한 경제 실적을 낸 뒤에도 가까스로 국내에서 정치적 명맥을 이을 수 있었다. 하지만 또 달리 보면 대처는 라틴아메리카의 군사독재자들에게 무척 호의적인 데도 있었다. 예를 들어 대처는 칠레의 아우구스토 피노체트의 따뜻한 친구였는데, 그는 사회주의자를 억눌러 사라지게 하거나 죽이는가 하면 대처가 좋아하던 신자유주의 경제 정책들을 자국으로 그대로 들여왔다.[4]

하지만 〈이코노미스트〉를 비롯한 그 부류 언론들이 대처를 누구보다 좋아했던 이유는 그녀가 영국에, 그리고 궁지에 몰린 영국 국민에게 한 일들 때문이었다. 이들 언론의 생각대로 대처는 오랜 세월 이어지던 불황, 나태, 비생산적 산업, 그리고 사회적 부패를 타파한 인물이었다. 그녀는 경제를 근대화한다며 국가의 자산 대부분을 매각하고, 성가신 노조를 분쇄하여 더는 지나치게 큰 힘을 행사하지 못하게 하는 한편 기업 및 금융계에 유리한 행보를 펼쳤고, 그렇게 해서 탄생한 사회적 풍경이 오늘날에도 영국에 그대로 남아 있다.

하지만 대처의 가장 중요한 성취는 정치와 정책에만 머물지 않는다. 그녀의 가장 중요한 성취는 심리적인 면에서 찾을 수 있다. 사실 대처의 사상들은 독창적이라고 할 수 없었으며, 그녀가 권좌에 오른 것도 당시 거세게 불붙은 신자유주의의 물결에 올라탄 덕이었다. 대처는 마키아벨리의 방식에 따라 자신의 길을 구축하고 세상을 변화시켰지만, 그녀 역시 마르크스의 말처럼 "자신이 선택한 상황 속에서 역사를 만들기보다는 이미 존재하는, 과거로부터 주어지고 전달받은 상황 속에서 역사를 만들어가고 있었다." 대처는 자유주의자 사이에서 영웅으로 통하지만 당시 일반 대중에게는 거의 알려지지 않았던 오스트리아 출신의 영국 경제학자 프리드리히 하이에크Friedrich von Hayek의 화폐론 대중화에 일조했다. 이 이론들이 단순명료한 형태로 내가 아는 어떤 리더의 사상보다 오늘날의 담론에 잘 녹아 있는 것도 대처 덕분일 것이다. 1987년 〈우먼스 오운Woman's Own〉과의 인터뷰에서 대처는 이 세상에 '사회 같은 것'은 존재하지 않는다는 취지로 말했다. 오직 개인과 가족만 존재할 뿐이었다. 이런 생각은 단순히 사람들 사이에서 인기만 끈 게 아니라, 여러 면에서 오늘날 우리 세상을 지배하고 있다. 또한 수많은 사람이, 심지어 대처의 정치에 반대하는 이들까지도 자신을 개인적 차원에서 생각하는 경향이 있다. 이들은 사회적 연대나 공공선 같은 개념에 적대적인데, 이런 것들은 모종의 대가를 치러야만 얻어질 뿐만 아니라 전체주의로 발전할 만한 정치 형태를 대변한다고 믿는다. 이들에게 주된 동기부여 수단은 타인과의 경쟁이며, 경쟁을 사회 상층부만의 특권으로 중요시하는 게 아니라 인간의 본성으로 받아들인다. 대처가 적

다시, 리더란 무엇인가

극 옹호했던 이런 생각들은 그녀의 집권 시절엔 극단적으로 비쳤으나 지금은 당연한 신조로 통하고 있다. 뿐만 아니라 리더십의 대의성과 다양성을 중시하는 모든 이에게 가장 중요한 것은 그녀가 이런 일들을 남자들의 세상에서 여자의 몸으로 해냈다는 점이다.

하지만 대처가 세상을 떠났을 때 사람들은 그저 슬퍼하지만은 않았다. 대처의 죽음에 대한 또 다른 반응을 접하면 놀라지 않을 수 없을 정도다. 〈이코노미스트〉 표지와는 정반대 광경이 펼쳐졌으니까. 영국 전역에서, 대체로 젊은이를 주축으로 각양각색의 집단들이 거리로 몰려나와 기쁨의 축하 행사라는 말 외엔 달리 표현할 길이 없는 일들을 벌였다. 사람들은 샴페인을 터뜨리고, 춤추며 파티를 벌이고, "순수악pure evil"이라는 구호를 손에 들고 다니는가 하면, 스프레이로 "철의 여인? 평화로이 녹스소서", "철의 여인, 이젠 다신 못 돌아온다" 같은 낙서를 벽에 휘갈기기도 했다. 이들에게 대처의 죽음은 영화 〈오즈의 마법사Wizard of Oz〉(1939)에서 동쪽 마녀가 죽은 것과 같았다. 먼치킨들이 "딩동! 마녀가 죽었구나"라며 노래하는 그 대목 말이다. 유명인들도 대처가 죽자 곧바로 그녀의 정책 때문에 사람들의 삶과 공동체가 얼마나 망가졌는지 털어놓았다. 스코틀랜드 출신의 전설적인 축구 감독 알렉스 퍼거슨Alex Ferguson은 어머니가 재정 지원이 끊긴 국립 병원에서 돌아가시며 당한 홀대를 떠올리며 울분을 터뜨렸다.[5] 잉글랜드 출신의 영화감독 켄 로치Ken Loach는 조롱하듯 "그것이야말로 대처가 원하는 바"일 거라며 대처의 국장國葬을 민간 업체에 맡기자고 제안했다.[6]

대처의 죽음을 둘러싼 일들에 대한 학생들의 반응은, 대처나 그녀의 정책에 관해 잘 알건 모르건 둘로 엇갈린다. 우선 사람들의 반응에서 여성 혐오를 발견하는 학생들이 있다. 남자 리더였다면 대처와 마찬가지 정책들을 취했어도 사람들이 그런 악의에 찬 반응까지 보이지 않았을 거라는 의견이다. 물론 당시에는 대처와 어깨를 나란히 할 남자 리더는 어디에도 없었다. 심지어 레이건도 아니었다. 그는 대처처럼 자신이 하는 일들이 세계사적으로 중요함을 알면서도 대처만큼 커다란 영향력은 한 번도 행사하지 못했다. 그 원인 중 일부는 그가 지적인 면에서 영향력이 적었던 데 있었다(아울러 두 번째 대통령 재임 기간에는 인지 능력 저하 현상까지 뚜렷했다). 그런가 하면 그런 반응을 당황스럽기보다는 안쓰러운 눈으로 바라보는 학생들도 있다. 그렇게 기뻐했던 이들은 대처의 정책들의 목표물이 되어 피해를 입은 공동체의 구성원들이었다는 것이다. 이 학생들의 관점에 따르면, 그들의 기쁨은 꼴사납기보다는 오히려 충분히 이해할 만하고, 심지어 정당하기까지 하다. 그것은 수십 년의 고난, 분노, 슬픔을 겪은 데서 나왔을 뿐 아니라, 자기 민족을 불행으로 몰아넣은 리더가 더는 살아 있지 않다고 할 때 느껴지는 감정이었다.

전 총리의 사망에 뛸 듯이 기뻐하는 젊은이들을 볼 때 우리가 느끼는 감정을 좌우하는 가장 큰 요소는 아무래도 우리가 리더에게 보내는 존경과 관련 있다. 가령 어떤 행사에서 정치적으로는 경멸하지만 개인적으로는 전혀 알지 못하는(아울러 나와는 다른 사회적 계층 출신의) 어떤 리더를 우연히 만났다고 해보자. 여러분이라면 어떻게 행동하겠는가? 아마도 대부분은(나를 포함해) 돌연 입장을 바꿔 존경과 예의를 차리면서 적어도 악수를 나누고, 심지어는 농담까지 주고받

다시, 리더란 무엇인가

을지 모른다. 반면 이런 상황에서도 불손하게 굴면서, 어쩌면 공격적인 언사까지 서슴지 않을 사람들도 있을 것이다. 이런 행동은 분위기를 경직시킬 뿐 아니라, 심지어 무례하게 비칠 수 있다. 그런데 이런 행동이 정말로 결례일까? 우리는 늘 리더들에게 존경을 표해야 할까? 우리는 리더들을 존경해야 하고, 꼭 그것을 당연시해야만 할까? 리더들이 우리 자신이나 우리가 속한 집단을 존중하지 않을 때조차도 우리는 리더들을 존경해야 할까? 이 질문들에 대한 답을 보면 평소 자신이 얼마나 공손한지와 함께 얼마나 권위적 기질을 지녔는지도 알 수 있다. 이렇게 생각해볼 때 대처의 경우에는 중간이 없었던 셈이다. 서로 상극이었던 이들의 반응은 단순히 중요한 리더에 대한 기억, 혹은 죽음을 두고 나온 것만은 아니었다. 그것은 그들이 사는 현실에 대한 반응이었다. 지금 우리는 대처가 만든 세상에 살고 있으니까. 대처를 우리가 어떻게 생각하고, 그녀의 죽음에 어떻게 반응하는지만 봐도 우리가 오늘날 세상을 어떻게 생각하는지와 관련하여 많은 것이 드러난다. 그녀의 임종을 기뻐했던 젊은이들에게 대처는 오늘날 세상을 잘못 돌아가게 만든 원흉이다. 반면 〈이코노미스트〉를 비롯한 기득권층 상당수에게는 오늘날 훌륭하다고 여기는 것 대부분을 이룬 공로자다.

$$\cdots$$

대중문화를 보면 과거에 대한 아주 흥미로운 시각을 제시하는 기막힌 작품들이 많은데, 넷플릭스의 〈더 크라운The Crown〉도 그런 사레다. 얼핏 보면 여왕 엘리자베스 2세의 삶과 그녀의 치세, 그리고 신경증에 걸린 그녀 가족들을 (다소 선정적이고 호화롭게) 드라마화한 작품이지만, 영국의 사회 및 정치를 바라보는 더욱 폭넓은 시각을 담고 있는 데다 때로는 리더십과 관련해 풍부한 통찰력을 제시한다. 관점은 달랐을지언정 나라의 진정한 문제들을 찾아내 붙들고 씨름할 줄 알았던 윈스턴 처칠, 클레멘트 애틀리Clement Attlee, 해럴드 맥밀런Harold Macmillan, 해럴드 윌슨Harold Wilson 같은 리더들이 이끌던 영국이, 브렉시트 시대의 영국 및 그 지도자들과─하나같이 극소수 명문 학교 출신들이지만 영국 국민에게 간단한 진실조차 말해주지 못하는 듯하다─대조를 이루는 모습을 보면 슬픈 마음이 절로 든다. 영국이 한때는 해가 지지 않는 나라라고 불릴 정도로 광대한 영토를 가진 제국이었다는 점을 생각하면 이들의 무능이 더욱 놀랍게만 느껴질 뿐이다.

영제국의 과거는 지금까지도 영국에 어른대고 있으며, 그 시절 유일하게 영국과 맞먹는 규모의 제국을 가졌던 프랑스인들도 그러기는 마찬가지일 것이다. 제2차 세계대전 이후 영국의 이야기에는 회복과 쇠망이 뒤섞여 있다. 전시를 거치며 온 나라가 쑥대밭이 되었다가 이후 도시들과 산업이 재건되었지만, 영연방을 제외하면 제국은 상당 부분 사라지고 없었다. 과거 식민지에서 넘어온 이민자들로 나라의 인구 구성과 문화가 크게 바뀌었다. 여기에 미국과 영국의 이른바 특별한 관계는 피차 평등하지 못했다. 영국은 미국이 제2차 세계대전 후 만든 마셜플랜Marshall Plan의 최대 수혜국이었다. 과거 유럽의 다른 열강과 마찬가지로 영국도 이제는 세계의 두 초강대국인 미국과 소련이 군림하는 새로운 세상에 적응해야 했다. 몇 년에 걸쳐 보수당과 노동당이 돌아가며 집권한 후인 1976년 영국은 그 명성이 바닥을 치니, 제임스 캘러헌James Callaghan 의 노동당 정부는 이해의 파운드화 위기에서 화폐를 안정화하기 위해 IMF로부터 39억 달러(2023년의 가치로는 약 206억 달러)를 빌려야만 — 으레 후진국에서 한다고 여기는 일 — 했다.

1960년대와 1970년대에 영국이 세상에 가장 눈에 띄게 기여한 점을 꼽으라면 당연히 청년 문화일 것이다. 영국의 수도가 '스윙잉 런던Swinging London'이라는 별칭으로 회자될 만큼 당시 영국은 영화, 패션, 그리고 특히 음악 방면에 대단한 영향을 미쳤다. 비틀스와 롤링스톤스를 필두로 전 세계 최고의 거물급 팝 스타와 록 스타는 대체로 영국인이었다. 수십 년 동안 영화계를 풍미한 제임스 본드 영화 시리즈를 통해서는 화려한 탈출 판타지도 즐길 수 있었으니, 이 영화는 영국이 아직 지정학적으로 대제국으로 군림하는 가상 세계를 배경으로 갖가지 기발한 장비들을 등장시키며 여왕 폐하의 비밀 작전을 수행 중인 점잖고도 남성미 넘치는 주인공이 목숨 아홉 개에 살인 면허라도 있는 양 활약하며 사랑하는 여자를 차지하는 이야기를 실감나게 그려낸다. 당시 영국 국민 대부분은 귀족층과 상류 지주층을 제외하면 일종의 안전망이라고 할 사회 및 공공 재원에 의지하고 있었다. 갖가지 산업에 자금이 지원되었으며 노조도 탄탄하게 자리 잡고 있었다. 애초 국민보건서비스National Health Service(정부의 자금 긴축 압박 및 민영화 구상에도 불구하고 지금까지 건재한 채 많은 인기를 누리고 있다)가 만들어진 것도 1930년대에 유럽인이 겪은 지난한 고통을 사전에 방지하자는 취지였다. 노동 계층에게는 이런 것들이 제2차 세계대전으로 치른 많은 희생을 지속적인 고용과 안정적인 삶으로 보상받는다는 의미로 다가왔다. 그리고 이 기조가 영국 전역 공동체들의 부모에서 아이들에게까지 대대로 이어지리라 여겼다.

대처는 보수당과 노동당 총리들 모두가 오랜 세월 받아들여온 이런 식의 이른바 '전후의 공론'을 더는 받아들일 수가 없었다. 아울러 참을 수도 없었다. 대처가 총리로서 보인 행보 중 가장 파급력이 컸던 것 하나는 1984~1985년에 전국광부노조National Union of Mineworkers와 살벌한 싸움을 벌인 것이다. 대처의 정부는 수익성이 없어져버린 광산 부문은 운영을 중단하고 광부들은 새로운 직종을 찾아 떠나야 한다고(주로 기업 활동 쪽에서 찾아야 했으나, 그 일에 적합한 이들은 극소수에 불과했다) 결단을 내렸다. 대처의 지지자들이 보기에 이는 더없이 합리적인 정책이었지만, 광부들은 더는 경제적 자립이 불가한 일터를 끝까지 지키기 위해 안 보이는 데서 계속 싸움을 벌여나갔다. 대처의 비판자들이 보기에는 경제가 어떤 모습이어야 하는가에 대한 생각이 서로 다르다는 것은 차치하고라도, 대처가 단순히 광산을 폐업시키고 그 역할이 막중했던 광부노조를 분쇄하는 것을 넘어 이 일들을 아주 볼썽사납게 추진했다는 게 문제였다. 대처는 '투덜대는 미니들moaning minnies'이라며 실직자와 가난한 이들에게 노골적으로 경멸을 내비치는가 하면, 힘들게 일하는 광부들을 대표해 싸우고 있을 뿐인 광부의 리더들을 위험한 혁명 분자로 취급했다. 대처는 자기가족(그녀의 부친은 영국의 고즈넉한 작은 마을에서 식료품점을 운영했다)과 똑같은 부류가 아니면 사람들에게 전혀 공감하지 못하는 듯했고, 마침

다시, 리더란 무엇인가

내 광부들이 무너지자 거의 뛸 듯이 기뻐하는 것처럼 보였다. 결국 이 싸움에서 대처가 승리를 거두고, 광부들의 파업은 완전히 진압당했으며, '비생산적인' 분야는 폐업했고, 그들의 삶의 방식은 구석으로 밀려나 의미를 잃었다. 노동자들과 그 가족들, 그들이 소중히 지켜왔던 공간과 전통, 일에 대한 자부심, 그리고 오랜 세월 그들이 조국에 해왔던 기여까지 파괴당했다. 지금도 영국에는, 특히 영국에서도 더욱 빈곤한 축에 속하는 북쪽에는 당시의 엄청난 사회적 타격에서 영영 회복되지 못한 곳들이 남아 있다.

드라마 〈더 크라운〉 중 대처 집권 시절에 초점을 맞춘 에피소드들을 보면, 엘리자베스 2세를 만나는 자리에서는 대처가(영국계 미국인 배우 질리언 앤더슨Gillian Anderson이 연기했다) 영 불편해하는 기색이 역력하다. 이 장면들은 대처가 다른 지위 높은 여성을 불편해하고 계급 소외감을 느꼈을 뿐만 아니라, 두 여인이 정말 안 맞는 사이임을 강조한다. 여왕을 처음 만난 자리에서 대처는 여자들은 '너무 감정적인' 경향이 있어서 고위직에는 적합하지 않은 것 같다고 말한다. 여기에 여왕은 아무 대꾸도 하지 않는다. 또 다른 장면에서는 영국 전통에 따라 총리와 그녀의 남편이 왕실의 초청을 받아 왕가 별장인 밸모럴성에서 일주일간 머무는데, 대처는 온통 시골뿐인 배경에서 불쌍할 만큼 뒤숭숭해한다. 여왕과 에든버러공이 한가로이 승마와 새 사냥을 즐기며 아무 말도 없이 지내는 가운데 대처는 얼른 집무실로 돌아가 기업의 각종 규제를 풀고 노조를 분쇄하고 싶은 마음뿐이다. 사실 정치적인 면에서 여왕은 대처가 영연방 국가들을 무시하고, 남아프리카공화국의 아파르트헤이트apartheid에 대한 제재를 오랫동안 거부하고, 지인들인 귀족들을 얕잡아 보고, 심지어 빈민과 실직자들에게까지 몰이해한 태도를 보이는 것이 영 거슬렸다. 대처 입장에서는 또 여왕이 대체로 성가신 존재였다.

넷플릭스 드라마가 그려낸 대처의 이미지는 픽션이지만, 그녀의 성장 배경만큼은 그녀의 리더십을 흥미롭게 바라보게 하는 요소인 게 사실이다. 대처는 중산층 가정에서 유복하게 자랐지만 명망가 출신은 아니었다. 옥스퍼드대학교에서 화학을 공부했지만 보수당에서 상층부로 올라가는 내내 그녀 곁에는 온통 여자가 권좌는 고사하고 정계에 발 들이는 것을 별난 일로 치부하는 상류층의 고상 떠는 남자들뿐이었다. 이들은 젊은 시절의 대처를 순진하고 다소는 출세제일주의 경향이 있는 여자로 봤다. 하지만 결국 대처는 이런 세상을 지배하고 정복해 영국의 주요 정당을 이끈 최초의 여성이 된 것은 물론 나아가서는 영국 총리에까지 올라 제2차 세계대전 이후 명실상부하게 가장 막강한 힘을 자랑하는 여성이 되었다. 이에 반해 미국과 프랑스는 아직까지도 여성을 국가 수장으로 둔 적이 없다. 1980년대에 서양의 리더들이 만나 이런저런 중요한 일들을 시행하는 모습을 담은 사진들 속에서도 대처는 막강한 남자들 사이에 긴 유일한 여성으로서 단연 눈에 띈다. 대처의 성공은 어느 정도는 실력주의 기조의 대표적 사례라 하겠지만, 여러 면에서 무척 운이 좋기도 했다. 우선 그녀는 부유한 남자와 결혼한 덕에 성인기에 부유층 여성이 될 수 있었다. 정치권에 몸담고 출세를 꿈꾸면서 돈이나 육아에 신경 쓰지 않아도 된다는 것은 대단한 특권이었다. 당시만 해도 대처만큼 사정이 넉넉지 못한 여성들은 생각지도 못했던(지금

다시, 리더란 무엇인가

도 그렇기는 마찬가지이다) 일이었으나, 대처 자신은 이를 대수로이 생각한 적이 없었다. 그녀 위에 상층 계급이 존재하고 그들이 영국 사회에서 꽤 중요했던 건 사실이지만, 그녀 아래에는 항상 노동 계층도 있었고 이들의 존재가 사회에는 훨씬 중요했다.

물론 대처에게 출세의 문이 저절로 열린 것은 아니었으며, 여성 리더로서 그녀가 거둔 성공은 세계적 맥락에서 봤을 때 극히 이례적인 일이었다. 얼핏 단순해 보이지만 답하기 쉽지 않은 질문이 하나 있다. 대처가 여자였다는 사실은 과연 그녀의 리더십에 큰 의미가 있었을까? 이 질문은 경우에 따라 무척 거슬릴 수도 있다. 대처에게도 분명 그랬을 것이다. 우리는 보통 남자 리더들을 다룰 때는 그들의 성별에 관해 이야기하지 않는다. 남자들의 경우엔 그들의 성별과 리더십을 당연하게 여긴다. 그래서 어떤 이들은 그녀가 어떤 사람이었는지는 제쳐놓고 오로지 그녀가 한 일들만 갖고 그녀의 중요성을 논하려 한다. 하지만 엄연히 존재하는 사실을 무턱대고 무시할 수는 없다. 대처 자신도 이 문제를 화두로 삼아 여성으로 살아간다는 것, 아울러 여자로서 자신이 남자가 갖지 못한 그 모든 힘과 능력을 타고날 수 있었던 데 대해 누차 얘기했지만, 자신의 인생 역정을 증거로 내세우며 어떤 식으로든 여성 차별이 존재한다는 것을 인정하지 않았다. 여성이 더 뛰어나다는 건 결국 여성의 힘이 강해졌다기보다 자신이 강하다는 이야기였으니, 대처는 그만큼 독특한 재능들을 타고났고 자신만의 방식으로 집권기 내내 남자 정치인들을 휘어잡고 윽박지르고 망신을 줄 수 있었다는 뜻이었다.

그렇기는 해도 그녀 세대, 나아가 이후 세대의 수많은 여자 리더들과 비교해봤을 때 대처의 출세는 유난히 두드러진다. 파키스탄의 베나지르 부토Benazir Bhutto, 미얀마의 아웅 산 수 치Aung San Suu Kyi, 인도의 인디라 간디, 필리핀의 코라손 아키노Corazon Aquino 같은 걸출한 아시아의 지도자를 비롯한 여자 리더들은 대부분 중요한 남자 지도자 (때로는 나라의 창시자)의 아내이거나, 더 많은 경우엔 딸로 정계에 첫발을 내디뎠기 때문이다. 이런 점에서 보면 권력을 쥐고자 하는 여성들에게는 몇백 년 전 거대한 왕조가 존재한 이래로 별 변화가 없었던 셈이다. 그때는 (잉글랜드의 엘리자베스 1세 같은) 그 누구보다 유명한 여왕들조차 단지 자신들의 아버지가 옥좌에 앉았었다는 이유만으로 그 자리에 앉았으니까.

심지어 오늘날에도 서반구를 보면 상황이 크게 다르지 않음을 알 수 있다. 단순히 여자 리더들만이 아니라 남자의 경우도 마찬가지이다. 라틴아메리카만 해도 지금까지 남편이나 아버지의 자리를 그대로 계승한 중요한 여자 리더들이 한둘이 아니다. 미국에서도 연임에 성공했던 대통령 조지 W. 부시가 전직 대통령 조지 H. W. 부시George H. W. Bush의 아들이었고, 그의 또 다른 아들 젭 부시Jeb Bush도 (비록 실패했으나) 아버지의 발자취를 따르려 했다. 이들의 정치 이력은—한 사람은 미국 역사에 재앙이나 다름없었고, 다른 하나의 영향력은 변변찮았다—태어나면서 얻은 자격에서 시작했고, 그들의 아버지가 없었다면 생각지도 못했을 일이다. 2016년 대선에서 승리했다면 미국 최초의 여자 대통령이 되었을 힐러리 클린턴Hillary Clinton도 연임에 성공한 전직 대통령 빌 클린턴Bill Clinton의 아내이다. 캐나다의 자유당 소속 총리 쥐스탱 트뤼도Justin Trudeau 역시 자유당 출신의 전 총리

다시, 리더란 무엇인가

인 피에르 트뤼도Pierre Trudeau의 아들이다. 민주주의든 전제주의의 맥락에서든 왕조식 권력 구도에서 확실히 대처는 눈에 띄는 존재이다. 이 말은 영국 사회에 뭔가 특별한 게 있다는 뜻이지만, 대처 자신에게 뭔가 특별한 게 있다는 뜻이기도 하다.

대처의 출세가 여성의 승리인지를 두고는 페미니스트들 사이에서 의견이 갈릴 수도 있는데, 그 답은 정의하기에 따라 달라지기 때문이다. 여성이 권력의 최정상에 다다른 것이 페미니스트적 성취일까, 아니면 그녀가 권력을 쥔 동안 무엇을 하는가가 중요한가?[7] 대처에게는 이런 질문은 일고의 가치도 없었다. 언젠가 그녀는 자신의 자문단 하나에게 이렇게 말했다고 한다. "페미니스트들은 날 미워해요, 그렇죠? 전 사람 탓은 안 해요. 페미니즘이 밉지. 그건 독이라고요."[8] 정체성과 대의권에 초점을 맞추는 이들에게는 대처의 인생이 유리 천장을 보란 듯 산산이 부수고 내가 여기까지 왔으니 너희도 얼마든 최정상에 오를 수 있다고 다른 여자들에게 말해주는 행복한 이야기처럼 보일지도 모른다. 그녀가 그 자리에 올라서서, 특히 다른 여성들을 위해 무엇을 했건 상관없이 말이다. 물론 다른 여성을 위해 무엇을 할지는 대처에게 중요하지 않았던 게 분명하다. 대처는 여자들의 이슈에는 관심이 없었고, 자신의 성공이 다른 여자들과 어떤 식으로든 연관 있다거나, 아니면 여성이라는 집단의 귀감이 돼야 한다거나, 혹은 영국 여성들이 정치적 삶을 위해 힘겹게 싸운 여성참정권론자나 페미니스트의 투쟁을 자신의 성공과 연관시키려 하면 되레 심하게 불쾌한 기색을 드러내곤 했다.[9]

...

대처의 유산은 주로 정치적이고 실용적인 면에서 찾을 수 있다. 더 나은 말이 없어 쓰는 표현이지만 그 일부는 그녀 특유의 태도에서 찾을 수 있다. 즉, 그녀의 호전적 리더십 스타일을 말하는 것인데, 그녀가 한 일들만이 아니라 일을 추진한 방식을 생각하면 무엇을 말하는지 감이 올 것이다. 부하들을 계속 감독하는 스타일이었던 대처는 때로는 엄마가 자식을 다루듯 직원들을 대하는가 하면 때로는 대놓고 호통을 치기도 했다. 대처는 절대 타협 같은 건 하지 않는 자신을 자랑스러워했고, 그래서 일명 '확신형 정치인'으로도 통했다. 1980년 10월 보수당 전당대회에 참석했을 때 대처는 심한 압박을 받는 상황이었다. 애초 약속했던 성장을 이루지 못한 데다 실업률은 증가하고 경기는 침체에 접어들었기 때문이었다. 그런데 이때 대처의 명연설이 나왔다. "돌아서고 싶으면 돌아서십시오"라고 그녀는 당원들을 향해 말했다. "그래도 저 철의 여인은 돌아서지 않습니다." 그러자 그 자리에 있던 사람들은 물론 언론들까지도 그녀의 확신에 찬 모습에 갈채를 보냈는데, 여기서 대처가 이상에서 물러서려 하지 않는 혹은 현실을 인정하지 않으려는 모습이 여실히 드러난다.[10]

많은 리더가 그렇지만 대처도 자아가 확실한 인물이다. 이 점은 자신의 이야기를 3인칭 시점에서 하는 것에서도 분명히 드러나지만, 그녀의 자아는 사실 이력에서 핵심적인 부분은 아니었다. 아울러 대처는 부자들을 위해 정치를 하지도 않았다. 그녀는 오로지 변화에 대한 열의를 불태운 사람이었다. 아울러 철저히 이데올로기적

다시, 리더란 무엇인가

이기도 했다. 그녀가 머릿속에 적으로 고른 상대는 마르크스주의 혹은 사회주의였다. '확신형 정치가'라는 말은 대처의 본질을 별로 담아내지 못한다. 그녀는 그냥 정치인이었지만 훌륭한 정치인이었고 (종국에 그녀가 훌륭한 정치인의 자질을 잃고 정책이 인기가 없어지자 보수당에서 그녀의 통치를 종식시키기 전까지는 그랬다), 오늘날 우리가 그야말로 숱하게 볼 수 있는 정계 리더와는 달리 기회주의자도 아니었다.

결국 대처가 리더로서 남긴 가장 근본적인 유산은 우리가 세상, 나아가 우리 자신에 대해 생각하는 방식이 아닐까. 대처 덕에 세워진 이른바 신자유주의 질서는(이와 함께 신자유주의의 죽음은 너무 이르다는 소문은) 알고 보면 정책과만 관련 있는 게 아니다. 생전에 했던 모든 일에 대해 대처는 나름의 설명을 갖다 붙였는데, 극단주의자가 쓰는 말들로 자신의 정책을 정당화한 그 내용을 보면 그녀가 원한 것은 단순히 국익, 합리적인 상식, 도덕성에만 위배되는 게 아니라 인간 본성 자체와도 어긋난다는 사실이 명백히 드러난다. 총리 임기가 벌써 8년째에 접어들었던 1987년의 그 악명 높은 인터뷰에서 대처는 그 내용을 이런 식으로 표현한 바 있다. "요새는 아이든 어른이든 너무도 많이들 이런 식으로 생각하는 습관이 있습니다. '문제가 생겼어. 이런 걸 해결해주는 게 정부의 일이지!' …… 그러고는 자신의 문제를 사회에 던집니다. 그런데 사회가 누구인가요? 세상에 사회 같은 건 없습니다! 개개인의 남자, 여자 그리고 가족만 있을 뿐이지요. 정부는 국민의 뜻을 대변하는 것 외엔 할 수 있는 게 없습니다. 그러니 자기 문제는 먼저 자기가 돌봐야 합니다."[11]

대처나 레이건처럼, 그리고 이들 이념의 계승자들이 계속 그랬듯, 정부의 일원인 이들이 정부와 정부의 역할을 깎아내리는 이야기를 들으면 이상하다는 생각이 든다. 그런데 잘 들여다보면 또 그렇지가 않다. 대처주의자와 레이건주의자는 결코, 대처가 어설프게 표현한 대로 정부가 '국민의 뜻을 대변하는 일' 외에는 아무것도 하지 말아야 한다고 생각지 않았다. 결국 이들이 뜻하는 바는 정부는 주택 건설, 의료 서비스, 교육, 사회복지제도처럼 필수적인 공공 재화에는 지출을 최소한으로 줄이거나 아예 하지 말아야 한다는 것이었다. 그러면서 군사, 치안, 심지어 자신들이 자초해서 극심한 곤경에 처한 민간 부문에는 막대한 자금 지원을 하는 데 인색하지 않았다. 이와 함께 행정 집행력에 대한 욕구가 없지 않았던 듯하다. 대처도 총리 시절 사실상 중앙집권자의 면모를 보였으니 과거 곳곳의 도시, 공동체, 그리고 지방 행정구역에 분산돼 있던 수많은 권한을 중앙정부로 집중시킨 것만 해도 그렇다.

대처의 메시지는 단순히 정부가 뭘 하고 뭘 하지 말아야 하는가에 그치지 않는다. 그것은 결국 우리가 '개개인의 남성과 여성'으로서 이 세상에 존재하는가, 아니면 사회 구성원으로서 임의적이고, 경쟁적이고, 수단적이고, 거래적인(다시 말하면 서로 싸움의 적수인) 관계가 아닌 개인이나 가족의 이해관계를 초월한 공공의 이익에 따라 세상에 존재하는가의 문제이다. 대처는 생전에 줄곧 전자의 입장이었다. 대처는 여성의 몸으로 성공을 이루었지만, 그 성공은 가족, 자신의 패기 그리고 정치술 덕분이었다. 그게 바로 대처가 생각하는 이 세상의 작동 원리였다. 물론 이런 생각을 대처가 창안해낸 것도 아니고, 혼자만 실행에 옮긴 것도 아니었으나 그녀의 메시지는 세상에

다시, 리더란 무엇인가

널리 전파됐고, 이것이 바로 그녀가 남긴 이 세상을 이끄는 원리처럼 보인다.

대처의 비전에 반대하는 투쟁과 반발도 다양한 역사, 정치체제, 경제 제도를 갖춘 나라들에서 계속되고 있다. 대처주의에 대한 반대는 늘 있었지만, 2008~2009년의 붕괴로—분석가들에 따르면, 어떤 제지도 받지 않은 탐욕스러운 금융계와 초부유층만을 위해 일하며 금융계의 이런 행태를 가능하게 한 정치권 때문에 벌어진 일이었지만, 수많은 대중이 고통받은 데 반해 금융계는 별 탈 없이 어느 때보다 많은 부를 쌓았다—절대 흔들릴 것 같지 않던 대처주의도 막강한 타격을 입지 않을 수 없었다.

더구나 최근 벌어진 사태들을 보면 대처주의에 대한 투쟁이 확연히 두드러진다. 전 세계적으로 목숨에 치명적이고, 치료 후에도 심신을 힘들게 하는 전염병이 발생해(이 병의 바이러스는 그 기세가 유난히 대단해 국경은 물론 개인적 이해관계도 아랑곳없이 전 세계 수백만 명의 목숨을 앗아갔다) 대처식 세계관의 한계들이 더욱 드러났다. 개인주의와 맹목적 민족주의를 함께 강조하는 이 세계관 때문에 그러잖아도 좋지 않은 상황이 악화일로로 치달았다. 물론 한편에서는 과학 지식과 기술 혁신 덕에(공적 자금 지원이나 협업을 통해 성과를 이룬 경우가 많았다) 많은 이들이 기대하거나 감히 꿈꾸었던 것 이상으로 빨리 사람들의 목숨을 구할 백신을 만들고 이 질병의 실체를 이해할 수 있었다. 하지만 다른 한편에서는 극단적 이기주의와 이기심으로 인해 전염병 확산을 사전에 저지하는 데 필요한 갖가지 제한과 수단들에 대한 반발이 더욱 거세졌고, 마스크 착용을 폭정의 한 형태로 간주한 지역도 수두룩했다. 대처식 경제 모델에 따라 이제 백신은—과학자들이 처음 백신을 발견했을 때만 해도, 다 같이 힘을 합쳐 세계를 돕자는 생각으로 대중에게 배포됐다— 미국 및 유럽의 민간 대기업의 영역이 되고, 전 세계 백신 공급이 훨씬 절실해진 상황에서 이 회사들로 막대한 수익이 굴러들어 갈 것이었다. 선진국의 공공보건 체제는 대처식의 긴축재정 때문에 자금줄이 마르는 바람에 전에 없던 이 엄중한 상황에 제대로 대응할 수 없었다. 대처식의 철학은 영국을 비롯한 각국의 정부가 다른 무엇보다, 심지어 국민의 안전을 지키는 것보다 (대처 특유의 '경제'에 대한 정의에 따라) 경제를 정상적으로 운영하는 것을 최우선 과제로 본다는 것을 의미했다.

이러한 대처식 관점이 여전히 지배적 위세를 떨치고 있으나, 그렇다고 어디서나 사랑받고 있거나 그 힘이 영원히 지속될 거라는 의미는 아니다. 수많은 젊은이들이 우리가 기후 재앙 속에서 살아가고 있다는 인식과 함께, 아무리 기술 관료의 전문성, 기술 혁신, 개인적 책임감, 사업 감각이 발달해도 우리가 함께 살아가고 통치하고 경제를 운영하는—그리고 결국 우리가 함께 살아가는 이른바 사회는 실제로 존재한다는 사실을 깨닫는—방식에 대대적 변화가 일어나지 않는 한 기후 재앙에서 살아남을 수 없다는 인식을 가질수록 대처식의 유산에 대한 엄정한 심판도 점차 늘어날 것이다. 물론 지금도 리더들이 단기적인 정치적 및 경제적 이익만 염두에 두고 자신들이 일으킨 문제를 외면하거나 적당히 넘기며 대처의 교조를 충실히 따르고 있지만 말이다. 대처가 남긴 유산에 대해 우리는 계속 논란을 벌일 수 있겠지만, 대처의 유산으로 인해 오늘날 우리가 마주친 최대

다시, 리더란 무엇인가

난제를 해결할 방도가 궁해진 건 분명 사실이다. 그렇다면 세상이 필요로 하는 리더십은 어떤 종류인지 알기 위해서는, 즉 우리를 향해 시시각각 닥쳐오는 위기에 대비하기 위해서는 역사의 다른 대목도 살펴볼 필요가 있다.

· · ·

마거릿 대처가 영국 총리직에 오르기 15년 전 촬영된 한 장의 흑백사진에서 우리는 젊은 시절의 두 미국인 리더 마틴 루서 킹 주니어와 맬컴 X가 나란히 서 있는 모습을 볼 수 있다. 그 사진을 보고 있으면 무장해제가 되는 느낌이다. 두 남자가 정장을 단정히 갖춰 입고 웃음을 띤 채 서로를 바라보는 모습에서 따스함이 느껴지지만, 이 사진이 후세까지 전해질 거란 사실을 알기라도 하듯 자못 진지함도 감돈다. 사진만 보면 둘은 무척 친밀한 사이 같다. 하지만 알고 보면 생전에 두 남자가 만난 건 이때뿐이었고, 더구나 예정에 없던 만남이 이뤄진 시간은 1분도 채 되지 않았다. 이 사진은 1964년 3월 26일 워싱턴 DC의 국회의사당에서 촬영되었다. 미국 상원의 민권법 관련 청문회가 막 열린 참이었다. 당시 킹은 인권 운동 리더로서 존슨 정부를 압박하기 위해 그 자리에 있었고, 맬컴 X는 회의적인 아웃사이더로서 그 자리에 있었다.

이 만남이 있고 1년이 채 지나지 않은 1965년 2월 맬컴 X는 뉴욕시에서 살해당했고, 1968년 4월 4일에는 킹이 테네시주 멤피스에서 살해당했다. 두 리더의 유산을 논의하다 보면 두 남자가 때 이르게 맞

마틴 루서 킹 주니어와 맬컴 X, 1964년 3월 26일. (© Marion S. Trikosko/Library of Congress)

이한 참혹한 죽음이 뇌리에서 떠나지 않는다. 최전성기의 활기찬 모습을 그대로 담아낸 아름다운 사진도 헤아릴 수 없이 많은데 말이다. 세상을 떠났을 때 이 남자들의 나이는 불과 서른아홉이었다.

대처의 사고방식으로 리더를 생각할 때는 제일 먼저, 그리고 무엇보다 개인들을 떠올릴 수 있을 것이다. 영화 내용을 멜로드라마식으로 훑어주는 예고편들을 보면 어김없이 이런 식의 생각이 등장한다. 사기와 파괴가 횡행하는 세상, 한 남자가 이런저런 일을 무릅쓰고 영웅적인 존재가 된다는 서사 말이다. 리더십을 서열이나 낭만과 관련해 생각하면 이처럼 개인주의적 기조가 강해지기 마련이다. 리더십 하면 정부 조직 최상부의 한 사람, 시위대의 대장, 옥좌에 앉은 왕, 혹은 교도소에 갇힌 누군가를 떠올린다. 하지만 이 책에서 함께 살펴봤듯 리더십은 다양한 형태를 띨 수 있다. 집단 리더십이 있는가 하면, 이

다시, 리더란 무엇인가

름 없는 리더십도 있고, 여기저기에 분산된 리더십도 있다. 그런데 리더십이 전혀 뜻하지 않은 2인 조합의 형태가 될 수도 있을까? 마틴 루서 킹 주니어와 맬컴 X는 친구나 동지 사이가 아니었고, 갖가지 이슈와 관련해 의견이 근본적으로 엇갈렸다.[12] 하지만 두 사람은 인권 운동 절정기에 가장 두드러지는 활약을 펼친 아프리카계 미국인 리더로서 종종 한데 엮인 채로 수업이나 논의에 등장한다. 물론 그러다 더러 이 둘이 각자 지향했던 바가 잘못 전달되기도 하지만 말이다. 지난 수년간 나는 이 주제를 다양하게 변형해 논하는 사례들을 수없이 접해왔다. 아이들, 10대 청소년, 심지어는 대학생들까지도—어떤 식으로든 이런 역사를 접할 행운이 있는 이들은—이제는 과거 미국에 흑인에 대한 인종차별주의와 차별 대우가 존재했었고, 이를 타파하기 위한 저항운동에는 크게 두 흐름이 있었다고 배운다. 그중 하나는 간디에게서 영감을 받은 포용적이고 '비폭력적인' 운동으로, 백인과 흑인의 형제애와 자매애를 외치며 미국이 '모든 인간은 평등하게 창조되었다'라는 신조에 따라 살아가도록 이끌어나갔다. 이것이 (아마도) 마틴 루서 킹 주니어의 운동 방식으로, 그의 "제겐 꿈이 있습니다" 연설로 널리 유명해졌다.

이와 함께 아이들이 학교에서 배우는 바에 따르면, 또 다른 운동 방식은 그렇게 멋지거나 평화롭지는 않았다. 이 운동은 흑인에 대한 인종차별주의에 백인에 대한 인종차별주의로 맞섰고, 킹 목사가 말한 것처럼 폭력에 비폭력으로 대응하며 다른 쪽 뺨을 내미는 대신 흑인들도 총으로 무장하고 백인에게 무력으로 맞설 것을 요구했다. 이 관점은 배타적이어서 인종차별주의에 함께 맞서 싸우길 원했던 백인 시민들은 포용하지 않았다. 이것이 바로 (아마도) 맬컴 X의 방식으로, 그는 흑인들은 "필요하면 어떤 수단과 방법을 써서든" 권리를 쟁취해야 한다고 말했다. 여기까지 오면 많은 젊은이가—정말로 기막힌 우연이겠지만!—킹은 기독교도였고 맬컴 X는 무슬림이었다는 사실까지 함께 알게 될 것이다.

지금껏 내가 한 설명은 실제 일어났던 현상을 캐리커처처럼 과장해 묘사한 것에 지나지 않는다. 한마디로 지금까지 인권 운동과 아프리카계 미국인의 투쟁 역사를 흑인 및 유색인의 정치적 평등과 물질적 개선을 위해 몸을 부딪치며 벌인 싸움의 역사가 아니라, 그때 리더들이 어떻게 미국 엘리트층으로 하여금 스스로와 조국을 돌아보게 했는지로 의의를 판단한 도덕 이야기로만 봐왔다는 뜻이다. 이렇게 해서는 두 리더가 진정으로 믿고 옹호한 바가 많이 왜곡될 수밖에 없다. 이런 서사와 실제 역사 현실의 연관성은 아주 미미할 뿐이기 때문이다.

킹과 맬컴 X가 공식적으로 활동하던 1950년대 말에서 1960년대만 해도 미국의 아프리카계 미국인들은 인종 분리 정책이 대부분 시행되고 있는 시골 지역에 살고 있었다. 인종 분리segregation는 전문 용어이나, 이 말은 흑인들이 당한 심한 인종차별주의와 폭력을 온전히 전하지 못한다. 사실 미국인들은 인종차별주의를 에둘러 표현하는 말을 만드는 데 선수들이다. 분명 racism(인종차별주의)의 뜻인 데에서 race(인종)라고 말하거나, 분명 racist(인종차별주의자)라는 뜻인 데에서 racial(인종적인)이라는 단어를 써서(인종 편견적 뉘앙스racial overtones* 같은 경우) 예의를 아는 사회라면 금기시해야 할 인종차별 개념이 좀처럼 사라지지 않고 있다.[13] 인종 분리는 단순한 분리가 아니다. 어떤 면에서 보면 당시 흑인들에게 인종 분리는 인도의 불가촉천민 개념과 같았다. 그들은 백인들이 쓰는 음수대에서 물을 마시거나 백인들이 쓰는 해변에서 수영할 수 없었으며, 백인 아이들이 다니는 학교에 다닐 수 없었고, 백인들과 같은 공간에서 식사할 수도 없었다. 이런 터무니없는 내용들이 당파성을 떠나 각종 제도에 고스란히 포함돼 있었고, 그러기는 확실히 수구적인 성향을 지녔던 대법원도 마찬가지였다. 대법원의 가장 부조리한 법률 기조 가운데 하나였던 "분리하지만 평등하게"는 1890년대에서 1950년대까지 명맥을 이었다. 사람들이 평등하다면 왜 분리되어야 한다는 말인가? 마틴과 맬컴이 성인이 됐을 무렵, 짐 크로법 시행자들에게 그 원칙은 인종차별주의에 근거한 노예제의 자취가 아니라 의심할 여지가 없는 삶의 방식이었다. 그래서 무력을 동원해 법이 시행되었다. 이 법을 바꾸라고 요구하는 것은 전통을 거스르는 일이자 '주州'의 권리에 반하는 것이었다. 아울러 테러리즘을 정당화하는 것이기도 했다.[14]

인종 분리는 관련 정책들이 주로 미국 남부 주들에서 공식적으로 법제화되어 시행됐던 만큼 남부에 한정된 현상이라고 여겨졌으나, 사실 나머지 지역인 북부와 중서부(맬컴의 출신지)도 상황은 별반 나을 바 없었다. 흑인들은 체계적이고, 제도적이고, 노골적인 인종차별주의로 고통을 당했다. 오늘날에도 아프리카계 미국인과 빈곤층 그리고 수감자가 확연히 겹치는 것을 알 수 있다. 인도의 불가촉천

---

* 영화나 소설 등에서 은연중 인종차별을 드러내는 요소들을 일컫는다.

민 사례에서도 그랬지만, 미국에서도 높은 자리에 올라간 사람들의 개별 사례는 사회 집단의 대다수 사람들의 일반적 현실을 아우르지 못한다.

킹과 맬컴은 각자 방식은 달랐지만, 리더이자 사회운동가로서 자신들이 살아가는 현재의 현실에 반응했다. 이들의 리더십은 단순히 현재에 대한 반응만은 아니었다. 그 반응은 과거에 뿌리를 두고 있었다. 이들이 그토록 중요한 리더가 될 수 있었던 건 역사 속의 부정의들을 알리려 노력한 덕이기도 했다. 두 사람은 단순히 현실을 바꾸어 더 나은 미래를 만드는 것만이 아니라(물론 이것도 원했지만), 사람들에게 과거와 부정의한 일들의 애초 뿌리를 가르쳐주고 싶어 했다. 이들을 통해 이들의 공동체는 물론 대다수의 미국 국민과 나아가 세계 사람들도 많은 것을 배운 셈이었다. 이들은 역사를 아는 것이야말로 억압받는 사람들을 일으키고 세상을 바꿀 수 있는 핵심 열쇠라고 믿었다. 이 세상에 살다 간 가장 위대한 스승에는 이 두 사람도 포함된다. 다만 이 둘이 미국과 미국 흑인에 대해 가르친 내용은 서로 달랐다.

· · ·

1925년 네브래스카주 오마하에서 태어난 맬컴과 1929년 조지아주 애틀랜타에서 태어난 킹, 이 둘이 성장했던 시절에는 나이 지긋한 흑인들은 한때 노예였거나 노예의 자식인 경우가 많았다. 오늘날의 세상은 단순히 인구학적인 면에서만이 아니라 금융 구조 및 계층 서열 면에서도 과거 노예제와 노예무역을 근간으로 형성된 면이 많다. 유럽이 잔혹한 식민지 통치와 착취를 통해 부를 쌓은 것처럼, 미국은 말 그대로 노예의 등 위에, 어떤 경우에는 노예무역 자체를 기반으로 건설한 나라라 해도 과언이 아니다. 예를 들면 대서양 연안 가까이에 자리 잡은 프랑스 도시 낭트는 200년 동안 유럽 최대의 대서양 노예무역의 중심지로 손꼽히던 곳이었다. 이 도시의 중심지에서 멀지 않은 루아르강 강둑에는 당시 노예무역의 희생자를 기리는 가슴 뭉클한 기념물이 조성돼 있는데, 지척에는 노예무역에서 벌어들인 돈으로 당대의 신흥 부호들이 지어 올린 건물들이 강가에 늘어서 있다.[15] 역사의 이 대목을 보면 대체로 가톨릭을 신봉하는 좌파 성향의 이 도시에서 원주민은 더 부유하고 이민자와 노동자들은 가난할 수밖에 없는 까닭이 일부 설명된다. 이런 역사를 알고 나면 이전까지 잘 이해되지 않던 것들, 즉 왜 맬컴 X가 미국의 아프리카계 흑인들을 서양 제국주의의 희생자로 봤는지, 왜 죽는 날까지 흑인 인권 투쟁을 국제적 차원의 반식민주의 틀에서 접근했는지 비로소 이해할 수 있다.[16]

킹과 맬컴 X는 노예제가 미국 사회에 끼친 영향을 고려하지 않고 남북전쟁이 끝날 즈음 노예에게 '자유'를 부여해준 것은 거의 아무 의미가 없었다는 사실을 잘 알았다. 과거 노예 출신이었던 이들과 그 후손들은 돈이 있어도 땅을 살 수 없었고, 따라서 협박, 빈곤, 차별 속에서 대체로 혼자 힘으로 어떻게든 살아갈 방편을 마련해야만 했다. 미국의 이른바 재건시대Reconstruction* 동안 진정한 민주적 권한을 부여하는 실험이 짧게나마 이뤄진 뒤, 남북전쟁에서 남부연합이

패해 노예제를 기반으로 했던 남부의 경제가 파탄을 맞았음에도, 전반적으로 미국에서 가장 빈곤한 축에 속했던(지금도 마찬가지이다) 남부 주들에서는 외려 짐 크로법이 제정돼 수십 년 동안 명맥을 이었다.[17]

킹과 맬컴 X가 성년에 접어들었을 무렵 아프리카계 미국인들은 커다란 희망과 함께 지독한 환멸을 느꼈다. 이때 제1차 세계대전에 (윌슨 대통령은 이 세상을 "민주주의를 구현하기 안전한" 곳으로 만들기 위해 미국이 세계대전에 나섰다고 했다) 참전했던 흑인 병사들이 고국에 돌아와 뉴욕 할렘가를 비롯한 흑인 공동체 지역들을 두루 돌며 자랑스레 행진을 벌였다. 하지만 세계대전에 참여했으니 이제 자신들도 대부분의 백인에게서 호의를 얻을 수 있겠지 생각했다면 단단한 오산이었다.[18] 오히려 제1차 세계대전이 끝난 이후 10년은 미국 역사에서 극악한 인종차별이 가장 기승을 부린 시기였다. 이때 희생당한 이들은 제일 성공한 미국 흑인들일 때가 많았다. 한마디로 인종 분리와 차별에 저항해 백인의 통제와 무력행사에서 어느 정도 해방되어 경제적으로 독립된 삶을 꾸려갈 번듯한 공동체를 일구어낸 흑인들이 희생양이 됐다. 그중 최악은 1921년 오클라호마주 툴사에서 '인종 폭동race riot'(이것도 완곡어법의 한 사례다)이 일어나 백인 결사대가 남서부에서 경제적으로 가장 성공한 흑인 공동체였을 일명 블랙 월스트리트Black Wall Street를 깡그리 불태운 사건이었다.[19] 남부에서도 백인 군

---

*   미국에서 재건시대는 두 가지 의미로 해석되는데, 남북전쟁 후 이어진 1865~1877년의 전국적 재건 시기와 1863~1877년에 남부에서 일어난 변화의 시기를 이른다.

중이 흑인들을 무차별 폭행하고 짓밟으며 야만적으로 구는 린치가 끊이지 않았다.[20]

하지만 이 세대의 아프리카계 미국인에게 가장 결정적인 계기는 제2차 세계대전이었을 것이다. 제2차 세계대전으로 인해 진보에 대한 기대가 어느 때보다 높아지면서 갖가지 요구도 더욱 많아지게 됐다. 아프리카계 미국인은 다시 한번 미국의 주 전력으로서 해외에 파병되었고, 이번에도 '인종적으로racillay'(인종차별적으로racistly라고 해야 옳다) 분리된 군대에 들어가 일본 군국주의와 독일 나치주의에 맞서 싸우는 아이러니를 맛봐야 했다. 몇몇 흑인 병사들은 '두 개의 V' 표시를 달고 다녔는데, 지금 자신들은 해외와 조국 모두의 민주주의를 위해 싸운다는 뜻이었다.[21]

1940~1950년대에 제일 두드러지게 활동한 인권 운동 리더와 운동가 가운데에는 제2차 세계대전에서 영감을 받은 이들이 많았다. 이 전쟁을 거치며 인종 분리에 맞선 싸움과 민주주의를 위한 투쟁이 연결돼 있음이 더욱 확연히 드러났기 때문이다. 이들 운동가가 울분에 차서 물었던 것처럼, 미국은 자국 흑인 시민들은 그토록 참혹한 차별을 받게 내버려두고 어떻게 자유민주주의를 위해 싸운다고 말할 수 있으며, 나치주의를 상대로 승리를 거두었다며 기뻐할 수 있는가? 이때도 흑인 병사들은 히틀러와 일본을 무찌르기 위해 함께 싸우고도(아울러 수천 명의 전우들을 유럽과 아시아의 땅에 묻은 채 떠나오고도) 고국에 돌아와서는 곧바로 인종 분리의 현실을 마주해야 했다. 그들은 전쟁 영웅이면서도 똑같은 군대에서 복무한 백인 병사들과 같은 호텔에 묵거나 같은 식당에서 식사할 수 없었다. 백인들은 여전히

흑인들에게 야유를 퍼부었고, 경찰은 여전히 흑인들을 구타했으며, 군중은 여전히 흑인들을 죽였다. 트루먼의 명령에 따라 1946년에 군대의 인종 분리 정책이 폐지됐지만 이후에도 미국 사회 상당 부분에서는 인종 분리가 사라질 줄 몰랐다.[22]

이처럼 한편에서는 진보에 대한 기대가 엄청나게 부풀고 다른 한편에서는 인종차별과 빈곤이 사라질 줄 모르자 결국 괴리를 참지 못하고 전후 시대를 통틀어 가장 유명하고 걸출한 인권 운동 리더들이 나타나기에 이르렀다. 로자 파크스Rosa Parks와 마틴 루서 킹 주니어 같은 상징적 인물들이 두각을 나타낸 게 이때였다. 이들은 백인 미국인이나 각종 기관이 알아서 옳은 일을 해주기만 기다리거나, 개인적 성공이나 부를 이루고 거기 만족할 사람들이 아니었다. 로자 파크스도 자기 원칙을 두고 타협하지 않기로는 마거릿 대처 못지않게 철두철미했지만, 철의 여인과는 달리 이 여인에게 중대한 원칙은 민영화가 아니라 정의였다.

인권 운동은 그 역사가 길지만, 1950년대와 1960년대 초반은 확실히 절정기였다. 활동의 범위만 해도 놀라울 만큼 광범위했다. 우선 법률 영역에서 변화가 나타났다. 1954년 대법원이 잠시 '진보적'이었던 기간에, 분리하되 평등하게 대우한다는 터무니없는 법적 신조가 마침내 정당성을 잃었다. 일명 브라운 대 교육위원회Brown v. Board of Education 판결을 통해 공립학교의 인종 분리가 금지되었다. 하지만 인권 운동은 뭐니 뭐니 해도 정치적 운동으로 정부를 압박해 이 땅에서 시행되는 법률을 바꾸는 것을 주된 목표로 삼았다. 이런 특성은 주도면밀하게 진행된 불매운동, 미국 남부 주들에서 일어난 '자유

다시, 리더란 무엇인가

승차단freedom rides' 운동, 선거인 등록 제도, 싯인sit-ins,* 인종 분리 정책을 시행하는 판매대와 식당에서 시위하기, 행진, 대규모 집회 등에서 확실히 찾아볼 수 있었다. 아울러 이런 행사를 통해 카리스마 넘치고, 윤리적으로 귀감이 되고, 진실을 말하는 리더들이 전면에 부각되었다. 진실을 말하는 자들이 으레 그렇듯, 이들도 미국 경제계 및 정계를 주름잡은 기득권층의 부아를 한껏 돋우곤 했다.

당시 시민들의 영웅적인 불복종 행동은, 언론과 정계의 생리를 훤히 꿰어 세태를 기막히게 맞힐 줄 알았던 신세대 운동가들 덕에 전 세계로 전해졌다. 이 대목의 더할 나위 없이 좋은 본보기가 파크스였다. 안경을 낀 기품 있고 성실한 이 흑인 여인은 어느 날 무작정 버스의 유색인칸에 백인 손님이 타면 흑인 입장에서는 억울하게도 자리를 내주어야 하는 규정을 지키지 않기로 한다. 짐 크로법을 지키지 않은 죄로 그녀는 버스에서 강제 하차당해 몽고메리 경찰에 체포되는데, 이 사건을 계기로 몽고메리의 흑인들이 이 도시의 버스에 탑승하지 않는 불매운동을 벌이며 시민운동의 힘을 유감없이 보여주었다. 파크스의 자발적인 저항 행위는 사실 사전에 치밀하게 계획하고 동선을 짠 사건으로, 미국 전역과 전 세계의 관심을 끌어 인종분리와 인종차별이 미국에서 끈질기게 이어지고 있고 인권 운동이 이에 맞서 싸우고 있음을 널리 알리려 기획한 일이었다. 정말이지 영리하고, 효과적이고, 용감한 행동이었다. 이 때문에 파크스는 체포당해 불매운동 기간 내내 교도소에 수감돼 있어야 했고, 다른 운

---

* 백인 전용 식당에 흑인들이 들어가 주문하는 비폭력 저항운동.

동가들과 마찬가지로 당국자들의 괴롭힘을 당하고 살해 위협까지 받다가 결국 도시를 떠나야 했다.[23]

기본적 인권을 두고 전개되는 투쟁엔 모두가 참가하는 만큼, 슬프지만 아이들도 끼어 있기 마련이다. 1950~1960년대 인권 운동에서도 아이들까지 용기 내어 동참한 것이 핵심적 특징이라고 할 수 있는데, 당시의 대표적인 사진들에 그 모습이 생생히 담겨 있다. 이를테면 여섯 살 꼬마 루비 브리지스Ruby Bridges가 예쁘게 옷을 차려입고 인종 분리 정책이 강제로 폐지된 뉴올리언스의 한 공립학교에 등교하는 가슴 저미지만 동시에 감동적인 사진이 그렇다. 1960년 11월의 1학년 첫 수업 날, 학교의 계단에 아이는 루비 하나뿐이고 아이를 보호하기 위해 파견된 연방 정부 요원들이 그 곁을 둘러싸고 있다. 그런가 하면 리틀록 9인Little Rock Nine*이 무장 국립 경호원들과 함께 아칸소주의 고등학교에 들어서는 모습을 찍은 사진도 있다. 경호원들은 아이젠하워 정부의 지방 및 주 당국자들이 법 위반을 저지르기 위해 파견한 이들이었다.

오늘날 당대의 인권 운동 리더 몇몇이 극진하게 칭송받는 것을 보면, 이들의 운동으로 이제 인종차별주의와 불평등은 종식됐겠거니 생각할 수도 있다. 하지만 그런 일은 일어나지 않았고, 2023년인 지금 만일 킹과 파크스 같은 이들이 공식 석상에서 칭송받는 일이 있다면, 그건 오늘날의 리더들과 각종 기관이 여전히 곪은 채 커져만

---

* 1957년 9월 미국 아칸소주 주도 리틀록의 공립학교 센트럴고등학교에 등교하기 시작한 아홉 명의 흑인 학생을 일컫는 표현.

여섯 살의 루비 브리지스가 연방 정부 요원들과 함께 루이지애나주 뉴올리언스의 윌리엄프란츠 초등학교의 1학년 첫날 수업에 등교하는 모습, 1960년 11월 14일.

가고 있는 사회적, 경제적인 면의 근본적 원인은 밀어둔 채 이들 인물을 통해 불거진 현실 문제들만 거론하며 사람들에게 편하게 입 발린 소리를 하기 때문이다. 인권 운동 리더들은 절대 순진한 사람들이 아니었다. 그들은 자신들이 인종차별주의를 종식시킬 수 없음을 잘 알았다. 이들이 하고자 했던 일은 인종차별의 이슈를 전면에 드러내고 상황을 막다른 데로 몰아서, 수십 년 동안 미국의 정계 리더들과 기관들이 해온 위선적인 게임을 끝내겠다는 것이었다. 이런 면에서 보면 그들은 완전히 성공한 셈이다. 인권 운동에 대해 백인들은 대체로 분노에 찬 폭력적인 반응을 보였다. 이 시절 사진전에서 수상한 수많은 사진에서 그 모습을 확인할 수 있는데 경찰들이 흑인

미국 앨라배마주 몽고메리 경찰서에서 찍은 마틴 루서 킹 주니어 머그샷, 1956년.
(© ARCHIVIO GBB/Alamy Stock Photo)

시위대를 구타하는 장면, 개를 풀어 공격하는 장면, 소방용 호스로 물을 쏘는 장면, 리더들을 교도소에 가두는 장면이 고스란히 찍혀 있다.[24]

나는 수업에서 킹에 대해 가르칠 때면 1956년 그가 앨라배마주 몽고메리에서 경찰 조서를 작성하고 교도소에 들어갈 때 찍은 머그샷을 항상 보여준다. 이 기품 있고 비폭력적이었던 젊은이를(신학 박사 학위를 받은 침례교 목사이기도 했다) 교도소에 집어넣은 이유는, 그가 평등을 요구하고(공식적으로 표현하면 법에 따르지 않고), 미국 독립선언문과 미국인 자신이 성스럽게 받들겠다고 약속한 성경 구절들을 사람

다시, 리더란 무엇인가

들에게 자꾸 일깨우는 범죄를 저질렀기 때문이었다. 그런데 이런 짓을 저질렀다며 킹을 교도소에 보내고, 구타하고, 괴롭힌 것은 만화에나 나올 법한 평범한 경찰서장이 아니었다. 킹을 상대한 것은 50년이나 미국 정부에서 가장 막강한 권력을 휘둘러온 인물 중 하나인 동시에 극악무도한 인종차별주의자인 당시 FBI 국장 J. 에드거 후버J. Edgar Hoover였다. 킹의 파멸을 자신의 개인적 소명으로 삼았던 그는 심지어는 킹이 1964년 노벨평화상을 수상한 후에 그를 자살로 몰아가려고까지 했다. 후버는 누구보다 훌륭한 인물을 위험한 국가 전복주의자에 성적 변태로 둔갑시키는가 하면, 인권과 평등에 대한 그의 요구를 사람들이 냉전에 대해 품고 있던 지나친 공포심과 연관시키려 갖은 수를 썼다. 공산주의가 미국에서 항상 별 힘을 쓰지 못한 것은 사실이지만(다른 서양 국가들과 비교해도 그렇다), 미국이 공산주의라면 치를 떨었던 만큼 회의주의자들은 공산주의라는 터무니없고도 효과적인 방법을 통해, 진심으로 사람들의 삶(특히 미국에서 가장 가난한 이들의 삶)을 나아지게 하려 노력했던 리더들을 꾸준히 음해했다. 사람들이 투표를 비롯해 흑인의 여타 권리 행사를 막고, 흑인들을 겁박하고 괴롭히고, 또 여건이 허락하면 죽이기까지 했던 광경도 흔했지만, 당국자들 역시 미국이 변해야 한다고 누구보다 끈질기게 외친 리더들을 누구보다 치열하고 악랄하게 노리며 그들을 파멸시키려 애썼다.

. . .

　몇 년 전, 그러니까 지금 보면 순진함의 시대라고 할 때에 인권 운동과 그 리더들의 역사를 가르친다는 것은 간단명료한 일 같았다. 그때는 인권 운동의 역사가 곧장 해피 엔딩으로 이어지는 듯했으니까. 버락 오바마Barack Obama가 2008년 대통령에 당선된 후 상류층 사이에서는 이제 미국이 '탈인종 사회'가 됐다는 생각에 많은 이들이 공감했다. 이 이야기에 따르면, 미국 인종차별주의의 역사를 감안할 때 오바마의 대통령 당선은 궁극적으로 인권 운동의 정치적 승리였다. 이것이야말로 대의정치의 시대, 즉 정치, 사업, 스포츠 분야에서 한 개인의 성공이 그가 속한 사회 집단(그런다고 해서 삶이 추호도 나아지지 않는 사람들까지 포함해서 말이다) 전체의 성공으로 비치는 시대가 절정으로 꽃을 피운 것이 아니겠는가. 초개인주의의 문화에서 살아간다는 것, 나아가 개인은 제쳐두고 집단의 권리를 위해 노력하는 것이 절대 바람직한 일로 비치지 않는 사회에서 살아간다는 것은, 일부나마 바로 이런 뜻일 것이었다. 하지만 이 순진함의 시대에 생겨난 수많은 개념과 마찬가지로 탈인종 사회라는 개념은 망상에 불과했다. 지난 40년 동안 총 일곱 명의 대통령을(셋은 민주당, 넷은 공화당이었고, 한 명의 흑인 재선 대통령이 포함돼 있다) 거치는 동안 가장 부유한 미국인과 가장 가난한 미국인 사이의 격차는 기하급수적으로 벌어졌고, 그 와중에도 미국 인구군에서 가장 빈곤한 데다 압도적으로 가장 많이 감옥에 가는 축은 여전히 아프리카계 미국인이다. 세계 다른 곳도 마찬가지지만, 미국에서도 인종차별주의와 경제적 불평등은 한데 맞물려 움직이고 있다.

인권 운동 시대 리더들에 대해 가르치는 것이 무엇보다 중요한 이유는, 그것이 계몽된 현재로 이르는 진보의 이야기이고 그 안에 우리가 응당 고마워해야 할 헌신적인 영웅들이 있어서가 아니라, 당시 인권 운동이 강조했던 문제들을 지금은 형태가 다소 달라졌을지언정 우리가 아직도 안고 있기 때문이다. 한마디로 인권 운동은 여전히 진행 중인 역사로, 그 속에서 살아가고 있는 우리에겐 이미 오래전 세상을 떠나고 없는 마틴 루서 킹 주니어나 맬컴 X 같은 리더들이 아직도 필요하다.

공식 이력이 쌓이던 시절 킹과 맬컴 X는 모두 젊고, 카리스마 넘치고, 뛰어난 연설가였다. 둘의 유사점은 이것 말고도 많다. 둘은 지극히 종교적인 인물들로, 자신들의 서로 다른 종교적 믿음에서 삶의 위안을 얻은 것은 물론 각자의 사회적 원칙들도 그 속에서 찾아냈지만, 자신의 신앙을 전도하지도 않고 남들에게 신앙을 끝까지 지키라고 요구하지도 않았으며, 정치 투쟁에 대해서는 세계교회주의와 세속주의를 동등하게 보여주었다. 하지만 뭐니 뭐니 해도 가장 중요한 공통점은, 자기 사람들이 살아가고 있는 부당한 현실을 대하는 태도였다. 두 사람 모두 사회의 인종차별주의에 실존적으로 반대하며, 그것에 맞서 싸우기 위해서라면 자신의 삶을(그들의 목숨까지 정말로) 내던질 수 있다는 태세였다. 당대의 현실을 그들은 그냥 받아들일 생각이 없었고 그럴 수도 없었다. 비록 킹과 맬컴 모두 순교자가 되긴 했지만, 이 둘은 사실 성자는 아니었다. 둘은 모두 투사인 동시에 반란자인 리더였다.

물론 이 둘 사이에는 차이점도 많았는데, 둘은 우선 출신 계층부터 달랐고, (이런 경우에 거의 그렇듯) 이를 알면 왜 이들이 정치적으로 엇갈리는 부분이 많았는지 어느 정도 설명이 된다. 이 책을 통해 함께 살펴봤듯, 이런 차이들은 억압받는 집단 내에서도 무척 중요한 부분이다. 조지아주 애틀랜타의 이른바 흑인 부르주아 집안 출신인 킹은 가족의 든든한 지원을 받은 것은 물론 공식적 경로로 교육을 받았고, 그의 부친 마틴 루서 킹 시니어Martin Luther King Sr.와 마찬가지로 침례교 목사였다. 이와 함께 킹은 남부기독교지도회의Southern Christian Leadership Conference 초대 의장으로서 젊은 시절부터 인권 투쟁의 선봉에 서서 리더로서 가장 두각을 드러냈다. 반면에 맬컴은 이곳저곳을 전전하던 가난한 가정 출신으로, 여섯 살에 아버지에게 버려져 고아가 되고 10대 초반에 엄마가 정신병원에 입원하는 것을 지켜봐야 했으며, 8학년에 다니던 학교를 그만두고, 어른이 되어서는 뉴욕시와 보스턴에서 경범죄를 저지르며 지내다 결국엔 감옥에 들어가 몇 년을 지냈다. 그곳에서 맬컴은 1930년대에 창설된 네이션오브이슬람Nation of Islam, NOI(월리스 파드 무하마드Wallace Fard Muhammad라는 베일에 싸인 인물이 디트로이트에서 창설한 단체)에 가입하게 된다. 감옥에서 일생일대의 전환을 맞은 맬컴은 신들린 듯 독서에 매달리다 결국엔 시력이 나빠져 후일 그만의 독특한 외관의 일부로 자리 잡는 안경까지 쓰게 됐다. 당대의 다른 일명 유기적 지식인organic intellectual*이 독학으로 지식을 쌓고 변변찮은 배경을 가졌던 것처럼, 맬컴도 감옥에서 지내는

---

* 동시대 대중과 깊이 연계해 활동한 지식인을 이르는 말.

다시, 리더란 무엇인가

동안 격렬한 정치적 깨달음을 얻고, 끝내는 폭력과 빈곤으로 얼룩진 자신의 삶을 역사적 관점에서 이해하고 나아가 미국이라는 나라는 절대 흑인이 그 일부가 될 수 없는 곳이라고 생각하기에 이른다.

1954년 감옥에서 출소한 후 개과천선한 맬컴은 NOI의 성직자가 되어 단숨에 공적 이력을 착착 쌓아나갔다. 1960년대 초 무렵에는 미국 내에서 단연 제일 명성 있는 흑인 지도자로 두각을 나타내 미국만이 아니라 전 세계에 이름이 널리 알려졌다. 맬컴의 영향력은 당시 NOI 리더였던 일라이저 무하마드Elijah Muhammad도 쉽게 제압할 정도여서, 맬컴은 무슨 이야기를 할 때는 항상 "존경하는 일라이저 무하마드께서 가르치시길……"이라며 서두를 뗐지만 끝내 두 남자의 사이가 공적으로 틀어졌고 이후 맬컴은 새로운 조직을 두 개 창설하고 수니파 이슬람교로 개종했다. 맬컴은 1964년 3월에는 사우디아라비아의 신성한 도시 메카로 순례를 떠나기도 했다. 그의 《맬컴 X 자서전Autobiography of Malcolm X》에서 극적으로 풀어내고 있는 이야기도 바로 이 여행에서 겪은 일들이다. 하지만 NOI와 험악하게 갈라선 것이 화근이 되어 맬컴은 1965년 할렘가에서 대중 연설을 하던 막바지에 끝내 살해당하고 만다.[25]

킹의 경우에는 이미 세간에 이 남자와 그의 시대, 아울러 그의 세계관이 기독교 신학과 비폭력 불복종 운동이라는 간디의 정치술에 어떤 영향을 받았는지를 다룬 책들이 숱하게 나와 있다. 그의 기독교 정신은 형제애, 정의, 가난한 이들을 불쌍히 여기는 예수 그리스도의 사상에서 영감을 받았다. 한마디로 킹의 정신은 오늘날 미국에서 흔한 기독교 정신, 즉 그리스도를 전면에 내걸고 잔혹함, 탐욕, 편견을 밀어붙이는 것과는—이는 예수를 욕되게 하는 일이었다—전혀 상관이 없었다. 그는 원칙을 갖고 억압에 저항한 운동가, 투쟁을 위해 막대한 개인적 희생까지(결국엔 자기 목숨을 포함해) 마다하지 않은 사람이라고 하는 것이 올바를 것이다. 지금도 마틴 루서 킹 하면 "모든 인간은 평등하게 태어났다"라는 토머스 제퍼슨의 독립선언문 구절을 가슴에 새기고 살아가야 한다며 동료 미국인에게 호소하던 그의 목소리가 귓전에 생생히 울리는 것 같다. 알다시피 그는 인권 문제를 널리 알리기 위해 (미국에서 가장 막강한 기관을 비롯해) 공식 제도 안과 밖을 넘나들며 힘을 합쳤다. 1964년의 민권법과 1965년의 선거권법 제정을 위해 존슨 정부와 손을 잡은 것이 단적인 예다.[26]

그런데 생전에 자신감 넘치고 예언자로만 보였던 그의 행적을 읽어나가다 보면 미처 깨닫지 못하는 사실이 하나 있는데, 애초엔 그도 이 투쟁의 리더가 되려는 열의가 대단치는 않았다는 것이다. 뛰어난 재능을 타고났지만 억압받는 계층 출신의 젊은이들이 으레 그렇듯 킹도 프랭클린 루스벨트 같은 이, 즉 젊은 시절부터 순탄하게 자기 길을 가면서 하버드의 별 볼 일 없는 한량 시절에도 어쨌건 언젠간 자기가 대통령이 될 거라고 확신했던 이에게서 더 자연스럽게 발산되는 그런 자신감은 찾아볼 수 없었다. 다만 킹은 그의 공동체 사람들이 일찍부터 능력을 알아봐주었고, 그들의 압박과 채근 속에서 자기 사람들을 이끄는 리더 자리에 올랐다. 하지만 일단 리더가 되자 그는 그야말로 혁신적인 리더가 되었다.

킹이 워낙 상징적인 인물이라, 그를 통해 세월의 흐름에 따라 리더에 대한 우리의 인식이 어떻게 바뀔 수 있는지, 또 왜 어떤 유산은 끝까지 살아남는 한편 어떤 유산은 빛이 바래는지도 생각해볼 수 있다. 어떻게 한 남자를 밥 먹듯 체포하며 일반 범죄자 취급을 하던 사회가 불과 15년 만에 갑자기 돌변해 그의 이름을 딴 국경일까지 만들 수 있을까? 인종차별주의가 사라지지도 않은 마당에 말이다. 백인과 흑인 사이의 경제적 불평등이 여전한 상황에서도 말이다. 이런 일이 일어나는 이유는 세상의 진짜 현실보다 상징적 제스처를 훨씬 중시하는 정치 문화에서 대량 소비라는 목적을 이루려고 리더의 메시지를 윤색하거나 물타기하거나 왜곡하기 때문이다. 마틴 루서 킹 주니어는 정치적 급진성 때문에 살해당하고 불과 15년 만에, 모든 미국인이 안전하게 좋아할 수 있는 가족 친화적인 우상으로 자리 잡아 그들의 지갑을 열 또 하나의 이유가 돼주었다. 오늘날 미국 정계에서는 젊은 사회운동가나 리더들을 으레 킹과 비교하며 나무랄 때가 많다. 그들이 킹만큼 훌륭한 인품이나 예의를 보여주지 못한다는 식이다. 하지만 킹이 살아 있었다면 외려 이런 사람들이 킹을 범죄자라 부르며 그를 감옥에 보내야 한다고, 혹은 더 심한 조처를 취해야 한다고 목소리를 높였을 것이다.

킹이 1963년에 쓴 〈버밍엄 감옥에서의 편지Letter from Birmingham Jail〉는 미국 역사상 최고의 정치 분야 텍스트로 손색이 없다. 킹이 공식적으로 이 편지를 전달한 대상은 여덟 명의 독실한 남부의 백인 '리더들'이었는데, 이들은 인권 운동의 '지지자'라고 말하면서도 정작 킹이 버밍엄에서 전개하는 운동에 대해서는 '지혜롭지도 시의적절하지도 않은' 활동이라고 했다. 이들은 킹을 비롯한 다른 이들이 다른 데에서 굳이 버밍엄까지 들어와 운동하는 것에 반대하는 눈치였다. 이때 킹이 보인 반응을 보면 생전 그가 제일 우려했던 부분은 노골적인 인종차별주의자도, 자신이나 그의 친구들을 감옥에 집어넣는 경찰서장도, 혹은 그를 파멸시키려 애쓰는 국가기관의 요원도 아닌, 외려 겉으로는 동맹으로 보이는 이들이었다는 것을 알 수 있다. 그들은 울분과 결의에 찬 흑인 운동가들에게 제발 시간을 갖고 기다리면서, 극단적인 요구들은 되도록 하지 말고, 언제든 조금이라도 발전이 있으면 그 선에서 만족하라고 권했다.

킹과 그의 동지들은 버밍엄에 연고가 없기 때문에 그 도시에서 인권 운동을 해서는 안 된다는 이 부조리한 주장에 킹은 일부 표현은 지금도 더러 인용되지만 메시지는 대체로 무시되곤 하는 다음과 같은 말로 응수했다. "저는 버밍엄에서 무슨 일이 일어나는지도 모른 채 애틀랜타에만 나태하게 앉아 있을 수는 없습니다. 어딘가의 부정의는 모든 곳의 정의에 위협이 되니까요. 우리 인간은 상호 관계라는 벗어날 수 없는 망에 붙잡혀 있는 존재입니다. 이 망이 한데 짜여 운명이라는 한 벌의 옷을 이루지요. 무엇이든 한 사람에게 직접적으로 영향을 미치는 것은 결국 모든 사람에게 간접적으로 영향을 미치게 돼 있습니다."

"어딘가의 부정의"로 시작하는 문장은 세간에서 널리 인용되는 한편 뒤의 두 문장은 사람들 입에 잘 오르내리지 않는데, 거기엔 이유가 있다. 앞의 문장에서 말하고 있는 부정의는 우리 대부분이 쉽게 나서서 지탄할 수 있는 것인 데 반해, 뒤의 문장들은 우리 자신을 돌아보게 하고 그 부정의의 책임이 우리에게 있다고 말한다. 한마디로 우리에게, 이 세상에 사회 같은 것은 존재하지 않는다는 대처의 주장과는 달리, 사실 우리는 서로 "상호 관계라는 벗어날 수 없는 망에" 하나로 얽혀 있다는 불편한 진실을 마주하게 하는 것이다. 미국은 매해 1월이면 킹의 날을 입이 떡 벌어질 만큼 위선적인 모습으로 어김없이 기리지만, 그의 저 문장만큼 2023년 미국의 경제적, 사회적 삶과 맞지 않는 문장이 과연 또 있을까?

한편 지금도 변화에 대한 요구가 일 때면 늘 나오는 '지금은 때가 아니다'라거나 미래가 두려운 젊은이들은 참을성 있게 기다리면서 기성세대가 계속 권력의 고삐를 쥐게 해야 한다는 고전적인 옹색한 주장에 대해서 킹은 이렇게 썼다. "역사는 특권을 가진 자들이 좀처럼 자발적으로 포기하는 법이 없다는 사실을 담은 길고 비극적인 이야기다." 이 말들은 사회의 맨 꼭대기에 앉아 있는 자들을 겨냥한 것이었다. 이들은 자기들 밑에서 고통받는 이들에게 '기다려라', 시위에서는 '예의'를 지켜라, '범법 행위를 하지 말라'라고 요구하면서 정작 자신들은 그들을 낮은 데에 묶어두는 각종 제도와 체제를 떠받들며 사람들에게 더 밝은 미래가 찾아올 것이라고 끝없이 (거짓으로) 약속하고 있었다. 킹에게는 그것이야말로 "너무 오래 미뤄지는 정의는 부정되는 정의다"라는 금언의 실제 모습으로 보였다.[27]

킹은 사람들이 안전하고 건강한 삶을 위한 기본적인 것들을 요구할 때 가장 흔히 나오는 주장, 즉 예컨대 다른 이들과의 평등을 주장하는 등의 요구는 '극단주의자'가 되는 길이라는 주장도 가차 없이 논박했다. 이런 부류의 주장에 킹이 보인 반응은 살벌했다. "제가 거의 확신에 이르게 된 아주 유감스러운 결론이 하나 있습니다. 자유를 향한 길목에서 검둥이를 고꾸라지게 한 커다란 장애물은 사실 쿠클럭스 클랜Ku Klux Klan, KKK* 단원들이 아닙니다. 정의보다는 질서 유지에 더 헌신적이고, 정의가 존재하는 적극적 평화보다 갈등이 없는 소극적인 평화를 더 선호하는 백인 온건파가 무엇보다 큰 걸림돌입니다."

여기서 우리가 기억해야 할 것은, 킹은 이 글을 녹음이 무성한 캠퍼스의 석좌교수직이나, 매출이 좋은 대기업의 이사실 혹은 고위 관료의 집무실에서 편히 앉아서, 심지어는 자기 집에서 페이스북에 편히 올린 것도 아니라는 것이다. 이 말들은 그가 감옥에 갇혀 있을 때 쓴 것이다. 하지만 킹은 감옥에 있지 않을 때도 마찬가지 시각을 갖고 있었다. 우리는 킹이 이 편지를 썼을 때의 처지와 지금 그것을 읽고 있는 우리의 상황에 얼마나 큰 차이가 있는지를 한시도 잊어서는 안 된다. 그의 글은 학자의 탁상공론도 아니었고, 책으로 만들어 팔려고 쓴 것도 아니었다. 그 글은 절박함 속에서 쓰였다. 여기서 킹의 이 편지를 인용한 건 단지 인권 및 저항운동에 대한 그의 관점을 제시하려는 뜻에서만은 아니다. 그보다는 우리가 미국의 가장 유명한 리더들을 생각할 때 무엇을 기억하고 무엇은 잊는지, 또 무엇을 기리고 무엇은 도외시하는지 보여주려는 데 의미가 있다. 전 세계 많은 이들, 특히 권력을 쥔 이들은 킹의 다음과 같은 말을 누구보다 즐겨 인용하곤 한다. "역사의 아치는 길게 이어지지만 그 끝은 정의를 향해 휘어진다." 버락 오바마와 힐러리 클린턴도 미국 대통령 후보

---

* 백인 우월주의, 반유대주의, 인종차별, 반로마가톨릭교회, 기독교 근본주의, 동성애 반대 등을 표방하는 미국의 폭력적 비밀결사 단체.

다시, 리더란 무엇인가

시절 선거 유세에서 이 말을 인용했다. 사실 안 될 것도 없다. 커다란 맥락에서 떼어내 거기 담긴 심오한 의미를 다 빼내고 보면, 모든 이를 즐겁게 할 뿐 누구에게도 위협은 되지 않는 신비로운 말이니까. 이 말에는 더 나은 미래를 위한 약속, 이 세상은 정의롭다는 확신, 그리고 역사가 결국엔 현실을 바로잡아주리라는 기대가 들어 있다. 물론 킹 자신은 전혀 이렇게 생각하지 않았다. 킹은 왜 이 세상에 여전히 정의가 실현되지 못하는지, 나아가 정의를 이루려면 무엇이 행해져야 하는지 알았다. 막강한 힘을 가진 이들이 킹의 이 말을 인용하는 경우는 거의 없다. "어떤 나라가 해가 갈수록 사회적 희망을 주는 프로그램보다 국방비에 점점 더 많은 돈을 쏟아붓는다면 그 나라는 하루하루 혼이 죽어가는 것이다." 아무래도 이런 말들은 앞의 말보다 즐겁게 들릴 리 없다. 그런데 킹이 생전에 했던 많은 말이 그렇듯, 이 말들도 1967년에 킹이 말했을 때보다 오히려 지금 현실에 더 잘 들어맞는다.[28]

킹이 1968년에 인권 운동을 위해 싸움을 벌이다 한 백인 인종차별주의자에게 살해당했다는 것은 미국을 비롯한 다른 나라 아이들도 학교에서 배워 아는 사실이다. 하지만 그가 멤피스에 머물렀던 이유가 노동권 투쟁을 위해 파업을 벌이던 흑인 환경미화원들을 돕기 위해서였다는 사실은 아마 잘 모를 것이다. 이 무렵, 그러니까 워싱턴 DC의 광장에 서서 일명 "제겐 꿈이 있습니다" 연설을 한 지 5년이 지나고 노벨평화상을 수상한 지 4년이 지났을 때 미국 정계 주류에서는 킹의 위치를 훨씬 탐탁지 않아 했고, J. 에드거 후버 부류의 사람들은 절대적인 위협으로 봤다. 베트남전쟁에서 희망이 산산이 부서진 가운데 킹은 인종차별주의, 경제적 불평등, 군국주의가 하나로 얽히고설켜 있음을 깨달을 수 있었다. 이 세 가지 사회악은 반드시 한꺼번에 근절해야 했는데, 셋이 상승효과를 일으켜 너무도 많은 이의 삶, 특히 흑인의 삶을 지옥으로 몰아넣고 있었다. 킹을 지독하게 경멸했던 이들에겐 그가 살해당한 순간 품고 있던 정치적 비전보다 무시무시한 전망은 없다고 생각했다. 오늘날 리더 중엔 킹의 전반적 비전은 무시한 채 그가 오로지 유색인 차별에만 반대한 것처럼 그의 명언을 구미에 맞게 추려 인용하는 이들이 있는가 하면, 그가 적시한 세 가지 사회악 중 하나만 맹비난하고 나머지 둘은 대수롭지 않게 보거나 무시하거나 그냥 받아들이는 경우가 있다.

. . .

누구보다 훌륭한 리더들은 단순히 투사, 반란자, 성자의 면모만 띠지 않는다. 최고의 리더들은 보통 훌륭한 스승이기도 하다. 이들은 단순히 어떤 일들을 할 뿐만 아니라, 이 세상이 어떻게 돌아가고, 그들이 어떤 현실 속에 살고 있으며, 우리가 어디에서 왔는지 설명해주고, 또 진실을 말해준다. 다시 말해, 이들은 꾸며낸 게 아닌 진짜 역사를 가르쳐준다. 맬컴 X는 엄밀히 말하면 작가는 아니었다.《맬컴 X 자서전》은 나름의 어젠다가 있었던 흑인 저널리스트 알렉스 헤일리Alex Haley가 대필해 맬컴 사후에 펴낸 책이다. 짧은 일생을 사는 동안 맬컴은 한 곳에 가만히 앉아 글을 쓰기엔 인권 운동을 하며 목숨을 건져 살아남기만도 너무 바빴고, 실제로 특히 말년에는 자신을 죽이려 드는 사람들을 피해 말 그대로 목숨을 걸고 도망 다니느라 글을 쓸 시간이 없었다. 맬컴도 이를 잘 알아서 자신은 '걸어다니는 죽은 사람'이라고 말했을 정도다. 하지만 그의 최고 명연설인 "투표용지와 총알The Ballot or the Bullet", "민중에게 전하는 메시지Message to the Grassroots", "집 검둥이와 밭 검둥이The House Negro and the Field Negro" 등을 통해 자신의 역사를 잃어버린 사람들, 노예제와 식민 통치로 인해 자기 역사를 강제로 빼앗겨야 했던 사람들에게 역사 수업보다 몇 배는 많은 가르침을 전했다.[29]

맬컴의 인터뷰 가운데서도 그가 어떤 사람인지 제일 확실히 보여주는 것들은, 왜 자신을 맬컴 'X'라고 부르는가 등의 기본적 질문들이 오간 인터뷰들이다. 심지어는 오늘날까지 사람들이 잘 모르는 사실이, 그의 이름에 들어가 있는 'X'는 일각의 짐작과는 달리 어떤 불길한 뜻을 담은 게 아니라, 그의 조상들이 손발이 묶여 아메리카 대륙으로 끌려왔을 때 모든 것과 함께 잃어야 했던 진짜 이름의 자리 표시였다. 내가 맬컴의 '기독교식' 성을 군이 언급하지 않는 것도 그래서다. 맬컴도 지적했지만 그 성은 백인 노예 소유주들이 자기 재산이라는 표시로 붙인 것이니까 말이다. 그래서 맬컴도 그 성을 인정하지 않았다. 맬컴이 공식적으로 개명한 이름은 말리크 샤바즈 Malik Shabazz였고, 여권에도 이 이름을 표기했다. 무슬림 세계에서는 엘하지 말리크 엘샤바즈El-Haji Malik El-Shabazz로도 통했지만, 이후로도 그는 자신의 이름을 맬컴 X라고 했다. 인터뷰들을 보면 맬컴은 선생님으로서의 최고 자질들을 유감없이 드러낸다. 참을성 있고 차분한 태도로 대체로 얼굴에 미소를 머금은 채 박식한 학자가 아무리 싸울

듯 덤벼도 시종일관 냉정을 유지한다. 한편 평상시 그의 주변에서 벌어졌던 일들을 생각하면 생전의 그에겐 부조리극을 방불케 하는 유머 감각도 필수였다. 그에겐 자기를 정보원으로 영입하려고 찾아온 FBI 요원을 만나 그와의 대화 내용을 몰래 녹음기에 남길 때가 인생에서 제일 재미난 순간들이었다.[30]

킹과 달리 맬컴 X는 통합에는 관심이 없었다. 통합이야말로 당시 인권 운동의 핵심 화두였는데도 말이다. 그는 사실 평등이라는 말도 사용하지 않았다. 오히려 맬컴은 분리, 나중에 가서는 해방에 대해 이야기했다. 미국에 대해 그가 품고 있는 것은 오로지 조롱뿐이었는데, 그 옛날 자기 민족을 식민지화하고 노예화한 나라의 일부가 되고 싶은 생각이 그에겐 추호도 없었다. 따라서 그가 보기에 흑인들에게 훨씬 더 중요한 것은 미국에서 하나로 통합되는 것보다, 자신들의 역사를 재발견해 그들만의 독립된 혁명적인 길을 밟아나가는 것이었다. 흑인들이 '아메리칸 드림'이라는 약속을 온전히 누려야만 한다는 것이 킹의 비전이었다면, 맬컴이 보기에 아메리칸 드림에서 아프리카계 미국인들이 받을 것은 고작해야 '아메리칸 나이트메어American Nightmare'가 전부였다. 마찬가지 맥락에서, 아마도 인권 운동 시대의 가장 유명한 행사로 손꼽힐 만한 워싱턴 행진March on Washington도 그에게는 '워싱턴 촌극Farce on Washington'일 뿐이었다. 맬컴은 개인적으로는 킹을 존경했던 듯 보이나, 그의 관점만큼은 완전히 잘못됐다고 여겼다. 우선은 킹의 기독교 신앙부터 문제였는데, 맬컴이 보기에 기독교 신앙은 노예제의 유산이기도 했지만 흑인들에게 나서지 말고 얌전히 다른 한쪽 뺨을 내밀라고, 또 싸우는 대신 노래

다시, 리더란 무엇인가

를 부르라고 가르치는 면에서도 영 맘에 들지 않았다. 맬컴은 '노래는 관두고 주먹을 더 휘두르길' 원했다.[31] 인품이 그렇게까지 너그럽지 못했던 시절 맬컴은 주류 인권 운동 리더들을 '엉클 톰Uncle Tom'이라 칭하기도 했는데, 그 자신이 아프리카계 미국 내에서 워낙 비주류였던 데다 다른 리더에 비해 영향력이 덜했던 데 대한 시샘 때문에 이런 공정치 못한 표현을 쓴 듯하다.

맬컴의 그 유명한 연설 "집 검둥이와 밭 검둥이"는 그의 최고 수작이다. 이 연설에서 맬컴은 노예제의 역사, 즉 '집 검둥이와 밭 검둥이 두 종류가 있던' 시절의 노예 두 부류를 신랄하게 파헤친다. 하나는 주인의 집 안에서 주인이 나머지 노예들을 철저히 감독하게끔 도와주는 노예로 집에서 편히 지내며 잘 입고 배불리 먹을 수 있다. 한편 대다수의 밭 검둥이는 밭에 나가 혹독하게 고생하는 노예들로, 이들은 '따끔한 채찍질' 속에서 고통스레 일하며 주인이 어서 죽기만을 하늘에 빈다. 맬컴은 이 연설 막바지에 "저는 밭 검둥이가 되겠습니다!"라고 선언한다. 기득권층의 비호를 받는 흑인 명사들은 사실상 현대판 집 검둥이들로, 흑인의 원성으로부터 백인 주인을 지키는 노릇을 하는 것이나 다름없다. 그렇게 해서 결과적으로는 자신 같은 흑인 리더들을 억누르고 자신의 메시지를 사람들이 듣지 못하게 한다는 것이었다.[32]

《맬컴 X 자서전》을 보면 메카 성지 순례는 그가 영적인 면에서나 정치적 면에서 한층 발전한 중대한 계기였다. 맬컴은 이 순례에서 유럽 국가 출신의 '코카서스인' 무슬림을 만났고, 이들을 자기 형제(동시에 자매)로 여기면서 인종차별 문제를 다시 생각하게 된다. 이들을 통해 미국인이 '인종'을 생각하는 방식이 더 넓은 세상의 현실과는 사뭇 다르다는 점을 깨달은 것이다. 메카에 가기 전까지만 해도 맬컴은, NOI가 말하는 일명 '금발에 푸른 눈동자의 악마들'인 백인과는 절대 힘을 합칠 수 없다는 생각이 확고했다. 하지만 이제 맬컴은 인종차별주의와 관련해서는 미리 결정된 것은 없다고 결론 내리기에 이른다. 흑인들은 백인이라는 존재에게 억압당하는 게 아니라 백인이 지배하는 미국에 억압당하는 것이었다. 한마디로 어떤 개인 혹은 그 개인이 생각하고 말하는 것이 문제가 아니라, 인종차별주의를 통해 형성돼 그것을 주된 특징으로 삼는 사회, 그 안에서 너무나 많은 이가 경제적 궁핍을 겪는 사회가 문제였다. 맬컴으로서는 개인을 벗어나 집단에 더욱 비중을 두게 된 이 통찰이 전혀 새로운 정치적 가능성을 열어준 셈이었다. 덕분에 맬컴은 한편으로는 주류 정치에 한 발 더 가까워진 동시에 다른 한편으로는 주류에서 더 멀어지기도 했다. 맬컴에게 진정 중요했던 것은 새로이 알게 된 바에 담긴 진실이었다. 그는 완전히 다른 사람이 되어 메카에서 돌아왔고, 자신이 배움을 멈추지 않는 한 계속 변해나갈 것임을 분명히 밝혔다. 하지만 그의 리더십 안에 생생히 살아 있는 핵심 원칙인 자기 사람들의 삶에 희망을 주고 억압에 맞서 싸운다는 원칙은 그 가운데서도 절대 변하지 않을 것이었다.

맬컴이 지적으로 호기심이 왕성하고 영적으로도 부단히 깨달음을 추구하며 결코 한 자리에 머무르는 법이 없는 사람이었다는 사실을 생각하면, 자신의 견해를 이렇게 단번에 극적으로 바꾼 것은 그렇게 놀랄 일만은 아니었다. 하지만 맬컴의 변화에 그의 지지자들은

다시, 리더란 무엇인가

살해당하기 몇 주 전인 1965년 1월, 뉴욕 퀸스 법정에서의 맬컴 X. (© Library of Congress)

당혹감을 감추지 못했고, 개중엔 배신감과 분노를 느끼는 이들도 많았다. 물론 그래도 이들은 마지막까지 맬컴의 충성스러운 지지 세력으로 남았다. 맬컴이 궁극적으로 온 힘을 다해 진실에 헌신했다는 것은 자신은 물론 가족까지 위험에 처할 것을 뻔히 알면서도 과거 자신의 리더였던 일라이저 무하마드에 대한 맹비난을 멈추지 않았다는 뜻이기도 했다. 실제로 그가 살해당하기 일주일 전에도 뉴욕주 퀸스의 맬컴의 집에서 폭탄이 터지는 사건이 일어났다. 맬컴은 자신이 조만간 죽으리란 걸 알았고, 사람들에게도 자신은 곧 죽을 거라고 했다. 피살당한 당일에는 경호원들에게 마지막 연설이 열린 오두본 볼룸Audubon Ballroom 입구에서 무기 소지 검사를 하지 말라고 지시하는 한편, 아내와 딸들에게는 이 연설에 참석해달라고 미리 부탁했다. 한 편의 수난극이 펼쳐질 것을 예상이라도 했던 것일까. 생전에 맬컴 X는 세상 그 누구보다 유명한 사람이었지만, 살아 있는 동안 그는 거의 늘 혼자였다.

· · ·

그로부터 3년 후 마틴 루서 킹 주니어가 일명 "저는 산 정상에 올랐습니다"라는 감동적인 연설을 했다. 모세가 이집트 노예 신세에서 해방된 이스라엘 민족을 이끌고 40년 동안 사막을 헤매다 마침내 약속의 땅 가나안에 다다랐으나 끝내는 신의 뜻에 막혀 그곳에 들어가지 못한 구약의 이야기가 넌지시 연상되는 내용이었다. 모세는 느보산 정상에 서서 물끄러미 약속의 땅을 바라볼 수밖에 없었다. 연설 막바지에 킹은 앞으로 어떤 일이 닥칠지 자신은 알지만 결코 두렵지 않다고 분명히 밝혔다.

이제 곧 닥칠 일을 저는 모르지 않습니다. 앞으로 우리는 얼마간 힘든 날들을 겪겠지요. 하지만 지금 저에겐 그 사실이 전혀 중요하지 않습니다. 왜냐면 저는 산 정상에 올랐으니까요. 그래서 괜찮습니다. 물론 누구나 그렇듯 저도 오래 살고 싶습니다. 오래 사는 것도 분명 의미 있는 일이에요. 하지만 오래 사는 것에는 이제 저는 연연하지 않습니다. 저는 신의 뜻을 따르고 싶을 뿐입니다. 신께서는 제가 산 정상에 오르는 것은 허락해주셨습니다. 덕분에 산 정상에 올라 아래를 굽어볼 수 있었지요. 약속의 땅도 보았습니다. 하지만 여러분과 함께 그 땅에 갈 수 있을지는 모르겠군요. 그래도 오늘 밤 여러분에게 이 점은 분명히 알려드리고 싶습니다. 하나의 민족으로 우리는 언젠가는 약속의 땅에 다다를 것이라고요. 그래서 오늘 밤 저는 행복합니다. 저는 아무것도 걱정되지 않고, 그 누구도 두렵지 않습니다. 저의 눈으로 주께서 오시는 영광을 보았으니까요!

킹은 다음 날 총에 맞아 목숨을 잃었다.

· · ·

현실의 삶과 윤리적 면에서 누구보다 훌륭한 귀감이 되고도(그래서 킹과 맬컴은 근본적으로 다른 생각을 가진 이들로부터도 존경받을 때가 많았다) 39세의 젊은 나이에 세상을 떠난 두 리더를 화제로 논의를 전개하는 건 그리 쉽지만은 않다. 이 둘은 우리에게 많은 영감을 주지만, 마주하는 순간 주눅이 드는 것은 물론 심지어는 부끄러움마저 느껴진다. 이 둘은 당당히 악에 맞서 싸우며 자신에게 닥칠 일들에도 의연했는데, 지금 우리는 갖가지 위험에서 안전한(실제론 전혀 그렇지 않을 수도 있겠지만) 환경 속에 편히 앉아 이 책을 읽고 있으니 말이다. 지금 우리 중에는 자신이 믿는 걸 위해 기꺼이 목숨까지 버릴 사람은 거의 없다. 그것에 대한 우리의 믿음이 아무리 강하더라도 말이다. 킹이나 맬컴처럼 가슴속 타오르는 불꽃을 느끼는 사람도 과연 얼마나 되겠는가? 대다수의 눈에 이 둘의 리더십은 우리의 삶과 너무 동떨어지고 별 상관없는 것처럼 보일 수 있다. 어쨌거나 지금 우리는 대처식으로 건설된 세상, 1등만 알아주고, 눈코 뜰 새 없이 바쁘게 움직이고, 현대판 정글에서 살아남으려 갖은 애를 써야 하는 세상에 살고 있으니까.

이 두 남자의 삶 속에서 리더십에 관한 가르침을 얻으려고 하면 어느 순간 헤어 나오기 힘든 딜레마에 처한다. 킹과 맬컴은 대의에 자신을 바치는 것이 더없이 커다란 강점인 동시에 끔찍한 약점이 되는 세상에 살았고, 우리는 여전히 그런 세상에 살고 있다는 것이다. 내가 어떤 리더들을 존경한다면, 그건 그들이 마키아벨리의 후예로서 전술과 전략 면에서 기막힌 감각을 발휘하기 때문만이 아니라 그들이 자신의 이상에 정직하기 때문이다. 슬프게도, 그런다고 돈을 더 벌 리는 없고, 오히려 누군가의 손에 죽을 가능성만 커진다. 내가 킹과 맬컴을 존경하는 것도 생전 이 둘이 불의에 거침없이 분노하고, 그 분노를 공익을 위하는 데 활용할 줄 알았기 때문이다. 이들의 말과 행적을 유심히 들여다보면, 아울러 이 둘이 세상을 떠난 이래 종종 잘못 알려진 내용을 잘 가려내면, 지금 우리가 가진 것보다 (적어도 대부분 사람에게는) 훨씬 나아 보이는 세상의 토대를 찾을 수 있다. 이 책에는 세상을 위해 좋은 일을 하다 안타깝게도 도중에 유명을 달리한 수많은 리더의 이야기가 가득하다. 그런가 하면 세상에 누구보다 큰 해악을 끼치고도 누구보다 보란 듯 오래 잘사는 사람들도 있다. 난 이 둘이 다 가능하다면 좋지 않을까 생각한다. 좋은 일을 하는 리더들이 잘 살았으면 좋겠다고, 단순히 윤리적인 면에서만 아니라 그들 개인의 삶에서도 말이다. 킹이 살해당하기 전 마지막 연설에서 "오래 사는 것도 분명 의미 있는 일이에요"라고 한 말은 가볍게 던진 것이 아니었다. 자신이 젊은 나이에 죽으면 무엇이 희생되는지 그도 모르지 않았다. 맬컴도 그랬지만 킹도 누군가의 남편이고 어린 아이들의 아빠였다. 당연히 오래 살면서 공익을 위해 공직에서 생산적인 일을 하다 천운이 다해 세상을 떠나는 게 더 나은 삶일 것이었다. 누구보다 훌륭한 우리 리더들에게 정의를 위해 목숨까지 버리라고 하는 건 너무 가혹한 일 아닌가?

탈대처 시대에 널리 쓰이는 말을 빌리자면 아마도 제3의 길이 있을지 모르겠다. 대처, 킹, 맬컴 X는 모두 자신의 확신과 원칙에 대담하게 헌신했다는 공통점이 있다. 하지만 킹과 맬컴 X는 정치적인 면에서만이 아니라 리더십에 대한 접근법의 면에서도, 새로운 것을 배우면 관점은 얼마든 바뀔 수 있다는 태도를 우리에게 제시해준다. 정치적 면에서는 맬컴을 끔찍이 두려워했던 이들도 그의 유머 감각과 겸손, 그리고 국가 지도자든(실제로 맬컴은 생전에 국가 지도자를 여럿 만났다) 버스나 비행기의 옆 좌석에 앉은 사람이든 누구에게서나 뭐든 배울 게 있다는 그의 인식만큼은 높이 샀다. 아울러 다소 거친 표현이지만 그가 한 말은 그가 가슴 깊이 진심으로 믿은 바와 한 치도 다름이 없었다는 사실은 누구도 믿어 의심치 않았다.

그러나 대처도 그랬듯, 두 리더가 남긴 주된 유산은 그 내용은 많이 다를지라도 우리가 우리 자신, 나아가 이 세상에서의 우리 위치를 생각하는 방법을 제시해준 데 있지 않을까 한다. 두 리더도 각자 나름의 훌륭한 자질과 자의식을 갖고 있었고, 야심만만했으며, 사람들이 자신들을 진지하게 생각해주고 이야기를 귀담아듣길 바랐다. 이들도 개인적 면에서 충분히 의미 있는 리더들이었다. 하지만 이 둘이 사람들에 대해 생각한 방식은 개인주의와는 정반대였다. 두 사람 모두에게 진보는 누군가의 개인적 성공만으로(그들 자신을 포함해) 헤아려지는 게 아니라, 사회의 전반적인 상태를 통해 헤아릴 수 있었다. 이는 사회라는 것이 실제 존재한다는 뜻이기도 하다. 이 둘이 발휘한 힘의 밑바탕은 이들의 지위도, 벌어들인 돈도(많지도 않았다) 아닌, 윤리적 대의, 그리고 다른 이의 입장을 대변할 수 있는 능력이었다.

지금까지 미국 내 아프리카계 미국인의 투쟁이라는 구체적인 이야기를 떠나 집단의 미래라는 보다 전반적인 맥락에서 킹과 맬컴 X에 관해 이야기했다. 요즘은 전 세계 어디서나 심각한 정치적 문제들이 되풀이해 등장하고 있다. 즉, 이제 상당수 국민 사이에서는 리더들이 더는 국민을 위해 일하지 않고, 국민은 자기 운명을 더는 자기 손으로 통제하지 못하며, 번영과 진보는 번번이 길이 막힌다는 확신이 점점 굳어지고 있다. 역사적 관점에서 용납하기 힘든 위험한 상황이다. 경제, 과학, 정치, 문화 등 다양한 영역의 엘리트층이 대다수 사람의 관심사와 동떨어져 있는 것은 물론 더는 국민의 의향을 대변하지 않는 것처럼 보일 때, 결국엔 많은 엘리트층의 생각과는 완전히 엇나간 기괴한 일들이 발생하기 마련이다.

에필로그

지금 우리에게 필요한 리더

이 책을 쓰는 동안 나는 주변이 온통 이렇듯 화나고 소란스러운 일투성이인데도 세상이 점점 더 살기 좋은 곳이 돼간다고 믿는 시각을, 특히 엘리트층의 영역에서 마주치곤 했다. 사람들이 가진 것에 대해 감사해할 줄 모른다는 식의 시각 말이다. 아닌 게 아니라 사회 최상층 사람들에겐 지금 세상이 더없이 좋아 보이기는 할 것이다. "경제가 잘 돌아가잖아요"라고 그들은 보통은 주식시장 상황을 짚으며 말한다. 이런 말에 세계 나머지 사람들의 삶을 이야기하며 반론이라도 펼치면, 그들은 또 오늘날 세계가 경험하고 있는 과학 및 첨단 기술의 기막히게 놀라운 발전들, 혹은 폭력과 전쟁이 전반적으로 줄어든 상황을 이야기할 것이다. 하지만 내 강의가 대부분 이뤄지는, 극히 일부에게만 허용되는 부유층의 영역을 벗어나 보면 이런 식의 주장은 곧바로 엎어질 수밖에 없다. 하루하루 장족의 발전을 거듭하고 있는 첨단 기술과 과학은, 이런 혁신에서 수익을 낼 수 있는 극소수 사람과 때론 이런 발전이 잘 이해되지 않는 대다수 사람 사이에 경제적, 정치적 불평등을 낳고 있다. 대다수 사람으로서는 이런 기술과 과학이 이미 부자인 사람들의 배만 더 불리고 일반인들에 대한 통제와 감시는 더욱 강화한다고 믿게 되는데, 아주 근거 없는 생각만은 아니다. 특히 젊은 세대로서는 사람들이 다 같이 살아가는 더 나은 미래가 과연 기막히게 대단한 엘리트 첨단 기술, 그리고 거대 다국적기업이 제공하는 갖가지 특혜에만 달려 있는 것인지 의구심을 갖지 않을 수가 없다. 이들이 보기에 세상이 나아지고 있다는 인식은 일종의 현실도피에 지나지 않는다. 우리가 과연 시시각각 닥쳐오는 (가짜 문제 말고) 진짜 문제들을 해결하기 위해 다 함께 힘을 합쳐 제대로 대오를 정비하고 있는지는 도무지 확신하기 힘들다.

이쯤에서 나는 역사가의 모자를 벗고, 훌륭한 리더십을 바라며 사회를 걱정하는 한 평범한 시민의 모자를 쓰려 한다. 나는 전 지구적으로 발생한 전염병으로 전 세계 수백만 명이 목숨을 잃고 지구촌 곳곳의 사회가 엄청난 해를 입었던 암울한 상황 속에서 이 책을 집필했다. 하지만 기후변화로 인해 생태계가 황폐해지고 있는 만큼 앞으로는 그보다 더 많은 질병이, 아마도 더 악독한 것들이 줄줄이 모습을 드러낼 것이다. 극단적인 기후로 인해 도저히 감당할 수 없는 환경적, 인도적, 지정학적 재앙들도 터질 테고 말이다. 그렇게 되면 상위 0.1% 바깥에 있는 사람들은 이루 헤아릴 수 없는 경제적 타격을 입을 것이다. 그 와중에도 극소수 사람은 어느 때보다 많은 돈을 계속 벌어들이겠지만. 우리가 이미 안고 있고 앞으로 더 나빠지기만 할 문제들만 봐도 우리 대다수가 얼마나 형편없는 리더십을 경험

다시, 리더란 무엇인가

하고 있는지, 리더 중 얼마나 많은 이가 얼마나 이기적인지, 시시각
각 닥쳐오는 일들에 우리가 얼마나 대비가 부족한지가 여실히 드러
난다. 이것으로는 모자라다는 듯, 우리 지구는 갈수록 펄펄 끓고 있
다. 시시각각 닥쳐오는 이 재난에 외려 아이들만 변화를 촉구하는
국제 운동의 아이콘으로 전면에 세워지고, 실질적인 권력을 가진 어
른들은 거의 아무것도 하지 않거나, 한다 해도 그 노력은 턱없는 수
준에 그치고 있으니 터무니없는 것들에 초점을 맞추거나 대중을 상
대로 거짓말만 늘어놓는 식이다. 거기에다 자기들의 단기적 이익,
알량한 국가 차원의 이익, 그리고 재정적 이익이 걸려 있지 않은 한
어떤 일에도 신경 쓰지 않으려는 세계의 지도자들은 또 얼마나 많은
가. 심지어 이들은 아예 통치도 하지 않으려 한다. 세계에서 규모가
제일 크다는 군대들은—그 가운데서도 미군의 규모가 단연 최대이
다—이 세상을 가장 많이 오염시키는 주범인데도 군비 예산은 날이
갈수록 기하급수적으로 증가한다. 전용 비행기를 가진 이들의 비행
횟수는 날이 갈수록 늘어만 가고 있다. 가장 막강한 힘을 가진 나라
들은 국민이 공통으로 안고 있는 문제에 초점을 맞추기는커녕 더 많
은 힘을 쌓으려 애쓰고 서로 경쟁만 고집하기에 바쁘다. 지금의 우
리 리더들에게 인류 전체에게 관심을 가지라고 했다가는 괜히 낭패
만 볼 수 있다. 이 역시 허튼소리 취급을 받을 게 뻔하다.

이렇듯 누가 봐도 까다로운 문제들에 맞닥뜨리긴 했어도 우리가
희망을 가질 여지도 여전히 있다. 지금까지 이 책을 통해 살펴봤듯,
역사 속에는 공공선에 초점을 맞출 줄 알고, 늘 옳고 그른 일의 차이
를 알아보고, 심지어는 회의적이고 간악하고 근시안적인 사람들에

둘러싸여서도 이런 것들을 위해 도덕적 이상에서나 현실에서나 용기 있게 싸움에 나선 리더들이 있기 때문이다. 지금 우리 세상에는 훌륭한 리더들이 필요하다. 세상 어딘가에 반드시 존재하는 이들에게는 우리의 지지가 필요하다. 심지어 이들은 투사, 반란자, 성자일 필요도 없다. 지금 우리 상황에서는 어쩌면 단순히 사람들을 돕고 싶은 마음을 가진 것만으로 충분할지 모른다. 결국에는 이것이 훌륭한 리더십의 가장 참된 본질이 아닐까. 적어도 지금 우리에게 필요한 리더십과 관련해서는 말이다.

다시, 리더란 무엇인가

감사의 말

자신을 리더라고 내세울 생각은 추호도 없는 수많은 이들, 그들의 리더십이 없었다면 나도 이 책을 써내지 못했을 것이다. 그들이야말로 살아 있는 리더십의 본보기다. 그들이 한 일들, 지지 그리고 통찰 덕분에 이 책도 세상에 나올 수 있었다.

나 또한 강의하면서 학생들에게 많은 것을 배웠고, 이 책의 주제 몇 가지는 학생들 덕분에 정할 수 있었다. 이 책을 꼭 써야겠다는 결의를 다지게 된 것도 학생들이 보여준 열의 덕분이었다. 나의 에이전트 리베카 네이절은 언제나 현명한 충고와 강력한 지지를 아끼지 않았을 뿐만 아니라, 내가 쭈뼛거리며 책에 대한 구상을 처음 터놓은 그 순간부터 이 책과 그것을 집필할 내 능력에 강한 확신을 보여주었다. 퍼블릭어페어스 출판사는 내내 끈기 있게 곁에서 지켜봐주었다. 아누 로이초두리는 사려 깊고 세심한 편집자여서 함께 일하는 것이 즐겁기만 했다. 표지 디자이너 피트 가르소, 책 제작 전반을 지휘한 멜리사 레이먼드와 셰너 레드먼드, 탁월한 교열 솜씨로 원고를 다듬어준 제니퍼 톱에게도 감사의 마음을 전한다.

여러 면에서 집단 리더십의 필요성을 설파하는 이 책이 나왔다는 것 자체가 집단 리더십이라는 이상이 실현됐다는 증거다. 시간을 들여 원고의 일부 또는 전부를 읽고 논평해주거나, 설익은 내 구상을 치밀한 토론으로 검토하며 나를 갖가지 실수에서 구해준 친구들과 동료들, 샘 하셀비, 제임스 뢰플러, 프레드리크 로예발, 새뮤얼 모인, 마니바난 포니아, 이나야트 사비키, 제니퍼 타미, 메이슨 윌리엄스, 랜 츠비겐버그에게 이 자리를 빌려 감사를 전한다. 물론 최종 결과물에 대한 책임은 오롯이 나의 몫이다.

야엘 버다, 낸시 콧, 칸델라리아 게레이, 앤드루 주잇, 메리 루이스, 찰스 마이어, 세르히 플로키, 로버트 퍼트넘, 마티아스 리스, 스티븐 월트, 커스튼 웰드, 대니얼 지블랫 등 물심양면으로 나를 도와준 하버드의 친구와 동료들에게도 감사를 전한다. 타렉 마수드는 나와 식사를 여러 번 함께하며 근처 사무실에서 이 책의 문제들을 화두로 잡고 논의해주었다. 마수드는 열심히 머리를 굴려 책 제목을 지어줬을 뿐만 아니라, 결정적인 대목에서 제도적인 지원까지 해주었다. 아울러 믿기 힘들 만큼 넓은 도량을 보여준 앤드루 오핏에게도 감사한 마음이다.

역사가로서 첫발을 내디딜 당시 앨런 브링클리와 토니 주트가 곁에서 도와주며 멘토 역할을 해준 일은 평생 잊지 못할 것이다. 누구보다 훌륭한 학자이자 스승인 두 분은 너무도 안타깝게도 일찍 세상을 떠나셨다. 이 책을 읽다 보면 과거, 그리고 과거가 현재에 갖는 중요성에 관해 내가 두 분에게 어떤 영향을 받았는지 곳곳에서 느껴질 것이다. 이 주제를 두 분이 각기 어떻게 생각하는지 알아가는 것이 한때 나에게는 무엇보다 커다란 낙이었다.

하버드대학교에서 시작한 '역사 속 리더들과 리더십' 강의를 다른 곳에서까지 진행하게 되면서 많은 이들에게 빚을 졌다. 강의 규모가 갈수록 커지고 전 세계를 아우르게 되면서 줄피아 압두라히모바, 화샤 장, 주니얀 첸, 팅유 리, 린 왕, 리투자 고시, 라샤드 울라 칸, 시방기 샤르마, 엘리자베스 스티픈, 마이클 웨인벡으로부터 엄청난 물적 지원과 함께 지식을 전달받을 수 있었다. 나를 초빙해 베이징 칭화대학교의 슈워츠먼칼리지에서 강의할 수 있게 해준(여기에서 존슨앤존슨 석좌교수로 강의를 진행하는 행운도 누릴 수 있었다) 조앤 카우프먼, 슈 란 학장님, 스티브 슈워츠먼에게 감사를 전한다. 또한 인도 하이데라바드의 카우틸리아 공공정책대학원에서 강의하게 해준(이곳에서는 대학 자문위원으로 일하는 영예를 누릴 수 있었다) 바라트 마투쿠밀리, 프라티크 칸왈, 스예드 아크바루딘 학장님에게도 감사를 전한다. 나는 한국의 아시안리더십 콘퍼런스의 일원으로 활동할 기회도 있었는데(이 책에 대한 구상의 상당 부분은 서울에서 틀을 잡았다) 이 자리를 빌려 새뮤얼 김과 그의 팀에 감사를 전한다. 아울러 훌륭한 청중 앞에서 이 책의 주제 몇 가지를 논의할 자리를 마련해준 마드리드 콤플루텐세대학교의 호세 마리아 푸욜, 멕시코시티 중남미사회과학원FLACSO의 니콜라스 로자, 웰즐리대학교의 베니타 다타, 펜실베이니아주립대학교의 라이어 스턴펠드, 코네티컷대학교의 세르지오 루자토, 제네바국제대학원의 마흐무드 모하메두, 하이데라바드기탐대학교의 데비나 굽타, 베이징 칭화대학교의 루 젱에게도 더없이 감사한 마음이다.

나는 팬데믹이 전 세계를 휩쓰는 통에 어쩔 수 없이 다른 이들과 떨어져 지내야만 했던 기간에 이 책의 상당 부분을 집필했다. 그러다 보니 작업하는 내내 거의 머리에 헤드셋을 쓰고 있었다. 이 책을 쓰는 동안에는 누구보다도 음악가들이 내 곁을 가장 많이 지켜주었던 셈이다. 그런 음악을 만든 모든 위대한 예술가에게 감사를 전해야겠지만 내 플레이리스트를 전부 나열하기엔 지면이 턱없이 모자란 만큼 이 자리에서는 밴드 스파크스Sparks의 론 맬과 러셀 맬 형제에게 특별히 감사를 전한다. 두 사람의 독창성과 오랜 세월 변치 않는 창의성은 늘 내게 영감이 되어주었다. 몇 차례나 미루다 2022년 4월 파리에서 가족들과 함께 스파크스의 공연을 관람한 것은 무엇보다 짜릿한 경험이었다. 그들은 나를 모를 테지만, 앞으로도 이 책을 쓴 일을 생각하면 난 늘 스파크스를 함께 떠올릴 것이다.

내가 가장 감사해야 할 이들은 무엇보다 가족이다. 부모님과 누이부터 시작해 지금껏 나와 연이 닿았던 모든 이에게 감사하다. 나의 반려 고양이 코코와 라이카는 팬데믹 직후 우리 삶에 들어와 모든 걸 한결 나아지게 해주었다. 몇 구절이라도 썩 맘에 드는 글이 써졌을 때는 항상 이 친구들이 곁에 있었다. 뮤리얼 루이어라는 아름다운 사람을 내 인생 속으로 맞이한 것은 전혀 다른 차원에서 내게 커다란 행운이었다. 아내의 끝없는 지혜, 유머, 사랑이 없었다면 이 책이 구색이나 제대로 갖출 수 있었을까 싶다. 아들 노엄과 오렌의 남다른 용기, 다시 일어서는 의지, 따뜻한 모습은 늘 내게 귀감이 된다. 하루도 내 아들들이 자랑스럽지 않은 날이 없다. 그들과 함께, 그리고 그들과 살아갈 미래를 머리에 그리며 이 책을 썼다.

주

1장 리더십 — 리더가 시대를 만드는가, 시대가 리더를 만드는가

1   구약성경 사무엘기 하권 11장 11절.

2   구약성경 사무엘기 하권 12장 4절.

3   구약성경 사무엘기 하권 13장 6절.

4   구약성경 사무엘기 하권 13장 22절.

5   구약성경 사무엘기 하권 13장 39절.

6   구약성경 사무엘기 하권 18장 33절.

7   구약성경 사무엘기 상권 8장 17~18절.

8   Alexander Lee, *Machiavelli: His Life and Times* (London: Picador, 2020).

9   Niccolò Machiavelli, "Letter to Francesco Vettori" (December 10, 1513).

10   Patrick Boucheron, *Machiavelli: The Art of Teaching People What to Fear*, trans. Willard Wood (New York: Other Press, 2020).

11   Niccolò Machiavelli, *The Prince* (1532), chap. 25 ("What Fortune Can Effect in Human Affairs and How to Withstand Her").

12   Machiavelli, *The Prince*, chap. 26 ("An Exhortation to Liberate Italy from the Barbarians").

13   Karl Marx, *Eighteenth Brumaire on Louis Napoleon* (1852), later titled *Eighteenth Brumaire on Louis Bonaparte*.

14   Karl Marx, "11th Thesis on Feuerbach" (1845).

15   Richard Samuels, *Machiavelli's Children: Leaders and Their Legacies in Italy and Japan* (Ithaca, NY: Cornell University Press, 2003), 1.

16   역사 속 리더들을 다룬 최근작을 몇 권 꼽으면 다음과 같다. Doris Kearns Goodwin, *Leadership: In Turbulent Times* (New York: Simon and Schuster, 2018); Andrew Roberts, *Leadership in War: Essential Lessons from Those Who Made History* (New York: Viking, 2019); Nancy Koehn, *Forged in Crisis: The Power of Courageous Leadership in Turbulent Times* (New York: Scribner, 2017); David Gergen, *Hearts Touched with Fire: How Great Leaders Are Made* (New York: Simon and Schuster, 2022);

Joseph S. Nye, *The Powers to Lead* (New York: Oxford University Press, 2008); Henry Kissinger, *Leadership: Six Studies in World Strategy* (New York: Penguin, 2022).

2장 공황—누가 위기에 정면으로 맞설 것인가

1   A classic and enduring study is John Kenneth Galbraith, *The Great Crash, 1929* (New York: Houghton Mifflin, 1955).

2   Richard Hofstadter, *The American Political Tradition: And the Men Who Made It* (New York: Vintage, 1948), 367–408.

3   제1차 세계대전이 끝난 후, 승전국들은(특히 영국과 프랑스) 독일에 전쟁 책임을 지웠고 1919년의 베르사유조약으로 엄청난 배상금을 부과하며 독일인을 응징했다. 바이마르에 본거지를 둔 독일 정부는(민주 체제였으나 허술하고 힘이 없었다) 이 배상금을 마련하기 위해 미국에서 돈을 빌려 올 수밖에 없었다. 당시 영국과 프랑스는 미국(그리고 미국의 거대 은행들)에 엄청난 빚을 진 상태였던 터라 독일의 배상금을 도로 미국으로 보내야 했다(미국 은행들은 이 돈을 다시 영국과 프랑스에 갚으라며 독일에 빌려주었다). 그러다 월스트리트가 붕괴하며 이 자금 순환에 급제동이 걸린 것이었다. 이와 관련해서는 다음 책을 참고하면 좋다. William C. McNeil, *American Money and the Weimar Republic: Economics and Politics on the Eve of the Great Depression* (New York: Columbia University Press, 1986).

4   Reed Hundt, *A Crisis Wasted: Barack Obama's Defining Decisions* (New York: RosettaBooks, 2019); Adam Tooze, *Crashed: How a Decade of Financial Crises Changed the World* (New York: Penguin, 2019), 141–201.

5   Hannah Catherine Davies, *Transatlantic Speculations: Globalization and the Panics of 1873* (New York: Columbia University Press, 2018).

6   Hofstadter, *American Political Tradition*, 409–456.

7   Moshik Temkin, "The 'Dissident Ideology' Revisited: Populism and Prescience in *Voices of Protest*," in *Alan Brinkley: A Life in History*, ed. David Greenberg, Moshik Temkin, and Mason B. Williams (New York: Columbia University Press, 2018), 19.

8   Huey Long, "Every Man a King" (1934).

9   포퓰리즘을 다양한 정치와 뭉뚱그리거나 정치 또는 정책은 제쳐놓고 수사와 스타일에만 초점을 맞춘 책들이 시중에 산더미처럼 쌓여 있지만, 최근 출간된 다음 두 작품만큼은 남다른 숙고를 담고 있다. Jan-Werner Müller, *What Is Populism?* (Philadelphia: University of Pennsylvania Press, 2016); Cas Mudde and Cristóbal Rovira Kaltwasser, *Populism: A Very Short Introduction* (New York: Oxford University Press, 2017).

10 T. Harry Williams, *Huey Long* (New York: Alfred A. Knopf, 1969), 303–304.

11 Huey Long, "Share Our Wealth" (1934).

12 Alan Brinkley, *Voices of Protest: Huey Long, Father Coughlin, and the Great Depression* (New York: Alfred A. Knopf, 1982).

13 하나의 예로 앨런 브라더스(Allen Brothers)의 "뉴딜 블루스(New Deal Blues)"(1934) 를 들 수 있다.

14 Eric Rauchway, *Why the New Deal Matters* (New Haven, CT: Yale University Press, 2021).

15 이런 적개심이 지금도 얼마나 많이 살아남았는지와 관련해 다음 저작을 참고하면 좋 다. Amity Shlaes, *The Forgotten Man: A New History of the Great Depression* (New York: HarperCollins, 2007).

16 Ira Katznelson, *Fear Itself: The New Deal and the Origins of Our Time* (New York: Liveright, 2013).

17 Kim Phillips-Fein, *Invisible Hands: The Businessmen's Crusade Against the New Deal* (New York: W. W. Norton, 2009).

18 프랭클린 D. 루스벨트의 두 번째 취임 연설(1937년).

19 Ferdinand Lundberg, *America's 60 Families* (New York: Vanguard, 1937).

20 William E. Leuchtenburg, *The Supreme Court Reborn: The Constitutional Revolution in the Age of Roosevelt* (New York: Oxford University Press, 1996); Jeff Shesol, *Supreme Power: Franklin Roosevelt vs. the Supreme Court* (New York: W. W. Norton, 2011); Laura Kalman, *FDR's Gambit: The Court Packing Fight and the Rise of Legal Liberalism* (New York: Oxford University Press, 2022).

21 대법원과 미국 민주주의에 대해 더 많은 것을 알려면 다음을 참조하라. Daniel Lazare, *The Velvet Coup: The Constitution, the Supreme Court, and the Decline of American Democracy* (London: Verso, 2001).

22 Franklin D. Roosevelt, "Fireside Chat," April 18, 1938.

3장 개혁―목표를 위해 협상할 것인가, 투쟁할 것인가

1 Alexander Keyssar, *The Right to Vote: The Contested History of Democracy in America*, rev. ed. (New York: Basic Books, 2009).

2 Sally G. McMillen, *Seneca Falls and the Origins of the Women's Rights Movement* (New York: Oxford University Press, 2008); Lisa Tetrault, *The Myth of Seneca Falls: Memory and the Women's Suffrage Movement, 1848–1898* (Chapel Hill: University of North Carolina Press, 2017).

3 이와 관련된 배경은 다음을 참조하라. Nancy F. Cott, *Public Vows: A History of Marriage and the Nation* (Cambridge, MA: Harvard University Press, 2002).

4 Faye E. Dudden, *Fighting Chance: The Struggle over Woman Suffrage and Black Suffrage*

in Reconstruction America (New York: Oxford University Press, 2011).

5   Rosalyn Terborg-Penn, *African American Women in the Struggle for the Vote, 1850-1920* (Bloomington: Indiana University Press, 1998).

6   Eleanor Flexner and Ellen Fitzpatrick, *Century of Struggle: The Woman's Rights Movement in the United States* (Cambridge, MA: Belknap Press of Harvard University Press, 1996).

7   Cathleen D. Cahill, *Recasting the Vote: How Women of Color Transformed the Suffrage Movement* (Chapel Hill: University of North Carolina Press, 2020).

8   Laura E. Nym Mayhall, *The Militant Suffrage Movement: Citizenship and Resistance in Britain, 1860-1930* (Oxford: Oxford University Press, 2003).

9   David Von Drehle, *Triangle: The Fire That Changed America* (New York: Grove, 2004).

10 "Helen Keller: Why I Became an IWW," *New York Tribune*, January 15, 1916.

11 Katherine H. Adams and Michael L. Keene, *Alice Paul and the American Suffrage Campaign* (Urbana: University of Illinois Press, 2008).

12 Doris Stevens, *Jailed for Freedom* (New York, 1920).

13 Woodrow Wilson, "Address to the Senate on the Nineteenth Amendment" (1918).

14 Christine A. Lunardini and Thomas J. Knock, "Woodrow Wilson and Woman Suffrage: A New Look," *Political Science Quarterly* 95, no. 4 (Winter 1980– 1981): 655–671.

4장 폭정 – 부당한 권력 앞에 신념을 지킬 수 있는가

1   Moshik Temkin, "How to Interpret Historical Analogies," *Aeon*, July 22, 2020, https://psyche.co/guides/how-should-you-interpret-historical-analogies-in-the-popular-press (accessed December 4, 2021).

2   Marc Bloch, *L'Étrange Défaite* [Strange defeat] (Paris, 1946); Ernest R. May, *Strange Victory: Hitler's Conquest of France* (New York: Hill and Wang, 2000).

3   Michael R. Marrus and Robert O. Paxton, *Vichy France and the Jews* (Stanford, CA: Stanford University Press, 2019 [1981]).

4   Zeev Sternhell, *The Birth of Fascist Ideology: From Cultural Rebellion to Political Revolution* (Princeton, NJ: Princeton University Press, 1994 [1989]).

5   Eugen Weber, *The Hollow Years: France in the 1930s* (New York: W. W. Norton, 1994).

6   Robert O. Paxton, *Vichy France: Old Guard and New Order, 1940–1944* (New York: Alfred A. Knopf, 1972), 38–45. For a small selection of a vast literature, see Robert Gildea, *Fighters in the Shadows: A New History of the French Resistance* (Cambridge, MA: Belknap Press of Harvard University Press, 2015); Olivier Wieviorka, *The French Resistance*, trans. Jane Marie Todd (Cambridge, MA: Belknap Press of Harvard

University Press, 2016).

7 David Wingeate Pike, "Between the Junes: The French Communists from the Collapse of France to the Invasion of Russia," *Journal of Contemporary History* 28, no. 3 (July 1993): 465–485.

8 Jean-Pierre Melville, dir., *Army of Shadows* (1969).

9 Roger Stéphane, "La Résistance n'a été qu'un refus," *France-Observateur*, August 28, 1952 (translated by Robert O. Paxton in his review essay, "Did the Resistance Matter?," *New York Review of Books*, August 14, 1980).

10 John Lewis Gaddis, *The Landscape of History: How Historians Map the Past* (New York: Oxford University Press, 2002), 99.

11 Greg Grandin, *Empire's Workshop: Latin America, the United States, and the Rise of the New Imperialism* (New York: Henry Holt, 2006).

12 Emily S. Rosenberg, *Financial Missionaries to the World: The Politics and Culture of Dollar Diplomacy, 1900–1930* (Durham, NC: Duke University Press, 2003).

13 Marcelo Bucheli, "Multinational Corporations, Totalitarian Regimes and Economic Nationalism: United Fruit Company in Central America, 1899–1975," *Business History* 50, no. 4 (July 2008): 433–454.

14 Eric Paul Roorda, *The Dictator Next Door: The Good Neighbor Policy and the Trujillo Regime in the Dominican Republic, 1930–1945* (Durham, NC: Duke University Press, 1998).

15 Richard Lee Turits, *Foundations of Despotism: Peasants, the Trujillo Regime, and Modernity in Dominican History* (Stanford, CA: Stanford University Press, 2002).

16 Mario Vargas Llosa, *The Feast of the Goat* (New York: Picador, 2001).

17 Mark Kurlansky, "In the Land of the Blind Caudillo," *New York Times Magazine*, August 6, 1989, 24.

18 미라발 자매의 일화는 줄리아 알바레스(Julia Alvarez)의 감동적인 역사소설《나비의 시간(In the Time of the Butterflies)》의 소재가 되었다.

5장 체제–죽음의 기계를 막아설 의지가 있는가

1 Theodor W. Adorno, "Cultural Criticism and Society" (1949).

2 Odd Arne Westad, *The Global Cold War: Third World Interventions and the Making of Our Times* (New York: Cambridge University Press, 2007).

3 Michael Bess, *Choices Under Fire: Moral Dimensions of World War II* (New York: Vintage, 2009), 42–58.

4 W. G. Beasley, *The Meiji Restoration* (Stanford, CA: stanford University Press, 2018

[1972]).

Dower
5 Iris Chang, *The Rape of Nanking: The Forgotten Holocaust of World War II* (New York: Basic Books, 1997); for background, see Rana Mitter, *China's War with Japan, 1937–1945: The Struggle for Survival* (London: Allen Lane, 2013).

6 Nobutaka Ike, ed. and trans., *Japan's Decision for War: Records of the 1941 Policy Conferences* (Stanford, CA: Stanford University Press, 1967).

7 Yuki Tanaka and Marilyn B. Young, eds., *Bombing Civilians: A Twentieth-Century History* (New York: New Press, 2010).

8 Michael S. Sherry, *The Rise of American Air Power: The Creation of Armageddon* (New Haven, CT: Yale University Press, 1989).

9 See, e.g., Tsuyoshi Hasegawa, *Racing the Enemy: Stalin, Truman, and the Surrender of Japan* (Cambridge, MA: Harvard University Press, 2006); Gar Alperovitz, *The Decision to Use the Atomic Bomb* (New York: Vintage, 1996); and Richard B. Frank, *Downfall: The End of the Imperial Japanese Empire* (New York: Penguin, 2001).

10 John W. Dower, *War Without Mercy: Race and Power in the Pacific War* (New York: Pantheon, 1986).

6장 오판─권력자의 실수는 어떻게 실패가 되는가

1 S. M. Plokhy, *Yalta: The Price of Peace* (New York: Penguin, 2010).

2 리더의 감정 상태와 그것이 외교 관계 및 협상에 미치는 영향을 살핀 흥미로운 연구는 다음을 참조하라. Frank Costigliola, *Roosevelt's Lost Alliances: How Personal Politics Helped Start the Cold War* (Princeton, NJ: Princeton University Press, 2012).

3 Ellen Schrecker, *Many Are the Crimes: McCarthyism in America* (Princeton, NJ: Princeton University Press, 1999).

4 Michael Brenes, *For Might and Right: Cold War Defense Spending and the Remaking of American Democracy* (Amherst: University of Massachusetts Press, 2020).

5 Charles J. Hanley, *Ghost Flames: Life and Death in a Hidden War, Korea 1950–1953* (New York: PublicAffairs, 2020); Bruce Cumings, *The Korean War: A History* (New York: Modern Library, 2011).

6 가장 주목할 만한 인도네시아 사례에 대해서는 다음을 참조하라. Vincent Bevins, *The Jakarta Method: Washington's Anticommunist Crusade and the Mass Murder Program That Shaped Our World* (New York: PublicAffairs, 2020).

7 예시로 다음을 참조하라. Louis A. Pérez Jr., *Cuba and the United States: Ties of Singular Intimacy* (Athens: University of Georgia Press, 2003).

8 Fredrik Logevall, *Embers of War: The Fall of an Empire and the Making of America's*

Vietnam (New York: Random House, 2012).

9 이 역사적 사건에 대한 탁월한 전 지구적 관점은 다음 저작을 살펴보면 좋다. Serhii Plokhy, *Nuclear Folly: A History of the Cuban Missile Crisis* (New York: W. W. Norton, 2021).
미국인의 관점에서 본 위기의 요점은 다음을 참조하라. Philip D. Zelikow and Ernest R. May, *The Kennedy Tapes: Inside the White House During the Cuban Missile Crisis* (Cambridge, MA: Harvard University Press, 1997).
흥미진진한 논쟁을 불러일으킬 만한 동시대의 기록은 다음을 참조하라. Robert F. Kennedy, *Thirteen Days: A Memoir of the Cuban Missile Crisis* (New York: W. W. Norton, 1969).

10 Robert A. Caro, *Master of the Senate: The Years of Lyndon Johnson, Volume III* (New York: W. W. Norton, 2002).

11 Joint Resolution of Congress, H.J. RES 1145 (Gulf of Tonkin Resolution), by United States Congress, August 10, 1964.

12 Murray Kempton, "Bundy-Gruening Debate," *New Republic* 152, no. 19 (July 1965): 9–10.

13 Moshik Temkin, "American Internationalists in France and the Politics of Travel Control in the Era of Vietnam," in *Outside In: The Transnational Circuitry of US History*, ed. Andrew Preston and Doug Rossinow (New York: Oxford University Press, 2017), 247–268; see also Andrew L. Johns, *The Price of Loyalty: Hubert Humphrey's Vietnam Conflict* (Lanham: Rowman & Littlefield, 2020).

14 John A. Farrell, "Nixon's Vietnam Treachery," *New York Times*, January 1, 2017, 9.

15 Christian G. Appy, *American Reckoning: The Vietnam War and Our National Identity* (New York: Penguin, 2015).

16 Robert S. McNamara, *In Retrospect: The Tragedy and Lessons of Vietnam* (New York: Vintage, 1995); Errol Morris, dir., *The Fog of War* (2003).

17 David Halberstam, *The Best and the Brightest* (New York: Random House, 1972).

18 Fredrik Logevall, *Choosing War: The Lost Chance for Peace and the Escalation of War in Vietnam* (Berkeley: University of California Press, 1999).

7장 대적─무엇을 적으로 규정하고 싸울 것인가

1 Albert Memmi, *The Colonizer and the Colonized* (London: Orion, 1965; 1957년에 출간된 프랑스어로 된 원본명은 *Portrait du colonisé, précédé du portrait du colonisateur*); Frantz Fanon, *The Wretched of the Earth* (Paris: Présence Africaine, 1963; 1961년에 출간된 프랑스어로 된 원본명은 *Les damnés de la terre*); Aimé Césaire, *Discourse on*

Colonialism (New York: Monthly Review Press, 1972; 1955년에 출간된 프랑스어로 된 원본명은 *Discours sur le colonialisme*).

2   "Joint Declaration by the President of the United States of America and Mr. Winston Churchill, Representing His Majesty's Government in the United Kingdom, Known as the Atlantic Charter," August 14, 1941.

3   Caroline Elkins, *Legacy of Violence: A History of the British Empire* (New York: Alfred A. Knopf, 2022).

4   Odd Arne Westad, *The Global Cold War: Third World Interventions and the Making of Our Times* (Cambridge: Cambridge University Press, 2005), 73–109.

5   Benjamin Stora, *Algeria, 1830– 2000: A Short History*, trans. Jane Marie Todd (Ithaca, NY: Cornell University Press, 2004).

6   Rudyard Kipling, "The White Man's Burden: A Poem" (New York, 1899).

7   Alistair Horne, *A Savage War of Peace: Algeria 1954–1962* (New York: NYRB Classics, 2006).

8   Richard J. Golsan, "Memory's *bombes à retardement*: Maurice Papon, Crimes Against Humanity, and 17 October 1961," *Journal of European Studies* 28 (March 1998): 153–172; Robert O. Paxton, "The Trial of Maurice Papon," *New York Review of Books*, December 16, 1999, 1–16.

9   Jeffrey James Byrne, *Mecca of Revolution: Algeria, Decolonization, and the Third World Order* (New York: Oxford University Press, 2016); Matthew Connelly, *A Diplomatic Revolution: Algeria's Fight for Independence and the Origins of the Post–Cold War Era* (New York: Oxford University Press, 2002); Elaine Mokhtefi, *Algiers, Third World Capital: Black Panthers, Freedom Fighters, Revolutionaries* (London: Verso, 2020).

10   Gillo Pontecorvo, dir., *The Battle of Algiers* (1966).

11   Pontecorvo, *The Battle of Algiers*.

12   Michael T. Kaufman, "What Does the Pentagon See in 'Battle of Algiers'?," *New York Times*, September 7, 2003, 3.

13   Jean-Jacques Flori and Stephane Tchalgadjieff, dirs., *Fela Kuti: Music Is the Weapon* (1982).

14   나이지리아 역사의 맥락에서 펠라 쿠티의 삶과 음악을 다룬 최고 역작으로 다음 책을 꼽을 수 있다. Michael E. Veal, *Fela: The Life and Times of an African Musical Icon* (Philadelphia: Temple University Press, 2000).

15   Lindsey Barrett, "Fela Kuti: Chronicle of a Life Foretold," *The Wire*, March 1998, www.thewire.co.uk/in-writing/essays/fela-kuti_chronicle-ofa-life-foretold.

16   Arundhati Roy, *The Doctor and the Saint: Caste, Race, and the Annihilation of Caste* (Chicago: Haymarket Books, 2017).

17   Anupama Rao, *The Caste Question: Dalits and the Politics of Modern India* (Berkeley:

University of California Press, 2009).

18 Ramachandra Guha, *India After Gandhi: The History of the World's Largest Democracy*, rev. ed. (New York: HarperCollins, 2019).

19 Christophe Jaffrelot and Pratinav Anil, *India's First Dictatorship: The Emergency, 1975–1977* (Oxford: Oxford University Press, 2021); Gyan Prakash, *Emergency Chronicles: Indira Gandhi and Democracy's Turning Point* (Princeton, NJ: Princeton University Press, 2019).

20 Ravinder Kaur, *Brand New Nation: Capitalist Dreams and Nationalist Designs in Twenty-First-Century India* (Stanford, CA: Stanford University Press, 2020).

21 Christophe Jaffrelot, *Modi's India: Hindu Nationalism and the Rise of Ethnic Democracy*, trans. Cynthia Schoch (Princeton, NJ: Princeton University Press, 2021).

22 Suraj Yengde, *Caste Matters* (New Delhi: Viking, 2019).

23 Roy, *Doctor and the Saint*, 21.

24 Nicholas B. Dirks, *Castes of Mind: Colonialism and the Making of Modern India* (Princeton, NJ: Princeton University Press, 2001).

25 B. R. Ambedkar, *The Annihilation of Caste: The Annotated Critical Edition* (London: Verso, 2016).

26 Nishikant Kolge, *Gandhi Against Caste* (New Delhi: Oxford University Press, 2018).

27 Faisal Devji, *The Impossible Indian: Gandhi and the Temptation of Violence* (Cambridge, MA: Harvard University Press, 2012).

8장 유산 – 리더의 이상은 세상을 어떻게 바꾸는가

1 Tony Judt, *Postwar: A History of Europe Since 1945* (New York: Penguin, 2006), 535–547.

2 David Cannadine, *Margaret Thatcher: A Life and Legacy* (Oxford: Oxford University Press, 2017), 18–19.

3 "Freedom Fighter," *Economist*, April 13, 2013.

4 Alessandro Santoni and Sebastián Sánchez, "Los 'amigos de Chile': El régimen de Pinochet y la Gran Bretaña de Thatcher (1979–1988)," *Revista de Historia* 1, no. 29 (2022): 401–428.

5 John Bew, "Alex Ferguson: The Last Great Briton?," *New Statesman*, December 19, 2013.

6 Brent Lang, "Ken Loach Slams Margaret Thatcher, Says Funeral Should Be 'Privatized,'" *The Wrap*, April 9, 2013.

7 Helen Lewis, "Margaret Thatcher: Feminist Icon?," *New Statesman*, April 26, 2015.

8 Paul Johnson, "Failure of the Feminists," *Spectator*, March 12, 2011.

9   Hadley Freeman, "Margaret Thatcher Was No Feminist," *Guardian*, April 9, 2013; Rachel Roberts, " 'Feminists Should Weep' at the Death of Margaret Thatcher—and Why Would That Be, Exactly?," *Independent*, April 10, 2013.

10 Judt, *Postwar*, 541.

11 Margaret Thatcher, interview in *Woman's Own*, September 23, 1987, https://www.margaretthatcher.org/document/106689.

12 David Howard-Pitney, *Martin Luther King Jr., Malcolm X, and the Civil Rights Struggle of the 1950s and 1960s: A Brief History with Documents* (New York: Bedford/ St. Martin's, 2004); James H. Cone, *Martin & Malcolm & America: A Dream or a Nightmare* (New York: Orbis, 2012); Peniel E. Joseph, *The Sword and the Shield: The Revolutionary Lives of Malcolm X and Martin Luther King Jr.* (New York: Basic Books, 2020).

13 Karen E. Fields and Barbara J. Fields, *Racecraft: The Soul of Inequality in American Life* (New York: Verso, 2014).

14 C. Vann Woodward, *The Strange Career of Jim Crow* (New York: Oxford University Press, 1955).

15 Olivier Pétré-Grenouilleau, *Nantes au temps de la traite des Noirs* (Paris: Fayard, 2014).

16 Moshik Temkin, "From Black Revolution to 'Radical Humanism': Malcolm X Between Biography and International History," *Humanity: An International Journal of Human Rights, Humanitarianism, and Development* 3, no. 2 (Summer 2012): 267–288.

17 Eric Foner, *Reconstruction: America's Unfinished Revolution, 1863–1877* (New York: Harper Perennial, 1988); W. E. B. Du Bois, *Black Reconstruction in America, 1860- 1880* (New York: Harcourt, Brace, 1935).

18 Chad L. Williams, *Torchbearers of Democracy: African American Soldiers in the World War I Era* (Chapel Hill: University of North Carolina Press, 2013).

19 Scott Ellsworth, *Death in a Promised Land: The Tulsa Race Riot of 1921* (Baton Rouge: Louisiana State University Press, 1982); Tim Madigan, *The Burning: The Tulsa Race Massacre of 1921* (New York: St. Martin's, 2001).

20 Manfred Berg, *Popular Justice: A History of Lynching in America* (Chicago: Ivan R. Dee, 2011), 90–116, 144–164.

21 Richard Polenberg, *War and Society: The United States, 1941–1945* (Westport, CT: Greenwood Press, 1972), 99–130; David M. Kennedy, *Freedom from Fear: The American People in Depression and War, 1929-1945* (New York: Oxford University Press, 2001), 746–797.

22 Cornelius Bynum, *A. Philip Randolph and the Struggle for Civil Rights* (Urbana: University of Illinois Press, 2010); Rawn James Jr., *The Double V: How Wars, Protest, and Harry Truman Desegregated America's Military* (New York: Bloomsbury, 2013).

23 Jeanne Theoharis, *The Rebellious Life of Mrs. Rosa Parks* (Boston: Beacon, 2015).

24 Michael DiBari Jr., *Advancing the Civil Rights Movement: Race and Geography of Life Magazine's Visual Representation, 1954–1965* (Lanham, MD: Lexington Books, 2018).

25 Malcolm X and Alex Haley, *The Autobiography of Malcolm X* (New York: Grove, 1965).

26 Nick Kotz, *Judgment Days: Lyndon Baines Johnson, Martin Luther King Jr., and the Laws That Changed America* (Boston: Mariner, 2005).

27 Martin Luther King Jr., *Why We Can't Wait, with an Afterword by Jesse Jackson* (New York: Penguin, 2000).

28 Martin Luther King Jr., "Beyond Vietnam: A Time to Break Silence" (April 4, 1967).

29 George Breitman, ed., *Malcolm X Speaks: Selected Speeches and Statements* (New York: Grove, 1994).

30 "A Visit from the FBI," http://malcolmxfiles.blogspot.com/2013/06/a-visit-from-fbi-february-4-1964.html (accessed July 2, 2022).

31 Malcolm X, "The Ballot or the Bullet" (1964).

32 Malcolm X, "The House Negro and the Field Negro" (1965).

찾아보기

다시, 리더란 무엇인가

초판 1쇄 발행 2024년 12월 13일

지은이 모식 템킨
옮긴이 왕수민
발행인 김형보
편집 최윤경, 강태영, 임재희, 홍민기, 강민영, 송현주, 박지연
마케팅 이연실, 송신아 **디자인** 송은비 **경영지원** 최윤영, 유현

발행처 어크로스출판그룹(주)
출판신고 2018년 12월 20일 제 2018-000339호
주소 서울시 마포구 동교로 109-6
전화 070-4808-0660(편집) 070-8724-5877(영업) **팩스** 02-6085-7676
이메일 across@acrossbook.com **홈페이지** www.acrossbook.com

한국어판 출판권 ⓒ 어크로스출판그룹(주) 2024

ISBN 979-11-6774-178-3 03300

만든 사람들
편집 송현주 **교정** 강진홍 **표지디자인** 오필민 **본문디자인** 송은비 **조판** 박은진